國家古籍整理出版專項經費資助項目
全國高等院校古籍整理研究工作委員會規劃項目

吳震生全集

（清）吳震生◎著　王漢民◎編校

四

北京师范大学出版集团
BEIJING NORMAL UNIVERSITY PUBLISHING GROUP
安徽大学出版社

目録

才子牡丹亭（第二十九至五十五齣）

第二十九齣　旁疑

【步步嬌】（净上）女冠兒生來出家相。無對向、没生長。守著三清像，换水添香，鐘鳴鼓響。赤緊的是那走方娘，弄虚花扯閒帳。

世事難拚一個信，人情常帶三分疑。杜老爺爲小姐刱下這座梅花觀，著俺看守三年。水清石見，無半點瑕疵。止因陳教授，引個柳秀才，東房養病。前幾日到後花園回來，悠悠漾漾的，著鬼著魅一般，俺已疑惑了。凑著個韶陽小道姑，年方二八，頗有風情，到此雲遊，幾日不去。夜來柳秀才房裏，唧唧噥噥，聽的似女兒聲息。敢是小道姑瞞著我，去瞧那秀才，秀才逆來順受了？俺且待他來，打覷他一番。

【前腔】（貼上）俺女冠兒俏的仙真樣。論舉止都停當，則一點情拋漾。步斗風前，吹笙月上。（嘆介）古來仙女定成雙，恁生來寒乞相。

（見介）（貼）常無欲以觀其妙。（净）常有欲以觀其竅。小姑姑，你昨夜遊方，遊到柳秀才房兒裏去，是竅是妙？（貼）老姑姑，這話怎的起，誰看見來？（净）俺看見來。

【剔銀燈】你出家人芙蓉淡妝，翦一片湘雲鶴氅。玉冠兒斜插笑生香，出落的十分情況。斟量，敢則向書生夜窗，迤逗的幽輝半床。

(貼)向那個書生？ 老姑姑，這話敢不中哩！

【前腔】俺雖然年清試妝，洗凡心冰壺月朗。你怎生剥落的人輕相？ 比似你半老的佳人停當。(浄)倒找起俺來。(貼)你端詳，這女貞觀傍，可放著個書生話長。

(浄)哎也，難道俺與書生有帳？ 這梅花觀，你是雲遊道婆，他是雲游秀才，你住的，偏他住不的？ 則是往常秀才夜静高眠，則你到觀中，那秀才夜半開門，唧唧噥噥的。不共你説話，共誰來？ 扯你道録司告去。(扯介)(貼)便去。你將前官香火院，停宿外方遊棍。難道偏放過你？ (扯介)

【一封書】(末上)閒步白雲除，問柳先生何處居？ 扣梅花院主。(見扯介)呀，兩個姑姑争施主？ 玄牝同門道可道，怎不韞櫝而藏姑待姑？ 俺知道你是大姑，他是小姑，嫁的個彭郎港口無。

(浄)先生不知。聽的柳秀才半夜開門，不住的唧噥。俺好意兒問這小姑：敢是你共柳秀才講話哩。他到嘴骨弄的説俺養著個秀才。陳先生，憑你説，誰引這秀才來，扯他道録司明白去。俺是石的。

(貼)難道俺是水的？ (末)噤聲，壞了柳秀才體面。俺勸你。

【前腔】教你姑徐徐，撒月招風實也虚。早則是者也之乎，那柳下先生君子儒，到道録司牒你去俗還俗，敢儒流們笑你姑不姑。(貼)正是不雅相。好把冠子兒扶，水雲梳，裂了這仙衣四五銖。

(浄)便依説，開手罷。陳先生喫個齋去。(末)待柳秀才在時又來。

【尾聲】清絶處，再踟躕。(淚介)咳。慘東風窮淚撲簌簌。道姑，杜小姐墳兒可上去。(浄)雨哩。(末嘆介)則恨的鎖春寒這幾點杜鵑花下雨。

（下）（净貼吊場）（净）陳老兒去了。小姑姑好嗻。（貼）和你再打聽。誰和秀才説話來。

烟水何曾息世機。温庭筠　高情雅淡世間稀。劉禹錫

隴山鸚鵡能言語。岑參　亂向金籠説是非。僧子蘭

第二十九齣 《旁疑》批語

『女冠兒』喻合尖。『出家』喻張開也。『三清』川字之意。『香』喻男根。『赤緊』字用得妙極，惟其赤緊，『鳴響』更妙。『帳』喻女扉。『弄虛花扯閒帳』六字形狀俱到。『扯』字更奇，蓋以手扯之也。樂天云『嘲花咏水贊蛾眉』，然自古以來妙舌如玉茗者，無有二也。『悠悠漾漾的著魅一般』確切此事神理。不『石』則『水』不『清』，石有瑕疵，除非背邙矣。『風情』亦石者所無。『雲遊』字妙。『唧唧噥噥』亦喻其聲。『舉止』殆喻男根。『漾』水汪也。『點、拋』俱喻男槌。『斗』喻男根。『步』喻移足。『笙』肖女根，笙與月磨，喻合蛤也。『妙』喻其表。『竅』喻其裏。『誰看見』妙，確切此事。玉茗此書字字雙關，全從『常無欲以觀其妙，常有欲以觀其竅』二句悟得，生來此處特自點睛也。『出家』者自内露出也，與出落同意。『芙蓉淡粧』，非女根而何？『鶴氅』喻兩輔之白，其外『湘雲』，其内『翦一片』妙絶，兩片而實似一片翦開耳。『香』喻男根，與插字應。『十分』《水滸傳》十字坡意。『量』字又妙，手代尺矣，『窗』亦喻此。『迤逗』註過。『輝』者，芙蓉淡則幽矣。『半床』當床之半也。『年清』二字妙解入微，年長帶下則不清矣，雖欲『粧』可得乎？『冰壺』喻其中冷。『月朗』喻中無物。『剥落』猶扯帳意。『話長』喻男根也。『高眠』喻男根舉反貼腹。『開門』之門喻女根也。『扯』字即扯帳之扯。『棍』字易知。『白』喻女根之表。『雲』又喻裏合而成此麗字。『梅花』喻男精也。『櫝』喻女根。『姑待姑』擦鈸也，道觀真多此事。『彭郎』字但取其音。『嘴骨弄』非女根是什麽？

『撒月招風』四字寫女根頗麗。『實也虛』指男事言。『水雲』字切當。『仙衣』之喻猶鶴氅也。『四五銖』約其輕重。『清絶』因水而得，『淚』亦喻水。『墳』者高也，『雨』者液也，『嗻』字代夾。『烟水何曾息世機』妙，世機男根妙號。『鸚鵡』之言猶鶯聲耳，俗呼窟洞爲『隴』。金籠之『金』代筋，喻云若使能言，且評説男根之勝劣也。

『從來赴甲第，兩起一雙飛。』誦照鄰『梁家畫閣天中起，願作鴛鴦不羨仙』之句！『出家』誠不如『對向』，然而翠幙明燈，忽變陰房鬼火，則窈窕之英，托婉妗之想者，既知大有洞房如幻蜃，何必問天涯可有好房櫳哉。

崔灝云：『浄體無衆染，苦心歸妙宗。』苦月清霜，不能醉『守三清』也，故九華真妃降。羊權曰：『冥期數蹇。』蓋亦有對偶之名，不必苟循世中之□。穢而行淫濁之下跡，豈坡所謂『借君無弦物，寄我非指彈』耶？又何以云『納我榮五族，逆我致三灾』也？

魏夫人講究吐納，攝生夷静，親戚往來一無關見。而遺壇諸女，真守戒者鮮。陳虚中守臨川，作詩云：『夫人在兮若冰雪，夫人去兮仙跡滅。可怕如今學道人，羅裙帶上同心結。』真乃『弄虚花鳴鐘鼓』一輩。晋會稽夏敬寧祠先人，迎女巫，陳珠章丹，裝服甚麗，并有國色，見其解珮褫紳，不待低幃昵枕矣。錢鏐之先，董昌拒刺史，自領州，加節度中書郡公，巫韓媪贊之，鏐以書讓昌，昌執媪送錢。高駢在揚州，刑罰輕重，一出女巫王奉仙手。廣州劉鋹體豐碩，女巫樊胡子决事。宋相丁謂有女道士劉德妙，五代時定州有狼山蘭若尼姓孫氏，名深意，有術惑衆，孫方諫呼之爲『姑』，事之甚謹，逋民多依之。諫表歸晋，以爲游奕使，且賜院額曰『勝福』，宋祖始定其處，令孫友官京師。淳化時，盧州女僧道安，誣朝使廣陵徐鉉奸私，鉉即著《稽神録》者，皆此類耳。

『不關身事最堪憎』，是謂『赤緊』。

此事謂之『扯閒帳』，爲石姑自己無奈妒極他人者傳神。簡文：『早知長信別，不避後園輿。』唐人：『君門常不見，無處謝前恩。初入長門宫，謂言君戲妾。將身托明月，流影入君懷。』『明明偷眼看君顔，欲向君王説幽意。忽聞天子憶蛾眉，燈前含笑更羅衣。』魏高祖馮后曰：『天子婦有言自對，何須汝輩代傳。』皆以『扯閒帳』評之爲當。

王翰『王母嫣然感君意』，幾與『走方娘』等。『團團明月面，冉冉柳枝腰。未入鴛鴦帳，心常似火燒』，又『走方娘』之不如。陳主謂沈后『留人不留人？不留人也去。此處不留人，别有留人處』，后答以『誰言不相有，見罷倒成羞。情知不肯住，教妾若爲留』，則又欲『扯』而不得者。

貫休詩『磧暗鬼騎狐』，正以同一『魅』類。西域尼有髮者名式叉，至元而中國人多效此。明徐驚鴻能詩，創觀音舞，號静慧散人，扁舟訪汪伯玉司馬於焦山。宋李少雲棄家，道服游江湖，有方書文集，皆愛此『仙真樣』耳。玩玉茗曲，便覺世間不可少女真一種，又勝和尚教坊。留爲名士大夫酬對之物，最爲雅觀。唐宣宗見其濃粧盛服，立命驅逐，是否解人？元時有白雲宗主，統攝江南，尼僧之有髮者，則優塞優夷，原可庵居，何必出於剃染，使清粧變成秃物哉！妾顔不如，誰是『都停當』。

卓英英：『因思往事成惆悵，不得緱山和一聲。』正以『抛』此『一點』爲最難耳。

『霜華滿地，欲跨彩雲飛起』，是曰『月上』，與薛逢『「月」中臺榭后妃眠』一樣字法。李後主詩『「月」華如水浸宫殿，有酒不醉真癡人』，要與升庵《咏暑》『姑射仙姿許爲伴，更聽一曲洞仙歌』意近也。『古來仙女定成雙』，故有『玉妃無侣獨徘徊』之句。飛卿云『仙子含羞下綉幃』，羞『雙』乎？羞不『雙』乎？

曹唐云：『王母相留不放回，偶然沈醉卧瑶臺。憑君爲向蕭郎道，教著青鸞取妾來。』似此描摹，一雙兩好，安得不令小姑自傷『寒乞』？吴興李冶所以『偶然成一醉，此外更何言』矣。

司空圖云：『幾多親愛在人間，夢上霞梯醒却還。須是蓬萊長買得，一家同占作家山。』除此潑天富貴，到頭總歸『乞相』。金元遺山，北方文雄。妹爲女冠，文而實艷。張丞相欲娶之，答以可否在妹，相乃訪之，問其新作，曰：『寄語新來雙燕子，移巢别處覓雕梁。』相遂竦然而出。亦生非此『相』而獨愛此『相』者乎？

陸法和隱江上，侯景遣將任約擊梁湘東，和詣湘東乞征，約召諸蠻子弟八百人於江津，即日便發，約衆見梁兵步於水上，遂擒約。又往見王僧辨於巴陵，曰：『侯景更何能爲？檀越便宜逐取。』復總諸軍至巫峽，以防蜀賊。嘗欲將兵過襄陽，元帝止之曰：『尚不貪釋梵天王坐處，豈規王位？但與上有香火緣，故救拔耳。』止之，竟亡於周。初造寺於百里洲，後周氏滅佛法，而此寺隔在陳境。清河王岳進平臨江，法和舉州入齊，文宣備王公鹵簿待之，賜甲第一區，奴婢二百口。三年間再爲太尉，自稱居士，卒後文宣令開視之，空棺而已。却以越姥自隨，則他事反欲『寒乞』而此事不甚『寒乞』一証。宋孝武時，侍中濟陽蔡興宗取何后寺尼智妃爲妾，姿貌甚美，此尼可免此嘆。

『恁』之云者，羡門贈道姑所謂『從今莫莫莫，莫更思量著』也。『常無欲』句妙甚，此物即但『觀』之，亦足伴人清暇，但觀而不急『欲』，更見其妙。

『可憐一枝惆悵紅，已是人間寂寞花』，故曰『淡粧』，又與雙頰飽硃砂稍别。讀『鶴氅』句，欲爲吟王維『翻嫌枕席上，無奈白雲何』句。李洞贈女煉師『兩臉酒熏紅杏妒，半胸酥嫩白雲饒』，即此『蓉淡湘雲』之意，真乃寫得此物豐盈雪潔，鮮俊可念。

『笑生香』者，多情即是『玉清』客矣。『冠兒斜插』，較『曲房珠翠合』何如？水雲詞『欲將丹藥點凡花，教都做水仙無計』，是『十分況』。『射蘭熏，胭脂搶，煉不灰可喜心腸』，是『十分情況』。眉公與閩妓林天素結世外緣，又云：『自微道人飛至此間，便成洞府，何必處處鸞鶴，山山蕙蘭，乃爲仙境耶？』然必清歡信可尚，艷眼又驚心，方纔弄得男兒稱意。得如此，眼前便是神仙事，何必虚言洞府間，山如青黛生酥地也，否則白石所云『鏡裏同心，枕前雙玉』，相看轉傷『幽』素矣。

駱丞有《代女道士王靈妃贈李榮》，韓愈《送謝自然上升》，不知被術士貿遷他處淫之耳。李白嵩山神人焦煉師者，不知何許婦人也。聞風有《寄灑翰遥贈》，又有《贈褚三清詩》，高仲武云：『女冠李蘭，形氣既雄，詩意亦蕩，殊不似婦人。』予頗喜其嘲謔。秦少游挑暢道姑不從。劉克莊詩：『先帝宫人總道粧，遥瞻靈柏淚成行。舊恩恰似薔薇水，滴在羅衣到死香。』非『十分情況』，何以至此。

『幽輝半床』出《會真記》。『拖逗半床』，昌齡將誦『何曾得見此風流』矣。吴筠所云『雲鬟方自照，玉腕更呈鮮。婉孌人間世，飄飖世外緣』，得此意思。程村詞：『致意姮娥鑒我，今有意郎來也。』應放嫦娥避，反不欲見此耶？

易安《咏梅》：『道人憔悴春「窗」底，不知蕴藉幾多香。但見包藏無限意，要來小酌便來休，未必明朝風不起。』『年年雪裏，常插梅花醉。挼盡梅花無好意，贏得滿衣清淚。』恰合此處『窗』字之意。

『敢不中哩』，惟王維『羞從面色起，嬌逐語聲生』十字可以形容。『雖然試粧』猶言『粧』非淡，未嘗不『粧』，非辛苦無歡容不理一輩。王金壇固云『佛慧不過文士業，神仙原是天人修』也。然非小姑妙一至此，乃玉茗一編在篋，餐霞霏雪，千秋自賞，絶艷清裁耳。

金壇云『清「心」高出寶蓮香』，姜白石『句入冰輪冷』，『冰壺月朗』，不慮『仙骨寒消不知處』耶？惟李涉《贈長安主人上清仙子》：『玉童顔花態，嬌羞月思閒。仙路迷人應有術，桃源不必在深山。』《送妻入道》云：『人無回意似波瀾，琴有離聲爲一彈。縱使空門再相見，渾如秋水「月」中看。』比此『冰壺』一句更麗。

『傾意悵可惜，須作一生拚，儘君今日歡，辜負我，悔憐君，告天天不聞』，皆被人『剥落』意。

水雲詞『孜孜地訪蘭尋蕙，誰會幽人意』，則非致人『輕相』者。羨門詞『便教一夢消身世，畢竟此情難已。九天鸞鶴倘相招，爲報人生行樂耳』，便覺『洗凡心』之多事，不得云『難將胭脂水，傲我白雲鄉』也。要之，貌不常如玉，人生只似雲，不『輕相』同歸『輕相』耳。

進士鄭殷彝以詩謁王霞卿，卿曰：『君是烟霄折桂身，聖朝方切用儒珍。正堪西上文場戰，争向途中泥婦人。』此人獨難『剥落』。『黄昏閒立更披襟，露浥清香悦道心。却笑誰家扃綉户，正薰龍射暖鴛衾』，

『凡心』恐未盡『洗』。

『自多情態竟誰憐，嚴粧纔罷怨春風』，皆老佳人傳神句。『年馳節流易盡，何爲忍憶含羞。猶有殘光半山日，羞將憔悴易綢繆』，是『半老佳人』不『停當』處。李白：『下視瑶池見王母，蛾眉蕭颯如秋霜。』東坡坡：『疑我此心在，遮防費闌楯。』《焚椒録》：觀音蕭后生皇子，太叔元妃入賀，每顧影自矜，流目送媚，后曰：『貴家婦宜以莊臨下。』妃啣之，故後陷之。后曰：『妾近且生孫，兒女滿前，何更失行？』後后第二女趙國公主誅乙辛，以家屬分賜群臣，觀者快之。可爲『半老佳人』説『人輕相』之鑒。魏夫人該覽百氏，二子粗立，即别居於撫州静室，有女道士黄靈徽，年逾八十，貌若少年，特加修飾，號爲花姑夫人，寓夢示之，後亦仙去。是花非石，尤難『停當』。元人有曲數句，寫『半老佳人』極切：多情多緒小冤家，拖逗得人來憔悴殺。粉淡偷臨清鏡搽，梧桐畫闌明月斜。酒散笙歌歇，梅香走將來耳畔低低説，後堂中夫人沈醉也。

如意大足，年十四事太宗十二年，爲尼時年二十六矣。臨朝時實六十三歲，八十一卒。不謂既『老』，必欲遂之，况『半老』乎？蓋『老』則内漸枯寒，得陽氣初生之觸，真有立欲回生之樂，文人又安能禁？

高齊《光宅寺》詩：『長廊欣目送，廣殿悦逢迎。何當曲房裏，幽隱無人聲。』正謂『話長』。若云『書生』亦非俗事耳，憎聞者可概。

既自傷寒乞，又惡人『剥落』，文章家有兩存以待悟法。

《靈妃曲》：『有懷披襟友，何時共解帶？葛洪亦有婦，王母亦有夫。神仙盡靈匹，君意合何如？』上元夫人自空而降，贈封陟云：『謫〔一〕居蓬島别瑶池，春媚烟花有所思。爲愛君心能潔白，願操箕帚侍屏幃。弄玉有夫皆得道，劉綱兼室盡登仙。君能仔細看朝露，須逐雲車拜洞天。從渠一念三千齡，不作人間尹與邢。何事神仙九霄上？人間來就楚襄王。等閒何處得靈方，丹鼎雲霞日月長。大羅過却三千歲，更向人間魅阮郎。』天上『老佳人』且不『停當』，豈禪門諸天，貪欲旋復墮落之説？若王建之『九天王母畫蛾眉，惆悵無言倚桂枝。悔不長留穆天子，任將妻妾住瑶池』，應是要文字佳，不顧有地獄。後輩詞人無此怪膽，遂亦無復佳詩。

李少雲夫死無子，著女道服游江淮。或見其瘦骨立，曰：『如此則鶴背能勝。』曰：『忍相戲耶？』作梅詩曰：『素艷明寒雪，清光任曉風。可憐渾似我，零落此山中。』此『雲遊道婆』可憐，此『雲遊秀才』大惡。

小『姑』固似臨風弱柳，温柔可親；老『姑』亦似隔年老酒，清佳可斟。昔有梵志從淫女意而生天，此施『主』比施力施色更好矣。

商隱《聖女祠》『惟應碧桃下，方朔是狂夫』，殆『韞櫝』之説也。

元曲：『廬山面已難尋，孤山鞋不曾沈，掩面留鞋意深。不知因甚，女兒港到如今。崖山一碧三百里，青鞋蹴天波四起。』『大姑』耶？『小姑』耶？

宋宣仁后晚得『水』疾，旬日崩，言時時須使『水』之疾也。女弟合德尤濃粹淖。方成曰：『此禍「水」

〔一〕謫，底本作『摘』，據意改。

也，滅火必矣。』即此『水』，水大潤下滋愛，所謂一切業種，非愛不生。火氣内蒸，融愛成『水』，愛心多者，即成巨海。女人謂之『水』性，未遭塗染，性或自持，既被侵暴，『水』不由德，以恨怨爲隨，順之情發。愛極違而極順，此物是也。任憑烈性上天，只怕難免『水』出。小姑殆定『水』原涵，不知『水』禍之横决也。彼息夫人只難遏『水』，毛女洞邊聽瀑布，奚落天下婦人不輕。僧秪律云：『若眠若入定，有人就上行淫，比丘尼覺，若初中後受樂者，波羅夷罪。若被淫覺已初不受樂，中後樂者，若初中不樂於後樂者，波羅夷罪。若初終後皆不受樂，無罪。』何以驗之？皆於『水』驗之耳。『水』不肯代瞞，緑窗青閨之彦，遇强死拒之時，俱當判以此法。王金壇：『每晨二度到香臺，隔日疎慵女伴猜。窗外相邀低答應，待儂明日浣裙來。』董文友：『幼小未將情事省，偶向養娘閒問道，有游郎曾投香帕，不識他因怎見得？養娘微一哂，却半晌低頭自忖，再想游郎，重看香帕，滿面都紅沁。』語意尖新儇側，亦只因是『水』的。『吴蠶若有風流分，吐出新絲織萬悦』。噫，或曰有竅斯癢，有癢斯『水』，即石姑背卭且然。

李白『清「風」明月不用一錢買，襄王雲雨知何在』，故謂『實也虚』。吾以『月』流皓彩入幽拖入懷輕，好可憐『風』，爲古以風月比欲事之解。可謂詩篇老欲齊高手，『風月』閒思到極精矣。

北魏趙會勝夫妻交訟，迭發穢事。范《史》：黄允知，司徒袁隗欲婿之，黜遣其妻。妻乞會親族以展别情，乃於坐中攘袂，數允穢惡十事，登車而去。允以此廢於時。『儒流』最會『笑』人，其怕人數之事亦多矣。『武皇自送西王母，新换霓裳五色裙。玉皇欲著紅龍衮，親唤真妃下手裁。』『仙衣』亦可寫入艶情矣。白『煩襟與滯念，一往皆遁逃』，陸『欲翦水簾三百尺，掛君堂上共清凉』，皆『清絶』意。然『獸炭貂裘猶道冷，梅花不易立霜中』，似不如『無生非道妙，不病即春花，此老無塵事，雙姝亦道情』等句也。

劉長卿贈楚尼秦女云『不語不笑能留人，杳然如在諸天宿。誰堪世事又相牵，惆悵回船江水緑』，乃玉茗『清絶處再躊躇』來歷。然元曲有云『俺家呵，不獨瑶階砌下蛟龍卧，也有霓裳翠袖纖腰舞』，正不必道『萬叠山風拂骨「清」，却憶人間如夢寐』也。

余最愛坡翁『春色三分，一分塵土』『水邊朱户，門掩黄昏雨』句，却只合『慘東風』清絶再踟躕意。

元曲：『那閻王不是耍，捏胎兒依正法。這等人向官員財主裏難安插，你平日扭曲作直，害衆成家。這等人没錢時無此話，纔見有便説誇，打扮學大户豪家。你看他聳起肩胛，迸定鼻凹，没半點和氣謙洽，做出那千般樣勢，種種村沙。只該把你們聚將來，剁做肉泥，大鍋裏熬做酢。』亦『撲窮淚』時所必至耳。

絳州許國楨以醫見元世祖，階光禄，呼爲許光禄而不名，賜真定宅。母韓氏亦以能醫，侍太后，又善調和食味稱旨，凡四方所饋珍饈，悉令掌之。《金史》：張用直遼陽人，金太祖長子宗幹廷置門下，海陵等從之學，後復遣教太子曰『朕父子並受卿學』，亦儒者之榮也。及卒，臨奠賜錢千萬。其養子甫七歲，特受將軍，庶免『撲疎疎』耳。

『粗衣淡飯且淹消，任天公鐃不鐃。嘆世人空擾擾，窗前故友年年少，郊外新「墳」歲歲加。』而『惟將知命意，瀟灑向乾坤』，與『似鶴如雲不繫身，不憂家國不憂貧。欲將枕上日高睡，賣與世間榮貴人』，殊復不易。

『東風』甚佳，而有『雨』反慘，才人筆也。『紅顔皓色逐春去，今人看花古人墓。漠漠重泉哭不聞，瀟瀟暮「雨」人歸去』，固是千古劇心之句。

『烟水何曾息世機』，猶言道姑那個不淫也。文友詞：『「鸚鵡」明知，消息何曾漏。』

第三十齣　歡撓

【搗練子】（生上）聽漏下半更多，月影向中那。恁時節夜香燒罷麼。

一點猩紅一點金，十個春纖十個針。只因世上美人面，改盡人間君子心。俺柳夢梅是個讀書君子，一味志誠。止因北上南安，凑著東鄰西子。嫣然一笑，遂成暮雨之來；未是五更，便逐曉風而去。今宵有約，未知遲早。正是金蓮若肯移三寸，銀燭先教刻五分。則一件，姐姐若到，要精神對付他。偷盹一會，有何不可？（睡介）

【稱人心】（魂旦上）冥途掙挫，要死却心兒無那。也則爲俺那人兒忒可，教他悶房頭守著閒燈火。（入門介）呀，他端然睡磕，恁春寒也不把綉衾來摸。多應他祇候著我。待叫醒他。秀才，秀才！（生醒介）姐姐，失敬也。（起揖介）待整衣羅，遠遠相迎個。這二更天風露多，還則怕夜深花睡麼。（旦）秀才，俺那裏長夜好難過，纔著你無眠清坐。

（生）姐姐，你來的脚蹤兒恁輕是怎的？〔集唐〕（旦）自然無跡又無塵朱慶餘。（生）白日尋思夜夢頻令狐楚。（旦）行到窗前知未寢無名氏。（生）一心惟待月夫人皮日休。姐姐，今夜來的遲些。

【綉帶兒】（旦）鎮消停，不是俺閒情忒慢俄。那些兒忘却俺歡哥。夜香殘，迴避了尊親。綉床偎收拾起生活，停脱。順風兒斜將金佩拖，緊摘離百忙的淡妝明抹。

（生）費你高情，則良夜無酒，奈何？（旦）却忘了。俺携酒一壺，花果二色，在楣欄之上，取來消遣。（旦出取酒果花上）（生）生受了，是甚果？（旦）青梅數粒。（生）這花？（旦）美人蕉。（生）梅子酸似俺秀才，蕉花紅似俺姐姐。串飲一杯。（共杯飲介）

【白練序】（旦）金荷斟香糯。（生）你醖釀春心玉液波。拚微酡，東風外翠香紅醱。（旦）也摘不下奇花果，這一點蕉花和梅豆呵，君知麽，愛的人全風韵，花有根科。

【醉太平】（生）細哦，這子兒花朵，似美人憔悴，酸子情多。喜蕉心暗展，一夜梅犀點涴。如何酒潮微暈笑生渦。待噉著臉恣情的嗚嘬，些兒個，翠偃了情波，潤紅蕉點，香生梅唾。

【白練序】（旦）活潑、死騰那，這是第一所人間風月窩。昨宵個，微茫暗影輕羅，把勢兒忒顯豁。爲甚麽人到幽期話轉多。（生）好睡也。（旦）好月也。消停坐，不妬色嫦娥，和俺人三個。

【醉太平】（生）無多，花影阿那。勸奴奴睡也，睡也奴哥。春宵美滿，一煞暮鐘敲破。嬌娥，似前宵雨雲羞怯顫聲訛，敢今夜翠顰輕可。睡則那，把膩乳微搓，酥胸汗貼，細腰春鎖。

（净、貼悄上）（貼）道可道，可知道？名可名，可聞名？（生、旦笑介）（貼）老姑姑，你聽，秀才房裏有人。這不是俺小姑姑了。（净作聽介）是女人聲，快敲門去。（敲門介）（生）誰？（净）老道姑送茶。（生）夜深了。（净）相公房裏有客哩！（生）没有。（净）女客哩！（生、旦慌介）怎好？（净急敲門介）相公，快開門。地方巡警，免的聲揚哩！（生慌介）怎了，怎了？（旦笑介）不妨，俺是鄰家女子，道姑不肯干休時，便與他一個勾引的罪名兒。

【隔尾】（旦）便開呵，須撒和，隔紗窗怎守的到參兒趓。柳郎則管鬆了門兒。俺影著這一幅美人圖那邊躲。

（生開門，旦作躲，生將身遮旦，净、貼搶進，笑介）喜也。（生）什麽喜？（净前看，生身攔介）

【滚遍】（净、貼）這更天一點鑼，仙院重門闔。何處嫦娥？怕惹的乾柴火。（生）你便打睃，有甚著科？是床兒裏窩？箱兒裏那？袖兒裏閣？

（净、貼向前，生攔不住，内作風起，旦閃下介）（生）昏了燈也。（净）分明一個影兒，只這軸美人圖在此，古畫成精了。

【前腔】畫屏人踏歌，曾許你書生和。不是妖魔，甚影兒望風躲？相公，這是什麽畫？（生）妙娑婆，秀才家隨行香火。俺寂静裏祈求，你莽邀喝。

（净）是了。不説不知，俺前晚聽見相公房内啾啾唧唧。疑惑這小姑姑。如今明白了。相公，權留小姑姑伴話。（生）請了。

【尾聲】（貼）動不動道録司官了私和。（生）則欺負俺不分外的書生欺别個。姑姑，這多半覺美鼾鼾，則被你奚落殺了我。

（净、貼下）（生笑介）一天好事，兩個瓦剌姑。掃興，掃興。那美人呵，好喫驚也。

應陪秉燭夜深遊。曹松　惱亂春風卒未休。羅隱
大姑山遠小姑出。顧况　更憑飛夢到瀛洲。胡宿

第三十齣 《歡撓》批語

「漏下」，喻行事時女根必有水出。「半更多」，約略世人行事之久暫。「月向中那」，喻女根事畢時相狀。「香」喻男根，「一點金」之金代筋，一進一滴血也。「春纖」喻男根雖小，亦復尖利，能令出血，况大者乎？「北上」則「南安」，喻二根也。「凑」字又妙。「嫣然一笑」描摹女根甚麗。「蓮」喻女根，「燭」喻男根。「金銀」貴重之意。「五分」姑用其半也，以此二句喻雌乘雄亦妙。「偷眈」嘲男根語。「冥途」喻女根内中。「掙」喻内中。「挫」喻箝口。「悶房頭」喻女根閒閉時。「衾」喻女囊，「綉」喻豪。「摸」字妙甚，此事未有不先摸者。「衣羅」喻兩扉。「遠遠相迎」喻女深處，反覺迎望也。「風露」露在風前也。「睡麽」嘲其從來不睡也，「長夜」喻女根幽闇一徑，「無眠」指男根説眠則雖復在内而不動矣。「清坐」，女根坐上則水出也。「月夫」月之夫也，「那些兒」言分明美滿四字皆不忘也。「綉」喻豪，「床」喻兩輔。「金珮」以代筋背。「摘離」喻男根停脱也。「淡粧」喻邊闌。「明抹」喻兩輔又喻帨拭。「高」喻深處，「酒」喻精水。「楯欄上」喻女邊闌。「金荷」亦喻其形。「香糯」喻男精。「玉液」喻女津。「翠」仍喻豪。「香」喻男根。「紅醱」濕貌，觀「摘不下」三字其爲喻益明矣。「君知麽」問看官知所譬喻否。「人全風韵」通身表言。「花有根科」向身裏説，「梅犀」即梅唾意，皆喻男精。「酒潮微暈笑生渦」，玉茗於諷咏女根之句，何奇麗而不窮也。靈犀已點之後，再以口「歃」女根之臉，便令口「唾」生香，一何解事至此。「翠偃」謂豪，「死」喻萎狀。女根自男根進後，被男身遮便看不清，成一『暗影』。輕『羅』仍喻邊闌，男根曰『勢把』者，執也。『翠輦』仍是喻豪。『輕可』喻此物之稍鬆也。『乳』指女内，『胸』指兩輔，『腰』指男根亦可。『可知道』問看官知我譬喻否。『可聞名』言其『名』雖可聞，要不可明出諸口，故廣爲譬喻也。『紗窗』註過。『怎守的』言不能動後，雖欲就爐温養亦不能也。鬆了門兒，仍喻其事。『美人圖』喻全身。『乾柴火』男根妙喻，筋如束薪也。『床』喻身肉。『箱』喻兩輔。『袖』喻邊闌。凡人但對『美女』，心上即『分明』有他『一個』此物的『影兒』，其實何嘗得見也。只見其外貌似美人圖耳，妙喻妙絶。『屏』字仍代瓶字。『踏歌』喻雌乘雄。『暗祈求』喻求歡無有當人面者。『不説不知、如今明白』俱是自註其所譬。『道録』猶道路，『動』爲『私和』，不動爲『官了』。『分外』嫪毐之意。『奚落』猶言摘離。『殺了我』言摘離此物，何異殺我也。『瓦剌』仍狀女根。『秉燭』猶言把勢。『深遊』喻盡根也。『惱亂春風』以代腦亂撑風。『遠』猶深意，妙喻妙絶。『飛』喻男槌。

董文友『明知不是伊家屧響，聊且開門』，是聽『漏下』三句神理。

黄『金』有價春無價，黄『金』白璧人癡守，則『一點金』之比猶未盡其致矣。

升庵曲：『祖珽盜金杯，却解迎元宅。都將玉與帛，換做酒共色。鬢髮白，容貌改，物和人知他誰在？青春去，再不回。會得佯狂飲綉鞋，便是英才。』猶龍曲：『誰能束縛？隨人笑啼，且認了千古風流罪。光陰飛遞，轉盼皤然矣，誰顧嘲譏？』然豈意有東方曼倩、蕭綜、高潤哉？

『一雙十指玉纖纖，不是風流物不拈』『十個春纖十個針，鐵石心腸應粉碎』耳。

元曲：『斜覷著龐兒俊，思量著口兒甜，怎能不意兒差』，是『美人面』之説也。司馬温公尚於僧舍幸營伎，趙清獻等亦拔劍自誓，『豈非讀書君子一味至誠』者乎？『改盡』二字何敢輕下。『狀貌如婦人，光明膏粱姿。堆金選蛾眉，其餘一無知』者勿論矣。元曲又云：『氣力不加身材太小，秖合向冷齋中閒話。』可爲『精神』句一笑。

王金壇『柔鄉拚取葬愁身，并合心情付所親。酒得深情非屬量，士緣神賞不因交』，終是『對付』句別解。

蔣濟諫曹操：安樂之耽，害於『精』爽，顧大簡賢妙，足以充百斯男者。冗散未齒，且悉分出。唐高頭眩不可堪，蓋腎陰虧不能納氣，陽獨在首也。

羅願云：『滅理由不勝血氣。』『精』使人愛，『神』使人觀，『精神』二字正是多生業力。齊襄公卑聖侮士，惟女是崇，皆以『精神』凌逼人。故『精神』有餘於身，則物本平常，觀同奇寶。若『精神』薄者，即分內之人都不覺好。醫經云：『太陽之人，色欲無度，尚不肯泄；大陰之人，一有欲事，呻吟不休。』古之妾媵無紀，生子數十，如明皇等者，自是天厚之以生人之趣。薄弱書生輒欲相效，則文君終是損相如，希逸近來成懶病。曾莫自揆，不值一笑矣。

文友：『女兒畢竟心腸軟，拜月還求薄幸心腸轉。』賀裳：『霜風簾外吹衣薄，寒月侵人來綉閣。昨宵嗔恨幾多般，今夜燈前渾付却。雙雙紅淚君邊落，我不負心君也莫。從前負我百千回，難道從前多是錯？』只是『對付』得好耳。

阮亭云：『消得香閨幾日憐。』坡公雖云『心正腎邪』，雖上智之腎亦邪。然頗有『誰能相思琢白玉，服藥於朝償一宿。書生性命何足論，坐費千金買消渴」之句矣。惟飛燕以斷房取仙爲可笑，則彼家誠不可廢，只是隨迷隨照，照知不迷爲要也。

「要死却心兒無那」，是我輩終難學佛之故。

豪家月色少於「燈」，而書生之想，無處不到，乃夢回時偏在「悶房守」著「閒燈」，特寫以供一笑。羨門「秋窗無火，暗螢相照，千里江關，十年心事，相思多少」，並「燈」亦無。

金壇云：「更倩檀郎語端的，「可」君心處爲何來？」「可」否固有不能自喻者，「忒可」則既非「少年足風情，垂鞭賣眼行」，亦非「時輩皆相許，平生不負身」者。《唐書》：許州節度許光顏本姓阿鐵，都統韓宏欲巇之，乃飾侍姝遺之，至皆秀曼都雅，顏賂使者還之。余謂無論男女，四字不全，雖「可」未「忒」。于鱗「有郎獨自居，艷於十五女。陽青二三月，花與郎同色」，皆「忒」字意。繁欽《箋》「乃知天壤之所生，誠有自然之妙物」「但說一聲將我嫁你，便落得虛名兒也」，是美「人至忒可」，真乃遠勝天壤王郎，不數封胡遏末矣。

料錦窩蓉帳，配不上梅花寂寞，是「春寒瞌睡」情事。

唐人：「除却閒吟外，人間事事慵。終篇渾不寐，危坐到晨鐘。」「清坐」已佳。陶潛：「未言心先醉，不在接杯酒。多謝諸少年，相知不忠厚。」「縫著」更妙。樂天：「寒灰埋暗火，曉焰凝殘燭。不嫌貧冷人，時來同一宿。」則何必云「琴孤劍寂，苦無行樂之方；香妙茶清，買得不眠之藥」耶？「縫著清坐」，猶言非來求觸也。文友詞：「郎讀架前書，妾綉床頭枕。綉得鴛鴦一對成，方許郎同寢。』阮亭謂『是故故撩人』。要知故故遲遲入帳紗，正是泥歡邀寵難禁，待得没人時，偎倚論私語一輩。

達磨偈：『在胎爲身，處世名人，在目曰見，在耳曰聞，在口談論，在足運奔，識者知是佛性，不識唤作精魂。』華嚴偈：『色身非是佛，音聲亦復然。亦不離色聲，見佛神通力。氣身無像，遇感成形。若以色聲取，是人行邪道；若離色聲求，未免斷惑見。』『無跡無塵』，固其所宜。有跡有塵，亦未足異。次回慰族兄内子粧閣被燒云：『此夜枕前真不夜，步中蓮是火中蓮。』『脚蹤甚輕』，有『横波曼臉明，裙遮點屐聲』意。

阮亭云『一種情昵處，惟次梗劇手能之』，即此『一心惟待』餘事。

誠齋：『舉杯將月一口吞，舉頭見月猶在天。「酒」入詩腸風火發，月入詩腸冰雪潑。焉知萬古一骸骨，酌酒須吞幾團月。』『良夜無酒』，我亦欲唤奈何矣！客來『無酒』，清話何妨？其言到底不確。

用修：『真珠酒艷，凍作紅冰片。梅花開遍，誰見春風面。』只恨無人『事飲』耳。

齊己云：春興『酒香』熏肺腑。言春興猶如『酒香』也。亦惟『酒香』更添春興。『芳心向誰許，醉態不能支，探懷授所歡，願醉不顧身』。春心愈釀愈出，但須嫁後乃知。今後酒香二字，便可用作咏美人古典。觀『拚微酡』三字，雍陶正不得云：常倚玉人心自醉也。

幼安詞：把閒愁推入花前杯酒。惟此『春心玉液』，可當馮定遠『玉紅香醉垂垂笑』句。亦可與『翠香紅醱』比美。書内如春心玉液、翠香紅醱、笑眼生花、鳳尖俏眼、雲摇月躲、無家瑶闕、雨絲風片、雨香雲片、玉闌烟幕、笑眼歡容、幽窗冷雨、桂窟冰蟾、離雲片月、有水無根、彩雲扶月、盈盈欲下、月明風細、低躲長懸、春雲淡破、臉暈眉痕、嬌嬌滴滴、艷軟香嬌、酒暈笑渦、空花水月、魂隨月下、海天秋月、葉裏深花、濛花漏月、一片好心、見物起心、人間路穴、鐵甕長城、九重血暈、莊嚴寶匣及望空頂禮、淚燭澆天、散悶傷心、往來潮熱、急慢風驚、一段傷心、三分門户等語，其喻女根，既如此之確當，又如此之清麗。後不用作咏美人典故者，必非解事兒矣。

元人：『秀才每無人洗足抹浴、更衣换襪，滿身酸污臭氣，與他睡在一起，有甚好那？況陶學士、蘇子瞻，改不了强文撇醋饑寒臉。只怕的有多少胡講歪談信口呫，喬文物拘耻拘廉。』而『情多』終讓此輩，蓋以彼少所見不似司空耳。

阮亭云：『嚙妃女唇，柏梁奇語，却非老狐開箱驗取石榴裙。情到狂極時，不復能藴藉之比。』細味『嗽著臉』意，殆於牧齋老人太癡絶，有唇屢竊鸚哥舌矣。『翠偃情波』，豈不較榴裙句更艷？元美《咏帕》：『幾點飛紅潤翠濤。』元曲：『留待遂了願，稱了心，恁時節使密實處十分耐洗。越點污越生香氣，沈醉後堪將口上吸，又怕顯出了這場恩義。』亦『嗚嘬』之餘興。周平梁，以昭明第三子簪居江陵，爲梁帝。好爲戲弄之言，而惡見婦人，遥聞其臭。一幸姬媵，卧病累旬。隋煬后，其孫女也，欲處治之，只須罰令『嗚嘬』。

紅『蕉花』日拆兩葉，色正紅如榴綿。李嬖之兩半，開如離核桃。羨門句『笑向卿卿私致語，「紅蕉」摘得是伊「花」』，亦復絶佳。

元曲『泥軟潤滋滋』，故曰『第一』。李端詩『盈手入懷都不見』，可悟古人比似風月二字之妙。是『第一所』，尤覺月香滿袖。『輕羅暗影』，亦如天霧縈身。『幽期話多』，殆如李賀所長，正在理外。

飛卿『脈脈新蟾如瞪目』，唐詩『新茗月同煎，空床月厭人。佳人夜獨傷，滅燭卧蘭房』『只恐多情月，還來照妾床』，俱可與『嫦娥我俺』句參看。

一夕心期一種歡，低語『前』歡頻轉面，是最趣事。

『羞怯顫』作三句讀，此三者合，故爾『聲訛』。輒作高『聲』呼喚，非理皆爲『訛』意。

海陵《贈宫婢》：『個人無賴是横波，黛染隆顱簇小蛾。等得留儂伴成夢，不留儂住意如何？』不知彼之所『羞』所『怯』，正在此『顫』耳，而黛染句又可移咏臍豪。

文友《課婢晒藥》：『一丸休認，枕邊捘錯皺雙蛾。』羡門：『臯厭細捘紈箄上，諾龍私貯綉矜前，玉郎長得玉人憐。』又『九轉金丹消竹葉，十香紅汗污桃笙』。玩幼女者，只圖此一『顰』，又寫出柳生非徒好看，壯有實用也。易安云『香臉凝羞一笑開』，是此『輕可』。

崔珏『粉胸綿手白蓮香』，盧仝『肌膚白玉秀且鮮，撚玉「搓」瓊軟復圓』，中郎『惟有蛾眉消得死』，次回『素女圖前笑帶嘶』，浩然『開襟成歡趣』，張佑『願得入郎手，團圓郎眼前』，宋詞『感多情輕憐細問』，又『怪檀郎惡憐深惜』，元曲『儘情兒顛鸞倒鳳，儘與兒弄粉摶酥』，皆謂此『膩乳』等句耳。『乳』爲胃之外郭，故喜人探我玉懷。要識三件是一連事，皆美在其中，廝連不已時所爲也。『細腰』句尤壯浪縱恣，蓋柳全恃足扳舉杜腰，竟體虛空。

《圓覺經》：『一切性皆因淫欲，當知輪回，愛爲根本。由有諸欲，助發愛性。能具觀察，名爲暖法。謂觀察身諸處别相，所謂身以細滑爲食，意以法爲食也。』段成式《諸臯記》五：天竺國有細絹，上有女王鬱金香手，爲衣著之，男子手印嘗在背，女子手印嘗在乳。女王且愛展『乳』，况我輩乎？不玩分段身相，猶如渾吞仙果，天趣見色聞香，以意飽適，正愁少此。然若無可『搓』，豈木偶之玩哉？

《藕詩》：『粉股濯清泉，玉脛埋泥土。安得大如船，仙人不我許。』佳人必須『細腰』，非謂槽背癟腹，只取其能宛轉就抱而已。大概如來微塵數大人相，即是男女佳麗之譜，廣博圓滿，實屬妙身。惟垂頤懸腹則斷不可，故必言『細腰』也。人惟『腰細』則乳髀雖重，仍自輕便也。若諸樣皆細而『腰』更『細』，反不妙矣。『腰』但『細』於胸、股即可『鎖』，可『鎖』即佳，但取其柔如柳，豈真欲其『細』如竹耶？柳大不妨，但須風中柳。

馮定遠：『錦衾夜夢同誰語，莫被旁人聽得聲。』王金壇『鄰姑瞥見移燈影，侍女恒疑動釧聲。殘燭解衣教緩緩，重幃私語囑輕輕』，爲此『怎好』二字傳神。

《誠齋雜記》：『煬帝時，千牛桑和有妖蠱異術，常見一婦人，便即能致。』崔生入山得仙女爲妻，還家得隱形術，潛游宫禁，勝『床兒裏窩，箱兒裏閣』一輩。

易安：『多情自是多沾惹，難拚舍。』若得『隨』行，顧不美歟？

『秀才』稱説賢文之具，而『香火』皆爾，寫作一笑。見此輩所奉惟有妙色身如來，其他神理皆不在意也。何有文公《家禮》《文昌寶訓》乎？反不如《夷堅志》所載宋時商賈多以末妓從行，呼曰嬸子，竟有强健善算助成家者。

文長云：『正如月下騎鸞女，何處堪容食肉人？百品嬌春俗却春，一清無可擬丰神。』寫『小姑』皆玉茗幽思窅映，頎身玉立，與柳郎相對，如在蘭熏雪白中，令人有不信蓬山隔萬重。『弱水原清淺，意何不近前？來説幾句知心「話」，道蓬萊都是假。』『畢罷了終是染污，成合了到是風流，不恁麽也道有』，是老姑『權伴』之説。

其年：『君似不消魂，魂消不似君。』水無楊柳不風流，小姑既是水的，『不留』真寒乞相，但恐剛道羞郎低粉面，旁人瞥見回嬌盼耳。

『請了』二字，殊覺『玉白蘭芳不相顧』，何如『王母嫣然感君意』之可喜哉！

元曲：『嘆濁民空攢下金銀萬定，不曾見幾個桃源洞裏春。』『不分外』也有幾種。

唐實君：『沈宋才華自絶倫，樓頭水鏡品題真。一人知已昭容足，何必明河更問津。』到底還是本分。因知煬王亮正是作者特地請來作書生反面者，只因解放重筆用輕筆，讀者遂被瞞過。粘罕之驅宋妃主命『不分外的書生』，猶云俺只因做了書生，不敢分外耳。地位去書生愈遠，則愈不本分，如古之兼室者皆是。婦以北也，每夜染及多人，先自持燭上下照之。不知視書生如何？若汴京太學被取入金營，争獻迂陋之策，至有言某妓係其妻，求唤取隨行，至被金人盡行撻逐者。其不本分亦至微渺而迄不可得。信哉！非有前業不作書生矣。隨行香火是觀音圖，却又可欺如此，不比别人，煞甚可憐。雷俊臣恣奪士民妻，蓋非真正書生，是以敢於分外。

趙蝦：『須知野寺遺鈿處，盡在相如春思中。』王金壇：『爛熳風情獨數君，同欄何止浴三人。新歡到手身難暇，尤物當前命易輕。』真不『本分』。

《唐書》：張果年似六十餘歲，玄宗欲以妹玉真公主降之，未言也。果忽謂太常蕭華曰：『諺謂娶婦得公主，平地生公府，可畏也。』俄傳詔，笑而固辭，神仙亦有『本分』者。然此一笑也，玉真何堪此剥落哉！獨其居恒山時，武后遣召即死，豈知此人不容笑辭耶？程村：『偶憶膚彩膩臉。』朱融：『人悄悄，雨蒙蒙，笑相逢。』寫『分外』事冶甚，堪與少游『朱橋碧野』並傳。

『飛夢』言身固難分外而夢却易也，以見老姑權留一語，非欲爲馬泊六總成柳生作白羨客人，正是奚落柳生饞涎空嗛也，故柳與之針鋒相對，言『別個』則願同西王母，下顧東方朔，回看後來者，皆欲恣蹂躪矣。玉茗嘲友詩：『高情欲盡胡麻語，未必思君獨細君。』豈商隱『相如未是真消渴，猶放沲江過錦城』之旨哉？

第三十一齣　繕備

【番卜算】（末扮文官，浄扮武官上）邊海一邊江，隔不斷胡塵漲。維揚新築兩城墻，釃酒臨江上。請了。俺們揚州府文武官寮是也。安撫杜老大人，爲因李全騷擾地方，加築外羅城一座。今日落成開宴，杜老大人早到也。

【前腔】（衆擁外上）三千客兩行，二百關重壯。（文武迎介）（外）維揚風景世無雙，直上層樓望。（見介）（衆）北門卧護要耆英。（外）恨少胸中十萬兵。（衆）天借金山爲底柱。（外）身當鐵甕作長城。揚州表裏重城，不日成就。皆文武諸公士民之力。（衆）此皆老安撫遠略奇謀。屬官竊在下風，敢獻一杯，效古人城隅之宴。（外）正好，且向新樓一望。（望介）壯哉，城也，真乃江北無雙塹，淮南第一樓。（衆）請進酒。

【山花子】（末）賀層城頓插雲霄敞，雉飛騰映壓寒江。（浄）據表裏山河一方，控長淮萬里金湯。（合）敵樓高窺臨女墻，臨風釃酒旌旆揚。怎想起瓊花當年吹暗香，幾點新亭，無限滄桑。（外）前面高起如霜似雪，四五十堆，是何山也。（衆）都是各場所積之鹽，衆商人中納。（外）商人何在？（貼、老旦扮商人上）占種海田高白玉，掀番鹽井横黄金。商人見。（外）商人麽，則怕早晚要動支兵糧，儹緊上納。

【前腔】這鹽呵，是銀山雪障連天晃，海煎成夏草秋糧。平看取鹽花竈場，儘支排中納邊商。（合前）

（外）罷酒了。喜的廣有兵糧，則要衆文武關防如法。

【舞霓裳】（末、净）文武官寮立邊疆，好關防。休教壞了這農桑，士工商。（合）敢金家早晚來無狀，打貼起砲箭并旗槍。聽邊聲風沙迭蕩，猛鷩見蟠花戰袍舊邊將。

【紅綉鞋】（衆）吉日祭賽城隍，城隍。歸神謝土安康，安康。祭旗纛，犒軍裝。陣頭兒，敢抵當。箭眼裏，好遮藏。

【尾聲】（外）按三韜把六出旗門放，文和武肅静端詳。則等待海西頭動邊烽那一聲砲兒響。

夾城雲煖下霓旄。杜牧　千里崤函一夢勞。譚用之

不意新城連障起。錢起　夜來冲斗氣何高。譚用之

第三十一齣 《繕備》批語

『江海』喻女根，『漲』喻物在中時，『胡』即鬍也，『兩墻』喻女兩扉，『釃酒』喻液，『文武』喻兩腎子，『騷擾』註過。『外羅城』喻兩輔，『三千客』喻豪，『直上層樓』喻女深處，『卧護』喻男根在内，『十萬』喻數，『金山』之金代筋，『山』喻陰巓，『底』喻女根，『柱』喻男根，『鐵甕、長城』女根妙號。『下風』字妙，『城隅』更奇，『雲霄敞』喻深處轉寬，『雉』喻外形，『金湯』之金代筋，欲『掀』且『横』推其意之所極，『夏草』喻豪，『秋糧』之秋代湫，『海煎成』煎字尤妙，『平看取』與『邊商』邊字，喻意俱極入妙。『關防如法』又妙，『士工商』喻有孕在内也。『金家』之金代筋，『戰袍』仍喻兩扉，『安康』嘲女根也，『遮藏』似喻男根，『六出』即界道意，『旗門』是女扉也，『文』喻從容，『武』喻猛，『砲響』喻其迸聲，『夾城、崤函』所喻俱切，『氣何高』妙絶，形雖不能而氣則可到也。

石屏『最苦無山遮望眼，淮南極目盡神州』，即此『隔不斷』意。『江』頭一帶斜陽樹，總是六朝人住處。斷壁崩崖，多少齊梁史，是舊『城墻』。

東晋以楚爲陜西。《宋書》：肥如本遼東之縣，其民南渡而僑立於廣陵。陳宣帝十一年，周師克壽陽時，沛、譙等九郡民並自拔向建業。陳理戰功者，自宣和年第一，次燕山府。至紹興年第九，次太平州。朝廷推賞一次輕於一次，只爲邊功一次近於一次。爲『新築』兩字一嘆。

「一朵瓊花，二分明月」，色觀無如此地，故曰『無雙』。

淮漢師敗，薛叔似以怯懦爲侂冑所惡，項安世因貽韓書曰：『偶送客江上，飲竹光酒，書不成字。』韓曰『項平叔乃爾閒暇』，遂除湖廣總督，文武諸公老大人也。

『暗』字妙，言有色之物皆有『香』，人但知『瓊花』有色，不知其香『暗香』耳。

《晉書》志：『肅慎無「鹽」，燒木作炭，灌取汁而食之。』《北史》：女國在葱嶺南，恒將『鹽』向天竺興販。漢文帝時以國用不足，煮海鹽，吴王濞已伐襄陽木爲大舟。《三國志》：衛覬與荀彧書：關中膏腴之地，而人民流入荆州者，十萬餘家。夫鹽，國之大寶也，自亂來放散，宜如舊置，使遠民聞之，必日夜競還。鍾繇欲將十萬兵入關，挾取質任，覬言：關中諸將皆豎夫，無雄天下志，苟安樂目前而已。北魏本欲廢鹽池，長孫稚表曰：『鹽池天資貨賄，惟須寶而護之。』高澄問崔昂，官煮鹽如何？曰：『官力雖多，不如人廣。』侯景時，周將王思政入郢，城中無鹽，兵腫死大半。《唐書・韋處厚傳》：張平叔建言，官自鬻鹽，籠天下之財。處厚爲中書舍人，發十難詆其迂謬。趙宋行之，果爲吏卒侵盜，雜以泥沙，民不可食，官又損帑。《唐書・王重榮傳》：令孜奴榮據鹽池之饒，則知其時黄巢掠揚必盡取『商』矣。又巢賊使健將朱温掠河中，温鑿沈唐糧舟數千艘，真梟雄也。然温既得河中節度，以巢賊調取横索，盡出其使斬之，因大掠居人以悦其下。令孜神策軍潰，還京師遂大掠。甚矣，民之難爲也。

『婿作「鹽商」十五年，不屬縣官屬天子』，蓋自古已然矣，揚州又地值天市垣也。

杜荀鶴：『農夫背上題軍號，估客船頭插戰旗。他日親知問官況，但教聽取杜家詩。』固見玉茗真才。

第三十二齣　冥誓

【月雲高】（生上）暮雲金闕，風旛淡摇拽。但聽的鐘聲絶，早則是心兒熱。紙帳書生，有分氳蘭麝。喈時還早，蕩花陰單則把月痕遮。（整燈介）溜風光穩護著燈兒𤒹。（笑介）好書讀易盡，佳人期未來。前夕美人到此，並不隄防姑姑攬攘。今宵趁他未來之時，先到雲堂之上，攀話一回，免生疑惑。（作掩門行介）此處留人户半斜。天呵，俺那有心期在那些。（下）

【前腔】（魂旦上）孤神害怯，珮環風定夜。（驚介）則道是人行影，原來是雲偷月。（到介）這是柳郎書舍了。呀，柳郎何處也？閃閃幽齋，弄影燈明滅。魂再艶，燈油接；情一點，燈頭結。（嘆介）奴家和柳郎幽期，除是人不知，鬼都知道。（泣介）竹影寺風聲怎的遮，黄泉路夫妻怎當賒。待説何曾説，如嚬不奈嚬。把持花下意，猶恐夢中身。奴家雖登鬼録，未損人身。陽禄將回，陰數已盡。前日爲柳郎而死，今日爲柳郎而生，夫婦分緣，去來明白。今宵不説，只管人鬼混纏到甚時節？只怕説時，柳郎那一驚呵，也避不得了。正是夜傳人鬼三分話，早定夫妻百歲恩。

【懶畫眉】（生上）畫蘭風擺竹横斜。（内作鳥聲驚介）驚鴉閃落在殘紅榭。呀，門兒開也，玉天仙光降了紫雲車。（旦出迎介）柳郎來也。（生揖介）姐姐來也。（旦）剔燈花這喈望郎爺。（生）直恁的志誠親姐姐。

(旦)秀才,等你不來,俺集下了唐詩一首。(生)洗耳。(旦念介)擬托良媒亦自傷秦韜玉,月寒山色兩蒼蒼薛濤。不知誰唱春歸曲曹唐,又向人間魅阮郎劉言史。(生)姐姐高才。(旦)柳郎,這更深何處來也?(生)昨夜被姑姑敗興,俺乘你未來之時,去姑姑房頭看了他動定,好來迎接你。不想姐姐今夜來恁早哩!(旦)盼不到月兒上也。

【太師引】(生)嘆書生何幸遇仙提揭,比人間更志誠親切。乍温存笑眼生花,正漸入歡腸啖蔗。前夜那姑姑呵,恨無端風雨把春抄截。姐姐呵,誤了你半宵周折,累了你好回驚怯。不嗔嫌,一逕的把斷紅重接。

【瑣寒窗】(旦)是不隄防他來的啅嗻,嚇的個魂兒收不迭。仗雲摇月躲,畫影人遮。則没揣的澀道邊兒,閃人一跌。自生成不慣這磨滅。險些些,風聲揚播到俺家爺,先喫了俺哏尊慈痛決。

(生)姐姐費心。因何錯愛小生至此。(旦)愛的你一品人才。(生)姐姐,敢定了人家?

【太師引】(旦)並不曾受人家紅定迴鸞帖。(生)喜個甚樣人家?(旦)但得個秀才郎情傾意愜。(生)小生到是個有情的。(旦)是看上你年少多情,迤逗俺睡魂難貼。(生)姐姐,嫁了小生罷!(旦)怕你嶺南歸客路途賒,是做小伏低難説。(生)小生未曾有妻。(旦笑介)少甚麽舊家根葉,著俺異鄉花草填接。

敢問秀才，堂上有人麽？（生）先君官爲朝散，先母曾封縣君。（旦）這等是衙内了。怎恁婚遲？

【瑣寒牕】（生）恨孤單飄零歲月，但尋常稔色誰沾藉？那有個相如在客，肯駕香車？簫史無家，便同瑤闕？似你千金笑等閒拋泄，憑説，便和伊青春才貌恰争些，怎做的露水相看仳別。

（旦）秀才有此心，何不請媒相聘？也省的奴家爲你擔驚受怕。（生）明早敬造尊庭，拜見令尊、令堂，方好問親於姐姐。（旦）到俺家來，只好見奴家。要見俺爹娘還早。（生）這般説，姐姐當真是那樣門庭？（旦笑介）是怎生來？

【紅衫兒】（生）看他温香艷玉神清絶，人間迥別。（旦）不是人間，難道天上？（生）怎獨自夜深行，邊厢少侍妾？且説個貴表尊名。（旦嘆介）（生背介）他把姓字香沈，敢怕似飛瓊漏泄。姐姐，不肯泄漏姓名，定是天仙了。薄福書生，不敢再陪歡宴。儘仙姬留意書生，怕逃不過天曹罰折。

【前腔】（旦）道奴家天上神仙列，前生壽折。（生）不是天上，難道人間。（旦）便作是私奔，悄悄何妨説。（生）不是人間，則是花月之妖。（旦）正要你掘草尋根，怕不待勾辰就月。（生）是怎麽説？

（旦欲説又止介）不明白辜負了幽期，話到尖頭又咽。

〔相思令〕（生）姐姐，你千不説，萬不説，直恁的書生不酬決，更向誰邊説？（旦）待要説，如何説？秀才，俺則怕聘則爲妻奔則妾，受了盟香説。（生）你要小生發願，定爲正妻，便與姐姐拈香去。

【滴溜子】(生、旦拜介)神天的，神天的，盟香滿爇。柳夢梅，柳夢梅，南安郡舍，遇了這佳人提挈。作夫妻，生同室，死同穴，口不心齊，壽隨香滅。

(旦泣介)(生)怎生吊下淚來？(旦)感君情重，不覺淚垂。

【鬧樊樓】你秀才郎爲客偏情絶，料不是虛脾把盟誓撇。哎，話吊在喉嚨翦了舌。囑東君在意者，精神打貼。暫時間奴兒迴避趄，些兒待説，你敢撲懵忪害跌。

(生)怎的來？(旦)秀才，這春容得從何處？(生)太湖石縫裏。(旦)比奴家容貌争多？(生看驚介)可怎生一個粉撲兒？(旦)可知道，奴家便是畫中人也。(生合掌謝畫介)小生燒的香到哩！姐姐，你好歹表白一些兒。

【啄木犯】(旦)柳衙内，聽根節。杜南安原是俺親爹。(生)呀。前任杜老先生陞任揚州，怎麽丢下小姐？(旦)你翦了燈。(生翦燈介)(旦)翦了燈，餘話堪明滅。(生)且請問芳名，青春多少？(旦)杜麗娘小字有庚帖，年華二八，正是婚時節。(生)是麗娘小姐，俺的人那。(旦)衙内，奴家還未是人。(生)不是人，是鬼？(旦)是鬼也！(生驚介)怕也，怕也！(旦)靠邊些，聽俺消詳説。話在前教伊休害怯，俺雖則是小鬼頭人半截。

(生)姐姐，因何得回陽世而會小生？

【前腔】(旦)雖則是，陰府别，看一面千金小姐，是杜南安那些枝葉。注生妃央及煞回生帖，化生娘點活了殘生劫。你後生兒蘸定俺前生業。秀才，你許了俺爲妻真切，少不得冷骨頭著疼熱。

（生）你是俺妻，俺也不害怕了。難道便請起你來？怕似水中撈月，空裏拈花。

【三段子】（旦）俺三光不滅。鬼胡由還動迭，一靈未歇。潑殘生堪轉折。秀才可諳經典？是人非人心不別，是幻非幻如何説？雖則似空裏拈花，却不是水中撈月。

（生）既然雖死猶生，敢問仙墳何處？（旦）記取太湖石梅樹一株。

【前腔】（旦）愛的是花園後節，夢孤清，梅花影斜。熟梅時節，爲仁兒，心酸那些。（生）怕小姐别有走跳處？（旦歎介）便到九泉無屈折，銜幽香一陣昏黄月。（生）好不冷。（旦）凍的俺七魄三魂，僵做了三貞七烈。

（生）則怕驚了小姐的魂，怎好？

【鬭雙雞】（旦）花根木節，有一個透人間路穴。俺冷香肌早偎的半熱。你怕驚了呵，悄魂飛越，則俺見了你回心心不滅。（生）話長哩！（旦）暢好是一夜夫妻，有的是三生話説。

（生）不煩姐姐再三，只俺獨力難成。（旦）可與姑姑計議而行。（生）未知深淺，怕一時開攢不徹。

【登小樓】（旦）咨嗟，你爲人爲徹。俺砌籠棺勾有三尺疊，你點剛鍬和俺一謯掘。就裏陰風瀉瀉，則隔的陽世些些。（内雞鳴介）

【鮑老催】(旦)咳,長眠人一向眠長夜,則道雞鳴枕空設。今夜呵,夢回遠塞荒雞咽,覺人間風味別。曉風明滅,子規聲容易吹殘月。三分話纔做一分說。

【耍鮑老】(旦)俺丁丁列列,吐出在丁香舌。你拆了俺丁香結,須粉碎俺丁香節。休殘慢,須急節。俺的幽情難盡說。(内風起介)則這一翦風動靈衣去了也。

(旦急下)(生驚癡介)奇哉奇哉!柳夢梅做了杜太守的女婿,敢是夢也?待俺來回想一番。他名字杜麗娘,年華二八,死葬後園梅樹之下。啐,分明是人道交感,有精有血。怎生杜小姐顛倒自己說是鬼。(旦又上介)衙内還在此。(生)小姐,怎又回來?(旦)奴家還有叮嚀。你既以俺爲妻,可急視之,不宜自誤。如或不然,妾事已露。不敢再來相陪。願郎留心,勿使可惜。妾若不得復生,必痛恨君於九泉之下矣。

【尾聲】(旦跪介)柳衙内你便是俺再生爹。(生跪扶起介)(旦)一點心憐念妾,不著俺黄泉恨你,你只罵的俺一句鬼隨邪。

(旦作鬼聲下回顧介)(生吊場低語介)柳夢梅著鬼了。他說的恁般分明,恁般悽切,是無是有,只得依言而行。和姑姑商量去。

夢來何處更爲雲。李商隱　惆悵金泥簇蝶裙。韋氏子
欲訪孤墳誰引至。劉言史　有人傳示紫陽君。熊孺登

第三十二齣《冥誓》批語

「暮雲」喻女根之暗。「金闕」之金代筋。「風旛」喻女兩扉。「摇曳」却喻男根。「鐘」以撞而有聲。「聲絶」而心已「熱」，可爲一笑。「紙帳」喻裩。「氳蘭」喻美滿時氣息。「花陰」喻豪。「把月痕遮」喻行事動「蕩」時，則「身遮月痕」不可得見也，切極麗極。「溜風」自喻男根。「光」字尤爲奇妙，所謂曳至挺末也。「穩護」喻女之緊。「燈燁」易明。「雲堂」女根雅號。「人」喻男根。「留」亦女緊之故。「留人户半斜」何其確切情妙一至於此。「珮環」喻女根在内。「雲」喻花頭。「月」喻外殼。「竹影」喻男根動不已象。「風聲」同意。「待説」二句以咏女根妙絶。「把持」喻以手捻住，不使得動也。「畫闌風擺竹横斜」喻行事之一法，詎絶麗絶。「重」者輪能轉物之意。「紫雲車」喻女根，體用俱見。「玉天仙」喻兩輔。「光」喻男槌。「動」字尤妙。「笑眼生花」又是女根妙喻。「啖」喻女根。「蔗」喻男根首尾皆甜，故謂之蔗。「風」喻其動，「雨」喻其泄。「周折」即雲摇月躲意，更見風擺竹横斜之妙。「陣遮」即搶性命把陰程进意。「雲摇月躲」喻縮身斜避。「畫影人遮」其妙遂復絶世，蓋得以斜「躲」者，幸賴對面一人身遮我。「畫」但見其「影」也。「澀道」，水不到處，喻兩輔也。「不慣」喻未曾經此「啅嗻」。「磨滅」二字，奇到極處，蓋男動太速，誤出隨進，遽而擦溜則女根被其「磨滅」也。「風聲」喻狠動根啅嗻來。「狠尊慈」喻男子以侵暴爲愛。「决」即决杖之决，「一品」作品簫解。「做小伏低」喻幼女兩輔未起。「瑶闕」瑶字代摇，又無家者視之便同玉琢的，可發笑。女根亦要『神清』方猶『艷玉』，真非才子知不到此。『人間迴別』，言如此者固不多也。『飛瓊漏泄』豈非施精妙句？『天曹』之曹代槽。『話到』之話指男根言。『誰邊』妙極，有兩扉也，男根未入不能有聲，故曰『待要説』如何説，『受了盟香説』。『滿熱』二字，非以『香』喻此物而何？『提挈』字謔。『口與心齊』惟女根爲然。因『重』始『垂』，其力稍輕，雖『淚』不『垂』矣，豈不是嘲女道？『迴避』喻内花讓開，開則有聲，故曰『待説』，然讓開則男根似乎内空，故曰『害跌』。前言磨滅喻其表，此言害跌喻其裏，兩俱精絶。『粉撲』二字女根妙贊，可與蝴蝶並垂千古。『畫中』劃中也。『燒』者熱意。『到』者深意，『表白』猶乎粉撲。『柳』喻男根。『衕』喻女根。『杜南安』肚南安也。『翦了燈』非喻女根而何？『餘話堪明滅』，猶曳至莖端，再送深處意。『二八』喻女根形。『靠邊』則其聲更細。『靠邊聽説』喻妙至此。『話在前』者，喻其響在邊也，真正妙絶。『休害怯』言不深入不須怕也。『小鬼頭』喻男根。『人半截』在腰間。故『陰府一面』，故似蝶門。『冷骨頭著疼熱』，喻交骨相撞意。『水月空花』，女根妙對。『三光』『一靈』俱喻男根，如何説自註其喻言耳。『愛的後節』嘲其欲男根之長也。『梅花』以喻男精。『熟梅』喻莖首之久於爐内也。『仁兒』喻槌上處。『便到九泉』欲男根愈長愈勁。一氣跟愛的二字來，『冷』喻裸露行事。『花根』喻女，『木節』喻男。『冷香肌』又喻兩輔。『回心』二字之妙，喻被拖出而復回也。『話長』猶言根長，長故『暢好』，怕『鑽』不徹，深嘲女道。『砌棺三尺』喻言身半以上。『掘』字與後迸字作用雙妙，『隔陽』喻難到處。『長眠人』喻男根。『長夜』則喻女根。『雞』喻合尖，『枕』喻女根下合尖處。『遠塞』之塞讀作虱。『風味』猶言抽味。『三分』是其全形。『一分説』分開則有聲也。『丁香』名支解香，喻渾身骨散也，此豈殘慢者所能乎？『幽』深也。『幽情』幽處欲堅、欲久、欲急、欲迸、欲掘、欲塞、欲拖、欲車、欲斜、欲靠之情也。醫經云，初結胎時，僅距裩襠一寸三分，則亦何必爾也。『靈衣邊闌』妙喻，寫女人急色之時，真有欲跪而呼『爺』之狀，真且酷矣。『金泥』之金代筋。『裙』喻女扉。『墳』喻兩輔，『紫陽』男根。後人但存此書，用爲張本，竟作故典，用之不窮。詞客場中，應添無數佳句。

『憐香偏繞綺羅衣』，殆無『分氳蘭射』者所爲。『月』照名『花』似有『痕』，花陰則把月痕遮，是詩人於兩好之物，便捉取爲骨肉眷寵法。其年云：『自古凄凉一派，只有寒「燈」解情者。』遊『魂』之變，欲焰光無水，遠看似水，故曰『燈魂』。蓋火可喻性，而燈恰喻情。情緣欲，欲緣血，畢竟是有膏之物，火性革垢，因物一用其光。情欲焚身，燈草油烟共盡耳。

『世間多暗室，白日爲誰懸？』『人不知鬼都知道』，則人之心目行淫者，正不待賦就《感甄》，吟就《明河》矣。

阮亭云：『問郎曾解畫眉無？』作大女小郎固妙，作娶妾語更妙。先通後嫁曰『睽』。

元曲：『陶學士天性威嚴，你小心過去，這星眸略瞬盼，教他和骨頭都軟攤。這其問春意相關，任他説是個沈沈嘿嘿無情漢。』又：『他把我身款抱，揾殘粧，可曾經這般模樣？你許了我爲君妾，休教無承望。妓在尊前，不容近傍，粧做好人家便引動情腸。我想這歌臺舞榭風流相，怎如大院深閨貴艷娘。』又《從良曲》云：『大娘呵，下象棋輸與俺綉鞋兒一對。狠張敞，央及煞怎畫眉？我伏侍的都入羅幃。我恰纔舒鋪蓋，本是個現支風月者卿伴，怎做的遥受風情大尹妻？相公你没曾許到我房裏睡來，你一言既出如何悔？莫不是故意將咱拖逗，特教露醜呈羞。』爲妾『賒』尚不妙，又况妻耶？

《唐書·后妃傳序》：『盛德之君帷簿嚴奥。中主第稠既交，則情與愛遷，顔辭媚熟，則事爲私奪。哀誓楗於寵初，狡謀箝其悟先。乘易昏之明，牽不斷之柔。險言似忠，故愛而不悟。陰謀已效，反狃而爲好。左右附之，當局懵然。』則又『怎當賒』之貽禍。

唐李珏仕至平章節度，早喪『妻』，不置侍妾，至高矣。來俊臣以上書告變，驟擢御史，棄故『妻』，矯詔强娶段簡『妻』。復聞簡妾美，使人示風旨，簡懼，亦獻之。貶同州參軍，猶奪同僚『妻』，又辱其母。李義府，瀛州饒陽人，知上欲立武昭儀，即代人入直，夜叩閤，上表請廢后立昭儀，帝召與謀，賜珠一斗。與人言，嘻怡微笑，而陰賊褊忌著於心。永徽二年拜同中書，爵爲侯。洛州女子淳于以奸繫大理，義府囑丞出之，納以爲妾。諸子雖襁負，皆補清官，母妻子俱賣官市獄，又葬其先永康陵側，年五十二。許敬宗，浙新城人。父善心仕隋，死化及難，敬宗叩頭求哀免。依李密爲記室，太宗召署官。高麗之役，草詔馬前，帝愛其藻警，令兼修國史。喜曰：『仕宦不爲著作，無以成門户。』高宗將立昭儀，即妄言曰：『田舍翁剩獲十斛麥，尚欲更故妻，天子富有四海，立一后謂之不可，何哉？』帝意遂定。頃拜侍中，爵郡公，詔與弘文學士，討古宫室故匾，進中書令。知后鉗戾能固主，以久己權，遂連謀殺長孫無忌，朝廷重足事之，威焰熾灼。子妻尉遲敬德女，第造連樓，使群妓走馬其上。妾其婢因以繼室假姓，虞子昂烝之，奏斥昂嶺外，久乃表還。晚年不復下筆，凡大典册悉昂子彦伯爲之。後又納婢譖奏，流彦伯嶺表，卒年八十一。詔百官哭其第，贈揚州大都督。陪葬昭陵。若二人者，其視『妻』妾直『當賒』耳。己子烝己愛，在高宗時尤不足罪，但陪葬昭陵，不知太宗與論昂事作何論議，恐長孫后亦不容彼卧榻旁睡耳。顧敬宗以女嫁蠻酋馮盎子，又以女嫁高祖隸奴錢九隴子，作史爲錢私立門閥功狀，至與劉文静同傳。嬺，漢成帝許后妹龍洛侯夫人，後爲淳于長小妻，亦奇。唐太宗女南平公主，嫁王敬直，直斥嶺南，更嫁劉玄意。新城公主嫁長孫詮，詮罪徙，更嫁韋正矩。高祖三女皆夫死再嫁，又不足論者也。宣宗愛萬壽公主，欲下嫁士人。時鄭顥進士，與盧氏婚，將授室而罷。白居易弟以充選，顥銜，屢讒之，此真『妻不當賒』者。順宗女襄陽公主嫁張克禮，常微行市里，薛樞、薛渾、李元本皆得私侍，而渾尤愛，至私謁渾母爲姑，則『夫亦當賒』矣。

元曲『他不得妙舞宫腰』，作窮秀才『玉天仙』恐亦易易。

北齊武成子綽傳：『兄弟皆呼父爲兄兄，母爲家家，乳母爲「姐姐」，婦爲妹妹。』曾子問婿家有喪，則告曰：『某之子不得嗣爲兄弟。』佛經云：『敬夫如兄，名如妹婦。』而今呼『爹』呼『姐』，遂爲淫媾常談。兒夫，我夫也。郎爺，郎主也，人但稱易之五『郎』，某曰：『汝非其家奴，何「郎」之云？』一自天公無計，而世間之以兒爲主，以『爺』爲『郎』，何亦遂多有也，况『親』其『姊姊』乎？則知賢文止能禁人之外樂，不能禁人之内情也。

棠村詞：『人無恙，祝天長地久，被底文鴛。』又『怜繾綣，惜年光，地老天荒』，亦『人間』之『至誠親切』者。『笑眼生花』，則相偎相倚不勝春矣。

王金壇『願爲雞舌與君含』，是此『蔗』意，且有勝事宛然懷抱裏之樂。『麟膠妾猶有，請爲急弦彈。』歲短苦情長，從郎索來世』，皆『一逕』二字的解。身根生於『紅』海，世間謂之『紅』福，即此『紅』字。李白：

『「愛」君芙蓉之艷色，憐君清迥之明心。』紅粉知己，遇即成不朽，正以其不『錯』耳。

潘床無鏡，慣被人欺，真不信世間竟有人『錯愛』及我也。　晋高平王沇云：『嘲哮者以粗發爲高殼，韞蠢者以色厚爲篤誠。』非自顧巾影，麞頭鼠目，即氣盈大宅，健狗豪猪。　北齊杜弼有新註《義苑》，謂『仲尼之智，必不短於長狄；　孟德之雄，乃遠奇於崔琰』。　范雲見何遜曰：『頃觀文人質則過儒，麗則傷俗，中今古者，見何生矣。』高澄臉薄盼速，隋文眼若曙星，隋文謂李穆：『萬頃不測，百煉彌精。』坡詩：『君如江南英，面作河朔虎。』庾長明入亭，吴中群小，望其風姿，一時退匿。　崔㥄身長八尺，面如刻畫，謦欬如洪鐘，胸中貯千卷書，北齊神武猶恨其精神太遒。　『一品人才』蓋難言之。

孫向爲齊侍中，風儀端麗，眉目如畫，每公廷就列，爲衆所瞻望焉。　褚彦回嫡母，宋文帝女，每朝會，巨僚、遠國使，無不回首目送之。　宋文帝子孝武女，山陰公主駙馬何戢，以貌美號小褚公，家業富厚，性極華侈。　女爲齊鬱林王后，亦極淫。　而山陰于回年二十餘時，顧向弟廢帝乞令侍己，殆欲兼魚與熊掌耳。　惟是戢祖尚書尚之，與顏延之並短小，此目彼猿，彼目此猴，妻亡不娶，元凶時義師至，尚之方與婢妾同洗，何戢之勝祖耶！

濠水李景，容貌奇偉，隋文帝使裸而觀之，曰：『卿相表當位極人臣。』爲韓州刺史，玄感反，獨無關涉，賜以美女。　韋孝寬子藝，隋齊州刺史，容貌瑰偉，獨坐滿一榻。　隋將下邽魚俱羅，身長八尺，相表異人，聲聞數百步，要皆『一品人才』之類。

唐太宗問魏徵疾，以衡山公主降其子叔玉，將以從，曰：『公强視新婦！』後譖者言其嘗薦侯君集能任宰相，乃停叔玉婚。此『回鸞帖』亦不必論。

唐崔灝進士娶妻，惟擇美者，俄又棄之，凡四五娶，終司勳員外。獨非『秀才年少』耶？

元曲『不枉我愛看花饞眼孔，我伴著些玉嬋娟相守相從，知他是宿誰家枕鴛衾鳳』，殆『異鄉花草』之意。『鬼胡由』已見元曲。

『做小伏低難説』六字，一連妙甚。使『伏低』而不『難説』，雖『伏低』可矣。嘗見時人《小星咏》云：『最是燈前難忍笑，替人換取合歡鞋。最是初更難轉步，看人談笑入鴛衾。最是三更難睡去，聽人乞乞笑能多。最是炎時難索酢，替人高捧半邊蓮。最是日高難咽恨，看人含笑起梳頭。最是人歸難告訴，替人早脱軟羅裙。最是浴堂難釋忿，替人磨蕩玉交枝。』乃知『實命不猶』上加上『抱衾與裯』四字，寫既『難説』矣，還要『伏低』，真才子也。『伏低』柔情所能，『伏低』又難説，則柔情安頓渾無地矣。『女兒終是心腸軟，只記歡娛不記冤』。住則幽蘭雪裏，去則弱絮風中。小青所以云：『噓寒分燠瞻睇慈雲也。』玉茗順筆數字，亦輕輕夾帶一部《療妒羹》，文心遊刃真有餘力。觀麗娘語，則知怕對人間舊衾枕，人心所同。然誦時人高宗后詩：『毀短他人自發機，那知先手落昭儀。可憐乞署回心晚，青竹無情響玉髀。』則使人『伏低』，亦非高識。大足之醉，二嫗亦怒其有眼不知人傑耳。

北齊納后禮，后服大嚴綉衣，女侍中負璽，陪乘至殿，姆去幜，后先拜後起，帝後拜先起，詣同牢，坐。明日后詣昭陽殿，拜表謝。又册后，亦以齊制爲佳。公主及內外命婦陪列於昭陽殿，小黄門以册入，女侍中受以進，興受復坐，反節於使以出。元日，后輿出昭陽殿，坐定，內外命婦拜。后輿，妃主皆跪。后坐，妃主皆起。長公主一人前跪拜，賀訖，后入更衣出。公主一人上壽訖，遂宴。隋元旦，主妃命婦朝后禮，因於齊，而又有后受群臣朝賀之儀，庶不使儕於『做小伏低』之輩耳。劉宋江斆《讓婚表》：『諸主聚集，惟論夫族，或云野敗去，或云人笑我，更相扇誘。本其恒意，不可貸借，固實常詞。』北魏襲淮陽王孝友曰：『聖朝忽棄古禮，將相多尚公主，王侯亦娶后族，故無妾媵，習以爲常。婦人多幸生逢今世，舉朝略是無妾，天下殆皆一妻，設令有人强志廣娶，即内外相知，共相嗤怪。父母嫁女，則教之以妒，姑姊逢迎，必相勸以忌。持制夫爲婦德，以能妒爲女工，王公猶自一心，以下何敢二意。』婦人必欲『爲妻』大者，所圖在此。然子建之誄其母曰：『泛納容衆，含垢藏疾。』温公《家範》：『宋女宗者，鮑蘇妻也，夫有外室，而或告之，曰：「婦人以專一爲貞，以善從爲順，豈以專夫室之愛爲善哉。」』今三山林茂叔之妻，李氏愛妾。楚娘之詩，長枕大被，三人共寢。

初馮業以三百人浮海歸宋，至寶三世爲守牧，然本北燕苗裔，他鄉羈旅，號令不行。高凉冼氏世爲首領，部落十餘萬家，乃聘爲妻。至隋時，夫人自乘馬、張繖衛，詔使巡諸州，隋文后遺以首飾，似此『異鄉花草填接』轉佳。

『不敢分明賞物華，十年如見夢中花。頻遊僻徑看花面，茜裙紅入那人家。』『此生無路訪東鄰，遣情無奈獨傷情。眼前都是陳思賦，修蛾曼睩紛性情。』『人間多少歡娱事，那得千分無一分。强遮天上花顔色，不隔雲中笑語聲。』『千金難買隔簾心，枉自經營買笑金。』皆『飄零歲月』者之言也。唐實君：『晉宫選長白，亦各鬥蛾眉。何必定傾城，毛嫱與麗姬。』白少傅：『妍媸優劣寧相遠，大都只在人抬舉。莫許韓憑爲蛺蝶，等閒飛上别枝花。叵耐一雙窮相眼，不堪花卉在前頭。』則未必因其『稔』熟視作『尋常』矣。趙家婦似韓家婦，争奈師王看得殊。人情倦覿於其所已饜，欣得於其所未足。覺一肌一容，殊妍各態。如秦嘉《寄婦詩》：『貞士篤終始，恩義不可輕。顧盼空室中，仿佛想姿形。』正恐姿首猶或相近，形則所該者多殊，難因其稔色而不想。然誦『好知青冢骷髏骨，即是紅樓掩面人』之句，亦復何必爾哉！顧辛稼軒又云：『休説弓刀事業，依然詩酒功名，隔墻人笑聲。』彼不『孤單』而亦云爾，因知此論亦復難持也。

唐太宗却高麗女，其於齊王妃若何？固由英主尚權術，亦由其心中無此樣範美人也。與隋文却渾女，明皇却新羅，明祖却安南，正同。然『色者人所重』五字，在庸人並不肯道。宋玉自許温柔之祖，而曰天下之美，無如臣里，臣里無如東家之子。噫！何隘也。梁蘭陵太守剡人王僧孺，武帝問妾媵之數，曰：『臣目無傾視。』乃友人以妾寓之，還則懷孕，爲人所糾，逮至南司，坐免官者。柳生『尋常』一語，大都人生知此味，只恨少因緣。好魚輸獺盡，白鷺鎮長饑耳。使咏元人『出入内門粧飾盛，滿宫争訝女神仙』句，不知如何渴醉。

『還疑簫史鳳，不及季倫「家」』，况『無家』者，知『瑶闕』爲何物乎？潢揲者，公卿大夫之命婦、市井民庶之麗配咸在，故曲有云：『粉繞花纏，金裹瓊沿，翠護朱圈，笙歌鬧入梨花院。一個個玉天仙，一雙雙美嬋娟。一叢叢香車翠輦，一隊隊雕鞍駿騘，一簇簇蘭橈畫船。一攢攢蹴鞠場，一處處秋千院。一層層錦塢花涘，一步步丹青扇面，一段段流水桃源。萬萬首詩難盡，千千筆畫不全。他則管送春情不住相留戀，惹得人意懸懸似熱地蚰蜒，待何時移到我院後家前？』是『相如在客，簫史無家』眼中景，心中事。

邵昇：『二聖忽從鸞殿幸，雙仙正下鳳樓迎。』蘇頲：『昔日曾聞公主第，今時變作列仙家。』皆言『簫史』非真在『瑶闕』，因其有『家』如是，『便同瑶闕』也。不合『温香艷玉神清絶』七字，不爲妙物，每讀此句，令人憶『竹户蘭軒裏，濃香淡月中』，言甘體澤人思嗛也。

『黄姑渚畔湔裙水，不是人間妒婦津』，真是飛瓊，那得『泄漏』？『紅龍錦襜黄金勒，不是元君不得騎』，若是書生，自該『罰折』。《唐書》：盧履冰議詔請父三年而後娶，以通子之志。徐悱妻《婕好怨》：『寵移終不恨，讒枉太無情，只言争分理，非妒舞腰輕。』王金壇：『天壤王郎嗜好奇，能將野鶩壓家雞。』鮑照：『古來共歇薄，君意豈獨濃？惟見雙雲鵠，千里一相從。』『妾命何太薄，不如宫中水。時時對天顔，聲聲入夫耳。』白：『何意掌上玉，化爲眼中沙。金屋貯嬌時，不言若不入。君言妾貌改，妾畏君心移。摘蓮抛水上，郎意在浮花。』李白：『新人如花雖可寵，故人似玉由來重。』張籍：『人生回互自無窮，眼前好惡那能定？一番弄色一翻退，小婦新粧大婦愁。夭桃變態求新悦，牡丹露泣長門月。錯把黄金買詞賦，相如原是薄情人。』皆『夫妻』間妙句。要之『分明天上日，生死願同歡』，是『妻』之樂；『自有横陳分，應憐秋夜長』，是妾之苦。李益云：『以奉百年身，見新莫忘故。但休獅子吼，攪亂一團春。』正不得云『妾有一夫君二婦，一年夫婿半年親』也。

孫搴謂温子昇：『卿文何如我？』温讓不如搴，要其爲誓，温笑曰：『知劣便是，何勞旦旦。』若要立誓，只須如董文友詞『倘若負情悰，來生做太冲。倘負小窗歡約，來生醜似無鹽』，便已足矣。『準擬將身嫁與，一生休。便被無情棄，不能羞』，又是一種。或爲一品人才起見，不得不爾。彭城王整姊嫁爲王敬愉妻，曰：『故人恩既重，不忍復雙飛。』豈不重亦無不可耶？

魏高祖后姑夫母舅馮熙女，后姊昭儀，自以年長且先入宫掖，素見待，念輕后而不率妾禮。規爲内主，廢后爲尼，緣后有怒恨之色，所以致此。翻不如宋王劉昶女爲魏北海王祥妃，被高太妃所杖，曰：『新婦貴家女，何所畏？』而不檢校夫婿。婦人皆妒，獨不妒也。《北史》：高洋所寢，夜當有光，自此惟與后寢。然後納后姊魏樂安王妻。后啼不食，請讓位於姊，至煩婁太后爲言。亦不如洋弟演，身長八尺，帶十圍，妻爲魏宗，洋欲其離，乃陰爲廣求淑媛。演雖承旨有納，而情義彌重。《隋史》：安息國，雖禽獸，每聽政與妻相對。河東裴澤仕北齊，妻魏氏恩好甚隆，不能暫相離，澤每從駕，妻不宿。亦至性，亦强立，時人以爲健婦。

蕭摩訶既歸周，妻安氏亦留之，曰：請遣子往江南收家産。洛人元壽劾之，曰：『人倫之美，伉儷爲重。摩訶遠念資財，近忘匹好，一言纔發，名教頓盡。』高歡貴臣雲中司馬子如言戲穢褻，而事姊有禮。其子消難，尚歡女而情好不篤，主愬之，乃入關從周武東伐。女爲静帝后，性貪淫，其子妻在鄴，極加禮敬，入周便相棄薄。及赴邛州，留妻及三子在京，妻言於隋文曰：『滎陽公必不顧妻子。』及消難入陳，高母子得免。高所生譚，拜儀同。宇文護娶元孝矩女爲妻，情好甚密，獨孤后因爲子勇，求得元頴家女，冀隆基業，乃都不聞作夫婦。《唐書》：房琯太尉子孺狂縱，多招術家，言己三十當得宰相，以熏權近，與妻鄭不相中。具棺，召家人生斂之。鄭方乳，促上道，死於行。『同室同穴』者固不乏，亦復不能盡然。

《唐書》：上賜禄山子慶宗娶宗室女，手詔禄山觀禮，辭疾，旋反，乃斬慶宗。賜其妻康死，榮義郡主亦死，是爲之妾也。況『千金小姐』乎？主又願死，尤奇。且禄山本姓康宗又娶康氏，亦奇。《宋史》：戚里有毆妻至死者，宜仁高太后怒曰：『夫婦體齊，奈何毆至死耶！』《北史》：渤海封卓妻劉氏，彭城人，夫亡，嘆憤死。蓋形由禮比，情以趣諧，故結憤鍾心如此。《唐書》：李齊運本太原吏，代宗時入仕。頗預平賊，功至禮部尚書。晚以妾爲妻，冕服行禮，士人嗤之。丁公著，蘇州人，歷河南尹，四十喪妻，終身不畜妾。又《岐公杜佑傳》：議者謂其治政無缺，惟晚年以妾爲夫人，有所蔽云。佑，京兆人，子綜即選尚公主，年八十，厚自奉者。

譙人夏侯道遷，云有四方志，不願娶婦，投北親後不聘正室，惟有庶子數人。子夬，死後發父諸妾陰私，夫妻被譖死。尚書裴植女也，與道遷諸妾不睦，訟鬩徹於公廷，妾固有不妙處。李元護本遼東人，身長八尺，爲刺史，情欲既甚，肌骨消削。子會，頑獃襲爵，妻河南太守房伯玉女也，遂通會弟機。會死，齊受禪，機遂與房如夫婦。積十餘年，房色衰，乃更始娶。房獨非『千金小姐』乎？自無一品人才，即『妻』亦或難保。

代人張瓊初從葛榮、爾朱，敗歸高歡。子欣，尚魏平陽公主，性豪險，與公主情好不篤，爲孝武所害，妻又有不可不『真切』待者。西魏廢帝后，周文帝長女也，不置嬪御，帝廢，后以忠魏罹禍，『真切』待妻，頗復不差。

隋文第二弟整，娶尉遲綱女。三弟瓚，美姿容，尚周武帝妹順陽公主，號楊三郎，武帝甚親愛之。平齊之役，諸王咸從，令瓚居守。隋文曰：『孫同生二弟，並倚婦家勢，常憎疾我。』宇文氏數與獨孤后不平，禪後鬱鬱，陰有咒詛，帝命瓚出之，瓚不忍離絶，固請帝不已，從之，殆亦重其『千金』之體耳。隋文從侄慶，爲滎陽守，世充僭號，以兄女妻之。充敗，慶欲同歸長安，妻曰：『國家欲以妾申厚意，結公心耳，今爲全自計，非我所能責，公若與妾歸唐，公家一婢耳。送還未都，君之惠也。』慶不許，妻遂靚粧飲藥卒。其嫡母元太妃在充處，充殺之。『那些枝葉』，則是惡因緣矣。

雲氏生長寧王儼，文帝曰：『此皇太孫，何乃生不得地？』太子勇曰：『至尊嗔我多側，高緯陳叔寶豈孽子乎？』亦是一説。高歡迫於蠕蠕阿那瓌，欲取其女而未决，婁后曰：『國家大計，願不疑也。』避正室處之，斯真賢明婦人。

北齊高構性滑稽，好劇談，仕齊入周。隋文訓曰：『讀君爭嫡判詞，理愜，當所不能及。』所薦房玄齡、杜如晦，皆自致公輔。隋平，陳時京兆張定和當從征，無以自給，求其妻嫁時衣鬻之，妻不與。和還，以功拜儀同，遂棄其妻。妻既全不『真切』，夫亦宜然。

隋文蘭陵公主名阿五，初嫁王奉孝，孝卒，其父以主年過少，請即除服，楊素劾其傷人倫。晋王欲請配其妻弟蕭瑒而未果，主竟改適柳述，時年十八。文帝崩，述徙嶺表，將改嫁之。主不復朝，謁求免主號，與同徙。帝大怒。臨終表有『息嬀不言遺芳往誥』語。主憤卒，年三十二，乞葬柳氏。帝覽表愈怒，竟不哭，別葬之。致李密檄文有『蘭陵公主逼幸告終』之語，豈柳已『真切』，王未『真切』耶？

洛陽平，唐高祖遺諸妃親閱後宮，見府庫服玩，皆有求索，秦王不與，遂有譖言。帝謂侍臣曰：『兒久典兵，爲儒生所誤，非復我昔日子。』杜如晦騎過尹氏門，尹妃父恚其傲，率家僮捽毆之，妃反訴秦王左右暴其父，帝不察而詰王曰：『兒左右乃凌我妃家，况百姓乎？』帝召諸王宴，秦王感母之不有天下也，偶獨泣，帝顧不樂。諸妃曰：『陛下春秋高，當自娱，而秦王悲泣，正爲嗔忌妾屬耳。萬歲之後，王得志，妾屬無遺類。』帝遂無易太子意。是『冷骨頭』不復著疼熱者。每讀唐高紀，鄙之醜之，令人恨恨不樂，天子中之最庸謬者。太宗長孫后死，自著表叙始末揭昭陵左。他日望陵流涕，問魏徵見陵乎？徵曰：『臣以陛下爲望獻陵也，君昭陵則固見之矣。』雖武才人之柔屈不耻，秖名以媚，而不易其『冷骨頭著疼熱』之心也。

趙郡趙超宗，身長八尺，弟令勝亦長八尺。寵惑妾潘，棄其妻羊，夫妻相訟，迭發陰私。醜穢之事，彰於朝野。何兩不『真切』，一至於此哉！

高熲父，獨孤后家故吏，故取陳時，以爲元助長史。六軍取斷，斬張麗華，進齊國公。以其子尚太子勇女。其夫人賀拔氏卒，后言所以不爲之娶，帝以后言告熲，熲流涕曰：『臣今惟讀佛經而已。』及愛妾産男，后言其詐，帝遂疎之，尋免。後召侍宴，熲唏嘘，后亦泣。『冷骨頭』亦有關禍福時。文友吊楊妃：『有限君情，無端妾命，恨温泉不與淚冰同結，汗紅同逝。』『有限』句，真非才子不能下。

阿難白佛：『我見如來，舉光明拳耀我心目。』佛告阿難：『汝目可見，以何爲「心」？』阿難答言：『而我以「心」，推窮尋逐，即能推者，我將爲「心」。』佛咄阿難：『此非汝「心」，此是前塵虚妄想相。』阿難白佛：『若此發明不是「心」者，我乃無「心」，同於草木，我此覺知更無所有。』佛告阿難：『乃至草葉，咸有體性，何况妙明而自無體？斯則前塵分别影事。塵非常住，若變滅時，此心則同龜毛兔角，則汝法身同於斷滅，其誰修証無生法忍。』是玉茗『三光不滅』一段所由來。

入定之僧，忽移别殼。氣之代續，實心换接，是故諸天皆有液污，因隨氣成，氣隨想結。是人非人，心不别也。空中如有靈，運先成居易，斯言見其未達三千世界，等爲戲論。雖强幻王亦夢境，攝『是幻非幻如何説』也。『却不是水中撈月』，借參禪理，見老婆禪。雖空花觀，却又難言頓除。吾雖以欲勾牽，引入佛智，而欲責蜣螂成妙香佛，終不可得矣。柳只問他淹通書史，他却問到『可語經典』。世間一切法，莫不因前轉勝。人言元曲勝《牡丹亭》，元人筆舌，未爲不妙，豈能入彼金剛，定破諸分别智又與褻謔之意，字字相關，一至於是乎！

綉壤遮蘇小，鉤欄鎮阿甄，皆恨其無『人間路穴』耳。狸奴戀暖驅難去，亦只喜其愛偎。昭陽今再入，寧復恨長門，喃喃呢呢舊時人，亦秖爲『暢好是一夜夫妻』，故有的『是三生話』説也。呼兒呼女亦三生意。嗚嘬是一法，迸是一法，拖逗是一法，斜拖斜留是一法，壓是一法，摇是一法，提挈是一法，篝邊是一法，掘又是一法，何玉茖之於法無不造乎！

徐悱妻詩：『覺罷方知恨，人心定不同。誰能對角「枕」，長夜一邊「空」。』是婦人老實説話。卓珂月云：『癡麽癡麽，好夢可如真麽？』『人間味别』，蓋以肉色可邇，有堅暖軟動之相耳。不知諸天身生烟焰，體注衆流，是亦有色聲香味觸法也。苻堅母苟氏禱於西門豹祠，而生堅。宋徽宗時，宫中有厲，常至諸妃榻中，以手撫之，亦温暖，或云朱温所化。則豈人間風味，果『有别』耶？

荆公子元澤有疾，未嘗接婦，公憐而嫁之。澤寄詞曰：『相憐只在「丁香」枝上。』《雍陶》『君王春愛歇，枕席凉風生。怨咽不能語，踟蹰步前楹。如何嬌所誤，長夜泣恩情』，亦是『拆了丁香結』。不『碎丁香節』者，『難盡説』者，其所深喻之人間味也。

帝婿王獻之病，道家法當首過，曰：『不覺餘事，惟憶與郗家離婚。』『你既以俺爲妻』，便易痛恨。赤眉降後，光武謂曰：『卿等攻破城邑，周遍天下，本故「妻」婦，無所改易，一善也。』而自却易后，亦猶清河張讜仕於劉宋，妻爲魏掠，重貨購贖。皇甫氏歸，讜令諸妾迎於境上。魏高祖曰：『南人奇好，能重室家之義。』而自后爲尼矣。絮花曲：『當日個低徊無奈，料不是輕狂無賴。』女郎認真難與爲戲如此。

李紳題臯橋云：『猶有餘風未磨滅，至今鄉里重和鳴。』蓋嘗讀《禮記》，妾爲女君之黨服，公爲卿大夫錫衰，爲其『妻』往則服之，以是知『妻』之當重也。

『轉輾令人思蜀賦，解將惆悵感君王』，只是『憐念妾』三字。『黄泉恨你』則衆生愛命，還依欲本。愛欲爲因，愛命爲果也。投胎時原曾起愛，夫曰兒夫，或又呼『爺』。元曲云：『你那裏是我相與的老婆，只當是我的娘。』一似禮無明據，事有先例，便無『再生』之恩也。比娘還尊奉，况再造乎？文見梵志，即起欲心，汝若不從，我今便死。志自思惟，地獄之苦，我能堪忍。不忍見彼，以我致死，遂呼姊起，恣汝所欲。以此十年，共爲家室。志命終時，身生梵天。是名菩薩，行於方便。『柳衙内』三句，寫得婦人花發，真不可忍。須合『丁香』數句解之。始知緑綺幽情，芳年越禮，黄花妙句，晚景貽譏，勢有所必至耳。

麗娘生遇，斷不私奔。若强婦人，不思愛好，必將褻辱。吾身之事，不問誰何，隨其所值，付之心最厭惡之人，則先王制禮，父母不情之過，致開其干冒不韙之端也。

第三十三齣　秘議

【繞地遊】（净上）芙蓉冠帔，短髮難簪繫。一爐香鳴鐘叩齒。〔訴衷情〕風微臺殿響笙簧。空翠冷霓裳。池畔藕花深處，清切夜聞香。咳！人易老。事多妨，夢難長。一點深情，三分淺土，半壁斜陽。俺這梅花觀，爲著杜小姐而建。當初杜老爺分付陳教授看管。三年之内，則見他收取祭租，並不常川行走。便是杜老爺去後，謊了一府州縣士民人等許多分子，起了個生祠。昨日老身打從祠前過，猪屎也有，人屎也有。陳最良，陳最良！你可也叫人掃刮一遭兒。到是杜小姐神位前，日逐添香換水，何等莊嚴清净。正是天下少信吊書子，世外有情持素人。

【前腔】（生上）幽期密意，不是人間世。待聲揚徘徊了半日。（見介）（生）落花香覆紫金堂。（净）你年少看花敢自傷。（生）弄玉不來人换世。（净）麻姑一去海生霜。（生）老姑姑，小生自到仙居，不曾瞻禮寶殿。今日願求一觀。（净）是禮，相引前行。（行到介）（净）高處玉天金闕，下面東嶽夫人，南斗真妃。（内鐘鳴，生拜介）中天積翠玉臺遥，上帝高居絳節朝。遂有馮夷來擊鼓，始知秦女善吹簫。好一座寶殿哩。怎生左邊這牌位上，寫著『杜小姐神王』？是那位女王？（净）是没人題主哩。杜小姐。（生）杜小姐爲誰？

【五更轉】（净）你説這紅梅院，因何置？　是杜參知前所爲。　麗娘原是他香閨女，十八而亡，就此攢瘞。　他爺呵，陞任急，失題主，空牌位。（生）誰祭掃他？（净）好墓田，留下有碑記。　偏他没頭主兒，年年寒食。

（生哭介）這等説起來，杜小姐是俺嬌妻呵！（净驚介）秀才當真？（生）千真萬真！（净）這等，你知他那日生，那日死？

【前腔】（生）俺未知他生，焉知死？　死多年，生此時。（净）幾時得他死信？（生）這是俺朝聞夕死了可人矣。（净）是夫妻，應你奉事香火。（生）則怕俺未能事人，焉能事鬼。（净）既是秀才娘子，可曾會他來。（生）便是這紅梅院，做楚陽臺，偏倍了你。（净）是那一夜？（生）是前宵你們不做美。（净驚介）秀才著鬼了。　難道，難道？（生）你不信時，顯個神通你看。　取筆來，點的他主兒會動。（净）有這等事？　筆在此。（生點介）看俺點石爲人，靠夫作主。

你瞧，你瞧。（净驚介）奇哉，奇哉！　主兒真個會動也！　小姐呵！

【前腔】則道墓門梅，立著個没字碑，原來柳客神纏住在香爐裏。　秀才，既是你妻，鼓盆歌廬墓三年禮。（生）還要請他起來。（净）你直恁神通，敢閻羅是你？（生）少些人夫用。（净）你當夫，他爲人，堪使鬼。（生）你也幫一鍬兒。（净）大明律：　開棺見屍，不分首從皆斬哩！　你宋書生是看不著皇明例，不比尋常，穿籬窔壁。

（生）這個不妨，是小姐自家主見。

【前腔】是泉下人，央及你。個中人，誰似伊。（淨）既是小姐分付，也待俺檢個日子。（看介）恰好明日乙酉，可以開墳。（生）喜金雞玉犬非牛日，則待尋個人兒，開山力士。（淨）俺有個姪兒癩頭黿可用，只事發之時怎處？（生）但回生，免聲息，停商議。可有偷香竊玉劫墳賊？還一事，小姐倘然回生，要些定魂湯藥。（淨）陳教授開張藥鋪，只說前日小姑姑黨了凶煞，求藥安魂。（生）煩你快去了。這七級浮圖，豈同兒戲？

涇雲如夢雨如塵。崔魯　初訪城西李少君。陳羽
行到窈娘身没處。雍陶　手披荒草看孤墳。刘長

（生下，淨吊場）奇哉！奇哉！怕没這等事。既是小姐分付，便喚姪兒備了鋤鍬，俺問陳先生討藥去來。寧可信其有，不可信其無。（下）

第三十三齣 《秘議》批語

『冠』喻女根合尖之處。『冠帔』俱是。『芙蓉』譬喻女根切當。『短髮難簪繫』喻豪更切。『一爐香』爐中有物也。鐘以撞鳴，齒由骨緊，以『鳴鐘叩齒』喻其聲。『風微』喻緩弄時輕緩則聲細，妙。雄急即類鐘齒，何才子之善於形容也。『空翠』喻豪。『霓裳』以喻兩輔，蓋霓者白也，又出蓉帔之外。『藕』喻男根，言風動時不但有聲可聽，而且有臭可聞也。『易老』三句猶言世有如此妙物妙事，而恨其爾爾。『深情』喻男女情中，俱恨未能深入。『三分』仍喻女根，情雖欲深而『土』本甚『淺』，真乃絶妙義諦。『一陽』喻男根。『半壁斜陽』猶斜拖金珮等意。『密』緊也。『聲揚』喻行事。『徘徊半日』既玩其冠帔短髮，又因其幽密不得遽入也。『紫金』之金代筋，仍喻男根。『年少自傷』妙根幽密，『來』喻靴頭未綻者。『麻姑一去』喻肉麻欲死也。『霜』喻男精。『金闕』猶言筋闕。『遥』深也，尚在『積翠』之上。『絳節』仍喻男根，『簫』亦然。『頭』喻男根，『没頭』者非女根乎？『點石爲人』四字與『開山力士』同深嘲幼女，喻即堅如『石』，但遇『力士』亦可『點開』也。『纏住』二字，狀其幽密而且窨約。『鼓』喻兩輔，『盆』喻坎中。『是小姐自家主見』譏嘲女道極矣。『金雞玉犬』俱喻男根。『癩頭元』同『身没』喻男根在内。『荒草』喻豪。當身没時看之更妙，然必『披草』而後得見，亦何無微不到，至於此極，但存此書爲古典，無褻不可入詩矣。『偷香竊墳賊』惟赤眉楊髡頗有此輿。

蔣吉：『出門争走九衢塵，總是浮生不了身。惟有水田衣下客，大家忙處作閒人。』芙蓉面而道『冠帔』，寧讓東家翟茀。李白『下視瑶池見王母，蛾眉蕭颯如秋霜』，則亦無如此『短髮』，何耳？

『事多妨』，賢文禁殺之類。使『人易老』而不『事多妨』，或『事多妨』而『人』不『易老』，則雖一『夢』猶覺稍『長』，而今不然。故曰『夢難長』也。看他出手摇筆，輕輕寫出『人易老，事多妨，夢難長。一點深情，三分淺土，半壁斜陽』。只六句，竟將娑婆國土一口氣説盡，便覺自己心眼，超出常人之外。但是世諦中，悲令人泣語，憐令人惜語，快令人舞語，幽令人冷語，寫不能言之狀，與不易吐之情，驚絶於文字之外。足以蝕聖賢之精，絶英雄之氣者，無不入此六句中。令人有不會當時作天地之意。而庸妄詩魔『紛糾雜糅浮誇影』，套於此六句，即又無與焉。或謂惟者卿冢上踏滿弓鞋，可稍釋『一點深情，三分淺土』之恨。『半壁斜陽』更妙，將入土未入土時，確多此一層惆悵，然皆由深情作祟耳。

『不是人間世』，則沈約之淇水，上官誠無云：幾分桃斷袖？亦足稱多，以對柳郎，多成形穢矣。盛德今何在，惟餘此夜臺，爲『留下碑記』一笑。

萬劫千年不容易，也是我前緣前世，方許自言『偏倍不做美』。便如青眸小史纔離坐，白髮禪僧又到門也。

『迷魂都是鬼，吸髓總爲妖』，豈止『秀才著鬼』。

明于慎行《筆麈》：『今禁城之西有靈濟宫，真君仙妃，其象木胎，有機可以伸縮，四季换衣。』不『點』亦復『會動』。

張籍云：『夫婿乘龍馬，出入有光儀。洛陽買大宅，邯鄲買侍兒。將爲富家婦，永爲子孫資。』必如此夫方可『主靠』。

《唐書》：李勉常引李巡、張彦在幕府，後二人卒，每至宴饋，仍設虚坐沃饋之，則『廬墓』亦未爲奇也。又《杜悰傳》，時駙馬皆爲公主斬衰三年，文宗怪之，詔杖而期著於令。《五代史·漢臣傳》：蘇逢吉，京兆人，爲平章，繼母死，不服喪『禮』。亦何常之有？《夏言集》：武宗后祭世宗母文，稱孝姪婦等，貴妃等祭文，稱孝婦貴妃等，與此『廬墓三年』，同一發笑也。

習常而怪變，血氣之屬皆然也。殷湯問夏革，上下八方有極盡乎？曰：『無盡外復無盡，朕安知天地之表不有大天地者乎？』天地既可名爲大疑團，故釋氏遂以爲一夢相。達人悟智外之玄理，得物外之奇形，彼封情局步者，將謂寫載盡於墳典，是皆拘短見於當年，昧有生於長夢。穆王西征戎，戎獻火浣布，太子以爲妄，蕭叔曰：『王子果於自信，果於誣理哉！』『直恁神通』，君以爲不然，自有知其然者也。

唐太宗時，有女巫自言傳鬼道，能活死人，金吾田仁會劾，徙於邊，殆即咒生魂入死尸之類。長吉修文出於其姐之口，『個中人誰似伊』。

宇文護母閻没齊，與護書曰：『我生汝兄弟，大者屬鼠，第二屬兔。』隋獨孤沲家以巳日夜祀猫鬼，心屬鼠也。《唐書》：黠戛斯古堅昆國，以十二物紀年，如歲在寅則曰虎年。

第三十四齣　詗藥

（末上）積年儒學理粗通，書篋成精變藥籠。家童喚俺老員外，街坊喚俺老郎中。俺陳最良失館，依然重開藥鋪。今日看有甚人來？

【女冠子】（淨上）人間天上，道理都難講。夢中虛誑，更有人兒，思量泉壤。陳先生利市哩！（末）老姑姑到來。（淨）好鋪面！這儒醫二字，杜太爺贈的。好道地藥材！這兩塊土中甚用？（末）是寡婦床頭土。男子漢有鬼怪之疾，清水調服良。（淨）這片布兒何用？（末）是壯男子的褲襠。婦人有鬼怪之病，燒灰喫了效。（淨）這等，俺貧道床頭三尺土，敢換先生五寸襠？（末）怕你不十分寡。（淨）啐！你敢也不十分壯。（末）罷了，來意何爲？（淨）不瞞你説，前日小道姑呵！

【黄鶯兒】年少不隄防，賽江神，歸夜忙。（末）著手了？（淨）知他著甚閒空曠？被凶神煞黨。年灾月殃，瞑然一去無回向。（末）欠老成哩！（淨）細端詳，你醫王手段敢對的住活閻王。（末）是活的死的？（淨）死幾日了。（末）死人有口喫藥？也罷，便是這燒襠散，用熱酒調下。

【前腔】海上有仙方，這偉男兒，深褲襠。（淨）則這種藥俺那裏自有。（末）則怕姑姑記不起誰陽壯。翦裁寸方，燒灰酒娘。敲開齒縫把些兒放。不尋常，安魂定魄，賽過反精香。

（净）謝了。

還隨女伴賽江神。于鵠　争奈多情足病身。韩偓

巖洞幽深門盡鎖。韩愈　隔花催唤女醫人。王建

第三十四齣 《詷藥》批語

『人間』喻女根外形。『天上』喻其深處。『人兒』以喻男根。『泉壤』喻女根也，接以『陳先生利市』其喻更明。『鋪面』以喻兩輔。『不隄防』嘲婦年太少便已狼藉如此。『江』喻女根。『神』喻男根。『著手』喻摸。『空曠』即不隄意。『凶煞』喻男根。『瞑然』雖嘲女道，亦喻男根滅没於内狀，故接以『細端詳』，又『無回向』喻男泄後，『欠老成』者，老成則難泄也。『醫王』喻男，『閻王』喻女。『敲開齒縫把些兒放』，喻女根幽密之極，故曰不尋常也。『岩洞幽深』句，註出此意。男根爲女人醫，『女醫人』句，又註出醫王手段意。

今西洋法，初年學辨是非之學，進一步則學『醫』科。張介賓云：『人不知醫，猶行尸耳。』石湖：『富貴何時潤髑髏，守錢奴與抱官囚。太醫診得人間病，安樂延年萬事休。』嵇康與魏宗室婚，學不師受，謂仙非學至，導養得理，則彭祖之倫可及。『開藥鋪』且勝處『館』也。《南史》：吴興顧歡云：『仙法可以進謙弱，佛法可以退誇强。』而『人間天上』一句，並欲翻却佛經。依經解義，三世佛冤，離經一字，即同魔説，故曰『難講』。況坑儒之後，聖賢已失其傳，周程張朱，莫不借途二氏。學家開進人意，妄説斐然，探緒求源，罔知所出，雖千佛出世，不能使衆生界盡，但得輾轉化道，不使衆生互相食噉耳。鳳洲謂：孟子，聖之英者也，然齊宣倘用，而諸國之兵驟集必敗，其不遇幸也。又闢楊墨，亦其道不便於世，而自廢耳，如其便雖至今存可也。宋明帝時周顒長於佛理，著論言空假義。南齊尚書郎范縝不信因果，其論險詣，而代齊者竟是梁武。今中和性情之説，以爲祖周張，不知源於事霸朝論佛性之蘇綽。儒門謂釋氏本竊老子之精，道流轉竊佛教之粗，不知其於性命危微之説，增高鑿深之法，實開發於大藏。恐彼以精勝粗，因舉微言相敵。而無奈虚中之實，變衍無窮，實中之虚，數言已盡。且東魯之書，不能過跋提河，由聲音之道不通，天實爲之界限。然先王復起，必不用俎豆而棄杯匙。佛氏見窮理極小，視虚空開發妙解，達兹萬境。《山海經》亦意在牖俗，或有或不必有。脱使續呈，固弗爲怪。豈以一世界不相肯諾，遂生退屈。耳目之外，何所不有？並存人間可也，何必辨而非之！西洋人言，『物』字爲萬實總名。著形之性，惟著形之事爲好惡。而超形之性，以無形之事爲好惡。無色形之物，而欲以肉眼見之，猶欲以耳知味，可乎？敝國之鄰方，上古不止三教，纍纍數千百枝。西竺小國，諸國之史未之爲有無。貴邦之儒，鮮通他國，不知自西徂東諸大邦，一國之人不能知，而千國之人或能知之。石獅活獅，貌同類異。石人石獅，貌異類同。泥虎泥人，同爲泥類，則肉狗肉人，同爲肉類。人魂變畜，又何以異？又駁禍不於身，必於子孫，亦極有理。舍本身，而報於他人之身，可謂仁乎？起一淫念者，定即削其科名，而恣欲無厭者，何或縱其極品？憑勢作業者，間亦歸於誅殛。而淳良忠烈者，何反殲於惡人？以衆人所同知者爲知，不能出於同知之外，其知亦淺陋矣。雖駭常心，斯言不誣。

今之理學，似臑衣裘，以拳撩癢。君臣朋友易『講』，如太子勇生子，文帝使抱養於内，輒妄生同異來索。武后下詔，如欲復辟者。太子相王揣非情，固請臨朝，是慈孝亦『難講』也。惟『講』父與父言慈，子與子言孝則可矣。爲子之時常曰『父不慈，子不可以不孝』，則孝子矣。爲子時未言，而爲父時顧言之，即是不慈父矣。爲父之時，嘗曰『俯己以從人則易，仰人以援己則難』，則慈父矣。爲子時屢言，而爲父時反不言，則爲不孝子矣。况乎宣姜産衛文、晉獻生恭世，不比季友、文姜之愛子而已。魯侯而齊侯之子也，當致孝於誰乎？

葛洪《西京雜記》：『東海人黄公，能立興雲霧，坐成江河。』淮南王所招方士，亦多能之。蠕蠕善致風雨，拂菻人能發火於顔，今緬國以婦羈客，曰人蠱。木邦苗近緬人，多幻術，能變人爲羊豕。雲南百夷能以術咒尸爲魚而食之。黔中人多能變獸還復爲人，粤西玀住善變化，上半日爲男，下半日爲女。明于慎行云，廣東居民與海神市，縱舟而去，如期而來。天下事有不可以理曉者，儒者局於所聞之道理，真夏蟲之見。聞楊府堂内有一地窟，伏行江底，從對岸馬鞍山而出，且以爲奇甚。如山中人不信魚大於木，海上人不信木大於魚。况吐谷渾桃大於甕，女丑山大蟹其廣千里。暗海之石，刻之像人能言語，有聲無氣乎？獅子吼，百獸爲腦裂，獅子兒聞倍增勇健，然無始野狐頓入金毛之隊，亦復氣吞一切，盡未來子孫骨髓裏敲取無遺，但願有一人能語餘人可矣。

又『道理難講』，猶云我惟肉、色、情是知耳。理所必無，情所必有，豈止回生一端耶！前者以造花色、花樣，責天公以變策，乃欲與天『講道理』耳。使天有意造之，則不必一概禁殺，使偶然烝出。造物無主，則既有下體生上之疴，何不造不癢厭動之物乎？

『夢中虚誑』，是人生如夢之夢。

湯賓尹：『我亦從來不解樂，著身天界閒情大。』自唐太宗有『無復昔時人，芳春共誰遣』之句，狂慧之人，未有不靠『思量泉壤』過活者。錦襪雙勾萬古情，馬嵬曾何足道？如莊姜、道韞、蕙蘭、木蘭之類，故所願日夕以頭面禮足者也。李義山云：『欲就行雲散錦遥。』王阮亭云：『今日蘭橈碧潭上，玉溪空自怨行雲。』一日易一人，盡其思量，即百年無苦日矣。牛僧孺《周秦行紀》是『思量泉壤』之高祖，蔣勝『欲問繁華誰解，再向天公借，待把舊家風景，寫成閒話』，劉須溪『把繁華事修成譜，寫成圖，漫傷春吊古，夢繞漢唐都』，皆是才子悉爾，此爲色情。若俗士只有色欲無色情，便決無『思量泉壤』之事。劉聰伐并州，發漢薄后冢，后面如生。唐代宗母吴，年八十薨，後啓墳窆，貌澤若生。宋高吴后光李后亦然，赤眉楊髡之『思量泉壤』，亦是色情而惡道矣。

沈南璆、馬秦客且勿論，陳老同世有王繼先，貴爲給事，富有海舟，廣占民間婦，居快樂仙宫數十年。檜妻，丞相蜀王珪女，冲正先生結爲兄妹，大帥俱承下風。韓世忠使統制張勝拜爲父。高宗曰：『檜，國之司命，繼先朕之司命。』『杜守一額』，何足爲榮？

『講道理』者，只隨時發藥一句最爲『道地』。

『間收奇效藥，遍寄有情人』，皆爲『不十分壯』者而設，應是閨人購給夫婿。唐德宗時，歙人汪節母，假宿太微村福田寺，金剛神下，夢與感合而生節。入長安，手擲東渭橋千斤石獅，補神策軍。又某夢金剛與筋食而有力。此二人『褌襠』，可作寶貝。

婦人陰毛治五淋，陰毛與亂髮燒灰可以接舌。又，擦落耳鼻，乘熱蘸之。蛇咬，以男子陰毛含二十條，汁入，毒不入腹。此亦『難講』之一類也。

魯僖公如齊反，薨於夫人之寢。傅加『即安也』三字，是『不老成無回向』之意。

北魏太祖立仙坊，置仙人博士官，典煎煉百藥。梁簡文帝著有《如意方》十卷。《唐書》：罽賓隋漕國，開元七年獻秘方奇藥，皆『賽反精』一類。

第三十五齣　回生

【字字雙】（丑扮疙童，持鍬上）猪尿泡疙疸偌盧胡，没褲。鏵鍬兒入的土花疎，没骨。活小娘不要去做鬼婆夫，没路。偷墳賊拿倒做個地官符，没趣。

（笑介）自家梅花觀主家癩頭黿便是。觀主受了柳秀才之托，和杜小姐啓墳。好笑！好笑！説杜小姐要和他這裏重做夫妻。管他人話鬼話，帶了些黄錢，掛在這太湖石上，點起香來。

【出隊子】（净携酒同生上）玉人何處？近墓西風老緑蕪。竹枝歌唱的女郎蘇。杜鵑聲啼過錦江無。一窖愁殘，三生夢餘。

（生）老姑姑，已到後園。只見半亭瓦礫，滿地荆榛。綉帶重尋，裊裊藤花夜合；羅裙欲認，青青蔓草春長。則記的太湖石邊，是俺拾畫之處。依稀似夢，恍惚如亡。怎生是好？（净）秀才不要忙，梅樹下堆兒是了。（生）小姐，好傷感人也。（哭介）（丑）哭甚的？趁時節了。（燒紙介）（生拜介）巡山使者、當山土地，顯聖顯靈。

【啄木鸝】（生）開山紙，草面上鋪。烟罩山前紅地爐。（丑）敢太歲頭上動土？向小姐脚跟穵窟。（生）土地公公，今日開山，專爲請起杜麗娘。不要你死的，要個活的。你爲神正直應無妬。俺陽神觸煞俱無慮。要他風神笑語都無二，便做著你土地公公女嫁吾。呀！春在小梅株。

好破土哩！

【前腔】(丑、净鍬土介)這三和土一謎鉏。小姐呵。半尺孤墳你在這的無？(生)你們十分小心。(看介)到棺了。(丑作驚丢鍬介)到官没活的了。(生摇手介)禁聲。(内旦作哎喲介)(衆驚介)活鬼做聲了。(生)休驚了小姐。(衆蹲向鬼門)(開棺介)(净)原來釘頭銹斷，子口登開。小姐敢别處送雲雨去了。(内哎喲介)(生見旦扶介)(生)咳，小姐端然在此。異香襲人，幽姿如故。天也，你看正面上那些兒塵漬，斜空處没半米蚍蜉。則他煖幽香四片斑斕木，潤芳姿半榻黄泉路，養花身五色燕支土。(扶旦軟𩎟介)(生)俺爲你款款偎將睡臉扶，休損了口中珠。

(旦作嘔出水銀介)(丑)一塊花銀，二十分多重，賞了癩頭罷。(生)此乃小姐龍含鳳吐之精，小生當奉爲世寶。你們别有酬犒。(旦開眼嘆介)(净)小姐開眼哩！(生)天開眼了。小姐呵！

【金蕉葉】(旦)是真是虚？劣夢魂猛然驚遽。(作掩眼介)避三光業眼難舒，怕一弄兒巧風吹去。

(生)怕風怎好？(净扶旦介)且在這牡丹亭内，進還魂丹，秀才翦襠。(生翦介)(丑)待俺湊些加味還魂散。(生)不消了，快熱酒來。

【鶯啼序】(調酒灌介)玉喉嚨半點靈酥。(旦吐介)(生)哎也。怎生呵落在胸脯？姐姐再進些，纔喫下三個多半口還無。(覷介)好了，好了。喜春生顔面肌膚。(旦覷介)這些都是誰？敢是些無端道途，弄的俺不著墳墓？(生)便是柳夢梅。(旦)眳矇覷，怕不是梅邊柳邊人數。

（生）有這道姑爲証。（净）小姐可認的貧道。（旦看不語介）

【前腔】（净）你乍回頭記不起俺這姑姑。（生）可記的這後花園？（旦不語介）（净）是了，你夢境模糊。（旦）只那個是柳郎？（生應，旦作認介）柳郎真信人也！　虧殺你撥草尋蛇，虧殺你守株待兔。棺中寶玩收存，諸餘抛散池塘裏去。（衆）呸！（丢去棺物介）向人間別畫個葫蘆，水邊頭洗除凶物。（衆）虧了小姐，整整睡這三年。（旦）流年度，怕春色三分一分塵土。

（生）小姐，此處風露，不可久停，好處將息去。

【尾聲】死工夫救了你活地獄，七香湯瑩了美食相扶。（旦）扶往那裏去？（净）梅花觀。（旦）可知道洗棺塵，都是這高唐觀中雨。

天賜燕支一抹腮。羅隱　　隨君此去出泉臺。景舜英

我來穿穴非無意。張祜　　願結靈姻愧短才。潘雍

第三十五齣 《回生》批語

觀『没骨』字，益知『鼉』喻男根之不謬矣。『玉人何處』，《西厢》結句，却是女根妙號。『緑蕪』喻豪。『竹枝』男根。『錦江』之錦代緊，初過緊處。人既已『啼』，肚亦有『聲』，何其刻細一至於此。『半亭瓦礫』喻女根分兩半狀。『綉帶、羅裙』俱喻雙扉。『荆榛藤草』皆豪意也。『依稀似夢，恍惚如亡』八字，喻此一事確切之至，既已如是，數數何爲哉。『哭甚的趁時節了』二句，贈新嫁娘恰好。『地爐』女根。『太歲頭』喻男根也。『觸煞』觸殺也。『梅株』亦喻男根。『半尺』何其大耶。『小心』亦喻女根。『噤聲、哎唷』無非其事，極黠僞者至此，亦將哎唷，故曰『活鬼做聲』。『天也』二字，其義妙絶。『端然在此』，曾弄不壞，豈非天生使受侵暴乎？『塵漬』喻垢。『斜空處』看出『蚍蜉』，何其精細至此。『班片衆路色土』以喻女根，俱極確，妙。『芳姿花身』却喻男根。『將臉扶』嘲女根相亦稍壞。『珠』喻男槌。『花銀』喻精。『龍含鳳吐』喻意甚麗。杜麗娘吐出之物，只是水銀耳。『開眼』之喻亦謔。『真』以代筋，喻男根也。『虚』喻女根是筋是虚，猶問美滿與否。『久經寬廣』，老婦用此二句恰合。『怕風怎好』言裸露看弄，方見妙處，而無奈怕風。『避三光業眼』女根的確雅號，可發一笑。『難舒』猶云難滿，『怕一弄兒巧風』正怕其不滿致然，謔絶妙絶。『丹』喻男槌。『襠』喻女根，『落在胸脯，吃下三個半口還無』喻男精回出，確切之極。『怎生呵』又怪天公生得不是意。『顔面』俱指女根，『眳矇』亦然，『模糊』意同。『蛇』也，『株』也，『鬼』也，俱喻男根。『葫蘆』則喻腎囊，又喻女根口細内寬。『水邊頭』妙極，喻女兩扉。『凶物』喻男根也。『三分』喻女界道。『塵土』喻垢。『風露』雖喻動時水出，亦喻當『風』裸『露』，女道癢難自禁，是名爲『活地獄』。『工夫』用在此地，則必『死』，豈不是『死工夫』？『棺』喻女根外殼，『燕支一抹胭』女根妙贊，『天賜』有生不如此之妙，則誰玩好意，『短才』嘲笑男根。

『愁殘夢餘』，忍見於今，又成古耶？

杜牧『若到上元懷古去，謝安墳上與沈吟』，以遭陳叔陵發也。晉王濬葬垣周曰，十五里『樹下堆兒』，更爲可哭。

『宗元鼎，風流主，三千殿脚踏香土』，只便宜『土地公公』也。『賴他埋玉，把酒頻澆黄土』，正恨極語。《起世經》：識生天者，有名色故，即生六人。若是天男，即於天『女』脞股内生，彼天即稱是我兒『女』。是天『女』者，即於天男脞股内生。佛告阿難：『淫心不除，塵不能出。縱有禪智，必落魔道。上品魔王，中品魔民，下品魔女。』則『土地公公』有『女』，何異？

《後漢・四夷傳》：冉駹頗知文書，貴婦人党母族。西羌十二世後相與婚姻，父亡事母。女既『嫁吾』，公公合叫。

明人《筆塵》常言，過則天陵，不可指議，輒以雷雨報之。先君官隴右，親驗始信，豈非『驚了』太后耶？

孟郊《巫山》『至今晴明天，雲結深閨門』，只疑『送雲雨去了』。

聞買猪肉不聞買屍，自埋紅粉自成灰，人生雖貴，死乃至賤。葛洪《西京雜記》：『漢廣川王發諸冢，魏哀王冢柩刀斫不入，乃漆雜兕革爲棺，累積十餘重。左右石婦人各二十。魏王子且冢無棺，但有石床廣六尺，長一丈，床下悉是雲母，床上兩屍，一男一女俱裸卧無衣衾，因復閉之。晋靈公冢，男女石人四十餘，屍猶不壞。幽王冢，雲母深尺餘，見百餘屍縱横相枕藉，皆不朽。惟一男子，餘皆女子。劉表死八十餘年，晋太康中，冢被發，表及妻身形如生，香數十里。」南齊時，蜀中發古冢，朱砂爲阜，水銀爲池。《唐書》：訶陵國在南海中，死屍不腐。《明史》：暹羅大家灌水銀葬，以錫爲瓦。歐邏巴棺用鉛爲之，豈不勝後魏賜駙馬穆真金飾『棺』，遼與宋使章頻銀飾『棺』耶？《後漢·四夷志》：秦時燕人衛滿避地朝鮮，因王其國。高麗人娶婦生子，便稍營送終之具。金銀財帛盡於厚葬，未爲不是也。

後唐明宗見唐鄭餘慶新纂吉凶禮，有冥昏之制，曰：『昏禮，吉也，用於死者可乎？』其時且有媒妁，專爲未昏而死之家，説合男女共葬一穴云。『不爾即必爲祟』。《元史》：郭三死，姑曰：『新婦年少，必他適，可令吾子孤處地下耶？』求里人亡女合瘞之，誰謂逝者不欲『款款偎將睡臉扶』哉！

『奉爲世寶』，則莫如毛髮、爪甲、綉履、帨巾也。

『劣夢魂』者，魂想無限不可思議事也。

王金壇：『矜嚴入坐暗心通，酒力難催雪艷紅。』若是『半點靈酥』，管取羞紅難問。

『攤門不安横，無復相關意』，『是些無端道途』。

嬌慧女郎心中無不有一『人數』，及其相見，不是向來心中『人數』者多矣。溪峒所以用周禮法，令其自擇也。其法令女擇男，無令男擇女。先聚貴男與一切女，令自擇之。其棄餘者，方與一切男女通爲一聚，復令女擇。一男多女者，聽之。其有女願男不受，又投數男皆不受者，則以分餘賸之男。

王筠『含悲含怨拚不死，封情忍思待明年』，徒欲望其一『撥』。『紅顏本暫時，君還詎相及』，則『只怕三分，一分塵土』。

《南史》：宋山陰主婿廬江何戢叔胤，入齊累中書令，粱末遂隱，縱情誕節。初侈於味，後絶血味。家世信佛，年竟八十。曰：『《檀弓》兩卷，皆言物始，自我而始，何必有例。』但要『七香湯瑩』，轉勝『美食相扶』。

第三十六齣　婚走

【意難忘】（净扶旦上）如笑如呆，嘆情絲不斷，夢境重開。（净）你驚香辭地府，輿櫬出天台。（旦）姑姑，俺强挣作，軟咍咍，重嬌養起這嫩孩孩。（合）尚疑猜，怕如烟入抱，似影投懷。

〔畫堂春〕（旦）蛾眉秋恨滿三霜，夢餘荒冢斜陽。土花零落舊羅裳，睡損紅妝。（净）風定彩雲猶怯，火傳金炮重香。如神如鬼費端詳，除是高唐。

（旦）姑姑，奴家死去三年，爲鍾情一點，幽契重生。皆虧柳郎和姑姑信心提救，又以美酒香酥，時時將養，數日之間，稍覺精神旺相。（净）好了，秀才三回五次，央俺成親哩！（旦）姑姑，這事還早。揚州問過了老相公、老夫人，請個媒人方好。（净）好消停的話兒，這也由你。則問小姐前生事，可都記的些？

【勝如花】（旦）前生事，曾記懷，爲傷春病害。困春遊夢境難捱，寫春容那人兒拾在。那勞承那般頂戴，似盼天仙盼的眼咍，似叫觀音叫的口歪。（净）俺也聽見些，則小姐泉下怎生知得？（旦）雖則塵埋，把耳輪兒熱壞，感一片志誠無奈。死淋侵走上陽臺，活森沙走出這泉臺。

（净）秀才來哩！

【生查子】（生上）艷質久塵埋，又挣出這烟花界。你看他含笑插金釵，擺動那長裙帶。

（見介）麗娘妻。（旦羞介）（生）姐姐，俺地窟裏扶卿做玉真。（旦）重生勝過父娘親。（生）便好今宵成配偶。（旦）懵騰還自少精神。（浄）起前説精神旺相，則瞞著秀才。（旦）秀才，可記的古書云：『必待父母之命，媒妁之言。』（生）日前雖不是鑽穴相窺，早則鑽墳而入了。小姐今日又會起書來？（旦）秀才，比前不同。前夕鬼也，今日人也。鬼可虚情，人須實禮。聽奴道來：

【勝如花】青臺閉，白日開。（拜介）秀才呵，受的俺三生禮拜，待成親少個官媒。（泣介）結盞的要高堂人在。（生）成了親，訪令尊令堂，有驚天之喜。要媒人，道姑便是。（旦）秀才，忙待怎的？也曾落幾個黄昏陪待。（生）今夕何夕。（旦）直恁的急色秀才。（生）小姐搗鬼。（旦笑介）秀才搗鬼。不是俺鬼奴台妝妖作乖。（生）爲甚？（旦羞介）半死來回，怕的雨雲驚駭。有的是這人兒活在。但將息俺半載身材。（背介）但消停俺半刻情懷。

【不是路】（末）深院閒階，花影蕭蕭轉翠苔。（扣門介）人誰在？是陳生探望柳君來。（衆驚介）（生）陳先生來了，怎好？（旦）姑姑，俺迴避去。（下）（末）忒奇哉。怎女兒聲息紗窗外？硬抵門兒應不開。（又扣門介）（生）是誰？（末）陳最良。（開門見介）（生）承車蓋，俺衣冠未整因遲待。（末）有些驚怪。（生）有何驚怪？

【前腔】（末）不是天台，怎風度嬌音隔院猜。（浄上）原來陳齋長到來。（生）陳先生説裏面婦娘聲息，則是老姑姑。（浄）是了，長生會，蓮花觀裏一個小姑來。（末）便是前日的小姑麼？（浄）另是一衆。

(末)好哩，這梅花觀一發興哩！也是杜小姐冥福所致，因此徑來相約。明午整個小盒兒，同柳兄往墳上隨喜去，暫告辭了。無閒會，今朝有約明朝在，酒滴青娥墓上回。(生)承拖帶，這姑姑點不出個茶兒待。即來回拜。(末)慢來回拜。(下)

(生)喜的陳先生去了，請小姐有話。(旦上介)(净)怎了，怎了？陳先生明日要上小姐墳去。事露之時，一來小姐有妖冶之名，二來公相無閨閫之教，三來秀才坐迷惑之譏，四來老身招發掘之罪。如何是了？(旦)老姑姑，待怎生好？(净)小姐，這柳秀才待往臨安取應。不如曲成親事，叫童兒尋隻贛船，夤夜開去。以滅其蹤，意下何如？(旦)這也罷了。(净)有酒在此，你二人拜告天地。(拜把酒介)

【榴花泣】(生)三生一夢，人世兩和諧。承合卺，送金杯。比墓田春酒這新醅，纔醱轉人面桃腮。(旦悲介)傷春便埋，似中山醉夢三年在。只一件來，看伊家龍鳳姿容，怎配俺這土木形骸。

(生)那有此話！

【前腔】相逢無路，良夜肯疑猜。眠一柳，當了三槐。杜蘭香真個在讀書齋，則柳耆卿不是仙才。(旦嘆介)幽姿暗懷，被元陽鼓的這陰無賴。柳郎，奴家依然還是女身。(生)已經數度幽期，玉體豈能無損？(旦)那是魂，這纔是正身陪奉。伴情哥則是遊魂，女兒身依舊含胎。

(外扮舟子歌上)春娘愛上酒家子樓，不怕歸遲總弗子愁。推道那家娘子睡，且留教住要梳子頭。(丑扮疙童上介)船船船，臨安去。(外)來來來。(攏船介)(丑)門外船便，相公篡下小姐班。(净辭介)相公小姐，小心去了。（生）小姐無人伏侍，煩老姑姑同行，得了官時相報。（净）俺不曾收拾。（背介）事發相連，走爲上計。（回介）也罷，相公賞姪兒什麼？著他和俺收拾俺房頭，俺伴小姐去來。（丑）使得。（生）便賞他這件衣服。（解衣介）（丑）謝了，事發誰當？（生）則推不知便了。（丑）這等請了。

秃廝兒權充道伴，女冠子真當梅香。（下）

【急板令】（衆上船介）別南安孤帆夜開，走臨安把雙飛路排。（旦悲介）（生）因何吊下淚來？（旦）嘆從此天涯，嘆三年此居，三年此埋。死不能歸，活了纔回。（合）問今夕何夕？此來魂脉，脉，意哈哈。

【前腔】（生）似倩女還魂到來，采芙蓉回生並載。（旦嘆介）（生）爲何又吊下淚來？（旦）想獨自誰挨？翠黯香囊，泥漬金釵。怕天上人間，心事難諧。（合前）

（净）夜深了，叫停船。你兩人睡罷！（生）風月舟中，新婚佳趣，其樂何如。

【一撮棹】藍橋驛，把奈河橋風月篩。（旦）柳郎，今日方知有人間之樂也。七星版，三星照，兩星排。今夜呵，把身子兒帶，情兒邁，意兒挨。（净）你過河衣帶緊，請寬懷。（生）眉橫黛，小船兒禁重載？這歡眠自在，抵多少嚇魂臺。

【尾聲】（生）情根一點是無生債。（旦）嘆孤墳何處是俺望夫臺。柳郎，俺和你死裏淘生情似海。

偷去須從月下移。吴融
傍人不識扁舟意。張蠙

好風偏似送佳期。陸龜蒙
惟有新人子細知。戴叔倫

第三十六齣 《婚走》批語

『如笑如呆』乃喻女根。『重開』亦然。『香』喻男根。『地府』女根。『輿櫬』嘲其害物，所謂文君終是損相如也。『天台』喻其深耳。『强掙作軟哈哈，重養起嫩孩孩』，俱喻男根而確切之至。『如烟似影』，喻男子之雞形者。『懷抱』喻女根也。『蛾眉』喻豪。『秋恨』之秋代湫。『餘斜』喻陽洩後。『舊羅裳』句，喻久經男事者。『風』喻男動。『金炧』之金代筋，筋炧二字，男根妙號。『費端詳』自註所譬。『高唐』善譬之祖。『一點』喻男行事。『幽契』，深處中式也。『提救』喻點中復出。『酒、酥』皆喻男精。『難捱』謂分明美滿時。『頂戴』喻男根，即成式嘲飛卿『重著帩頭』意。『眼哈』男根。『口歪』女根。『耳輪』喻女兩輔。『死淋侵』喻女根受暴之容，『活森沙』喻男根得水之狀。『含笑』仍指女根。『攏』字亦然。『金釵』以代筋叉。『裙帶』又喻邊闌。『地窟』喻女根也。『玉真』之真亦以代筋。『懵騰』亦喻男根。『青臺』喻豪。『白』喻兩輔。『盞』喻女根。『黄昏』喻女根水，觀『落』字而知之。『陪待』總一瞬事，覺待字之更妙。『急色』之色代塞，『甫』喻精。『雲』喻花。『半截』猶在身半意。『截』讀去聲。『半刻』猶刻燭之刻，喻姑納其半也。『蕭蕭』連『翠苔』讀，喻豪。『陳生』以代陳姥。『深柳』一句妙極，柳在內時，亦用陳也。『女兒聲息』，嘲行事時聲自女根出。『硬抵不開』則無聲應，其喻尤妙。『車』喻以女根轉男根如車輪之關，嫪毐行也。『小盒』亦喻女根。『青』喻豪。『墓』喻兩輔。『回』字妙喻。『拖帶』易明。『老身招掘』尤可笑矣。『船開』仍喻女根，女根開，男根入，則如滅蹤。『金杯』之金代筋。『桃』喻女根易明。『埋』字猶滅蹤意，喻花『心』被『傷』則且『埋』勿動。『三年在』謂久於其内，雖不動亦佳也。『耆卿』以代奇輕。『暗懷』喻女深處。『梳頭』之梳代酥。『相公纂下小姐班』謔且虐矣。『雙飛』喻女邊闌，『芙蓉』同意。『因何吊淚，爲何又吊』譬喻苛惡。『香囊』喻腎囊可，即喻女囊亦可。『金釵』固代筋叉。『天上』仍喻高處。『心』謂花心。『風月舟』女根妙號。『藍』亦喻豪。『星』喻男槌。『衣』喻邊闌，故曰『帶緊』。帶字連上讀，即非解人。『重載』並男身言之，『歡眠』自喻男根浸養於内。『嚇魂』喻女根之凶。『情根』即是男根。『點』字註過。『望夫臺』則嘲女根，雖盡女意仍深也。『似海』意同，『死裏淘生』喻男根。『偷去』想怕死耳。『旁人不識』句，復自註其取譬之韞藉。

詩云：『過去即前生。』每念斯言，如『呆』似笑，麗娘今日亦如是耳。

晋東海鮑靚年五歲，告其父母，本曲陽李家兒。其父母尋得李所，推問皆符驗，百餘歲卒。物牽情處，『信爲尤人可意時』『無奈死情根枯斷，幻雲空奈此絲何』。生公叫我爲人去，知其未斷也。只恐爲人不到頭，惟其『不斷』，是以常『斷』。抱深情者必具智骨，具智骨者必轉道心，故『嘆』。

坡：『古今如「夢」，何曾「夢」覺？』但有舊歡新怨，正爲『重開』白面念發弘願。願此現在身，但受過去報，不結將來因。何爲讀義山詩，即欲生爲其子？當由我佛度生，亦在『夢境』中攝生。又『夢』中之『夢』，死即如『夢』中『夢』之，遷徙不常矣。

《首楞嚴》：心發愛涎，舉體光潤。即所謂嫩『孩孩』耶？『孩孩』須待天工，『咍咍』半由人造。若如《説鈴》所載换形借屍之事，其於接著活免投胎法尤妙，正以不須重將息這『孩孩』耳。王金壇云：『抱定猶疑玉是「烟」。』嗟乎！侯景膝坐帝姬，文宣手擁后姊，亦『如烟入抱，似影投懷』耳。而玩世之雄夫，玩物之巨黠，必欲據英豪一日之勝，可笑也哉！

内典云：『因前生「信」力，故早年作事勝人。』『信』根已壞，則不復然。即頻申悲勸，極力宣揚，亦只爲五濁難『信』，不肯酬恩耳。若生難遭想，發實肯『心』，天界西方亦不相賺矣。

愛人『頂對』，是閨人弱質，柔心帶癡一事。

『久客計程愁欲絶，榜人猶自勸開尊』，是『似盼天仙』者。又豈知青蓬慣聽雨聲多，世味渾如嚼蠟麽？『却怨十字街，使郎心四散，由來感神事，豈爲無情傳』。『一片志誠』，人鬼欽愛。

王金壇咏暴死鄰女：『頳玉峨峨扶不得。』無肉暖尚思陽台，况今有肉暖耶！

『怎忍教悄冤家，不稱今生願』，是『無奈』二字之精。若心『驕』意硬，彼雖美何與人事，某謂能使心驕意硬者至『無奈』時，其狀更勝十倍。然捨『頂戴』二字，無他謬巧矣。唤江郎夢覺者，亦常用我法歟？或曰若元陽果爾，則心驕意硬者將成繞指。

澄鮮妍瑩曰『艷』，『含笑插金釵，擺動長裙帶』，更助其『艷』。然無奈失意婕好粧粉薄，最怕『看他』。

唐德宗曰：『今借吉而婚者不少。』蔣乂目俚室窮人耳，公主豈可用俗儀？『高堂不在』，曾不疚心。《五代史》：初，鄭餘慶嘗采唐士庶吉凶書疏之式，雜以當時家人之禮，爲《書儀》兩卷。唐明宗詔太常卿洛陽劉岳等共删定之，岳等增損其書，而其事出鄙俚，皆當時家人女子傳習所見。其婚禮有女坐鞍，婿合髻之説，公卿家頗遵用之。至其久也，又益訛謬可笑。其類甚多，是『做鬼』亦當實理也。高洋段昭儀，韶妹也。婚夕，詔妻元氏爲俗弄女婿法，雖非實理，却含虛情，何至銜之？後謂詔曰：『我會殺爾婦。』使懼匿婁太后所，終其世不敢出耶。

陳子龍《清明詞》：『冷風尖，清夢杳，柳蕩花飛，總爲愁顛倒。綉原長，青冢小，地下傷春應不老，香魂依舊嬌芳草。』除是『青臺閉，白日開』耳。

次回云：『羞顔赬似未笄年』，是『同衾共枕過今生，知君甚解相輕薄』意。于鱗云：『始欲識儂時，白頭誓相憐。一日三唐突，持底解於年。』故曰『忙待怎的』。

王金壇『敢道向郎恩分淺，同群女伴尚關情』『那其間俊龐兒害羞，我却準備下風流畫眉手』，皆『曾經陪待』之語。舊面新看應最好，遠歸且然，又不但『碧玉破瓜時，郎爲情顛倒。感君不羞赧，回身就郎抱』也。

仁遇東舅云：『亦不願足下如此僻好也』。鐵崖：『虢國夫人朝至尊，光彩流動狂情「急」。』要異乎『秀才』之『急』，意中人竟得臨御，是稱到口之酥，雖宜故緩，然而難矣。

陳其年《贈幸僮》：努力做藁砧模樣，休爲我再惆悵，纔算『擣鬼』。

次回：『猶將身分做，恰似生疎個。』棠村：『綉被微温候篝燈，乍翦時端相帶笑。』又『佯推欲睡故遲遲，恩分已深羞未减，得人情處且生疎』，題目只是『粧妖作乖』四字。

早是自家無氣力，又被你惡憐人，是『半死來回』。

鄒秖謨：『懶綉鴛鴦，懶説鴛鴦，知麽？微笑也，問檀郎。輕度丁香，輕嚙丁香，知麽？微笑也，問檀郎。』奇妙！是以上擬下『消停半刻』一語。閨人慣用此法，故知『待妾整容儀』，反是招其速前之語，若看正面，全無妙處矣。

『車馬却歸城，孤墳月明裏。城外無間地，城中人又老。』『平原壘壘添新冢，半是去年來哭人。』今人看花古人墓，乃云『隨喜』。

『點不出茶』，令人轉念『身閒不厭頻來客』之樂。

『三生一會』者，前生已思而爲理所格，直至今生『會』始無礙也。王金壇：『似夢濃歡復似真，細看原是擲梭人。當初薄怒尤嬌絶，笑倩如花更一嗔。』惟彼『三生一會』者，較此和諧更趣。又『引開笑語歡初洽，逼出風情態轉妍，矜嚴標格漸成狂』，俱非才子不能道。

元曲『銀盤面膩粉團酥，畫堂富貴人相共，未知不澆儂口待澆墳』，是『桃腮』欲『醱』之故。

北齊高洋謂左右云：『高德正好以精神凌逼人。』一日斬其趾，洋使追魏收草《禪讓詔》，楊歆至鄴，即召邢邵、崔㥄等撰儀注，宴集正歡，崔㥄一到，無復談話，洋言㥄當令僕射，恨其精神大遒，『龍鳳』有時反誤。其妾馮氏亦長且姣，家人號曰成君，與邢等通。高澄時，㥄同下廷尉，至與諸囚通，詔支解於都市，爲九段。因其自視如『土木』，故亦以『土木』視之。然洋見王猛曾孫昕，又曰：『好門户，惡人身。』《南史》：吴人陸惠以形短小，不得爲侍中。《宋史》：許州李先無貌有才，時目爲錯安頭。

宋明帝謂李安人曰：『卿面方如田，封侯相也。』宋文帝后侄陳郡袁昂容質修偉，冠絶人倫，入梁爲中書令，子婿皆嬪王尚主，年八十歲。子泌容體魁岸，以侍中使齊還歸陳，復以侍中使周。《唐書》：李翱甥鄭畋相昭宗，姿采如峙玉。路岩，魏州人，體貌偉麗，年三十八，相懿宗，奢肆不法。獨阮籍『朝爲媚少年，夕暮成醜老。自非王子晋，誰能常美好』，爲可嘆耳。古字尺赤通用，尺子丈夫以長短言也，要不可如昌宗輩，粉面膏唇以事女主耳。

男婦之美，莫過秀曼，秀特軀材拔起。嘗愛龔芝麓《咏纏足詞》：『閒倚綉屏腰，看鬟雲送獺，羅襪藏嬌。』非玉身山大，安得稱屏？至以嬌字贊玉弓，尤非才子不能。襪藏二字，字法更妙。嬌既得看，則此時不藏可知，而寫昵事不入褻語，故是唐人風味。劉孝綽妹寄夫徐悱：『東家挺奇麗，南國擅容輝，還看鏡中色，比艷自知非，摛詞徒妙好，傾城詎敢希？』雖復自謙『形骸』，而看鏡一句，實是妖極自賞也。詩未易知如此。

丁奇遇《花燭詞》：『今「夜相逢」窄可憐，倉卒凝魂魄。』又『想此事於人，忒是得意，卑尊無計，觀音似慈容新喜，纔拜下春心自醉』『相逢無路，良夜肯疑猜』，則同名近女斷不敢却矣。

隋煬賜徐則書：『先生宗玄齊物，卓爾仙才。』王阮亭云：『屯田小詞，傳播旗亭北里間，終不解作香奩綉閣中語。』故曰不是『仙才』。

『低鬟認新寵，窈窕復融怡。己身不自曉，盼盼復依依』，是此『無賴』二字之神。龍性逢『陰』，即感以純陽也。張邋榻在白岳遇積雪數尺，輒裸卧其中，良久氣蒸蒸，大呼快活。至『陰』能感至『陽』，觸我丹火，相爲融液故也。男有室所以圍『陰』於外，女有家所以方『陽』於內。『鼓』字取橐籥意，强始和成者，皆被『鼓得無賴』耳，然長陵赤眉不知能否。『陰』妖冷蘖成何怪，益爲不受『陽』和一點恩者淚下焉。

今日始知春氣味，以『含胎』也。君心見賞不見忘，只恐將新變『舊』易，持『舊』爲新難耳。金壇『逢「新」偏憶「舊」纏綿，嫁早怕逢先認客，只悔從前領略粗』，皆爲此『含胎』二字，低徊不已也。『舊』恩如淚亦難收，君前願報新顔色。其如香苞破葩，非復弇含何！

『女冠子真當梅香』，晋宋宫中皆解此妙。陶侃爲武昌守時，山夷多斷江劫掠，侃令諸將詐作商船以誘之，此法永遠遵行，則『孤帆夜開』何畏？否則李賀有云：『三湘惻惻流急緑，老猿心寒不能嘯。』飛卿有云：『山月不知心裏事，水風空落眼前花。』紅粉對寒浪，尤最傷懷。

『碧玉身沉眢井邊，緑珠魂斷舞樓前。風流畢竟輸漁父，閒擁漁娃竟日眠』，亦止『雙飛』之意，豈黄山谷之『纔入新婦磯，又入女兒港』哉？

『魂脈脈』三字古已多有，『意咍咍』三字真正才子新得。

『想獨自誰挨』，宜王金珠有『春心鬱如此，情來不可限』之句。

徐陵詩：『拭面留花稱，除釵作小鬟。』寫『心事諧』後，『金釵』亦覺其好。

『邂后承際會，得充君後房。不才免自竭，賤妾職所當。樂莫樂斯夜，没齒安可忘』，是婦女『心事諧』之極致。元人《温嶠曲》：『則索向窗間偷覷，怎生敢整頓觀窺。而今呵，徹膽歡娱，自歌自舞，那些兒教我心歡處。你截一幅大紅裹肚，你從明日打扮你的兒夫。』是男子『心事諧』之極致。

惠岩云：『乘風送迴音，令君聞獨杵』，可與『篩』字比美。

『一願郎君千歲，二願妾身長健』，宋人語也。元曲：『煖鋪深缸笑幾場，每日價喜孜孜一雙直睡到暖溶溶日影紗窗上。』唐詞：『花下月，枕前人，此生誰更親？交頸語，合歡身，霜天似暖春。寶帳欲開，慵起戀情深。』古詩：『共戲炎暑晝，更覺兩情諧。惡卧兒不啼，吉夢婦頻卜。羅帳是誰搴？雙枕從無有。』俱『歡眠』自在正解。『歡眠自在』勢必如内典所載，一切世間人所曾作，如是二人，莫不皆作。人不曾作，亦無不作矣。

『抵多少嚇魂臺』，才子勸人就家雞而舍野鶩也。世間大有虚榮貴，百歲無君一歲『歡』，彼離床而蠅營，就床而鴛，戀者雖知『歡眠』，不知『自在』之旨。若張籍所云『家貧夫婦歡不足』，則調琴本要歡，心愁不成趣耳。

讀『身帶意挨』三語，覺『簾幙四垂燈焰煖，身作匡床臂爲枕』已足，何必定如陳後主之『玉面俱要來帳前，翠帶羅裙入爲解』耶？

『無異市井人，見金不知廉。不知此夜中，幾人同無厭』『君知一夜恩多少，不怕人魚傍櫓聽』，較誠齋『東窗水影西窗月，並照「船」中不睡人』大别。

『相如墓上生秋柏，三春誰是言「情」客。』帝釋不修天業宫殿，何以隨身輪王不作王，因七寶無因聚集。若非『情債』難填，久已衆生成佛。

『情似海』，如云他伉儷之情皆人所得而分，人所得而奪，惟俺和你不然矣。有相海，有性海，有法海，即應有『情海』。『淤泥精衛沫』，正謂此深重恩愛若『海』也。柔『情』不斷如春水，舊恩如水滿身流，雖欲不『海』，得乎？

玉茗知爲『死裏淘生』，而《丹經》顧云：『此宗妙藥家家有，自從會得些兒後，忘却人間萬斛愁。』未知誰是。

第三十七齣　駭變

〔集唐〕（末上）風吹不動項垂絲雍陶，吟背春城出草遲朱慶餘。畢竟百年渾是夢元稹，夜來風雨葬西施韓偓。俺陳最良，只因感激杜太守，爲他看顧小姐墳塋。昨日約了柳秀才墳上望去，不免走一遭。（行介）巖扉不掩雲長在，院徑無棋草自深。待俺叫門。（叫介）呀，往常門兒重重掩上。今日都開在此，待俺參了聖。（看菩薩介）咳，冷清清没香燈的。呀，怎不見了杜小姐牌位？待俺問一聲老姑。（叫三聲介）誰家去了？待俺叫柳兄問他。（叫介）柳朋友！（又叫介）柳先生！一發不應了。（看介）嗄，柳秀才去了。醫好了他，來不參，去不辭，没行止，没行止！待俺西房瞧瞧。咳喲，道姑也搬去了。磬兒，鍋兒，床席，一些都不見了。怪哉！（想介）是了。日前小道姑有話，日昨又聽的小道姑聲息，於中必有柳夢梅勾搭事情。一夜去了。没行止，没行止！由他，由他！且後園看小姐墳去。（行介）

【懶畫眉】深徑側老蒼苔，那幾所月榭風亭久不開。當時曾此葬金釵。（望介）呀，舊墳高高兒的。如今平下來了。緣何不見墳兒在？敢是狐兔穿空倒塌來。這太湖石，只左邊靠動了些，梅樹依然。（驚介）咳呀！小姐墳被劫了也！（放聲哭介）

【朝天子】小姐，天呵！是甚發冢無情短倖材？他有多少金珠葬在打眼來！小姐，你若早有人家，也搬回去了。則爲玉鏡臺無分照泉臺。好孤哉！怕蛇鑽骨，樹穿骸，不隄防這灾。

知道了，柳夢梅嶺南人，慣會劫墳。將棺材放在近所，截了一角爲記，要人取贖。這賊意思，止不過説杜老先生聞知，定來取贖。想那棺材，只在左近埋下了。待俺尋。（見介）咳呀，這草窩裏，不是硃漆板頭？這不是大銹釘？開了去。天呵，小姐骨殖丢在那裏？（望介）那池塘裏浮著一片棺材。是了，小姐屍骨抛在池裏去了。狠心賊也！

【普天樂】問天天，你怎把他昆池碎劫無餘在？又不欠觀音鎖骨連環債，怎丢他水月魂骸？亂紅衣暗泣蓮腮，似黑月重抛業海。待車乾池水，撈起他骨殖來。怕浪淘沙碎玉難分派。到不如當初水葬無猜。賊眼腦生來毒害，那些個憐香惜玉，致命圖財！

先師云：『虎兕出於柙，龜玉毁於櫝中。典守者不得辭其責。』俺如今先稟了南安府緝拿。星夜〔一〕往淮揚，報知杜老先生去。

【尾聲】石虔婆，他古弄裏曾窺珍寶來。柳夢梅，他做得個破周書汲冢才。小姐呵，你道他爲甚麽向金蓋銀墻做打家賊？

丘墳發掘當官路。韓愈　春草茫茫墓亦無。白居易
致汝無辜由我罪。韓愈　狂眠恣飲是凶徒。僧子蘭

〔一〕夜，底本無，據别本補。

第三十七齣　《駭變》批語

『風吹不動頂垂絲』喻陰器。『吟背春城出草遲』喻後庭。『雲長在』喻花頭。『草自深』嘲之矣。『重重掩上』更切其形。『磬兒』喻女根聲。『鍋兒』喻其熱坎。『床席』喻兩輔也。『勾搭』以喻男槌。『深徑側』，妙在側字，非已經狼藉者不爾。『老蒼苔、久不開』俱嘲老寡婦語。『金釵』之金代筋。『穿空倒塌』譏嘲更酷。『左邊靠動』即徑側意。『短材打眼』俱喻男根。『金珠』之金代筋。『冰』喻勢槌上處。『玉鏡』仍喻兩輔。『蛇樹』同意。『硃漆板』喻女邊闌。『大銹丁』男根也。『水月』註過。『紅衣』兩扉。『蓮腮』兩輔。『黑月』二字比水月更妙。『車』字亦打旋意。『毒害』二字譬男根而嘲女道。『鐵蓋銅墻』嘲女根之禁得。『打家』喻侵自妻。『虎兕、龜玉』俱喻男根。『春草茫茫墓亦無』嘲老婦。『狂眠恣飲是凶徒』又曰男根也。

觀『舊墳高高』一語，令人有高后園林與地平之恨。銅臺雨滴平，萬恨盡埋此，誰知此地，縱千年土香猶破鼻乎？『短倖才』三字殆言美人黃土，萬古傷心。幸存『玉骨』，猶必拋之，真不知情字之味。作此『短倖』之事，若發而仍掩，庶乎長『才』人矣。《南史》：義興吳達之嫂亡，無以葬，自賣以營冢槨，何其才之不『短』至此。晉末有孔慕者，善占墓，劉裕使占父墓，曰『非常地也』。唐太宗曰：『突厥俗焚，今葬皆起墓，背祖父命，嫚鬼神也，將亡矣。』晉《束皙傳》，太康二年，汲郡人發魏襄王墓，得《穆天子傳》，晉皇甫謐論曰：『存亡人理之必至也，雖惡不可逃遁，而備贈存物，至剥臂捋金環，捫腸求「珠」玉。』陳宣帝子始興王叔陵，年十六爲江州刺史，政自己出，州縣非其部内，亦徵攝案之。呼召賓客，説人間細事，戲謔無所不爲。九年爲揚州刺史，十年至都。人間妻子微有色貌者，並即逼納。召左右妻女與之奸合。冢有主名可知者，多被『發掘』，持肘脛爲玩弄，藏之府庫。生母彭氏死，發謝安墓，棄其柩以藏母，此爲『短倖』。王僧辨平侯景，留子頒於荆州，從梁元帝入關，聞其父爲陳武所殺，請爲韓擒虎先鋒，及平陳得父故部，衆人夜發霸先陵，火其骨。隋將洛人衛玄有鎮蠻功，楊玄感反，至華陰掘其父素冢，焚其骨，此正大『才』。

第三十八齣　淮警

【霜天曉角】（净引衆上）英雄出衆，鼓譟紅旗動。三年綉甲錦蒙茸，彈劍把雕鞍斜鞚。賊子豪雄是李全，忠心赤膽向胡天。靴尖踢倒長天塹，却笑江南土不堅。俺溜金王，奉大金之命，騷擾江淮三年。打聽大金家兵糧凑集，將次南征，教俺淮揚開路，不免請出娘娘計議。中軍快請。（衆請介）

【前腔】（丑上）帳蓮深擁，壓寨的陰謀重。（見介）大王興也！你夜來鏖戰好粗雄，困的俺垓心没縫。

大王夫，俺睡倦了。請俺甚事商量？（净）聞的金主南侵，教俺攻打淮揚，以便征進。思想揚州有杜安撫鎮守，急切難攻。如何是好？（丑）依奴家所見。先圍了淮安，杜安撫定然赴救。俺分兵揚州，斷其聲援，於中取事。（净）高！高！娘娘這計，李全要怕了你。（丑）你那一宗兒不怕了奴家。（净）罷了。未封王號時，俺是個怕老婆的强盜，封王之後，也要做怕老婆的王。（丑）著了。快起兵去攻打淮城。

【錦上花】撥轉磨旗峯，促緊先鋒。千兵擺列，萬馬奔冲。鼓通通，鼓通通，譟的那淮揚動。

【前腔】軍中母大蟲，綽有威風。連環陣勢，烟粉牢籠。哈哄哄，哈哄哄，哄的淮揚動。

（丑）溜金王聽分付：軍到處，不許你搶占半名婦女。如違，定以軍法從事。（凈）不敢。

日暮風沙古戰場。王昌齡　軍營人學內家妝。司空圖

如今領帥紅旗下。張建封　擘破雲鬟金鳳凰。曹唐

第三十八齣 《淮警》批語

「鼓譟」喻男根。「紅旗」喻女邊闌。「綉茸」喻豪。「甲」喻兩輔。「劍」喻男根。「帳」喻兩扉。「雕鞍」喻女根合尖處。「斜鞚」之法惡甚。「靴尖」喻男根槌。「土不堅」爲女根一笑。「蓮」喻女根圈相。「壓寨的重」喻懸腹也。「千萬」喻數，「兵馬」喻筋。「烟粉牢籠」女根妙號。「哈哄哄」喻交歡時口中音。「鬢」以喻豪，「雲」喻花頭。「鳳凰」喻合尖處微似鳥咮也。「鼓」喻女根兩輔。「大蟲」喻男根也。「連環」喻女根重暈。

金末牙吾塔以屢敗宋兵，威震淮泗，喜淩侮使者，每以酒食困之。或辭以不飲，因並食不給，使餓而去。辭以疾不飲，則言易治，按於床炙之數十。又以銀符佩妓，屢往州縣取財，號省差行首。州將之妻，皆遠迎迓。金末南伐，折耗士卒，徒使驕將肆掠，飽其私欲而已。常遇春亦貌似獮猴，縱兵淫掠。女且爲建文帝母。

《金史》：楊安兒等聚黨山東，攻劫州縣，殺掠官吏，僭號改元天順，僞置官屬。僞元帥郭方山據密州，略沂海，李全略臨朐，據穆陵關，衆二十萬。以重賞招之不應，金駙馬安貞轉戰敗之。安兒乘舟入海路，舟人擊之，墮海死。安貞擒僞官差，招降三萬餘，遣兵會宿州，取賊水寨，殺賊多人，斬僞太師。詔山東西路賊黨猶嘯聚，作過者並與免罪招撫之，自此河北殘破，干戈相尋。其黨往往復相團結，所在寇掠，皆衣紅襖，官軍討之不能除也。時曹濟間又有花帽賊帥，郭大相公應募，官至太后衛尉。時河朔斗米二十兩，弄兵之徒，藉口而起，紅襖南連北構，皆成約將，跨河爲亂。昭帝時，長兄燕王且有謀，諸臣曰：『大王一起，國中雖女子皆奮臂隨大王。』母大蟲世固多有，趙盾之入宫也，亦衣婦人衣。隋漢王諒反，使卒衣婦人衣，襲取蒲州。齊州賊杜伏威剽淮南，隋煬遣陳稜討之，威遺稜婦人服，書稱陳姑怒其軍。李密既歸唐，唐遣至黎陽，招撫故部曲，密懼謀叛，乃簡驍勇數十人，衣婦人服，藏刀裙下，詐爲家婢妾者，入桃林傳舍，須臾據其城。宦官程元振既逐，衣婦人衣自三原還京師，圖不軌。晋王國寶見疑於武帝，乃託王家婢，衣婦人衣，就會稽王謀。陳文帝妹婿劉郁，宣帝時乘小輿，衣婦人衣就子高謀。梁武從母舅子范陽張瓚，尚帝女，身長七尺四寸，面美，元帝時衣婦人服，乘青布輿入山起義。宋孝武叔義宣敗，其子詼在宫中著婦人衣，乘問訊車投臨汝孟翊，翊於妻室内爲地窖藏之，惟義康敗還江陵，與所愛妾五人，皆著男子服，相隨步出城外。假『胭粉』尚能『牢籠』人，况真『胭粉』乎？公孫瓚將亡，先殺姊妹婦女。宋南陽劉湛生女輒殺之，人以爲怪。後乃與義康事，則慮其不足以『牢籠』而徒爲人作容悦也。

馬祥麟之母土司秦良玉，救省還而驕，請以客禮見督師，督師曰：『不可以軍容亂國典。』良玉帕手靴褲膝行而前，督降階延登，慷慨慰勉，始不敢奴視漢官。按良玉男妾數十人，皆滅髭弓彼。蓋賢文男子所爲，未與婦人參議。若可以託六尺之孤，可以付千里之事，可以敵數世之仇，可以昌後代之業，健而幹如李希烈妻、竇良女，以及秦良玉等，則男人直爲我暫用之物，猶他女子爲男兒所用之物也。又不但『牢籠』而已。

《北史》：魏延壽三年百濟《表》云：『高麗見凌逼，若肯救臣，當奉送鄙女。』唐太宗破高麗，明年獻二姝，口勅曰：『色者人所重，然愍其去親戚，以傷乃心。』還之新羅。異姓雖娶，當爲妾媵。善德姊妹相繼爲王，訃至，唐帝爲之舉哀。玄帝時獻二女，帝曰：『女皆王姑姊妹，違本俗，别所親，朕不忍留。』洪武二年，安南王獻二女，艷麗傾六宫，上受之，無何復以二女進，上曰：『彼謂朕漁色耶？』並前二女，語使者歸，驗之猶女體也。隋文時，吐谷渾請以女備後宫，帝曰：『此非至誠，但急計耳，今依來語，他國便當相學，若並許之，又非好法。』竟不許。然十六年以光化公主妻世伏，雖上表稱爲天后，不許，而世伏死，弟久伏請依俗尚主，主許之。蠕蠕初懼魏討，與姚興和親入高車，至斛律爲可汗送女於馮跋，爲之嬪，魏太武征降之。以王子吴提尚西洛公主，而納提妹爲夫人。西魏文帝以元昱妹稱光化公主，妻阿那瓌。弟又自納瓌長女爲后，容儀端嚴。高歡因瓌凶狡，欲與固結且東伐，復以疎屬假公主嫁瓌子，親自經紀器物，復不得已，更求其次女，瓌請以其孫女鄰知公主妻歡子湛，於其己女則曰，高王自納則可。後歡有病，不能就主，送主者恚，乃與疾就之。歡死，又聽澄從蠕蠕法，一生不肯華言。周文以與蠕蠕結婚不成，乃使人往突厥結之，突厥聞齊人許送皇姑，復致疑沮，有以迎后功封爲伯者。其徙入高車也，高車人掩擊之，而不顧後患，分其廬室，妻其婦女，安息寢卧，蠕蠕主登高望見，乃收集亡散掩殺之。初高車叱洛侯導蠕蠕破諸種落，至是斛律姪步鹿真等，遂至侯家淫其妻。魏昭成帝始都雲中，娶慕容儁女與交婚。魏太宗以禮受姚興女爲后，崔浩請取之，曰：『豈顧婚姻酬一女子之惠哉？』代人豆代田從破赫連定，以定妻賜之。爾朱榮女先爲魏明帝嬪，欲莊帝立爲后，帝未决，祖珽父黄門侍郎瑩引文嬴事曰：『事有反經而合義。』上遂從之。而皇后復嫌内妃嬪甚有妒恨之事，曰：『天子由我家置，今便如此，我父本日即自作。』榮小女嫁與帝侄陳留王伽邪，曰：『皇后若不生太子，必立陳留。』則『婦女』之爲物，常有關於國計兵謀也。唐相李德裕雖云：『勝國女不可爲妃后，蓋其先皆一時之傑，我以男戎勝彼，彼必以女戎勝我。』如尉遲迥憤隋篡，起兵圖之，隋文討殺迥，納其幼女重幸之，后陰殺焉，遂致反目。唐祖之寵宇文述女宇文妃，欲立爲后，太宗之寵煬帝女蕭妃，欲立其子，玄宗之寵武惠妃，愛壽王等，皆彼戰既勝，又欲以此戰勝者也。『胭粉牢籠』四字包藏無限古典，誰謂玉茗才人徒爲楊妙真設哉。吴起見魏文侯，侯布席，夫人奉觴，管仲至，公執爵，夫人執尊，觴三行。古之奪功臣者必以女子。文明嚴無所縱，每杖諸臣禁中，尋或更加富貴，人皆懷利不怨。齊爲祖珽造第，陸媪親至作場，珽既佞爲女媧，時皆以爲極榮。後主之問大姬，三問方下床答。俱爲『胭粉』起見，不覺被其『牢籠』。

《莊子》：盗跖從卒九千人，横行侵暴，取人『婦女』，萬人苦之。東漢上黨陳馮二姓，以冠冕族張揚，利其『婦女』。晋王浚與鮮卑討成都，王乘勝克鄴，鮮卑大掠『婦女』，浚命敢有挾藏者斬，於是沈於易水者八千人。及與劉琨争冀州代郡、上谷、廣寧三郡，與鮮卑並力，驅三郡『婦女』出塞，卒爲石勒所破，妻與勒同坐臨之。光武遣鮑永安集北方，馮衍謁見曰：『今龍興鳳舉，炎精復輝，然諸將擄掠，逆倫絶理，妻人「婦女」，裸跣無所歸，命北地通强胡，人庶多貨，奈何不憂？』即以爲狼孟長，却遂摧陷大姓令狐略。光武時，傅俊徇揚州，上郅惲爲長史，惲誓衆曰：『不得斷人支體，裸人形骸，放淫「婦女」。』俊軍士猶發冢陳尸，掠奪百姓。建武之初，宫人歲增，房御彌廣，宗室坐事没入者，猶託名公族，甚可愍焉。爾朱世遠，榮從弟，廢帝特鎮大梁，大宗富族誣以反，没其家口，諸將『婦』有美色者，莫不被其淫亂，後奔蕭衍。《禄山傳》：賊衆類慓勇，日縱酒嗜色，無遠謀。史思明所向，縱其下淫奪，以是士最奮。其子朝清似思明，淫酗過之。朝義既弑父殺清，及莫州之敗，以存亡託田承嗣，而自奔幽州。承嗣佯諾，少選集諸將曰：『吾等事燕，下河北百五十余城，齊姜宋子爲我掃除，今安所歸命？』乃將朝義母妻詣官軍降，義至燕，爲其下殺，舉地歸國，部送將士妻口百余於官。周智光以魚朝恩累同華節度，逐吐番、回紇至鄜州，恣剽掠以甘其欲，代宗就加僕射。王世充好質將士妻子，秦瓊等皆不願。隋末薛舉，金城人，容貌魁岸，殖財鉅萬，號西秦霸王，僭號蘭州，即先墓置陵。子仁果嗣號萬人敵，妻亦凶暴，淫掠民妻，嘗得庾信子，火啖之。惟竇建德，雖知用何稠爲工部尚書，隋衣冠引見建德，莫不惶懼失常，妻妒悍，煬妃嬪並令出家。德破化及，先謁蕭后，言臣妻曹未嘗衣紈綺。及爲王，妾侍纔十數。自將十餘騎送后往突厥，執唐同安公主，旋歸之。以不聽妻計，取山北而潰，被執送長安。後妻以騎數百遁還洛州，奉山東地，降劉武周。以一虞候計，殺太守。尉遲恭皆其將。據汾陽宫，取宫女賂突厥，報以馬，立爲定揚可汗，遂僭號，以妻沮爲后，上谷賊宋金剛歸之，自出其妻而聘周妹。秦王討武周，突厥以騎會并州，多掠城中『婦人女子』去。及降唐後，太宗使使贖隋亂後男女八萬口。其征高麗，后弟無忌，言宫官止十人，帝曰：『軍士皆去家室，朕以十人從，尚赧其多。』李勣請城破日，男子盡誅，故死戰，將拔，勣曰：『士亡命争先，思虜獲也，不可許降，以孤士心。』帝曰：『將軍言是也，但掠人妻女，朕不忍，願以庫物贖之。』明年其國獻二姝口，後則元稹有云：『先是諸將之有權者，莫不拘制妻子以爲固。』劉黑闥怒殺程名振母妻，唐高祖令洛經略河北，夜襲鄴縣，俘男『女』千人，去數舍，閲『婦』人方乳者還之。賊平，請手斬闉，以首祭母。南宋竟陵王誕據廣陵，王師克之，悉誅城内男丁，以『女』口爲軍賞。侯景求婚王謝，不許，曰：『會須令吴兒「女」作奴。』既而失陷，高卑皆被驅裸。梁武侄正德好奪人配偶，一時勳豪子弟，多以淫盗屠殺爲業，父祖不能制，尉邏莫能禦，詔徙臨海，曰：『新婦當停，汝餘房累悉許同行。』乃以『女』妻景，約與爲亂。王僧辨自荆州來建鄴討侯景，自石頭至東城，被執縛者，男『女』裸露，不獨蘇峻也。時男『女』號叫，翻思景焉。裴矩，隋佞臣，後見亂，欲自全，言從駕者無配合，勸集江都寡婦尼姑，恣其所取，皆曰裴公之惠也。隋趙王秀貌瑰偉，鎮蜀時與妃出獵，多捕山獠閹爲宦者，帝稔其過失，曰：『當斬於市以謝百姓。』幽之内侍省，不得與妻子相見，給獠婢二人。曰：『俊靡費財物，則我以父道訓之；秀蠹害生靈，則我以君道繩之。』天子兒與獠婢對，是幾許苦耶？』韋孝寬姪冲爲隋南寧州總管，其姪伯仁隨充在府，掠人妻，冲坐免官。岳飛破曹成，其將王順解鞍脱甲，以所擄婦人佐酒。金將孔彦舟，將士貸錢物者，私其妻與折券，故是諸將喜於淫掠，應得之報。崔立之變，盡驅從駕官妻『女』於省中閲之。元末苗將完者勤王來浙，凡遇貴室富家，逼勒送營淫玩，稍不承順，誣以通賊，闔第慘殺，其下化之一時，民『婦』略無免者。惟開封鄭宏爲操左馮翊誘民，皆願捕賊，多得財物『婦女』。賊之失妻子者，皆還求降，宏責其所得他『婦女』，然後還之。潁川韓襄爲周北雍州刺史，北山盗賊並豪右所爲也，而陽不知，署爲主帥，分其地界，盗發不獲者，以故縱論。乃曰前皆人等爲之，因榜曰『行盗者可急來首，今月不首者，籍妻子賞前首者』，旬日間咸悉首盡，除西凉州刺史。羌胡之俗，輕貧弱尚豪富，侵漁同於僕隸，故貧者益削，富者益豪。襄乃募貧爲兵，商貨至，令先市之。更始之敗，其將趙熹與友韓伯重等數十人，携小弱越山阻出武關。

仲伯以『婦』色美，慮有强暴者，而已受其害，欲棄之。熹以泥塗仲伯『婦』面，載以鹿車，身自推之。要道逢賊，或欲逼掠，熹輒言其病狀。既至丹水，遇更始親屬，皆裸跣，爲將護歸鄉里。二十六年，光武延集内戚燕會，歡甚。諸夫人各前言趙熹多恩。往遭赤眉，出長安，皆爲熹所濟活，徵爲太僕。曰：『卿非但爲英雄所保也，「婦」人亦懷卿之恩。』莽末宛人朱暉，年十三，與家屬外氏奔入城，道遇群賊劫諸『婦女』，掠奪衣服物，昆弟賓客皆惶迫伏地，莫敢動，暉拔劍前曰：『財物皆可取，諸母衣不可得，今日朱暉死日也！』賊見其童子，遂舍之，後爲郡吏。太守常欲市暉婢，暉不從。後張湛於太學，見暉即把臂曰：『欲以妻子託朱生。』巴郡張嶷弱冠爲郡功曹，劉備定蜀之時，縣長捐家逃亡，嶷冒白刃，携負夫人以免，由是顯名。嶷後爲太守，雖放蕩少禮，人以此重之。隋煬遼東之役，酒泉趙才爲右衛大將軍，在途遇公卿妻子，有違禁者，輒醜言大罵，多所援及，即如草寇『哈哄婦女』，已遭其厄。故《智餘書》云：『貴而秀者，當世亂時，多爲蠢而賤者所淫虐，及世既平，貴辱蠢賤，宜使納贖蠢賤於貴，非但與贖不可，仍宜償以眷口，始得天道之平耳。』

盧道虔尚魏高祖女濟南長公主，驕甚，暴薨，靈太后追主薨事，乃黜虔爲民。汝南王悦杖其妃，靈后因令諸王及三番有正妃病患，皆遣奏聞，若有猶行捶撻，就削爵位。韋后時使婦人封爵，不因夫授者，皆子孫承襲。『婦女』固有爲同類作主之事。『半名不許搶占』，意亦有本而來，梁武末詔停所在使役女丁。《南史》：宋范曄父泰奏曰：『「婦」人被宥，由來舊矣。』謝晦『婦女猶在上方』。帝乃赦出，亦於『婦女』有緣者。張巡食盡，先殺『婦人』食，不殺其妻，何以服衆婦之魂乎？即殺其妾，猶有不服者。惟馮道爲石晉翰林學士，在軍中諸將有掠美『婦』以遺道者，道不能却，然後輒訪其主而還之。既受用過，又行其德，此亦長樂公善於取樂，生平智巧之一端也，故道有『只行好事，不問前程』句。

生女逢亂世，不如瘞荆棘。翠幃羅象床，知是何方客？拭淚强作歡，欲飛無羽翼。健兒告貞婦，爾言亦何愚？我已棄妻子，從軍萬里餘。若不逐人歡，所願誰與俱？馬前懸男頭，馬後載婦女。失意幾微間，輒言不活汝。或便加捶杖，不堪其詈駡。欲死不可得，欲生辱勝殺。夫男與兄弟，眼前見傷死。吞聲不許哭，還遣衣羅綺。莫恨紅裙破，休言白屋低。請看京與洛，誰在舊香閨？玉膚脆如草，能得幾回啼？失國尋常事，美人殊可悲。長鯨大豕互吞食，雌龍雄鳳難徘徊。妝鏡未收紅粉面，羽書忽報赤眉來。狼虎只殘豚犬命，雨露雖多不是恩。閨檐鸚鵡失佳人，軍中夜夜迎新『婦』。昨夜屯兵還夜遁，滿車空載洛神歸。黑甲西來若風雨，踏成一片無情土。瞪目看行切玉刀，霜綃忍遺嬌紅污！阿婆含羞對諸『婦』，大姨揮淚向小姑。願言相憐莫相妒，這行不是親丈夫。姊娣相携遭亂離，有母更被官軍擄。兒在腹中兵在目，綠林躍馬窺金屋。東風不與周郎火，銅雀春深二喬鎖。此是西昆得意詩，忖量老瞞心亦頗。紗窗對鏡未經事，將謂珠簾能蔽身。荒凉甲第有焦土，倉卒深閨無固門。碧幢未作朝廷計，白梃猶驅『婦女』行。粉愁香怨不勝情，强整殘妝對老兵。幸無白刃驅向前，何忍將身自棄捐。倉皇失身遭惡辱，酸風無地匿慚顏。狂卒猝起馬萬蹄，所過州縣不敢誰。肩輿裸載三十妻，惡少如雲學妝束。千村一過如蝗落，『婦』滿軍中金滿橐。千金重募來殺賊，賊退心驕酬不得。爾財吾橐『婦』吾家，有命防城誰敢責？亡妻走妾各事仇，三尺弓弦淚盈把。紅粉哭隨回鶻馬，爲誰一步一回頭？可惜同生不同死，更隨春色去誰家？嗚呼！四『婦』彼豈知受辱則爲所輕，愛死仍言可殺，生不可必而死又無名也。然使當太平時，惟士流『婦女』及應試男子，許習武事，餘皆厲禁，使小戎板屋之風，化行天下，則馬上相見，烈性誰無？猶得揮彼長刀，以斫賊死。

《唐書》：某挺人也，即『英雄出衆』意。每讀《李光弼傳》：陣於險，猶可以敗；陣於原，敗斯殲矣。檄河南，縱官吏避賊，閈無留人。及戰，曰：『望吾旗若三麾至地，諸軍畢入，生死以之。』未嘗不嘆此才之罕匹也。

東瓜做碓嘴，只怕搗出水。『箭坊』等喻，蓋古詩中已有之，今從三婦本删去。

崔融班張，固非擬衛霍行。可即『寄語閨中人，努力加餐食』，何似『帳蓮深擁』與錦衾綉榻、青鞋羅襪兩别。閨不知戎馬事，月高猶上望夫樓。邊埸豈必勝閨閣，莫逞雕弓過一生。真不如逐君征戰死，誰能老向空閨裏矣。

元太祖征乃蠻，視蒙古軍若羔兒，曰：『苟有懼志，何不使后妃來「戰」。』正以『陰重』難勝也。及乃蠻敗，明日有獻女迎軍者，只恐其『陰』更『重』耳。

觀『夜來』語，全非含羞下綉幃氣象，然遠勝鸞衾鳳褥夜夜長孤宿者。

羊后云：『今日方知有男子。』正以力拔牛角，挾石跳墻，一喝盜殞，射洞寸鐵耳。恁地『粗雄』，曾經滄海難爲水矣，益令人念漢家青史上，計拙是和親也。又憶朱温滅朱瑾，納瑾妻以歸，可謂『無戰』不勝。慕容冲云：『便當寬貸苻氏以酬曩好，决不令既往之施，專美於前。』未知『粗雄』得似否。

『垓心没縫』，所謂美滿夫妻，但愁甘樂傾盡矣。

嘗笑黄帝爲虞夏商周之共祖，而素女交媾、玄女教兵，此兩戰也，有以異乎？或曰：玄素無其人。余曰：我且疑並無黄帝。

元人曲：『樂意的酬，儘興的拚，鎮一味詩魔酒憨，引不動狂心怪膽。我不要你老婆罷，只要你那夥頭，由著我愛的做。那怕你包藏著未滿月麒麟種，怎出得不通風虎豹屯？如今落在圈子裏，飛也飛不去，不怕你不與我做老婆。我好歹要了他，恰便是金剛廝打，佛也理會不下，做一個迷心耍。』嗟哉！數言包亂世無數事也。『虎帳覓歡娱，花心露要沾濡，不呵亂飛紅雨，只落得閉門羹從吾飽飫。論人生富貴，真合刀頭取。』嗚呼！

『力弱自難持，穠態誰解識』，是『那一宗兒怕』時細諦。

《五代史》，梁家人傳贊：『嗚呼！梁之惡極矣！天下豪傑四面並起，卒不能挫其鋒，梁之無敵於天下，可謂虎狼之强矣。而困於一二女子之娱，封若羊豕，梁之家事，詩所謂不可道者也！』『大蟲』威風往往間以『胭粉』，僅成一『哈哄哄』焉，一笑。

第三十九齣　如杭

【唐多令】（生上）海月未塵埋。（旦上）新妝倚鏡臺。（生）捲錢塘風色破書齋。（旦）夫，昨夜天香雲外，吹桂子，月中開。

（生）夫妻客旅悶難開。（旦）待喚提壺酒一杯。（生）江上怒潮千丈雪。（旦）好似禹門平地一聲雷。（生）俺和你夫妻相隨，到了臨安京都地面，賃下這所空房，可以理會書史。争奈試期尚遠，客思轉深，如何是好？（旦）早上分付姑姑，買酒一壺，少解夫君之悶。尚未見回。（生）生受了。娘子一向不曾話及，當初只説你是西鄰女子，誰知感動幽冥。匆匆成其夫婦。一路而來，到今不曾請教。小姐，可是見小生於道院西頭？因何詩句上，『不是梅邊是柳邊』，就指定了小生姓名？這靈通委是怎的？（旦笑介）柳郎，俺説見你於道院西頭是假。俺前生呵！

【江兒水】偶和你後花園曾夢來，擎一朵柳絲兒要俺把詩篇賽。奴正題咏間，便和你牡丹亭上去了。（生笑介）可好呢？（旦笑介）咳，正好中間，落花驚醒。此後神情不定，一病奄奄。這是聰明反被聰明帶，真誠不得真誠在，冤親做下這冤親債。一點色情難壞，再世爲人話做了兩頭分拍。

【前腔】（生）是話兒聽的都呆答孩。則俺爲情癡信及你人兒在。還則怕邪淫惹動陰曹怪，忌亡墳觸犯陰陽戒。分書生領受陰人愛，勾的你色身無壞。出土成人，又看見這帝城風采。

（净提酒上）路從丹鳳城邊過。酒向金魚館内沽。呀，相公小姐不知，俺在江頭沽酒，看見各路秀才，都赴選場去了。相公錯過天大好事。（生、旦作忙介）（旦）相公，只索快行。（净）這酒便是狀元紅了。

【小措大】（旦把酒介）喜的一宵恩愛，被功名二字驚開。好開懷這御酒三杯，放著四嬋娟人月在。立朝馬五更門外，聽六街裏喧傳人氣概。七步才，蹬上了寒宫八寶臺。沈醉了九重春色，便看花十里歸來。

【前腔】（生）十年窗下，遇梅花凍九纔開。夫貴妻榮八字安排。敢你七香車穩情載，六宫宣有你朝拜。五花誥封你非分外。論四德，似你那三從結願諧。二指大泥金報喜。打一輪皂蓋飛來。

（旦）夫，記的春容詩句。

【尾聲】盼今朝得傍你蟾宫客，你和俺倍精神金階對策。高中了，同去訪你丈人、丈母呵，則道俺從地窟裏登仙那大喝采。

良人的的有奇才。劉氏　恐失佳期後命催。杜甫

紅粉樓中應計日。杜審言　遥聞笑語自天來。李端

第三十九齣 《如杭》批語

『海』喻女根内寬。『月』喻女根外形能圓可半。『鏡臺』喻兩輔之光。『塘』也而似『錢』，錢也又可『捲』，是爲『捲錢塘』。錢形雖小，却界道重重，中開細孔，故前已有吊轉之喻，此復有捲塘之言。『書』之爲物，兩版雙開，可舒可捲，故亦屢以喻之。『天』喻女根深處。『香』喻男根，以人全在頭之故。『吹』字尤妙，在花頭外則形似吹也。『桂子』喻莖端，猶青梅意。『桂子月中開』，亦搥在兩扉間，月爲之開意。『壺』喻腎囊。『潮雪』喻精。『平地』則喻兩輔，洩時勢重，兩輔奇響，何譬喻之精到，一至於此！『遠深』等字與『空房』同，並屬謔詞。曳出復入，是『再世爲』，是『兩頭做』也。『分』喻女根，即平地雷意。『聽的都呆』，喻拍聲也。『陰曹』之曹代槽。『勾』字喻男根搥。『出土成人』喻男根既出方能看見。『帝城』之帝代蒂，喻女根也。『風采』所謂赤露。『丹鳳』女根。『金魚』男根，以金代筋。『人月』女根妙號。『七步』妙極，喻移足也。『八寶』註過。『九重』深意。『十里』猶十字坡，『車』喻女根外腔似作輪形。『誥』亦左右可展之意。『泥金』之金代筋。『皂蓋』喻男挺末。

棠村：『綉簾日永，珍重芳年，世事何憑，韶華易去，一瓣皈依大士前。人無恙，祝天長地久，被底文鴛。』王金壇『小姑解笑朝粧懶』，唐實君『宵衾慣擁肪，晚粧人倦嬌相向』，寫深閨歡昵俱得『昨夜今粧』之意，不必羡『錦簇花團争笑語，幾家都尉幾通侯』矣。『紗窗薄似烟，人似「月中」仙』，但栽桂樹便是。

《北史》：劉宋時，吐谷渾獻胡王金釧女國酒器，蓋玉琢卧人，從趾尖私處吸飲。李白：『三百六十日，日日醉如泥。雖爲李白婦，何異太常妻。』梅聖俞：『且獨與婦飲，猶勝俗客對。』山谷：『只看燈火明珠翠，少個人人暖被。攜老妻學飲伴清談，江山也似隨春動。』東坡：『自酌金尊勸孟光，一壺往助齊眉餉。何似伯鸞攜德耀，簞瓢未足清歡足。』端叔一生坎坷，正賴魚軒賢德，能委曲相順適，不爾人生寧復有佳味乎！齊侍中吴興沈文季飲酒至一石，妻王氏亦至三斗，嘗對飲竟日而事不廢。陳宣帝第四子母何氏，本吴中酒家，後主時以功爲荆州、揚州刺史，入隋惟與妃沈氏酣酒。大業中爲太守。孫氏《謝人送酒詩》：『謝將清酒寄愁人，澄澈甘香氣味真。好是緑窗明月夜，一杯摇灧滿懷春。』或謂以『酒解悶』爲貪色嗜内之影，凡言對酒當飲者，皆以言色涉褻，而以酒字代之耳。經言：酒過增長嗔恚，二多增語笑，四眷屬棄嫌，五諸根闇昧，七智慧漸寡，八事業不成，然乎？

『可好哩』，雖問夢裏神情，實勾月來風趣。『聰明反被聰明帶』，煬皇、武后皆然。男以竭其精力爲『真誠』，女以委棄其身爲『真誠』，皆不得『留在』，則何必爾耶！『真誠不得真誠在』，參破老婆禪矣。天中大繫縛，無過於女色。女人縛諸天，將入諸惡道。世之忍犯不韙者，安知非前生受彼凌暴，今世報之，或冤對轉生，特來敗其名節乎？身爲業鬼借宅耳。但有恩纏，即成仇對，被玉茗冤親一語斷煞。至『色情難壞』四字，不但睡倒六經，亦且抛翻大藏，豈可作爲等閒語看過，辜負作者深心耶？

陸機吊魏武：『留曲念於閨房，嗟大戀之所存。』山谷：『念念坐枯禪，守心如縛虎。頗思携法喜，舉案饁南畝。不聞犯齋放，猶聞畫眉詡。良由鼻祖來，渠伊爲伴侣。』湯睡庵遂云：『忽憶虞天子，揮弦得意晨。

目逆雙姑裸，固有若終身。』董文友《題余氏女代王阮亭綉神女》云：『只是先王曾幸，怎襄王夢裏重思些個事，教針神代揣，欲綉還疑。』亦只是『色情難壞』耳。宋霸孫昭公失人心，其庶弟文公鮑美而艷，周襄王姊襄夫人欲通之而不可，因鮑於六卿無不事，子材人無不施，乃助之施。使昭公田孟諸命，帥郊甸之師攻殺之，是『色情難壞』之極處。齊桓妻晋文，公子安之。周瑜遂欲以此豢昭烈，昭烈亦納劉焉妻，關公屢請呂布婦，皆由此也。

《北史》序：列女圖像丹青，而王公貴人之妃偶，不沾青史之筆，肆情於淫僻之行。以多見所欲與不見所欲者異耳。『色』者，物之善攻，而『情』者，心之善取也。但使混沌之心不鑿，皆可勉其所未至。無奈『色』者，鑿彼混沌者也。所禀既異，所養又充，令人嗜焉成癖，浩蕩之淫心可復還於混沌乎？西晋裴頠，徒知談空，則必賤有，賤有則必遺制。不知崇有則必重色，重色則必害常。《北史》，蘇綽云：『刑患乎巧詐者，雖事彰而得免，辭弱者乃無罪而被罰，以致深奸巨猾，悖亂人倫。』又言：『人君必心如清水，行如白玉，使民嗜欲之性，潛以消化，而不知其所以。』然楚王宴滅燭，客有牽王后之衣者，夫人絶其纓，王使皆絶之。唐張昌宗引妖人計不軌，宋璟請窮治，后以昌宗嘗自歸，不許，忍於薛觀音以少卑屈昵辱之致耳。宋高祖見謝混等曰『一時頓有兩玉人』。宋孝武選謝莊等侍中四人，並以風貌。《唐書·李適傳》：『初，中宗置學士，天子宴會，惟學士得從。冬幸驪山，賜浴湯池，給香粉蘭澤，然皆狎猥佻佞，忘君臣禮法。惟以文華取幸，如之問朝隱輩。』要知文華之見幸，以其中全是『色情』，『天上峨峨紅粉席，珠履奔騰上蘭砌』，睹此而不賦《明河》者，真土木偶矣。帝欲以太原節度畢諴〔一〕爲相，令狐綯忌之，諴求麗妹，盛飾進綯，綯曰：『吾於太原無分，今以是餌，將破吾族矣！』不受，是不得已而『壞』之者。諴知太醫李玄伯，帝所喜，聘之往，夫婦日自進食，亦以『色情』虛動之。朱丹請孔周爲父報仇，先納妻子，後言所欲。張言之質孥於汴，求朱三救也，又是知其好『色』，因以『情』動。燕鎮李匡威酒酣，報其弟匡籌妻張國艷，及威出軍，籌據城自稱留後，威曰：『兄失弟及，吾無悔焉，其才恐不足以守。』籌果敗，奔滄州，節度劉彦威殺之，掠入車馬僮奴。妻方乳，仁恭以納於克用爲嬖夫人。此一兄也，非不愛弟，與德宗之時，宋亳節度劉大寧強蒸妻母，皆『色情難壞』而已。

元人曲：『怎做的内心兒不敬「色」，咱這裏酥傾金盞，酒香揾玉人腮，不强如你蹋雪尋梅。』然家無玉人者，則又以尋梅爲妙也。孔子之言『色』獨寬，知『色情』之『難壞』者，莫如夫子。曰：『血氣未定，戒之在色。』即東坡心正腎邪，雖上智之腎亦邪，意知作强之官，有時不能申禮防以自持也。曰：『賢賢易「色」』，方可謂賢，則明以『色』與賢並峙，知其爲至深重貪著，而作婉語相商。如云：人亦何樂不賢賢，但恐有時奪於『色』，能以此相易，則真賢賢矣，未遽視爲輕末，欲以一二方板語奪之也。曰『如好好「色」』，則望其誠於他事如『色』已足，並不遽以漢幟易趙幟，先開彼作僞之端也；曰『已矣乎！吾未見好德如好「色」』，則本念亦只望其以此並彼，而不敢望其以此易彼也。已矣乎！一嘆正如秦誓終篇，已將萬萬世一口料定，

〔一〕諴，底本作『瑊』，誤。

一切不曰『已矣乎』而獨用於此，蓋深知惟此一事終不能使好德將此一事已矣。不望則一切要彼好德且不難也。孟子亦云：『若固有之。』妻帝二女，言外驚張，『不知子都』，等諸無目。出言措語，尤其不遠人情。程伊川亦自言：『四十方不起欲念。』聖人言：賤貨遠『色』，貨不必遠，直賤之而已；『色』則一近，便不能賤之。儒者並説財、『色』，兼砭俗人肺腸；佛家單提『色』字，專敲豪傑骨髓。欲海一乾，生源必竭，儒教更何處用？儒身向何處胎？龍溪謂：致良知如好好『色』，知之必爲，方爲真致良知。纔有作僞，便非自慊。則好『色』亦良知，而不好反作僞矣。但令受節文，仍恐費力。知宋儒於太祖，不敢議其變陳橋，即不應議其狎周后。惟苛賤恕貴，飾而便之。使有形由禮，比情以趣諧之致，庶幾以人情之大竇，爲名教之極樂。譬如禁臠，飽亦如蠟。於斯時也，尚何德之不成哉！其説近似『色情難壞』，言除此以外，一切皆易『壞』，亦可聽其『壞』也。一切易『壞』，故有《邯鄲》《南柯》二書。『色情難壞』，故二書之外，又有《牡丹亭》一劇，且有粉蝶、翠眉、柳絲、紅葉、紫雲、片月、八字、三分等無窮妙喻以助成之。

『色情難壞』者，因彼有『色』，而致吾『情』，如願將身作錦鞋，必不肯爲無『色』之人作鞋也。又見有『色』之人，則必欲其致『情』於我，又欲極用吾『情』以侵爲諂，致其必致情於我。知『色情』之『難壞』，則知幸托不肖驅，且當猛虎步，安能苦一身，與世同舉措。不但宋漢齊梁，即僧辨、仁遇及陳皇后，亦屬人區難斷之習。但有奇『色』，即動奇情，又何知男女哉！

嘗謂佛經『端嚴婬女』四字，真正才子之筆，從古詩詞寫不及此。蓋事事端嚴，而私欲特甚。如文明一類，方爲『色情難壞』，豈妖浮輕心者所足當耶！摩登伽宿爲婬女以攝阿難，因佛神咒力消其愛欲，法中今名性比丘尼與羅睺母同悟宿因，因歷世間貪欲爲苦，此咒决不是作白骨觀、不净觀而已。『色』有一定不可易者，如臉必白也，髮必黑也，唇必朱也，乳頭必紫也。色、聲、香、味、觸皆因『色』起。假如夜叉唱曲，蛇肉好吃，蝎子可焚，人豈愛哉！『色情』二事，『色』字尤重。如百年後掘貴人屍，猶行淫穢，以雖無情，而有『色』也。欲心與『色』心不同，如欲所不得與所不肯，亦有欲令彼婦知我作過者，甚者宣淫，欲人知我作過於彼，或其婦不美，素與有怨，又爲理格而值其便，偏欲淫之，皆爲無『色』界欲。故眼根之外，必另列意根，謂六根惟眼與意之過難破捨。然使竟無資『色』，如黑鬼然，則彼此過亦必不作。人有父母，子女形若蛇虺，則亦不愛，是無『情』之非『色』也。觀漢文大布而好在北宫，晋武焚裘而廣選良家，藝祖剛方而觸恚煜婦，穆姜明哲而爲佼自知，文明慈英而遺詔别葬，則司馬幸妓於僧房，歐陽見誣於婦弟，何庸代爲蛇足耶？

『六朝瓊樹掌中春』，遺山妙句。『色情難壞』，至恨盡未來際。美人無窮，我不得見，何况四海一家，無想天甚厭諸想。世間若無『色』，則真無可想。

『色情難壞』，以婦人身中，非惟總相，各有妙異之處。其從欲時，各有容狀之殊，不慮之過，亦以相好或殊，而其時之容狀較更醉心耶。世間有此一輩，真乃惑溺之人。然天地間一切事物皆爲肉人而生，則『情』之所鍾，在此人肉，猶勝溺於名利他端者也。况筋扳弗倒，如一束薪哉！

青山緑水亦『色情』也，然而彼『色』難『壞』，故『情』反易消。『幾點冷紅餘艷在，一堆香膩此生休』，因其『色』易壞，而『情』反難『壞』矣！

『七步才，一點色』，亦是勁對。與外人内崑之妻妾朋友度日過，然後知與有『情』有『才』者處之，可以忘死也。無『才』者雖有『情』，不能引之使長，濬之使深，是『才』者『情』之華，亦『情』之丹也。有『色』無『情』，則『色』死；有『色』無才，則『色』止；是『情』者『色』之焰，『才』者『色』之神也。然徒有『情』，亦終不能代『色』；徒有『色』者，必非絶世之『色』，果有絶『色』，必無無『才情』者，以絶色是父母『才情』所結也。有『才情』而無『色』者，却有之，以得自宿生，非得自父母也。亦不必作詩寫字而後爲『才』也。但能深知『色』觸之妙好，以巧思極『情』致，不以雜惡事間之、雜惡念敗之、雜惡態亂之，即『才』也。如妒亦雜惡念也。復思玉茗『春呵，得共你兩留連』一句之妙。春者，身面之色也，我者，性靈之才也。才雖在而色已衰，才將焉施？色雖具而才本蠢，色亦減趣，是不得不兩留連之旨。

梁簡文：『履色鮮殊衆，衣香遥出群。日暮輕幃下，黄金妾贈君。』『陰人』易『愛』，如此女伴，莫話孤眠。六宫羅綺三千，一笑皆生百媚，君王教在誰邊，則『陰人』雖多，幾曾真『愛』。男女同『色』，『色』同情，而『書生』不及『陰人』者，以『陰人』心專於愛，不遷於施。又男過二十輒貌改，不但情遷也。然不言『色情難壞』則已，言則天地間斷不可少此一事。猶之嫚寢磨蛤，天地間亦不能少此一事也。

劉綱《帝京景物》一書，詮志奥軼，知奥事軼去者多矣。汾人薛能詩：『西湖天下名，况是携家賞。』山不水不色，水不淺大不姿，萬家攢作畫圖來，是這『帝城』。論喻意則『叨恩竊幸，踽影慚魂，撫事捫躬，戴天知重，臣敢貪天，以成上過』，亦可作『看見這城』謝表。

江總『春心正浩蕩，無奈須離别』，白『君望「功名」歸，妾憂生死隔』，坡『人生無别離，誰知「恩愛」重』。惟吳起見文侯，管仲見桓公，稍值分開『恩愛』，否則元載見輕妻族，其妻所云『路掃飢寒跡，天哀志氣人。

休零離別淚，携手入西秦』差可。乃南漢狀頭進士，皆下蠶室，方得進用，而有自宮求進者。人好『功名』一至此乎？使鋸周仁，閹蔡攸，椓柳誓，腐仲軻，雖得眼飽，吾無取焉。

『喧傳人氣概』五字動予心，岑參所以吟『那能貧賤相看老』也。

毛大可：『寧嫁封侯人，莫嫁讀書子。封侯有時還，讀書何日已。』則『蹬上廣寒宮』亦復難也。

芝麓：『乞天判與「沈醉」，斷送奈何年。掉頭莫覷秋高鶚，青雲何處用丹梯？黑髮便逢堯舜主，笑人白首耕南畝。』『九重春色』殆難見，庶幾戴石屏『忍寒博得京華「醉」』耶！

王金壇：『自信「功名」關妾分，儘留顔色待君歡。欲別啼顔貪再看，再來情味勝初嘗。』非『香車穩載』不可。

『吾君英睿相君賢，開眼寰區已晏然。明日翠華春殿下，不知何語可聞天』，雖『倍精神策』教誰用？

第四十齣　僕偵

【孤飛雁】（净扮郭駝挑擔上）世路平消長，十年事老頭兒心上。柳郎君翰墨人家長。無營運，單承望，天生天養，果樹成行。年深樹老，把園圃抛漾。你索在何方？好没主量。悽惶，趁上他身衣口糧。

家人做事興，全靠主人命。主人不在家，園樹不開花。俺老駝一生依著柳相公，種果爲生。你説好不古怪：柳相公在家，一株樹上著百千來個果兒。自柳相公去後，一株樹上生百千來個蟲。便胡亂長幾個果，小廝們偷個盡。老駝無主，被人欺負。因此發個老狠，體探俺相公過嶺北來了，在梅花觀養病，直尋到此。早則南安府大封條封了觀門。聽的邊廂人説，道婆爲事走了，有個姪兒癩頭黿，小西門住。我尋他去。（行介）抹過大東路，投至小西門。（下）

【金錢花】（丑披衣笑上）自小疙辣郎當，郎當。官問拿俺爲姑娘，姑娘。盡了法，腦皮撞。得了命，賣了房。充小廝，串街坊。

若要人不知，除非己莫爲。自家癩頭黿的便是。這無人所在，表白一會。你説姑娘和柳秀才那事，幹得好，又走得好。却被陳教授稟過南安府。拿了俺去，拷問姑娘那裏去了。劫了杜小姐墳哩！你道俺更不聰明，也頗頗的。則掉著頭不做聲。那鳥官喝道：『馬不吊不肥，人不㧐不直，把這廝上起腦箍來。』哎也！ 哎也！ 好不生痛！ 原來用刑人，先撈了俺一架金鐘玉磬，替俺方便，稟説這小廝夾出腦髓來了。 那鳥官喝道：『撚上來瞧。』瞧了，大鼻子一彪，説道：『這小廝真個夾出腦髓來了。』不知是俺癩頭上膿。 叫鬆了刑，著保在外。 俺如今有了命，把柳相公送俺這件黑海青，擺將起來。（唱介）擺摇摇，擺擺摇。 没人所在，被俺擺過子橋。（净向前叫揖介）小官唱喏。（丑作不回揖大笑唱介）俺小官子腰閃價，唱不的子喏。 比似你個駝子唱喏，則當伸子個腰。（净）這賊種，開口傷人。 難道做小官的背偏不駝？（丑）刮這駝子嘴，偷了你什麽？ 賊？（净作認丑衣介）别的罷了，則這件衣服，嶺南柳相公的，怎在你身上？（丑）咳呀。 難道俺做小官的，就没件干净衣服？ 便是嶺南柳家的，隔這般一道梅花嶺，誰見俺偷來？（净）這衣帶上有字，你還不認，叫地方。（扯，丑作怕倒介）罷了，衣服還你去囉。（净）要哩，俺正要問一個人。（丑）誰？（净）柳秀才那裏去了？（丑）不知。（净三問，丑三不知介）（净）你不説，叫地方去。（丑）罷了，大路頭不好講話，演武廳去。（行介）（净）好個僻静所在。（丑）咦？ 柳秀才到有一個，可是你問的不是？ 你説得像，俺説； 你説不像，休想。 叫地方，便到官司，俺也只是不説。（净）這小廝到賊。 聽俺道來：

【尾犯序】提起柳家郎，他俊白麗兒，典雅行裝。（丑）是了。 多少年紀？（净）論儀表看他，三十不上。（丑）是了。 你是他什麽人？（净）他祖上，傳留下俺栽花種糧，自小兒俺看成他快長。（丑）原來你是柳大官。 你幾時别他，知他做出甚事來？（净）春頭别，跟尋至此，聞説的不端詳。

（丑）這老兒説的一句句著。 老兒，若論他做的事。 咦。（丑作扯净耳語，净聽不見介）（丑）呸，左側無人，要他去。老兒，你聽著。

【前腔】他到此病郎當。逢著個杜太爺衙教小姐的陳秀才，勾引他養病庵堂，去後園遊賞。（净）後來？（丑）一遊遊到杜小姐墳兒上。拾的一軸春容，朝思暮想，做出事來。（净）怎的來？（丑）秀才家爲真當假，劫墳偷壙。（净驚介）這却怎了？（丑）你還不知，被那陳教授稟了官。圍住觀門。拖番柳秀才，和俺姑娘，行了杖。棚琶拶壓，不怕不招。點了供紙，解上江西。提刑廉訪司問那六案都孔目，這男女應得何罪？六案請了律令，稟復道，但偷墳見屍者，依律一秋。（净）怎麽秋？（丑作按净頭介）這等秋。（净驚哭介）俺的柳秀才呵，老駝没處投奔了。（丑笑介）休慌，後來遇赦了，便是那杜小姐活轉來哩！（净）有這等事？（丑）活鬼頭還做了秀才正房，俺那死姑娘到做了梅香伴當。（净）何往？（丑）臨安去，送他上路，賞這領舊衣裳。

（净）嚇俺一跳。却早喜也！

【尾聲】去臨安定是圖金榜。（丑）著了。（净）俺勒掙著軀腰走帝鄉。（丑）老哥。你路上精細些。現如今一路裏畫影圖形捕凶黨。

尋得仙源訪隱淪。朱灣　郡城南下是通津。柳宗元
衆中不敢分明說。于鵠　遥想風流第一人。王維

第四十齣 《僕偵》批語

『平消喪』喻女根。『十年行事』則男根。『頭老』可爲一笑。『天』喻女根。『成行』兒孫。『年深樹老』即鬼頭意。『園圍』喻女根。『没量』字妙，喻不知深淺。女囊爲男根『身衣』，男根爲女根『口糧』，譬喻妙絶。上『主人』字指女，『命』字一笑；下『主人』指男，『樹』字同。『家園開花』指女。『果』喻男槌。『一株樹』喻女身。『小斯』喻幸童輩。『小西門』妙，女根形小，尤易成西。『姑娘』喻婦女，又喻已爲人姑、爲人娘矣，猶要『拿』此『疙辣』也。『表白』字喻女根。『不做聲』非男根而何？『吊肥、搊直』俱男根妙喻。『金鐘』以代筋舂。『玉磬』之磬代趁，兼亦喻有聲響。『海青』喻男根皮。『演武廳』喻女根也。『快長』字妙。『圍住拖翻』無非虐謔。『廉訪』以代簾舫。『都孔』女根，所謂萬物之總，皆出一孔；百事之根，皆出一門耶！『勒掙』喻男根。『勒』須用手，不勒不掙也。『一路裏』仍喻女根。『衆中不敢分明説』，又自註其所喻。

坡：『我生無田食破硯，爾來硯枯磨不出。故人嗔我不開門，君看我門誰肯屈？可潸明月妃潑水，夜半清光翻我室。蒸鬱一洗真快哉，未暇飢寒念明日。』無訾運翻覺有致。『單承望天生天養』有兩種，一則東坡所云智勇辨力皆秀傑，一則商君所謂怠而貧者爲收奴。

新羅國宰相家僮奴千人，吕不韋家僮萬人。《北史》：賜臣奴婢，動以千數。唐王處存家京兆勝業里，世籍神策軍，爲天下高資。父宗巧於射利，侈靡自奉，家僮千人。劉約自天平節度徙宜武，未至暴卒，家僮五百，無所仰衣食。南昌熊翹爲石崇蒼頭而性廉，直有士風，潘岳勸崇免之，子遂官至中丞。『趁』人『衣糧』者，品亦迥别。

拾得詩『不論賢與愚，個個心構架』，爲『你道俺更不聰明』絶倒。趙簡子衣敝裘，曰：『細人服美則益倨，吾恐其有細人之心也。』若魏公之佻易，被服輕綃，佩小鞶囊以盛細物，則物細而心計轉粗。晋末謝玄之孫靈運，性豪侈，衣服多改舊形制，世共宗之。因祖父資僮奴既衆，鑿山浚湖，莊業甚厚。宋順陽范曄性精微，觸類皆善，衣裳器服，莫不增損制度，世人共法學之。韓擒虎父雄爲周東徐州刺史，遣人服東魏衣服，詐若叛投關西者。《北史》：孟素以子達婚叱羅氏，乃令作今世服飾，綺襦紈褲。雲定興女爲太子勇妾，與爲奇服異器，進奉太子。《唐詩·李紳傳》：『河南多惡少，或危冠散衣，擊大球，尸官道，車馬不敢前。』惟天寶初李白自巴西南入會稽，自會稽入長安，賀知章薦之，懇求還山，賜金放還，浮遊四方，與張宗之自采石至金陵，著宫錦袍，坐舟中，爲『典雅』耳。

『他年待我門如市，報爾千金與萬金』，是古人實意。可恨被諸秀才借作甘語賺人，文其一毛不拔之短，『這領舊衣裳』猶勝唇皮記帳者。

李笠翁謂傳奇一種著作，真乃詞林萱草，欲才即爲班姬李白之後身，欲美即爲合德子房之元配。欲貴即越公陸媪，直在俄頃須臾之際。欲壽則洞天福地，只在硯池筆架之前。蓋幻境之妙，十倍於真，能即舊人，益以虚事，譜而爲法，安得不艷炙千古。未有真境之如意所欲，能出幻境之上者。若無此種文章，幾於悶殺。豪傑況不戒纖巧，唯有斯途，愈巧愈佳，愈纖愈妙，聽我甘爲尤物，親媚萬世多才。故嘗鬱藉以頓舒，恨爲之頓釋，僭作兩間極樂之人，覺世味雖濃，不過如此。彼爲牛鬼蛇神之劇者，真欲牛其腹而蛇其身者也。豈知前有玉茗，乃爲男根現『駝癩』身而説法乎？

第四十一齣　耽試

【鳳凰閣】（净扮苗舜賓引衆上）九邊烽火咤。秋水魚龍怎化？廣寒丹桂吐層花，誰向雲端折下。（合）殿闈深鎖，取試卷看詳回話。

〔集唐〕鑄時天匠待英豪譚用之，引手何方一釣鰲李咸用。報答春光知有處杜甫，文章分得鳳凰毛薛濤。下官苗舜賓便是。聖上因俺香山能辨番回寶色，欽取來京典試。因金兵摇動，臨軒策士，問和、戰、守三者孰便。各房俱已取中頭卷，聖旨著下官詳定。想起來看寶易，看文字難。爲什麽來？俺的眼睛原是猫兒睛，和碧緑琉璃、水晶無二。因此一見真寶，眼睛火出。説起文字，俺眼裏從來没有。如今却也奉旨無奈。左右開箱，取各房卷子上來。（衆取卷上，净作看介）這試卷好少也。且取天字號三卷，看是何如。第一卷：『詔問：「和、戰、守三者孰便？」臣謹對：「臣聞國家之和賊，如里老之和事。」』呀，里老和事，和不的罷！國家事，和不來怎了？本房擬他狀元，好没分曉。且看第二卷，這意思主守。（看介）『臣聞王子之守國，如女子之守身也。』比的小了。再看第三卷。到是主戰。（看介）『臣聞南朝之戰北，如老陽之戰陰。』此語忒奇。但是《周易》有陰陽交戰之説。以前主和，被秦太師誤了。今日權取主戰者第一，主守者第二，主和者第三。其餘諸卷，以次而定。

【一封書】文章五色訛。怕冬烘頭腦多。總費他墨磨，筆尖花無一個。您這裏龍門日日開無那，都待要尺

水翻成一丈波。却也無奈了，也是浪桃花當一科，池裏無魚可奈何。（封卷介）

【神仗兒】（生上）風塵戰鬭，奇才輻輳。（丑）秀才來的停當，試期過了。（生）呀，試期過了。文字可進呈麽？（丑）不進呈，難道等你？道英雄入彀，恰鎖院進呈時候。（生）怕没有狀元在裏也哥。（丑）不多，有三個了。（生）萬馬争先，偏驊騮落後。你快稟，有個遺才狀元求見。（丑）這是朝房裏面，府州縣道，告遺才哩！（生）大哥，你真個不稟？（哭介）天呵，苗老先賫發俺來獻寶。止不住卞和羞，對重瞳雙淚流。

（净聽介）掌門的，這什麽所在！拿過來。（丑扯生進介）（生）告遺才的，望老大人收考。（净）哎也，聖旨臨軒，翰林院封進。誰敢再收？（生哭介）生員從嶺南萬里，帶家口而來。無路可投，願觸金階而死。（生起觸階，丑止介）（净背介）這秀才像是柳生，真乃南海遺珠也。（回介）秀才上來。可有卷子？（生）卷子備有。（净）這等姑准收考，一視同仁。（生跪介）千載奇遇。（净念題介）聖旨：『問汝多士。近聞金兵犯境。惟有和、戰、守三策。其便何如？』（生叩頭介）領聖旨。（起介）（丑）東席舍去。（生寫策介）（净再將前卷細看介）頭卷主戰，二卷主守，三卷主和。主和的怕不中聖意。（生交卷，净看介）呀，風簷寸晷，立掃千言。可敬，可敬。俺急忙難看。只説和、戰、守三件，你主那一件兒？（生）生員也無偏主。天下大勢，能戰而後能守，能守而後能戰，可戰可守，而後能和。如醫用藥，戰爲表，守爲裏。和在表裏之間。（净）高見，高見。則當今事勢何如？

【馬蹄花】（生）當今呵，寶駕遲留，則道西湖晝錦遊。爲三秋桂子，十里荷香，一段邊愁。則願的吴山立馬那人休。俺燕雲唾手何時就？若止是和呵，小朝廷羞殺江南。便戰、守呵，請鑾輿略近神州。

（净）秀才言之有理。

【前腔】聖主垂旒，想泣玉遺珠一網收。對策者千餘人，那些不知時務，未曉天心，怎做儒流？似你呵，三分話點破帝王憂，萬言策檢盡乾坤漏。（生）小生嶺海之士。（净低介）知道了。你釣竿兒拂綽了珊瑚，敢今番著了鰲頭。

秀才，午門外候旨。（生應出，背介）這試官却是苗老大人。嫌疑之際，不敢相認。『且當清鏡明開眼，惟願朱衣暗點頭。』（生下）（净）試卷俱已詳定，左右跟隨進呈去。（行介）絲綸閣下文章静，鐘鼓樓中刻漏長。呀，那裏鼓響？（内急擂鼓介）（丑）是樞密府樓前邊報鼓。（内馬嘶介）（净）邊報警急，怎了？（外扮老樞密上）花萼夾城通御氣，芙蓉小苑入邊愁。（見介）（净）老先生奏邊事而來？（外）便是。先生爲進卷而來？（净）正是。（外）今日之事，以緩急爲先後，僭了。（外叩頭奏事介）掌管天下兵馬知樞密院事臣謹奏。（内宣介）所奏何事？

【滴溜子】（外）金人的，金人的風聞入寇。（内）誰是先鋒？（外）李全的，李全的前來戰鬭。（内）到什麽地方了？（外）報到了淮揚左右。（内）何人可以調度？（外）有杜寶現爲淮揚安撫。怕邊關早晚休，要星忙廝救。

（净叩頭奏事介）臣看卷官苗舜賓謹奏。

【前腔】臨軒的，臨軒的文章看就。呈御覽，呈御覽定其卷首。黄道日傳臚祇候。衆多官在殿頭，把瓊林宴備久。

（内）奏事官午門外伺候。（外、浄同起介）（浄）老先生，聽的金兵爲何而動？（外）適纔不敢奏知，金主此行，單爲來搶占西湖美景。（浄）癡韃子，西湖是俺大家受用的。若搶了西湖去，這杭州通没用了。（内宣介）聽旨。朕惟治天下，有緩有急，乃武乃文。今淮揚危急，便著安撫杜寶前去迎敵，不可有遲。其傳臚一事，待干戈寧集，偃武修文。可諭知多士，叩頭。（外、浄叩頭呼萬歲起介）

澤國江山入戰圖。曹松　曳裾終日盛文儒。杜甫
多才自有雲霄望。錢起　其奈邊防重武夫。杜牧

第四十一齣 《耽試》批語

『烽火』喻男根。『秋水』之秋代湫。『魚』喻女形，惟鰡與諸魚合，名魚娼。『龍』喻男根亦可。『桂』喻男根。『試卷』喻女根，『鑄』字亦然。『鰲』字喻男女根俱可。『鳳凰』却喻女根。『分得』作分開之分。『金』兵之金代筋。『一見真寶』眼睛『火出』，則嘲女根不淺。『箱房』俱喻女根。『頭腦多』喻撞之數。『筆』喻男根，『龍』字同。『待要尺水翻成一丈波』亦譏女道。『池』喻女根，『魚』喻男根。『輻輳』喻女根外形有車輪相。『重瞳』亦喻二根。『家口』喻女根，也可爲一笑。『觸金』之金代筋，『珠』喻男槌，『一段』同意。『荷香邊愁』喻得女根極麗，一段惟邊愁耳，更可發笑。『唾手』意與邊愁緊接。『旒』喻女根内物。『珠』喻挺末。『網』喻女根外形。『青鏡』喻女兩輔。『朱衣』喻其邊闌。『頭』喻男根。『絲綸』喻豪。『鐘鼓』喻聲。『邊鼓』又嘲女道。『花萼』二句，喻女根麗絶。『緩急』亦謔。『裙』喻女扉。

魏武云：『騰蛇乘霧，終爲死灰。』《唐書・李德裕傳》：『裕，宰相吉甫子，不喜諸生試有司，以廕補校書郎。』若必使待『秋水折丹桂』，則凡『魚』作隊耳，安能化『龍』耶？ 是玉茗此句正解。『誰向雲端』，作『誰』何之『誰』，有彼哉彼哉之意。

唐高祖於高麗，命道士以像法往爲講道經。 高駢爲節度，以南詔尚浮屠法，故遣浮屠景先攝使往，酋遂與其下迎謁且拜。『匠鑄』之法，不但因『時』，又常因地如此。 桓玄篡後，造革紛紜，回復改易，志無一定，自爲起居注，皆極不濟事。

曹靖之曰：『輦下諸君子，皆以爲堯舜之世，臣何敢言。』漢明帝詔曰：『自今若有過稱虛譽，皆宜抑而不省。』示不爲諂子給也。後漢末，涿郡崔寔著論曰：『拯世之術，豈必體堯蹈舜哉？期於隨形裁割，不强以不能，而慕所同也。而拘士闇於時權，每習所見，達者矜名妒能，耻策非己，舞筆奮詞，以破其義。』誰謂玉茗『待英豪』一句僅作泛語。

《魏書》：『莫患乎士人，居職不以爲榮，經緯甚多，無機可織。』漢宣帝時，路温舒爲廷尉，曰：『臣聞烏鳶之卵不毁而後「鳳凰」集，誹謗之罪不誅而後良言進。』然不遇『天匠』，雖有『鳳毛』無益。

坡監試作：『文詞雖少作，勉强非天稟。麻衣如再著，墨水真可飲。貧家見珠貝，眩晃目難審。』渠謙尚爾，『看文字難』。

夫畫鬼魅易，以其胸中有鬼魅也；畫美人難，以其胸中無美人也。滿眼青雲，誰不自謂善知識？老苗妙人，乃云『眼裏從來没有』。《南史》：潁川荀伯子羡之孫，雖博賢而遨遊閭里，通率好爲雜調，以此失清途。謝晦薦爲中丞，奏劾頗雜嘲戲，蓋不足與莊言則聊與戲。《秦檜傳》有嘲謔講『和』之語者竄。玉茗戲補其詞耳。豈同他人杜撰無味？餘姚陳橐言：金非可以義結，恐其假『和』好之説，逞謬僻之詞。《王質傳》：質，鄆州人，言宰相持陛下以『和』；和不成，又持陛下以『戰』；戰不驗，又持陛下以『守』；守既困，又持陛下以『和』。陛下亦嘗深察『和、戰、守』之事乎？戰乃有和，和乃有守，守乃有戰，何至分而不使合？忌者共讒質年少好異論，遂絶意禄仕，卒。張虡言：『言「戰」則當知彼，言「和」則當請於彼，惟

「守」則自求諸己而已。』王潛言：『當以「和」爲形，以「守」爲實，以「戰」爲應。』玉茗雖戲拈一題，已該《南宋全史》。嘗謂，子書之妙，全在善譬，而鄒嶧七篇，已占風氣，以經生與諸子角，吾以莊語而彼以談笑，猶宋人與北人『戰』，吾以重累而彼以慓忽，勞逸曾不相半，宜其日『戰』日北也。

唐德宗時，詔舉刺史縣令，司農卿薛珏曰：『求良吏不可責「文」學。』肅宗時，滎陽李揆爲禮部侍郎，病取士不考實，徒禁所挾，謂迂學陋生，葄枕圖史，終不能自措一詞，乃大陳詩廷中，由是人人稱美。東坡曰：名爲經術取士，其實呫嗶進耳。既以小技定其優劣，而又惟誦舊策，多抄義條，節取剽盜，積薄流淺，全無由衷真的之見，直可笑也。

谷永諫曰：『陛下棄臣言不用，復使方正對策，問不急之常論，角無用之虚文。』晋河内太守廣陵劉頌疏曰：『夫欲富貴而惡貧賤，人理然也。聖王大諳物情，知不可去，而詭其求道，俾從我教。今陛下無造事始，而略於考終，且事皆受成於上，則不復得罪下。近世以來，爲監司者，類大綱不振，而微過必舉，宜蠲除不急，使要事「頭腦」得精，臣以爲聖德隆，殺將在乎後，不在當今。』又中丞傅玄言：凡關言於人主，人臣之所至難。苟言有偏善，雖文詞有謬誤，言語有失得，皆當曠然恕之。以時義取士，萃天下人精神於一的，猶閉之一室，而責其通諸四海。其餘書史，付之度外，謂非己事，其學誠專，其識日陋，其才日下。安石言：『初意驅學究爲進士，不意驅進士爲學究，亦悔之矣。』《筆塵》：奈何以古之官名地名奇句奇字，飾今之事跡，失紀述之休矣。不足於學，則務纂組以爲奇，奈何世方慕爲瑰偉哉。拾殘掇瀋，稍勝踵謬承訛耳。古人不肯摹擬一詞，剽竊一語，而今多以渣滓爲高深，湯液爲膚淺，取古人所不爲，謂其未解，皆所謂『冬烘頭腦多』，以致『文章五色訛』也。唐寅君：『醞釀詩書氣自華，蜜成何處更尋花？』《滄浪詩話》『不必太著題，不必多使事，押韵不必有出處，用事不必拘來歷』，殆亦『筆尖花』意。

王龍溪曰：『今人之學，承沿假托，機械日繁，只爲非此不足以發科第，致所欲，是以終日傍人門户，學人見解，隨人口吻脚跟，剽竊餖飣，以圖詭遇。心雜氣昏，寧有佳思？豈有世俗心腸，能發精微之藴者乎？若以我觀，書自然，不期文而文生焉。』坡：『世俗筆苦驕，衆中强嵬峨。』『總費他墨磨也』。薛能自謂能搜奇抉新，誓脱常態，不知『筆尖花』視智識與所解書，取辦臨時則誤矣。『龍門』浪起千『丈』高，大半蛟螭與蚯蚓。『日日開』亦何用，『都待要翻』亦坡『賦才有鉅細，時來各飛動』意。元丞相安童見許衡，謂同列曰：『汝輩自謂不相上下，蓋什佰與千萬也。』『浪桃當一科』，亦只爲『無魚可奈何』耳。王金壇：『浮華本自關心淺，國士那争肉眼評。』『不解爲歡未是才，情文總自慧心開。憑君會畫蛾眉手，穩奪南宫第一來』，庶幾解得『筆尖花』來歷者。遺山云：『詩印高提教外禪，坎井鳴哇自一天。并州未是風流減，五百年中一樂天。』『鬥靡誇多費覽觀，陸文猶恨冗於潘。心聲只要傳心了，布穀瀾翻可是難。詩家亦有長沙帖，莫作宣和閣本看。』其言東坡胸次丹青國，稼軒偷發金錦箱，皆謂無『筆尖』則『五色』皆『訛』耳。應試時子由患病，韓魏公奏曰：『制科而蘇氏兄弟有一不與，人才當減色，請展期二十日，待其疾愈。』又曰：『蘇氏兄弟在試，而諸人亦敢與之較試，何也？』於是避去者八九，真古來第一快事。

爾朱榮之亂，既濫殺朝士，北來之人皆乘『馬』入殿。『驊騮落後』，全因『萬馬争先』，所謂艷色廢於群醜也。『偏落』則欲隨例沾恩，著衣褉亦不可得。

唐實君主事《典試詩》：『但愁襲錦收燕玉，爲愛清弦惜爨琴。』正復恐其『淚流』。

柳生另考，暗用爲二蘇改試期事。宋之制策，虚第一等，以待伊吕之流。其入等者，惟軾、轍、吴育、范百禄、李垕，終宋世五人而已，五人惟育非蜀産。

老泉曰：『德可勉，才不可强。今有人善揖讓不善騎射，人必以揖讓賢於騎射矣，然揖讓者未必能習騎射，而騎射者舍其弓矢以揖讓則何難？奈何以勉强之道德，加之不可勉强之才之上！』曰：『我貴賢賤能，卒之德適售僞而才有遺焉。』陸宣公曰：『興王之良佐，皆季代之棄「才」。』吴昊不第，竟相西夏，自是殿無黜落之士，况『遺才』之内，謂無狀元哉？

《隋史》：李德林爲檄，機速競發，口授數人，文意百端，不加治點。神武西征，引孫搴入帳，自爲吹火，援筆檄就，賜妻韋氏。陳元康爲文，善陳事意，雪夜作軍書，颯颯運筆，俄頃滿紙。神武曰：『此何如孔子耶？』皆古今以來，『千言立掃』者。方干云：『纔聞墨氣已成章。』蓋亦『立掃千言』，却又無人知敬。

『則願吴山立馬那人休』，所謂吾與此羌同時，豈不厄哉。吴璘言『劉琦雖佳，恐不能當逆亮』，竟不料『立馬那人』，恰合《左傳》兩句：『怙其儁才，亡之道也。』『趙家三十六飛龍，元朝降封瀛國公。公主灑淚沾酥胸，易名合尊沙漠中。至今兒孫主沙漠，吁嗟趙氏何其雄！』聊爲『羞殺江南』解嘲耳。

坡：『士方在田里，自比渭與莘，出試乃大謬，芻狗難重陳。』弇州云：『宋人日以執中立極告其君，而不能顯才以受柄，致妃主王侯不移時而驅辱於不講正誠之二敵。』所謂『不知時務未曉天心』那些『儒流』也。高熲言：『東宫宿衛太劣。』隋文曰：『我熟觀前代，公不須仍踵舊風。』魏太宗遣使，巡求臨疑能决者，石勒大執法，張賓死，曰：『石侯舍我去，乃令我與此輩計事，豈不酷哉？』

『補盡乾坤漏』，已見元曲。『帝王憂』句猶輕，『乾坤漏』句更重。唐時李中敏言夫匭爲開必達之路，以廣聰明。贊曰：『依古肆言，高而難從。以邀主賈直者，逆之則傷道，行之不切時。謀之柄臣，柄臣輕君；謀之小臣，小臣畏避。不若謀之不必且爲臣者，庶幾深者不隱，遠者不塞也。』劉子曰：『今天下世異則事異，事異則俗易，故君子觀其俗而定其教，强慕美名適致亂耳。欲執一時之禮，以訓無窮之俗，猶以一衣擬寒暑，一藥治座瘕也。』龍溪謂商鞅是脚踏實地，亦不問王伯，只要事成。介甫是慕王伯，不曾踏得實地，故王不成伯不就。江表刑法久疎，隋平陳後，令誦五教，於是舊陳率土皆執長吏，抽其腸。荀子曰：『知微而論，可以爲師，師術固有而傳習不與焉。』劉安曰：『必有獨聞之耳，獨見之明。』左思曰：『藏理於終古而未悟於前覺。』鶡冠子曰：『異類而無以告，苦乎哉。』商子曰：『非能盡知萬物，察萬物之要也。』鬼谷曰：『古聖人之在天地間也，達人心之理策，萬類之始終，得其情乃制其術，故所建立不復衰。』故子瞻曰：『幽居嘿處而觀萬物之變，盡其自然之理，而斷之於中。其所不然者，雖古之所謂賢人之説，亦有所不取。』不重古典，臨軒親册，官服鳥獸，始武后。止用王公侯，裁去伯子男，始隋。不封公主，不用國號擇佳字，始明皇。不用古國名爲國號，始於金。嘗讀吴街南《秦論》，以其妙絶千古，顧由荀卿高第，凡可變古者，莫不假秦之柄而爲之。光武嘗恨制度未備，得曹褒，令盡所能。班固請廣招集議得失，帝知群臣拘牽，難與圖，始曰：『此爲聚訟，筆不得下，一夔足矣！』遂撰天子至庶人冠婚、吉凶、終始制度一百五十篇，而其後有尚書張敏奏褒擅制漢禮，漢禮遂不行。晉尚書監荀勖言：省吏不如省官，省官不如省事。當省文案，略細苛令，必使人願之如陽春，畏之如雷震。然施行歷代，世之所習，是以久抱愚懷而不敢言。賈充所定新律，既頒於天下，百姓便之。充爲政并官省職，每有薦達，必始終經緯之，故士多歸。胡致堂曰：『妖言恐其惑衆，而其弊也。暴君權臣，假此以塞言路。』韓非曰：『人主釋法而以臣備臣，則相愛者比周而相譽，相憎者朋黨而相非。非譽交争，主惑亂矣。本失者有罪，法行者必賞，則群臣莫敢飾言以惛主。』王符著《潛夫論》，指訐時短，討謫物情，其言曰：『人受重位，牧天生焉，可不安而利之哉？能不稱其殃，必大夫士者貴其用也。不必求備。高祖佐命，出自亡秦，其有小疵，勿强衣飾，則吴鄧梁竇之屬，企踵可待矣。正士懷怨結而不見伸，猾吏崇奸宄而不被坐，令惡人高會而誇，咤痛莫甚焉。凡敢爲奸者，才必異衆，散財奉諂，非有第五公之廉直，孰不爲顧哉！』崔實《政論》曰：『凡天下所不理者，嘗由人主承平日久，俗漸敝而不悟，政寖衰而不改，或猶豫歧路，莫適所從。或見信之佐，括囊尸禄，疎遠之臣，言以賤廢，政令怠玩，百姓囂然。教聖人執權，不强人以不能，背急切而慕所聞也。俗人拘文牽古，不達權制，烏可與論國家之大事乎？故宜參以霸政，明著法術。』仲長統云：『漢興以來，同爲編户而以財力相君長者，世無數焉。徒附萬計，奴婢千群，蓄積足以養之，則水旱不足苦。所謂一五之長才，足以長一五者也。故立政期於分事，而制國在於分人。愚役於智，猶枝之附幹，此理天下之常法，今反謂薄屋者爲高，藿食者爲清，得拘潔而失才能，庶績不咸熙，未必不由此。况中世之選三公，亦務於清慤謹慎，循常習故，是婦女之檢柙，鄉曲之常人耳。』魏徵曰：『今將致治，則委君子，得失或訪諸小人，是毁譽常在小人，而督責常加君子也。夫中智之人，慮不及遠，况内懷奸利乎？』管仲曰：『既信而又使小人參之，害伯也。外官奏事，間因所短，詰其細過，雖有忠款而不得申，千載休明，時難再得。明主可爲而不爲，臣所以長嘆也。然亦云陛下導臣使言，所以敢然，若不受臣，敢數批逆鱗哉？」『檢乾坤漏』，遇合者稀，『點帝王憂』，成名者有。『萬言書』一句，《賈誼傳》尚不足當，『三分話』一句，則藏一篇《陸贄傳》也。《唐書·陸贄傳》云：『人之難知，堯舜所病，胡可以一酬一詰，而謂盡其能哉！趨和求媚，人之甚利存焉。民者至愚而神，上之得失靡不辨，上之好惡靡不知。馭以智則詐，示以疑則偷。接不以禮則其狥義輕，撫不以情則其效忠薄，動人以言，所感已淺。』初，劉從一、姜公輔等，材下不及贄遠甚，以單言暫謀躐臺宰，贄還京但爲中書舍人，惟遣中人迎其母韋於江東，差可人意。又言：《管子》小人害伯，非必險陂之人，蓋趨向狹促，以沮議爲出衆，自異爲不群，效小信昧遠圖耳。昔武后使士自舉其才，故當世稱知人之明，累朝賴多士之用。言兵曰：『若廣其數，不考於用，責其實不察其情，斯可爲羽衛之儀，而無益備禦之實也。』又：機會不及，則氣勢自衰，斯乃勇廢爲尩。且兵以氣，若勢爲用者也，氣聚則盛，散則消，勢合則盛，析則弱。又使諸將相關白徐行，是謂從容拯溺，揖讓救焚也。且命帥先求易制者，一則所命，再則聽命，此取承順可矣。後帝欲用裴延齡，贄言其僻戾躁妄，帝怒欲誅贄，賴言者卒以同平章貶别駕。在貶所，只爲《今古集驗方》五十篇，五十二卒。李抱真入朝，言陛下在奉天山南時，赦令至山東，雖武夫悍卒，無不感動流涕，臣是時知賊不足平。史臣贊曰：『追仇盡言，逐若棄梗，至延齡輩不移如山，德宗之不亡，顧不幸哉。』嗚呼！智者期保性命，雖贄之賢，猶不肯學耳。

隋文謂蘇威不切時要，威多引戚屬。帝以《宋書·謝晦傳》中朋黨事，令威讀之，威免冠頓首。却是苗老大人，又爲『我自與人無舊分者』一嘆。

文字净緣而常結惡業，則牛僧孺之贈劉禹錫：『莫嫌恃酒輕言語，曾把文章謁後塵。』『不知道』時，亦有不妙。

『佳人暗泣填宫淚，廄馬連嘶换主聲。內庫燒成錦綉灰，天街踏遍公卿骨』，『早晚休』時亦只如此。讀汪元量『大元皇后同茶飯』句，君子是以知藍玉之獲罪有以也。

陳同父，婺州人，生而目光有芒。上言：『臣嘗推極古今興廢之由，始悟今之自以爲正心誠意者，皆風痺不知痛癢之人也。與世安於君父之仇而方低頭拱手，以談性命行將爲敵拏戮，不知性命何在。』申奏，孝宗震動，欲榜朝堂以勵衆。大臣交沮，乃有都堂審察之命。宰相臨以上旨，落落不少貶。『何人可以調度』，不如魏收檄梁，工拙在人，王侯無種足矣。

千秋蘭射土，『大家受用』也。萬里虎狼天，『搶了西湖』也。高宗禪位後，享嬪御之適，蓋亦知『搶』去即没用，不如且『受用』耳。魏孫紹善相，於朝門，謂辛雄曰：『此中諸人尋當死盡，惟吾與卿尚在人間。』後爾朱至洛立莊，果引迎駕，百官千行。宫北朝士既集，列騎圍繞，責不匡弼，戮千餘人。仍舊『受用』者自有，但欲『大家』則難。

宋李綱有言：『陛下所用之臣，平居無事，小廉曲謹，似可無過，忽有擾攘，則惜愕無所措手足，不過以憂危之重，委之陛下而已。』《北史》：齊武成簡都督三十人侍後主，主獨引昌黎韓長鸞手曰：『都督看兒來。』既誅斛律光，封昌黎郡王。子寶行尚公主，每旦早參，先被勅唤事急速者，先附奏聞。恒嗔目張拳作噉人勢，咤曰：『恨不㪺漢狗飼馬。』又曰：『刀只當刈賊漢頭，不可刈草。』意色嚴厲，未嘗與人相承接。朝士諮事，莫敢仰視，動致呵叱，輒詈『狗漢大不可耐，惟須殺却』。惟武職雖廝養，亦容之。奔周仕隋，終隴州刺史。『乃武乃文』，豈能望之『曳裾終日』者哉？

田令孜之以帝西幸也，諸王徒步從。壽王病足，孜扶之强之行，即昭宗也。視梁昭明子詧鎮襄陽，遣妃王氏質於周，周滅梁以詧爲梁帝，居江陵。子巋嗣，有八子。隋文聘其女爲晋王妃，詔巋位在王公上，被服鮮麗，百僚傾慕，至唐猶八葉宰相。隋煬孫愍，隨祖母蕭后入突厥，可汗號爲隋王。中國有没入北者，悉以配之爲部落，唐滅突厥，始歸位至尚衣。《北史·南蠻傳》：『蠻在江淮間，東連壽春，北接汝潁。』桓玄西奔，子誕數歲，流竄太陽蠻中，遂習其俗，及長爲群蠻所歸，王師南伐，誕請爲前驅，孝文拜以荆州刺史。襄陽王子暉東荆州刺史，小者萬家，大者千户，自相崇僭，屯聚稱王。隋何妥侄倜，歷仕化及建德。歸唐，以善巧思授少府。高歡姊婿尉景孫世辨，入周爲隋浙州刺史。高歡婿司馬消難入周，女爲静帝后，奔陳爲司空。高氏所生子譚，在隋拜儀同。高歡妻姊之孫寶鼎，尚中山公主，爲隋儀同。叔亮，大業中刺史。亮兄深，尚齊東安公主，入周拜侍中，不逮矣。『萬古遺民此恨長，中華無地作邊墻。可憐一代君臣骨，不在黄沙即白洋』，便是『盛文儒』結局耳。遺山所以有『袨服華粧處處誇，幾年桑梓變龍沙。信得人間比夢間，一卮芳酒自開顔』句也。

王允後自凌被誅，冠冕遂絶。有思政，從魏孝武入關，自以非相府之舊，每不自安。侯景乞師，政請因機進取，以八千人入潁州，知景詭詐，分布諸軍，據景七州十二鎮，周文以所授景官爵回授政。及齊高澄攻潁州，告城中曰：『有能生致王大將軍者，封侯重賞，若大將軍身有損傷，親近左右，並從大戮。』遂不得引决。趙彦深牽手以下，文襄起而禮之。齊受禪，爲兗州刺史，置三十餘城，並爲衝要之地。子康在周襲太原公，周師東討，以思政所部兵，皆配之。入隋，終汴州刺史。周名將韋孝寬兄敻世爲三輔著姓，所居宅枕帶林泉，周明帝號曰『逍遥公』。陳尚書周宏正聘周，素聞其名，請與相見，造敻談讌竟日。子世康尚周文女襄樂公主，從平齊。隋初拜荆州總管，並親王臨統，惟荆州委世康，時人榮之。僅次子福爲玄感作檄，竟車裂。河東裴藴父事梁，陳平，隋文以藴先奉表來周時，曾求爲内應，授儀同。高熲不知，諫謂無功踰寵，帝曰『可加開府』，遂不敢言説。煬帝括舊樂家爲樂户，於是異技咸萃。化及難纔被害，鮮卑乞伏慧曾事齊文襄，爲郡王，煬帝時爲天水太守。齊晋陽唐邕出爲趙州刺史，特以侍中臨州，後主時封王，降周，例授儀同。隋初卒。二子皆爲隋刺史。李穆在周，備極榮，恕十死，及在并州，隋文慮焉，遣其子渾乘驛諧之，遽令還京，且奉熨斗曰『願執柄以熨天下也』。尉遲迥反，鄴遣使招穆，穆鎖其使，上其書曰：『周德既衰，愚智共悉。』於是子孫，雖在襁褓，悉授儀同。曰：『太師雖有百死，終不推問。』年七十七以壽終。論曰：『抑亦人之先覺，然得之非道矣。』時又有安定梁睿，威鎮西州，隋文憚之，睿乃勸進，復策平陳，請還京師，謝病闔門，每有朝覲，帝必令三衛合輿上殿。蘇威五歲，襲爵爲公。父，宇文護婿，隋禪遁歸田里。帝曰：『此不欲與吾事耳。』令改舊法，爲一代通典，律令格式，多威所定。每事惡人異己，雖小必固争之。尋令巡撫江南，便宜從事，皆令人有『君王空殉國，將相自爲家』之嘆。惟楊素嘗戲其子夔曰：『楊素無兒，蘇夔無父。』煬帝末，宇文述言賊少，威不能詭對，以身隱殿柱，帝呼問之，曰：『非臣職司，不知多少。』化及敗，歸李密，密敗歸世充，唐太宗平世充，坐東都閶闔門内。威謁稱病，不能拜。上曰：『公見密、充皆拜伏舞蹈，今既老病，無勞相見。』尋入長安，至朝堂，見高祖，又不許，年八十二，差令疑畏度日。

後魏昭成六代孫武陵王子元胄，周齊王見而壯之，引致左右，官至大將軍。隋文受顧命，胄常宿卧内。周趙王謀帝，帝持酒肴詣其宅，趙王引帝入寢室，胄扣刀入衛，王問姓名，賜之酒曰：『汝非曾事齊王者乎？』王僞吐，將入後閤，胄扶令上座，王稱喉乾，命胄就厨取飲，胄不動，會滕王至，帝下迎之，胄遂耳語，帝曰：『彼無兵馬。』曰：『兵馬悉他家物，一先下手，大事便去。』王將追帝，胄以身蔽。禪後歷豫亳刺史、靈州總管。正月十五日，『公與外人登高，未若就朕也。』煬帝時以逆言誅。則又『休』後餘波，禍福俱難逆料也。

第四十二齣　移鎮

【夜遊朝】（外引衆上）西風揚子津頭樹，望長淮渺渺愁予。枕障江南，鈎連塞北。如此江山幾處？

〔訴衷情〕『砧聲又報一年秋，江水去悠悠。塞草中原何處？一雁過淮樓。天下事，鬢邊愁，付東流。不分吾家小杜，清時醉夢揚州。自家淮揚安撫使杜寶，自到揚州三載，雖則李全騷擾，喜得大勢平安。昨日打聽金兵要來，下官十分憂慮。可奈夫人不解事，偏將亡女絮傷心。

【似娘兒】（老旦引貼上）夫主掣兵符，也相從燕幙栖遲，（嘆介）畫屏風外秦淮樹。看兩點金焦，十分眉恨，片影江湖。

（老旦）相公萬福。（外）夫人少禮。〔玉樓春〕（老旦）相公，幾年別下南安路，春去秋來朝復暮。（外）空懷錦水故鄉情，不見揚州行樂處。（老旦）你摩梭老劍評今古，那個英雄閒處住。（淚介）（合）忘憂恨自少宜男，淚灑嶺雲江外樹。（老旦）相公，俺提起亡女，你便無言。豈知俺心中愁恨？一來爲苦傷女兒，二來爲全無子息。待趁在揚州尋下一房，與相公傳後。尊意何如？（外）使不得，部民之女哩！（老旦）這等，過江金陵女兒可好？（外）當今王事匆匆，何心及此？（老旦）苦殺俺麗娘兒也！（哭介）（净扮報子上）詔從日月威光遠，兵洗江淮殺氣高。禀老爺，有朝報。（外起看報介）樞密院一本，爲金兵寇淮事。奉聖旨：『便著淮揚安撫使杜寶刻日渡淮，不許遲誤。欽此。』呀，兵機緊急，聖旨森嚴。夫人，俺同你移鎮淮安，就此起程了。（丑扮驛丞上）羽檄從參贊，牙籤報驛程。禀老爺，船隻齊備。（内鼓吹介）（上船介）（内禀）合屬官吏候送。（外分付起去介）（外）夫人，又是一江秋色也。

【長拍】天意秋初，天意秋初，金風微度，城闕外畫橋烟樹。看初收潑火，嫩凉生，微雨沾裾。移畫舸，浸蓬壺。報潮生風氣肅，浪花飛吐，點點白鷗飛近渡。風定也，落日摇帆映緑蒲，白雲秋窣的鳴簫鼓。何處菱歌，唤起江湖。

（外）呀，岸上跑馬的什麽人？

【不是路】（末扮報子跑馬上）馬上傳呼，慢櫓停船看羽書。（外）怎的來？（末）那淮安府，李全將次逞狂圖。（外）可發兵守禦？（末）怎支吾？星飛調度憑安撫。則怕這水路裏耽延，還須走岸途。（外）休驚懼。夫人，吾當走馬紅亭路。你轉船歸去。

（老旦）咳，後面報馬又到哩。

【前腔】（丑扮報子上）萬騎胡奴，他要塹斷長淮塞五湖。老爺快行，休遲誤。小的先去也。怕圍城緩急要降胡。（下）（老旦哭介）待何如？你星霜滿鬢當戎虜，似這烽火連天各路衢。（外）真愁促，怕揚州隔斷無歸路。再和你相逢何處？

夫人，就此告辭了。揚州定然有警，可徑走臨安。

【短拍】老影分飛，老影分飛。似參軍杜甫，把山妻泣向天隅。（老旦哭介）無女一身孤，亂軍中别了夫主。（合）有什麽命夫命婦，都是些鰥寡孤獨！生和死，圖的個夢和書。

【尾聲】老殘生兩下裹自支吾。（外）俺做的是這地頭軍府。（老旦）老爺，也珍重你這滿眼兵戈一腐儒。

（外下）（老旦嘆介）天呵，看揚州兵火滿道。春香，和你徑走臨安去也。

隋堤風物已凄凉。吴融　楚漢寧教作戰場。韓偓

閭閻不知戎馬事。薛濤　雙雙相趁下殘陽。羅鄴

第四十二齣 《移鎮》批語

「津頭樹」喻男根。「長淮」喻女根。「塞北」喻後花園。「砧」喻男根。「秋」以代湫，「塞草中原何處」喻豪多者，因喻深處。「鬢」亦喻豪。「邊愁」妙絶，所怕痛者此處耳。「大勢平安」喻女兩輔。「燕」喻合尖。「幞」喻兩扉。「畫屏」喻身，又畫瓶也。「樹」喻男根，「金焦」喻乳。「十分片影」俱喻女根。「錦水」之錦代緊。「揚州」以代陽溝。「梭劍」俱喻男根。「威光殺氣」無非虐謔。「羽」喻三分左右。「檄」喻左右可展。「牙」喻女根緊處。「籤」喻男根。「船隻」註過。「秋色」之秋代湫。「金風」之金代筋。「畫橋烟樹」雙喻男根，可云奇麗。觀「潑火」字更妙。「裾」喻女扉。「舸壺」俱喻女根。「飛吐」字喻淫液，甚確。「白鷗」喻精。「搖」指男事。「帆」喻邊闌。「蒲」仍喻豪。「白雲」以喻兩輔，精絶麗絶。「秋」以代湫。「簫」喻男根。「鼓」喻女之兩輔。「菱」底竪看，酷肖男根甫出，女根未合之狀。「旱路」戲喻後園，故下文特加「轉船」二字，妙不可言。「各路衢」三字不離此意，爲「霜鬢」老陰惡謔。「烽火」註過。無論水旱皆欲「連天」，謔且虐矣。「天」亦有「隅」，惟老婦深處如此。「雙雙相趁」喻女乘男。袁中郎：天與水争秋，是「渺渺」意。元曲：「仙人取竹葉粘壁科，你觀這「渺渺」滄波一葉蘆，見你還家的路徑麽，兀便是你茅舍舊鄉關。似這等蕩蕩悠悠，那塵世幾昏晝。」即「愁予」之説，與遺山「臺山淡緑深青一萬重」正好對看。

「龍吟却在殿當中」，乃金山第一佳句。又王濬滅吴，作大船，方一百二十步，受二千餘人。以木爲城，開四出門其上，皆得馳馬往來。又畫怪獸於船首，以懼江神，旌旗器甲屬天滿江。王渾兵由陸頓江上，不敢進。以有詔濬至秣陵受渾節度，邀濬論事，答以風利不得泊也。言臣受性愚忠，然孤根獨立，朝無黨援，而結恨强宗，取怨豪族，宜見吞噬，是『揚子津頭』一快。

晋元時，百姓之自拔南奔者，並謂之僑。人皆取舊壤之名，僑立郡縣，如河東今平陽，河内今懷慶，平原今濟南，北海今青州，館陶、東郡皆今東昌，定陶今兖州，常山今真定，曲阿今丹徒，雍邱今開封杞縣，弘農今河南靈寶，郯今海州，鄄今濮州，官渡在陽武即今開封，澶淵在黎陽即今大名之類。『南北勾連』，致青史州名訛複，亦是一悶。惟用作有爵無土之封，泛假版授之職，則至當而不移。

《晋書》：十二月，桓温自枋頭敗歸，遂城廣陵而居之。李端詩：『揚州有大宅，白骨無地歸。少婦當此日，對鏡弄花枝。』正言此地『清時』亦同『醉夢』。若隋煬帝妻軍士以尼媪，而波及士家。明武宗占大宅爲行宫，而填以寡婦，則『醉』中惡『夢』，難説『清時』。

『莫對月明思往事，損君顔色減君年』，是『十分眉恨』。死依禪智山光生，實『江湖片影，行樂蕪城』一語寫盡矣。眉公云：『造物以六親刀俎我，又以虚懸之功名爲且吞且吐之鷄肋以掉戲我。』『那個英雄閒處住』之下，承以『忘憂恨自少宜男』，尤使萬情灰冷。

高歡族弟歸彦父徽爲魏西域大使，嘗過長安市，與婦人王氏私通，而生歸彦。高洋立，封彦嫡母康及王氏並爲太妃，善事二母。彦極狡雄，放縱好色。妻魏上党王元天穆女也，貌不美而甚嬌妒，數忿争，密啓文宣求離，不報。武成子倬辰時生，後主午時生，武成以倬非嫡，改爲弟。及此女『亡』，始勸娶妾，欲爲吟

『漫愛胸前雪，其如頭上霜，莫將恩愛刀，更刻風中燭』也。

《南史》：宋益州刺史劉瑀占士人妻爲妾。宋文帝時南宣州刺史富平檀和之，坐迎獄中婦『女』入内，免官。《北史》：南陽李邕本爲馮太后幸臣李冲家按摩奔走之役，後爲幽州刺史，貪與范陽盧氏爲婚。信州許邈官廣州，歲游劉王山，與閭里婦女笑言無間，慶歷時官侍御。劉筠知杭州，與轉運使姚鉉不協，遂發鉉納『部』内『女』口。孫沔以大學士知温州，於遊人中見白牡丹者，遂誘與私，及在杭州見金趙氏，俱設計取至。妻邊妒悍，遂爲時傳，歐陽公顧言其恩信最著，宜棄瑕使過。庶幾『揚州行樂處』不復更憶『故鄉情』耶？若宋陸經官河南，杖死争田寡婦，則惡劣矣。今『使不得』而政反不逮古人，何也？

隋趙郡李誇言公卿薨逝，其愛妾侍婢，子孫輒賣取財，遂成風俗。服斬三年，豈容强傅鉛粉，送付他人之室？復有位望通貴，平生交舊，朝聞其死，夕規其妾，方便求聘以得爲限，上嘉之。五品以上妻妾不許改嫁，始於此也。范石湖詩：『日日教澆竹，朝朝遣采梅。園丁應窃笑，猶自説心灰。』又『衾餘枕剩儘相容，只是老人難再少』。一人既老始娶二妾，妻猶以忠奴、孝奴名之。孝當竭力，忠則盡命也。『何心及此』，兼寓此懷。

汪水雲：『指點與君看，畫他難不難。』著書者山川風土，無不志之於心，此處獨著此曲，是實境也。王漁洋《秦郵》詩云：『三十六湖如玦環，青蘋風起白銀灣。紅「橋」四百姑蘇郡，徑合移來著此間。』與此同妙。

『移畫舸浸蓬壺』，則非坡所云『亂沫浮涎繞客舟』可比。『拖烟抹雨一歸舟』，與『淡黄初夜月，深黑一江烟』較别。惟誦『千古怨魂消不得，一江寒浪若爲平』之句，翻添『愁促』耳。

董文友：『漁父不知身是畫，呼婦罵，問錢昨夜存多少。』則彼知『亡國豈無恨，漁人休更「歌」』爲何語耶？『長留清氣在天地，便就片紙開「江湖」』，玉茗之謂。

『此别斷無重見日，故應翦燭話來生』，是『轉船歸去』。『嚴霜故打枯根草，狂風偏縱撲天鵰』，是『星霜滿鬢當戎虜』。令人誦陶潛『少時壯且厲，撫劍獨行遊。不見相思人，惟見古時邱。丈夫志四海，我願不知老。親戚共一處，骨肉還相保』之詩，重爲首肯矣。以『百口一擲，出手得盧』何爲哉？

王敬則爲齊將，輿載宋帝，曰：『官先取司馬家，亦復如此。』順帝泣曰：『惟願生生世世，不與王家作因緣。』齊高事起，武帝在贛縣爲郡，繫桓康夜裝，擔一頭貯穆后，一頭貯文惠太子竟陵王藏山中。唐王鐸，播遷，以平章出爲儀昌節度，由世貴，裘馬鮮明，妾侍且衆。魏帥樂彦禎子從訓心利之。李山甫者，數不第，怨中朝臣，依魏幕且樂禍，導訓伏兵高雞泊刺之，吏屬三百人皆被害。王鍔爲嶺南節度致富，故鍔家錢遍天下，後其子稷爲德州刺史，悉金寶媵侍以行，節度李全略利其有，因軍亂殺稷，納其女爲媵。如南宋劉義隆第九子昶，携妾吴氏奔魏尚主者鮮矣。『真愁促』三字，傷心千古。

魏孝静后，齊神武第二女，後降左僕射楊愔。高歡小爾朱后，爾朱兆女，初爲魏建明后，歡納之。以與趙郡公深通，徙靈州，後適范陽盧景宗。高洋段昭儀後適録尚書唐邕。北齊後主斛律后，後嫁爲開府元仁妻。周宣帝司馬后，後適司州刺史李丹。高歡既誅爾朱榮，榮從弟彦伯之子敞，年十二，隨母養宫中，自竇走至街，解金翠服易群兒衣遁，暮入村見長孫氏媪，踞胡床坐，再拜求哀媪資遣之，詐爲道士，隱嵩山，曰

『子胥何人也』，乃奔長安，封靈壽縣伯，迎長孫氏至其第養之，隋禪改封郡公。宇文護既爲周相，操大權，齊爲其母閻作書曰：『昔吾合家被定州官軍打破，捉入城送元寶掌處，時元所掠得男夫女婦可六七十人，今吾賴皇齊恩恤，得與汝楊氏姑及汝叔母紇千、汝嫂劉及汝新婦等同居，頗以自適。今吾殘命，惟係於汝，勿謂冥昧而可欺負。』報曰：『兒立身立行，不負一物，奈何摩敦俘隸，泯如天地之外，不謂齊相解網，聽許摩敦垂教，想兩河三輔，各遇神機，源其事迹，非相背負。有國有家，信義爲本，伏度來期，已應有日，二國分隔，理無書信，主上恩矜，賜許奉答。』及至天赦，凡所資奉，窮極華盛。時母已踰八十。武帝率諸親戚家人禮。安定梁士彥，從周武援晉州，以爲刺史。及帝還齊，苦攻之，乃令妻妾及軍人婦女，晝夜修城。及帝軍至，持帝鬚泣。徐陵弟孝克賣妻臧與侯景，將以養生母，其將孔景行戰死，復爲夫妻，陳時除本縣剡令。『相逢何處』，真有不可思議者。

香山：『眷屬偶相依，一夕同栖鳥。』龜蒙：『中原猶將將，何日重卿卿。』『分飛』且憂惱，何況『老影』，但覺『朝蔬一不共，夜被何由同』，與劉孝威『分家移甲第，留妾住河陰』自異。

遠『天』如夢不逢人，安得不『泣』？

坡『功名半幅紙，兒女浪苦辛。延我地爐坐，却是英特人』。有『什麽命夫命婦』？

留侯無後，陳平至孫滅，亦無後。何曾至孫滅，無後。羊叔子亦無後。商輅無後，海剛峰亦無後。『都是些鰥寡孤獨』，則『筆墨應須於載見，兒孫已向隔生求。人間無限傷心史，休爲孤山處士悲』矣。

陶：『得知千載上，賴有古人書。』唐：『欲吊孟諸君，迹陳知者少。』雖『夢』却不可無『書』。『往事幾多

「書」不記，夜來和酒一時醒』，有有『夢』而無『書』者。桓玄自作起居注，『杳然如在夢魂中』，有有『書』而實『夢』者。『一邱文字鬼』已爲可嘆，乃『存不阜物、歿不增壤』者，又不與焉。

唐人：『名利到身無了日，不知今古漸成空。歲月如波事如「夢」，百年流轉秖須臾。』元夢：『近來章奏少年詩，一種成空盡可悲。今日重看滿衫淚，可憐名字已前生。』石湖：『堂堂列傳冠元功，紙上浮雲萬事空。我若才堪當世用，他年應只似諸公。』試問看官：多少往來名利客，滿身塵土拜盧生，比『九華道士渾如「夢」，猶向尊前笑揭天』何如？

魏攻壽春，北蘭周盤龍拒破之，齊高送金釵二十枚與其愛妾，手勅曰『餉』。周公阿杜子奉叔鬱林從其學騎，得入內，無忌，凌轢朝士。明帝以爲青冀刺史，曰：『不與周郎，當向刀頭取辦耳。』辭之鎮。明帝引往後堂讌之。南宋吳興沈慶之以諳孝武義師定軍略，封公，爲領軍，又討平竟陵王誕，屠廣陵，悉移親戚中表於婁湖，列門同閈，廣闢田園之業，奴僮千計，妾十數人，每履園田自思損挹，舊時鄉里稱之者，皆膝行而前，諸沈爲劫者數十人，詭置酒，一時殺之。年八十，廢帝賜酖。從侄攸之以奉帝功，與蕭道成同值殿省，成以長女妻其子，爲荊州刺史，曉達吏事，諳廂廊然燭達旦，後房珠翠數百人，忠宋自盡。張敬兒南陽人，初其母夢狗舐陰而有孕，名狗兒，宋明帝改爲敬兒，奉道成以爲雍州刺史。攸之下，敬兒據江，復誅其親黨，私没錢數千萬。進爵爲公，徵爲侍中。乃於室中學揖讓答拜，妾侍竊窺笑之，謂妻嫂曰：『我拜後開黃閤』，因口自爲鼓聲，信夢尤甚。

其妻尚氏曰：『我夢一髀熱，君得本州，今夢覺體熱矣。』齊高聞，收誅之。此夢和書尤其可哀。惟中郎《咏子桓》：『上馬搜才藻，橫戈按髫鬢。伯圖今已矣，文采照人間。』其夢與書差不可及。

王維云：『以臣文吏，當此長圍，戲支叉頭，刀鐶築口。』腐儒最自珍重，兵戈則難自由，姚制置所以艤舟城東，終不免被楊恩堂拔去鬚鬢耳。若王鼐、韋孝寬輩，殊不自珍。

第四十三齣　禦淮

【六么令】（外引生、末扮衆軍行上）西風揚譟，漫騰騰殺氣兵妖。望黄淮秋捲浪雲高。排雁陣，展龍韜，斷重圍殺過河陽道。

（外）走乏了！衆軍士，前面何處？（衆）淮城近了。（外望介）天呵！〔昭君怨〕剩得江山一半，又被胡笳吹斷。（衆）秋草舊長營，血風腥。（外）聽得猿啼鶴怨，淚溼征袍如汗。（衆）老爺呵，無淚向天傾，且前征。（外）衆三軍，俺的兒，你看咫尺淮城，兵勢危急。俺們一邊捨死先衝入城，一面奏請朝廷添兵救助。三軍聽吾號令，鼓勇而行。（衆哭應介）謹如軍令。

【四邊静】（行介）坐鞍心把定中軍號，四面旌旗繞。旗開日影摇，塵迷日光小。（合）胡兵氣驕，南兵路遥。血暈幾重圍，孤城怎生料。

（外）前面寇兵截路。衝殺前去。（合下）

【前腔】（净引丑、貼扮衆軍喊上）李將軍射雁穿心落，豹子翻身嚼。單尖寶鐙挑，把追風膩旗兒裊。（合前）

（净笑介）你看俺溜金王手下，雄兵萬餘，把淮陰城圍了七週遭。好不緊也！（内擂鼓喊介）（净）呀，前路兵風，想是杜安撫來到。分兵一千，迎殺前去。（虚下）（外、衆唱『合前』上）（净、衆上打話，單戰介)(浄叫衆擺長陣攔路介)(外叫『衆軍衝圍殺進城去』介)(浄)呀,杜家兵衝入圍城去了。且由他。喫盡糧草,自然投降也。(合前下)

【番卜算】(老旦、末扮文官上)鎮日陣雲飄,閃却烏紗帽。(浄、丑扮武官上)(浄)長槍大劍把河橋。(丑)鼓角如龍叫。

(見介)請了。〔更漏子〕(老旦)枕淮樓,臨海際。(末)殺氣騰,天震地。(丑)聞砲鼓,使人驚。插天飛不成。(浄)匣中劍,腰間箭。領取背城一戰。(合)愁地道,怕天衝,幾時來杜公。(老旦)俺們是淮安府行軍司馬,和這參謀,都是文官,遭此賊兵圍緊,久已迎取安撫杜老大人,還不見到。敢問二位留守將軍,有何計策?(丑)依在下所見,降了他罷!(末)怎説這話?(丑)不降,走爲上計。(老旦)走的一個,走不的十個。(丑)這般説,俺小奶奶那一口放那裏?(浄)鎖放大櫃子裏。(丑)鑰匙呢?(浄)放俺處,李全不來,替你托妻寄子。(丑)李全來呢?(浄)替你出妻獻子。(丑)好朋友!(内擂鼓喊介,生扮報子上)報,報。正南一枝兵馬,破圍而來。杜老爺到也。(浄)快開城迎接去。天地日流血,朝廷誰請纓。(並下)

【金錢花】(外引衆上)連天殺氣蕭條,蕭條。連城圍了週遭,週遭。風喇喇,陣旗飄。叫開城,下吊橋。(老旦等上合)文和武,索迎著。

(老旦等跪介)文武官屬,迎接老大人。(外)起來,敵樓相見。(老旦等應下)

【前腔】(外)胡塵染惹征袍,征袍。血花風腥寶刀,寶刀。(内擂鼓介)淮安鼓,揚州簫。擺鸞旗，登麗譙。（合）排衙了，列功曹。

（到介）（貼扮辦官上）禀老爺升坐。

【粉蝶兒引】（外）萬里寄龍韜，那得戍樓清嘯。

（貼報門介）文武官屬進。（老旦等參見介）孤城累卵，方當萬死之危；開府弄丸，來赴兩家之難。凡俺官寮，禮當拜謝。（外）兵鋒四起，勞苦諸公。皆老夫遲慢之罪，只長揖便了。（衆應起揖介）（外）看來此賊，頗有兵機。放俺入城，其中有計。（衆）不過穿地道，起雲梯。下官粗知備禦。（外）怕的是鎖城之法耳。（丑）敢問何謂鎖城？是裏面鎖外面鎖？（外）不提起罷了，城中兵幾何？（净）一萬三千。（外）糧草幾何？（末）可支半年。（外）文武同心，救援可待。（內擂鼓喊介，生扮報子上）報，報。李全兵緊圍了。（外長嘆介）這賊好無理也！

【剗鍬兒】兵多食廣禁圍繞，則要你文班武職兩和調。（衆）巡城徹昏曉，這軍民苦勞。（內喊介、泣介）（合）那兵風正號，俺軍聲静悄。（外拜天，衆扶同拜介）淚灑孤城，把蒼天暗禱。

【前腔】（衆）危樓百尺堪長嘯，籌邊兩字寄英豪。（外）江淮未應小，君侯佩刀。（合前）

（外）從今日起，文官守城，武官出城，隨機策應。（衆）則怕大金家來了。（外）金兵呵，

【尾聲】他看頭勢而來不定交，休先倒折了趙家旗號。便來呵，也少不得死裏求生那一著敲。

日日風吹虜騎塵。陳標　　三千犀甲擁朱輪。陳陶

胸中別有安邊計。曹唐　　莫遣功名屬別人。張籍

第四十三齣 《禦淮》批語

『慢騰騰』謔喻也。『秋』以代湫。『雲』喻花頭。『湫捲浪雲高』可謂虐謔。『一半』喻分兩邊。『胡笳』喻男根。『長營』喻女根。『血風』有明。『征袍』仍喻男根。『天』喻女根深處。『坐』喻以雌乘雄。『鞍』喻女合尖處。『把定』喻男根未進時女把之也。『旗開日影』喻女根甚肖，觀日光小更明，『路遥』嘲之。『血暈幾重』不釋已解。『豹子單尖』俱喻男根。『翻身』喻自後行，所謂『背城戰』也。『膩旗』喻女扉也。『長陣』喻女。『紗帽』亦喻女根。『角』喻女根之形。『鼓』喻兩輔。『角』喻合尖。『天地』字妙。地喻臀股受拍勢。『騰天』則聲『震地』也，插天則飛不成，喻女兩扉刻酷之至。『正南』註過。『杜到』以代肚到。『天地日流血』爲女根一笑。『纓』喻豪也。『吊橋』男根。『寶刀』喻女兩扉。『文武』喻緩與急。『丸』喻莖端。『萬死之危』深嘲女道損人遲慢之罪，四字可爲一笑。『胡塵』之胡代鬍，與胡兵同。『血花』猶言紅花。『鎖城之法』本粘罕築壘環繞使内外不通，女人知音甚少，緊接上『不提起罷了』五字，真堪噴飯。『徹昏曉』亦嘲女人。『禱』以代搗，惟其暗也，所以静也。『籌邊』猶之抽邊。『頭勢』喻男根槌。『旗』仍喻女。『死裏求生』又嘲女道遇大，無計安邊。『朱輪』肖女根形。

韋挺請待冰泮，唐太宗曰：『兵寧拙速，無工遲。』『慢騰騰』即爲妖氣而已。《宋史·陳敏傳》：敏，贛人，身長七尺，狀貌魁岸，言長淮三千餘里，河道通北方者五，北人兵艦自清、汴、渦、潁、蔡而下，通南方以入大江者，惟楚州運河耳，故楚州實爲兩朝司命。

『箭孔刀痕滿枯骨，未戰已疑身是鬼。瞥開道白前軍發，照見三堆兩堆骨。飽鴟清嘯伏屍堆，白骨又沾新戰血』。讀《昭君怨》一詞，殊有『清夜鬼談兵，魂氣相衝擋』之意。

班超既建不世功，定西域，封定遠侯，其妹昭爲上書曰：『超今年已七十，如有卒暴，超之氣力不能從心，使爲，上損國家。』嘗讀《後漢書》，曹操擊陶謙，謙賊將笮融，自彭城將男女萬口走廣陵。廣陵太守趙昱目不妄視，耳不邪聽，所以賓禮融。融利廣陵財貨，遂乘酒酣殺昱，放兵大掠。又袁紹孤客窮軍，冀州牧韓馥帶甲百萬，穀支十年，恇怯之性，怵於危論。乃曰：『度德而讓，古人所貴。』卒至以書刀自裁於厠，可恨可笑。壯士性剛決，那知眼有淚，以信臨鋒决敵，非長者事矣。

『由來從軍行，賞存不賞亡。赤肉痛金瘡，他人成衛霍』。觀『老爺呵』三字，效死不爲朝廷也。坡：『守邊在得土。』高歡之妻甥段韶曰：『所謂衆者，得衆人之死。所謂强者，得天下之心。若智者不爲謀，勇者不爲用，氣驕亦不怕他。』故知袁紹之繁禮多儀，好言飾外，用兵好爲虚勢，見人饑寒，形於顔色，其所不見則否，不如操之與四海接恩過其望耳。王叡曰：『使人造舟車，猶豐酒食；而駕馭英傑，則欲飾甘言以誘掖，矯禮貌以卑和，欲其竭赤誠，盡計策，猶用飴蜜誇賺嬰兒，爲下民之醜行也。』御將者以繁禮飾貌，浮詞足言，則怨不爲用。宜洞開胸懷，令見肝肺。彼暴吾寬，彼威吾義，彼有所短，吾見其長。宋齊邱曰：『衆人封公，而得侯者不美。衆人分玉，而得金者不樂。故賞不可妄行。』商子曰：『後世輕賞以去刑，輕刑以去賞。』吕子曰：『信立則虚言可以賞矣，信之所及，盡制之矣。』北魏末辛雄曰：『進而擊賊死，促而賞賒，退而逃散，身全而無罪，難可弭乎？』『俺的兒』非可以虛言紿也。果能以此相待，則得主而爲之死，猶不死矣，否則射入賞格，保無殺城主降乎？

秦王將行事，召張公謙卜，曰：『無疑何卜？卜之不吉，可已乎？』可爲千古把定中軍之法。梁名將京兆韋叡禦魏，每三更起，張燈達曙，楊大眼亡魂而走。魏軍大敗，乞爲囚奴者猶數十萬，還爲雍州刺史。故舊年七十以上，多與版假縣令。《元史》易州張柔世力農，少以俠稱，金末聚族黨，保西山寨，後從國王孛魯降李全於益都，世祖時行工部，城大都，封王。饒他豹子不許『翻身』。

侯景使關西方人執大棒把『河橋』，如此間字句俱非杜撰。

周明帝朝晏，鐵猛獸每被別留，列炬鳴笳送其還宅，則真食長槊大刀之報也。此雖鼓角如龍，笑爾聲嘶股慄。

《唐書》：李翱甥鄭畋，安如玉相，僖宗幸鳳翔時，妻自紝戎衣給戰士。引李茂貞隸麾下，貞甚感之。不然，帝已危時，四方心無唐，得畋檄各思立功，此行軍參謀較可。若《北史》，隋代衣冠引見竇建德，莫不惶懼失常，正愁地怕天驚飛不成之輩，則如北魏公主看爾朱榮，自晉陽入立莊帝，葛榮自鄴北列陣數十里，箕張而進，衆號百萬，榮以數千騎擒之，分散其衆，擢用渠帥，處分機速。又言今秋欲令貪污朝貴，入圍搏虎，誘朝士赴河陰，至南北半堤，悉令下馬西度，即圍殺之。『一個』也走不得，方快人意也。

雍陶：『酬恩須盡敵，休説夢中閨。』唐明宗時，張昭言：皇子皇弟，退則務飾姬姜。文天祥開府南劍，列訴姬侍，軍行如春遊，其能濟乎？王世充好質將士妻子，秦瓊等俱不願。大『奶奶』亦須姑置，况『小奶奶」耶。《五代史》：烏震，冀州信都人，從莊宗討張文禮，禮執震母、妻等十餘人，皆斷手而不誅，縱至其軍，震一慟而止。後唐時，幽州李嚴，首謀伐蜀，既入蜀，王衍以母、妻爲『託』，即日降。唐韋昭度以承旨進同中書，賀家族於禁軍，誓共討賊，則怕『好朋友』罕見。梁元帝使鮑泉討長沙，久不克，書責曰：『面如冠玉，還疑木偶，鬚是蝟毛，徒勞繞喙。』以祁人王僧辨代之。泉曰：『得卿助我，賊不足平。』辨背泉坐曰：『官令鎖卿。』遂鎖之床下，宜與小『奶奶』同鎖。唐京兆柳公綽爲鄂岳觀察，於諸將疾病恤之，婦人傲蕩者沈之江，皆曰：『中丞爲我知家事，敢不死戰。』太和四年爲河東節度，沙陀部酋妻、母來太原者，人人飲食問遺之，故悉力保障。此等『小奶奶』，不須問遺。

《唐書·楊行密傳》：曲溪將劉金，策宣州刺史趙鍠必遁，紿曰：『將軍若出，願自吾壘而偕。』鍠喜，許妻以女，明日譟城上曰：『劉郎不爲公婿。』鍠宵遁，獲斬之。亂世『文官』尤可哂耳。又行密將張崇爲錢鏐執，密欲嫁其妻，答曰：『崇不負公，願少待。』俄而還，自此終身倚愛，此於『大奶奶』有所難割者。

華州多盜，楊素薦北平榮毗爲長史，素田宅多在華陰，左右放縱，毗無所貸。朝集時，素戲謂曰：『我之舉卿，適以自罰也。』晉王在揚州，於路次往往置馬坊以畜牧爲詞，給私人，毗獨遏絶之。及大業時，拜侍御史，曰：『今日吾舉馬坊之事也，無改汝心。』楊素侄宏禮從征遼，唐太宗望其衆，袍仗精整，曰：『越公兒郎，故有家風。』其弟宏武爲少常伯，高宗曰：『爾授官，多非其才，何耶？』曰：『臣妻剛悍，此其所屬，不敢違。』以諷帝用后言，帝笑不罪。

《唐書·藩鎮傳》：淄青嗣節度李師道，貞元末與杜佑、李欒，皆得封妾媵爲國夫人，自其父來，凡所付遣，必質其妻子，朝廷遣使問順逆，婢媪争言：先司徒土地，奈何一旦割之。然竟爲其大將劉悟弑。悟素與師道妻魏亂，妄言鄭公徵之裔不死，没入掖廷。師古嘗愛悟軒然，妻以從媢，又劉悟子從諫嗣。諫母微賤，諫妻裴幕屬女也，諫有妾韋，請封夫人，詔至，裴怒毁詔不與。諫死，裴會大將妻號哭曰：『爲我語若夫，勿忘先公恩，願以子母託。』諸婦亦泣下，故潞將叛益堅。『奶奶』之力量如此。

德宗時，蔡州節度吴少誠結衆曰：『朝廷公卿託某破蔡。』曰：『掠將士妻女爲婢媵，以絶向順意。』後元濟妻沈亦没入掖廷。李希烈之叛，啖牛肉而病，親將陳仙奇令醫毒死之。初烈入汴，聞户曹參軍竇良女美，强取之，女曰：『慎無戚，我能滅賊。』後有寵，與賊秘謀能轉移之。嘗稱仙奇忠勇可用，而妻亦竇姓，願如姒媢者以固其夫，間謂奇妻曰：『賊雖强，終必敗，云何。』竇久而悟。及烈死，烈子欲悉誅諸將，乃自立。有獻含桃者，竇請分遺仙奇妻。所之因納蠟丸，雜果中，出所謀，仙奇大驚，率兵譟而入，斬烈子，函烈妻子七首獻於朝。此『小奶奶』可謂能報辱身之仇者。然其取寵時，不知失多少便宜。子又肯聽送含桃，豈不亦以媢得之？而仙奇行事，妻皆與計，又可怪也。

渾瑊功冠唐代，其子鎬爲義武節度，乃短計略。師饑亂，至劫鎬家裸辱。黄巢破虔吉入閩，再入饒、信、杭州，殘宣、歙，及聞許帥薛能死，率衆渡淮，陷東都，閭里宴然。田令孜請自將而東，天子冲弱，怖而流『涙』，然衛軍皆長安高資，侈服怒馬以詫權豪，初不知戰，『哭』無鬥志。賊入長安，皆錦衣，巢乘黄金輿，衛者皆綉袍華幘，宫女數千迎拜，巢舍令孜第。賊見窮民抵，金帛與之，數日乃大掠，富家皆跣而驅。争取人妻女亂之，號大齊。然立妻曹氏爲皇后，豈巢未爲賊時，即違制娶同姓耶？河間張濬，巢亂時，挾其母走商山，泛知書史。僖宗西幸，或薦之爲諫議，以説平盧節度引軍從，同中書，出爲節度，貶司户，居洛。全忠畏其構他鎮兵，使張全義遣牙將如盗者，夜圍其墅，屠其家百餘人。又平盧軍節度安師儒，遣偏將王敬武擊定盗還，即逐師儒，自稱留後。是時大奶奶不知何似？蓋古來如敬武事者甚多也，皆因儒輩除偎妻抱子外，無他技耳。《五代史·梁本紀》：朱宣、朱瑾已助破宗權而東歸，朱温誣其誘汴亡卒以東，又假道於魏，以攻河東，亦所以怒魏爲兵端也。卒破瑾，納妻。全忠至鳳翔，侵邠州，節度崇本降，質其妻。本妻美，全忠與亂。朱友恭，壽州人，客汴州，施財任俠，全忠愛而子育之，後使行弑，乃歸罪於恭，執而斬之。兵家全尚機詭，以無能當奸雄，徒貽『奶奶』之憂耳。惟高駢爲下吕用卿所制，命畢師鐸出戍高郵，鐸出遂合亡命，還攻城，曰：『不敢負恩，斬用卿耳，願以妻子爲質。』駢恐用卿害其妻母，收置署中。及鐸破城，反囚駢，殺之。駢未侵其母妻，至是應悔也。《五代史·漢臣傳》：劉銖，陜州人，知遠喜其慘斷類已，爲平章侍中，即誅郭威家者。周師入，銖妻裸露以席自蔽，與銖俱見執，殺銖而赦其妻子，賜陜州莊宅一區。雀兒自是不好色者，偏是把人禁殺者，急時放不下『小奶奶』，偏是此輩。無全『妻』子策，連大『奶奶』也不保。

『把蒼天暗禱，那得戍樓清嘯』，杜牧所云『大臣偷榮處逸，戰士離落鈍敝，是謂宿敗之師』。元和時，用兵數十萬以誅蔡，四年僅能破一二縣，以此也。『粗知備禦』，有何用處？

武侯《心書》：『相恐以敵，相語以利，相囑以禍福，相惑以妖言，必敗之道也。』故曰『不提起罷了』。自兵糧分在而户曹方且告竭，樞密反請增兵，故并州有言：『我明官制大牙相制，可謂詳於求治，略於弭亂者也。』『文武同心』，勢所難强。

《唐書·田承嗣傳》：嗣世以豪俠聞，從禄山陷河洛。禄山行諸屯，至其營，若無人，異其能。『軍聲靜悄』，即潛於九地之意。《唐書》：漢得下策，謂伐胡而人病，既病矣又役人而奉之。杜牧曰：『百人荷戈，則挾千夫之名，大將小裨，操其餘嬴，此不責寔之過也。小勝則邀賞，二也。將柄不得專，虜騎乘之，三也。』葉水心曰：兵以少而後强，期勵使必用也。多兵以自禍，不用兵以自敗，使兵浸淫卑濕不能輕利，立法定制於重滯煩擾之中，以用民爲安，强以疲士大夫之精爲用才，未有甚於宋家者也。『軍民苦勞』，有損無益。

韋莊：『獨把一杯和淚酒，隔雲遥奠武侯祠』，亦『暗禱』意。

李德裕有籌邊樓，此用其事，偏伯必邊則無如孝寬時，『以邊外之兵，引其腹心之衆』數語。《淮南子》：『君自聖，則人臣藏智而不用，轉以事任其上。』前漢末，馮衍曰：『决者智之君也。』司馬懿謂操：聖人不能違時，亦不失時矣。又謂諸葛亮：志大而不見機，多謀而少决。又言兵者詭道，善因事變，惟明者能深度彼己，顧有所棄。孔明未能盡離儒者，所以輕信馬謖。『寄英豪』者，言須得英豪而遂『奇』之。

王陽明曰：夫惟身任天下之禍，然後能操天下之權，濟天下之患。風濤顛沛之舵，誰與争操？於是起而握之。欲濟天下之難，而不操其權，是倒持太阿也。又必示之以無不容之量，以安其情；擴之以無所競之心，以平其氣；神之以不可測之機，以攝其好。坦然爲之，下以上之，退然爲之，後以先之。小人不知禍之不可倖免，而自詭以求脱，遂至釀成大禍而已，亦卒不免。『趙家旗號』，非止幢將不『倒』而已。《北史》論曰：『賀若敦臨危而策出無方，事迫而雄心彌厲。』又曰：『生無再得則「死」忠者視彼苟免之徒，貫三光而洞九泉矣。』高歡沙苑之役，斛律羌舉曰：『黑獺若固守，無糧援可恃。今揣其情，欲一死决。且渭曲土濘，無所用力。若不與戰，竟趨咸陽，咸陽空虚，拔其根本，則黑獺可懸軍門。』及戰渭曲而敗，歡以玉璧衝要，先命攻之，城上縛樓極峻，外以火竿焚樓。韋孝寬令作鉤刃竿來遥割之，歡問：『何不降？』曰：『適憂爾不返之危，孝寬關西男子，必不爲降將軍也。』歡射募格於城中，能斬城主降者，拜太尉。寬手題書背，反射城外，『斬高歡者，依此賞』。寬弟子遷先在山東，鎖至城下，不爲動。神武苦戰六旬，傷及病死者十五。因發疾過忿恚，遂歿。突厥欲大掠秦隴，隋文以達奚長孺爲行軍總管擊之，衆寡不敵，五兵皆盡，士卒以拳毆之，手骨皆見。北齊末，周軍圖晋陽，望之如黑雲四合。高澄第五子延宗，親當周齊王於城北，奮大槊，尚書令史沮山亦肥大多力，捉長刀殺傷甚衆。周軍攻東門際昏，遂入。延宗自門夾擊之，周軍大亂，争門相填，斫死二千餘人。武帝左右略盡降，胡皮子信爲之導，僅免，時四更也。延宗謂周武崩於亂兵，使於積屍中求長鬛者不得。齊兵入坊飲酒，不復能整，周武出城飢甚，欲爲遁計，齊王憲曰：『去必不免。』宇文忻曰：『丈夫當「死中求生」，敗中取勝。』乃鳴角收兵，俄頃復振，詰旦攻東門克之。近宗被擒，武下馬執其手，曰：『死人手何敢近至尊。』『倒了旗號』，固不如『那一著敲』。元末金山之窘海陵，和州之敗韓世忠吴允文，皆敲此『著』耳。最可詫者，崖山破張世傑，即傑叔張柔第九子宏範，不容乃兄『死裏求生』也。

第四十四齣　急難

【菊花新】(旦上)曉妝臺圓夢鵲聲高，閒把金釵帶笑敲。博山秋影搖，盼泥金俺明香暗焦。

鬼魂求出世，貧落望登科。夫榮妻貴顯，凝盼事如何。俺杜麗娘，跟隨柳郎科試。偶逢天子招賢，只這些時還遲報喜。正是：長安咫尺如千里，夫婿迢遥第一人。

【出隊子】(生上)詞場湊巧，無奈兵戈起禍苗。盼泥金賺殺玉多嬌，他待地窟裏隨人上九霄。一脈離魂，江雲暮潮。

(見介)(旦)柳郎，你回來了。望你高車晝錦，爲何徒步而回？(生)聽俺道來：

【瓦盆兒】去遲科試，收場鎖院散群豪。(旦)咳，原來去遲了。(生)喜逢著舊知交。(旦)可曾補上？(生)虧他滿船明月又把去珠淘。(旦喜介)好了。放榜未？(生)恰正在奏龍樓，開鳳榜，蹊蹺。(旦)怎生蹊蹺？(生)你不知，金家兵起，殺過淮揚來了。忙喇煞細柳營，權將杏苑拋，剛則遲誤了你夫人花誥。(旦)遲也不爭幾時。則問你，淮揚地方，便是俺爹爹管轄之處了？(生)便是。(旦哭介)天也，俺的爹娘怎了？(泣介)(生)直恁的活擦擦，痛生生，腸斷了。比如你在泉路裏可心焦。

(旦)罷了。奴有一言，未忍啓齒。(生)但說不妨。(旦)柳郎，放榜之期尚遠，欲煩你淮揚打聽爹娘消耗，未審許否？(生)謹依尊命。奈放小姐不下。(旦)不妨，奴家自會支吾。(生)這等就此起程了。

【梅花泣】（旦）白雲親舍俺孤影舊梅梢。道香魂恁寂寥，怎知魂向你柳枝銷。維揚千里，長是一靈飄。回生事少，爹娘呵，聽的俺活在人間驚一跳。平白地鳳婿過門，好似半青天鵲影成橋。

【前腔】（生）俺且行且止，兩處係心苗。要留旅店伴多嬌。（旦）有姑姑爲伴。（生）陰人難伴你這冷長宵。把心兒不定還怕你舊魂飄。（旦）再不飄了。（生）俺文高中高，怕一時榜下歸難到。

（旦泣介）俺爹娘呵！（生）你念雙親捨的離情，俺爲半子怎惜攀高？

小姐，卑人拜見岳父岳母，起頭便問及回生之事了。

【漁家燈】（旦嘆介）說的來似怪如妖，怕爹爹執古妝喬。（想介）有了。將奴春容帶在身傍。但見了一幅春容，少不的問俺兩下根苗。（生）問時怎生打話？（旦）則說是天曹，偶然註定的姻緣到。驀踏著墓墳開了。（生）說你先到俺書齋纔好。（旦羞介）休調，這話教人笑。略說與梅香賊牢。

【前腔】（生）俺滿意兒待驷馬過門，和你離魂女同歸氣高。誰承望探高親去傍干戈，怕寒儒欠整衣毛。（旦）女婿老成些不妨。則途路孤恓，使奴掛念。（生）秋宵，雲横雁字斜陽道，向秦淮夜泊魂消。（旦）夫，你去時冷落些，回來報中狀元呵。（生）名標，大拜門喧笑，抵多少駙馬還朝。

（净上）雨傘晴兼雨，春容秋復春。包袱、雨傘在此。〔一〕

【尾聲】（拜別介）（旦）秀才郎探的個門楣著。（生）報重生這歡聲不小。（旦）柳郎，那裏平安了便回，休只顧的月明橋上聽吹簫。

不爲經時謁丈人。劉商　囊無一物獻尊親。杜甫

馬蹄漸入揚州路。章孝標　兩地各傷無限神。元稹

〔一〕底本缺第二百零五頁，據初刻本補。

第四十四齣 《急難》批語

『曉』喻侵早。『鵲』喻男根。『聲高』喻在深處，又喻大作響也。『金釵』之金代筋。『笑』喻女根間把筋。又『帶笑敲』其謔甚虐。『博山』爐也，『秋』以代湫。『搖』字淫甚。『泥金』泥裹之筋。『暗焦』喻水已竭。『賺殺』嘲男事之十九不濟也。『九霄』喻女深處。『車』者打旋之意，喻行事之一法。『晝錦』之錦代緊。『散群豪』之豪即毛。忙亂時『荼蘼抓住裙綫』，及收場『鎖院』則各各『散』開也，細膩已極。『舊知交』亦謔意。『補上』有原該莫出意。『滿船明月』俱喻女根。『珠』喻男槌。『放榜』註過。『柳』喻男根，『營』喻女根。『活擦擦、痛生生』虐謔易明。『痛』因心『焦』，泉路則否，比喻細極。『回生事少』嘲男道也，觀『一跳』字更明。『平白地』喻女根未破之相。『影成橋』喻埋没僅見之狀。『且行且止要留旅店』是彼家法。『心兒』自謂花心。『中高』又嘲女人。『似怪如妖』喻男根之起頭回生也。『粧喬』喻男恃其頭起，故使女急。『帶在』即拖帶意。『天曹』之曹代槽。『衣毛』喻男根皮。『老成』指男根説，未『成』者不甚壯也。『雁字』喻女兩扉。『斜陽道』喻其寬也。『門喧笑』嘲女根聲。『包袱』喻腎囊。『雨傘』喻槌上處。『門楣』喻女交骨。『橋上』之橋代翹。『無物可獻』確切腎囊。此『蹄』又喻男槌。『揚州』以代陽溝。

文友：『人歸故故不寒温，窣地對鏡中微笑。等閒説遍情難告，漫將銀筋撥爐灰。畫個字與伊知道，還向屏山斜處靠。』『把鸚哥聞教』，淫極矣，與此『金釵帶笑敲博山』正同。婦人胸中，有『細膩風光我獨知』

意，其出帷含態映户凝嬌〔一〕時，寔『帶此笑』。

『明香暗焦』四字，妙絶千古。申禮防以自持，博丹青之圖畫，皆死於此句之下耳。宋徵輿：『曉别幾度，唤來嬌不顧，惟有相看無一語』，阮亭以爲，艷情至此是《首楞嚴》矣，也只傳得『暗焦』二字。毛大可：『鐵鹿須東下，蒲帷莫上牽。那知上江女，也望到家船。』又『家人應早睡，恐我夢中來。誰知明月夜，無地不思家』，俱妙。

徐士俊字野君，蓋取海外鳥名，生生命命同在一處，意其伉儷之重，蓋一世矣。《和楊孟載十居》云：『人在樓中，兩對嬌兒女，貧裏風光晴亦雨，日邊紅杏何時許』，阮亭以爲『兩對嬌兒女』比梅妻鶴子轉勝。『貧落望登科』，乃與『鬼魂求出世』無異。非若士真正才子，安能兩句道破。

支如玉：『倩東君問郎知否，要摇動天涯楊柳。』阮亭謂可與屠四明、王山陰諸《竹枝》並咏，亦『咫尺千里』意而已。

雍陶：『常倚「玉」人心自醉，不能歸去哭荆山。』錢起《送張彦》詩：『借問還家何處好，「玉」人含笑下機迎。』並皆佳妙。惟殊不自揣，而頻『賺多嬌』，則忍心害理之輩。

『今年勅下盡騎驢，短轡長鞦遍路衢。清瘦兒郎猶自可，就中愁殺鄭昌圖』，乃在『高車徒步』之間。方干：『人間盡是「交」親力，莫道升沈總信天。』玉茗才人豈漫下『喜逢著舊知交』六字。

〔一〕嬌，底本作『橋』，據意改。

逞志於妻者，以『花誥』爲纏頭錦，商人則以真珠。今之八雀九華，猶古命婦服也。『只放小姐不下』，寶連『波初心亦然，留家惜夜歡』，心發者往往『起程』復止。幼安詞『花知否，花一似何郎，又似沈東陽。瘦稜稜地天然白，冷清清地許多香』，是『舊梅寂寥孤影』。龔芝翁『送春五更愁千疊，思對月端詳，不許垂楊睡』，亦『魂向柳枝銷』意。

代宗吴興沈后生德宗，陷賊不復知。高力士女頗能言禁中事，年狀差似后，是時宫中無識后者，於是迎還上陽宫。力士子具言非是，詔貸之。『吾寧受百罔，冀得一真』，於是自謂太后者數矣。若依北魏法，皆可收之，權與晤對。『活在人間不驚一跳者』，非慈孝也。

華陽楊津母，魏文明太后外姑。子愔，小名秦王，没於洛周葛榮，榮欲以女妻之，愔託疾。爾朱時避亂嵩山，及投刺高歡，赦令多出於愔，封華陰縣侯，妻以庶女。高洋時，遷僕射，尚太原長公主，即孝静后也。封開封王，尚主，後衣紫羅袍金縷帶。曰：『我此衣服都是内裁。』牧犍女婦魏後，得襲母爵，爲武威公主。燕子獻歸高，舊養韓長鸞姑爲女，遂以嫁之，是爲陽翟公主。周文帝養崔就第二女爲己女，封富平公主。此等『駙馬』則『未易抵』。初周文子幼，侄導東西作鎮，惟託諸婿，以爲心膂，分掌禁旅。隋文后謂諸主曰：『周家公主，類無婦德，爾等宜戒。』王導後王宏從祖懌〔一〕，不辨菽麥，無與爲婚，家以嬫婢侍之，遂生琨。宋武微時，感桓修之知，以修之女妻琨，拜琨駙馬都尉，琨年八十，齊時方卒。李敏美姿容，以父幽州

〔一〕懌，底本作『輝』，據史實改。

總管死事，養隋宮中爲左千牛。時周宣帝后有女娥英，妙擇婚對，勑貴公子弟集弘聖宫者，日以百數，公主選取敏，禮儀如尚帝女。後將侍宴，公主謂曰：『我以天下與至尊，惟一女夫，當爲汝求柱國，若授餘官，慎無謝。』及見上，問主曰：『敏何官？』曰：『一白丁耳。』曰：『今授儀同。』敏不答。曰：『不滿意耶？』授開府，又不謝。上曰：『公主有大功於我，我何得向其女婿惜官？』授柱國，乃拜而蹈舞，遂於坐發詔授之。煬帝時往來宫内。此方是『平白地鳳婿過門，好一似半青天鵲影成橋』耳。竇榮定妻，隋文長姊安成公主也，故使總統周露門内兩廂杖衛，後坐事除名，主曰：『天子姊乃爲田舍兒妻？』上不得已，『捨的離情怎惜扳高』。

權德輿：『早晚到中閨，怡然兩相顧。』羡門：『相憐端的，只今朝不睡也難消。』又『春回人未回』。文友：『儂處春歸，郎處春歸否。』有此『心苗』，欲不『留伴』，有所不忍。

『朝愛一床日，暮愛一爐火』，朝且畏『冷』，何況『長宵』？

魏置女職，以典内事，有女賢人、女中使之名。史臣謂：『魏尊乳母爲保，太后雖事垂典禮，而觀過知人』。若文明馮后以北燕後，粗學書計，性嚴明，雖帷幄之寵，一無所縱。而世宗以其能，一切稟承，有『恭己無爲賴慈英』之句。屢出宫女，賜無妻儒士，又遺詔三夫人以下悉歸家，真千古以來第一解人『冷長宵』之苦者。漢鄧太后，嘗大遣宫人以抒幽隔鬱滯之情。漢末，陳蕃爲光禄勳，上言宫女聚而不御，必生憂悲之疾。周宣帝遺詔，妃嬪以下無子者，悉放還家，亦然。惟北魏河南王子和，棄其妻子，納一寡婦曹氏爲妻，曹長於王幾倍携男女五人，皆被幸遇，殆非無因，而特爲彼『冷長宵』計者。

『陰人』當『伴冷長宵』，亦有四解：一者，《荀子》：今世俗之亂君，鄉曲之儇子，莫不美麗姚冶，奇衣婦飾。血氣態度，疑於女子。婦人莫不願得以爲夫，棄其親而奔之者，比肩並起。夫飾似婦人且愛，自春秋時已然，況於遇真，況千真者反多。魚玄機和姊妹三人聯句詩，所以有『暫持清句魂猶斷，若睹紅顔死亦甘』之句也。

二者，《岳陽風土記》：婦人皆習男事，往往勝於男子，設或不解，則陽相詆誚。《丹經》：西鄰少娥，北里親婆，兩翻騰來往如梭，都做著那些生活，却大家努力驅魔。將者蛤來合者，蛤管旁人問也麽。故天上相抱熟視，爲夫妻當知分釋。相抱不妨顛倒，熟視蓋非一處。《般若》：菩薩方便善巧，爲欲成熟諸有情，示受五欲而無實染，既可令以淫欲法供養，我又不爲彼過之所塗染，曉得天趣如此，則陰人可『伴冷長宵』有餘矣。若慮彼婦轉薦其夫，此婦遂爲動念，及徐爾鉉所云『關心斷夢無尋處，朝來女伴到窗前，烹茶都懶留他住』，必非有才情婦耳。『星臉笑偎霞臉畔，抬粉面雲鬟相亞』，酸餡氣何如香粉氣耶。蹴金蓮鳳頭，並凌波玉勾且妙，況八尺衾中，玉勾四并乎。閫人尚多妻妾，王公大人之妃偶與侍妾千人共一所，天豈反不得比於椓怒耶？潘衛不能復生，借此輩權爲小照，何必以刀筆苦奪也。

三者，《玉茗集》中，『余與某卧，未嘗異衾枕，起則履襪不必問誰者』。李長蘅贈譚友夏：『非我與子神不全，忽然魂魄化爲一，異者衣裳與巾舄。』白贈元：『每識閒人如未識，與君相識便相憐。經旬不解來過宿，忍見空床夜夜眠。無生尚擬魂相就，身在那無夢往還？直到他生亦相念，不能空老樹中環。』男以才尚相慕悦，況女兼以色乎？必謂莊辛之事，太康已後，士夫莫不尚之，轉相慕效，不以爲耻，因有樂滑之所，如東都盛時。少年賴此以衣食，亦非有才情兒矣。

李白：『上元誰夫人，偏得王母嬌。』唐詞：『嫦娥西母戲相偎，玉皇親看來。』『陰人難伴』，徒爲不能膚體相屬耳。豈知漢宫有法。應劭註曰：『宫人自相爲夫婦，名曰「對食」。』戚夫人侍婦數百，太平主嫗監多人。明代宫人，各長街設有路燈房，有長連短連之名。直房内官，司房宫人，俱有伉儷，謂之對食。若强作伉儷，謂之白浪子。宫女值宿，被長八尺，一頭卧兩人，四足相著。《隋志》所謂，治道得，則陰物變爲陽物是也。陳皇后與女巫楚服，居寢相愛若夫婦，武帝責以女爲男，淫猶勝。北魏胡后與閹人狎，宫女多以中官爲偶，相妒相歡，勝於夫婦。幽閉之極，無所不有。及飛燕無事託以祈禱，載輕薄少年爲女子服入後宫者，日以十數，與之淫通，無時時休息。有疲怠者，輒差代之，而卒無子。

楊素言：『晋王孝悌有禮。』獨孤后曰：『公言是也。我兒大孝順，又其新婦亦大可憐，我使婢往，皆與同寢。』曹丕甄后，中山人，年十四，仲兄死，母令后與嫂共寢息，恩愛至密。劉琰，魯人，以宗姓隨劉備入蜀，後主時位將軍，號奢靡，侍婢數十。十二年正月，琰妻胡氏入賀吴太后，太后特留胡，經月乃出。胡美，琰疑與帝有私，令卒伍撾胡，胡具以告。有司議曰：『卒非撾妻之人，面非受履之地。』竟棄市。高洋子爲帝時，楊愔欲啓太后，出二叔高仲密妻。李昌儀坐仲密事入宫，太后與之宗情，甚相暱愛。以啓視之，昌儀走告太皇太后，皆陰人可伴冷長『宵』者。燈盡語不盡，最是樂事，又非殘燈未滅還吹著可比。

『千嬌萬態不知窮，日日相看苦難厭。二妃萬古香魂在，結作雙葩合一枝。相憐好似寒宵火，願脱長裙學少年。大姑小嫂真嬌劣，偷解裙腰竟不知』，不必復吟『日月同一光，男女同一性。君不愛離居，早歸共鸞鏡。紅淚濕香閨，春來忍别離。不煩燒鵲腦，已使妾相思。不愁書難寄，只恐鬢成霜。未盡尊前酒，妾淚已千行。恨殺庭前鵲，難憑卜遠期。朝朝來報喜，誤妾畫雙眉。長征君自慣，獨卧妾何能？早知長信别，不避後園輿。向晚誰知妾懷抱，想君思我錦衾寒」矣。

冰心：名姝静女日周旋，將無占盡人間福？使其對食，豈不連天上福都占耶？《廣對食》一編，詩詞體備。摹寫其相須相愛之理、之情、之法、之事、之過、之奇，幾於入冶骨化。以爲《征婦怨》《寡妻嘆》《望夫石》《妒婦津》之變格。序云：『高情慨獨，嚶鳴猶切，求聲曠性，慵孤婉孌，寧無同好？男即剃面熏衣，亦少荀郎何馬。婦既深藏美豢，偏饒曼臉豐肌。彼則名教禮防，烏得毁坊滅檢？此即荆佳代艷，誰禁膚屬體靡？並皆懿態韶音，自合懷芳結念。既可叢嬌亂立，何妨裳解履遺。直將通夢交魂，寧止推襟送抱。若有目鑴心入，便當捉腕捺胸。使聚並世之邢尹，覆以一衾；集當代之威施，卧諸長枕。在眷戀重沓之時，展我見猶憐之愛；於窮嘲極黷之外，寄咽津過氣之方。則千門一點，從今不怨君王；一别千年，自此休嗟單隻。不須從一，乃始稱貞；雖論廣交，依然哲婦。長秋國太，廣娱捐棄之婕妤；早婺堂前，博納轉移之賃妾。婦姑偎愛，於禮非干；母女綢繆，在法無議。耆男有婦妒於家，猶當覓少男而煖體；老婦非人身不熱，誰禁穉幼婦以延生？蒙莊數卷，苟善用愛馬之唇；《楞嚴》一編，且學取狐狸之法。頗試儀君之術，何難擲彼皋瘤；寧惟飛燕之家，纔解擁渠姊背。雖虞彼婦不淑，因而引入邪途；然而法水代漿，頗可閉門救渴。果於棄位而姣，周防亦復蕩然；商諸知足之姝，盟戒深求實際，亦可資談助云。』推其義，則對食者，互相啖之狀耳〔一〕。

香嚴詞：『温熟低心軟性，今番情「定」。』不然正恐『魂飄』。

梅村『恃稚偏頻進，含羞託未知』，是『梅香賊牢』令人暴起處。唐詩『只因踈寵日，轉憶合歡時。啼痕還自掩，羞遣侍兒知』，甚怕『賊牢』。

羨門：『取次相親，打疊消魂，再休避小塍魚鱗。』文友：『初歸不言中，覺有寒温。青鬟列侍，誰最解兩人心事？』不怕『賊牢』。

南齊蕭寶寅，梁初年十六，奔魏，尚南陽公主，互相奉敬，三子皆主所生。『滿意侍』『同歸氣高』。魏刺史山東高慎，以部曲歸北齊，棄前妻崔暹妹，而暹方見委任於世子澄，澄遂爲嫁其妹，禮夕親臨，『離魂女同歸氣高』。

王導後裔彭城王肅，自建業奔魏，世宗令以高祖遺詔輔政，年三十一卒。是歲，前妻楊始攜二女及子紹至壽春。世宗納其女爲夫人，肅宗復納紹女，『誰承望探高親去傍干戈』。

咸陽孫騰歸爾朱榮，爲高歡都督長史。及起兵，入爲侍中。時魏京兆王愉女平原公主寡，騰欲尚之，而主欲侍中封隆之，騰妒隆之，相間搆，尋與斛斯椿同掌機密。見忌，奔晋陽，與司馬子如等號四貴。宋劉義隆第九子昶奔魏，連尚三公主。嫡子承緒主所生也，復尚高祖妹彭城長公主。後主寡居，武城張彝欲尚

〔一〕『推其義』句，底本無，據初刻本補。

主，主亦許之。僕射高肇亦欲尚主，主意不許。肇遂譖彝於世宗，乃以南人王肅尚之，豈『寒儒欠整衣毛』？

北魏文明后姊之元曾尉壽，尚樂陵公主，遇諸父兄弟有如僕隸。壽祖父及壽子孫七世尚主。晉王渾亦以尚主，至蒸人乳食。王審珪，宋太祖布衣交也。孫世隆，太祖女所生，性嬌恣，每坐諸叔上。魏常山王遂坐醉，失禮於太原公主，賜死，葬以庶人禮。趙郡李孝伯繼崔浩而任帷幄，孫安世妻崔氏以妒悍出，又尚齊滄水公主，即妒亦無如何。崔暹爲齊仕，魏文襄嘗欲以最小妹妻暹子達拿，會崩，文宣曰：『亡兄長女樂安公主，魏帝外甥，勝朕諸妹。』乃以降之。文宣常遊其宅，暹卒，哭之。後嘗問主：『達拿於汝何似？』曰：『甚相敬，惟阿家憎兒。』文宣令宮人召拿母而殺之。北魏代人穆氏世尚主，然穆直尚長城公主而勅離婚，納文明太后姊馮氏。竇瑾女婿司馬彌陀以選尚臨緇公主，瑾教陁辭，託有誹謗咒詛之言，同誅。荀彧玄孫晋尚書崧子羡，年十五，將尚潯陽公主，遁去，監司追不獲已，乃出尚主。宋王宏從侄偃之母，晋孝武女也，偃尚宋武第二女吳興長公主，嘗裸偃縛於庭樹，偃兄恢排閤詬主乃免。宋世諸主莫不嚴妒，明帝使人作《妒婦記》《讓婚表》，遍示諸王，並爲戲笑。會稽杨扶交阯刺史，子喬容儀偉麗，漢桓帝愛其才貌，詔妻以公主，辭不得，不食。謝安孫混擬尚主，袁崧欲婿之，王珣曰：『卿莫近禁臠。』初，元帝過江，每得㹠頂上一臠，惟薦帝，故云。然王氏自偃父至實，歷晋宋齊梁，五世尚主。實尚梁武女安吉公主，爲新安守，衣冠側崎，長沙郡王憎之。實稱王名，曰：蕭玉誌念實，殿下何見憎？使不如蕭玉誌，則義山有云『南朝禁臠無人近』，又何必粉其昆而粉其弟耶！故曰『抵多少駙馬還朝』。

唐玄宗時，突厥嘿啜使火拔攻北庭，拔敗不敢歸，携妻子來奔，拜燕山郡王，號其妻爲金山公主。開元〔一〕初，西突厥滅降，以懷道子，聽爲十姓，可汗册其妻凉國夫人爲交河公主。肅宗時使燉煌郡王承寀往回紇召兵，可汗以可敦妹爲女，妻承寀，帝即封虜女爲毗伽公主，册王妃，拜承寀宗正卿。宋趙普女俱封郡主。北魏乙渾夫妻合坐，謂獻文潜邸中庶子賈秀曰：『我請公主號，不應，何意？』或以庶姓求主號爲譏，不知此恩至濃，而無實礙。與功臣之子，賜以國姓，附諸屬籍，正同。

元曲：『抬舉得個丈夫，俊上添俊，俺那妹子可有福分。』是『探得門楣著』。

王金壇：『閒來花下偏相絮，乍製無題事有無。』『休只顧月明橋上聽吹簫。』

〔一〕元，底本作『原』。據史實改。

第四十五齣　寇間

【包子令】（老旦、外扮賊兵巡哨上）大王原是小嘍囉，嘍囉。娘娘原是小旗婆，旗婆。立下個草朝忒快活，虧心又去搶山河。（合）轉巡羅，山前山後一聲鑼。

兄弟，大王爺攻打淮城，要個人見杜安撫打話。大路頭影兒没一個，小路頭尋去。（唱前合下）

【駐馬聽】（末雨傘、包袱上）家舍南安，有道爲生新失館。要腰纏十萬，教學千年，方纔滿貫。俺陳最良，爲報杜小姐之事，揚州見杜安撫大人。誰知他淮安被圍，教俺没前没後。大路上不敢行走，抄從小路而去。學先師傳食走胡旋，怯書生避寇遭塗炭。你看樹影凋殘，猿啼虎嘯教人嘆。

（老旦、外上）明知山有虎，故向虎邊行。烏漢那裏走？（拿介）（末）饒命！大王！（外）還有個大王哩！（末）天，天怎了？正是：『烏鵶喜鵲同行，吉凶全然未保。』（並下）

【普賢歌】（净、丑衆上）莽乾坤生俺賊兒頑，誰道賊人膽裏單！南朝俺不蠻，北朝俺不番，甚天公有處安排俺？

娘娘，俺和你圍了淮安許時，只是不下。要得個人去淮安打話，兼看杜安撫動定如何。則眼下無人可使哩。（丑）必得杜老兒親信之人，將計就計，方纔可行。

【粉蝶兒】（外綁末上）没路走羊腸，天，天呵！撞入這屠門怎放！

（見介）（外）禀大王，拿的個南朝漢子在此。（净）是個老兒。何方人氏？作何生理？（末）聽禀。

【大迓鼓】生員陳最良，南安人氏，訪舊淮揚。（净）訪誰？（末）便是杜安撫。他後堂曾設扶風帳。（丑）你原來他衙中教學，幾個學生？（末）則他甄氏夫人，單生下一女，女書生年少亡。（丑）還有何人？（末）義女春香，夫人伴房。

（丑笑背介）一向不知杜老家中事體。今日得知，吾有計矣。（回介）這腐儒。且帶在轅門外去。（衆應押末下）（丑）大王，奴家有了一計。昨日殺了幾個婦人，可於中取出首級二顆，則説杜家老小，回至揚州，被俺手下殺了，獻首在此。故意蘇放那腐儒，傳示杜老。杜老心寒，必無守城之意矣。（净）高見，高見！（净起低聲分付介）叫中軍。（生扮上）（净）俺請那腐儒講話中間，你可將昨日殺的婦人首級二顆來獻，則説是杜安撫夫人甄氏和他使女春香。牢記著。（生應下）（净）左右，再拿秀才來見。（衆押末上介）（末）饒命，大王！（净）你是個細作，不可輕饒。（丑）勸大王鬆了他，聽他講些兵法到好。（净）也罷，依娘娘説，鬆了他。（衆放末綁〔一〕介，末叩頭介）叩謝大王娘娘不殺之恩。（净）起來，講些兵法俺聽。（末）衛靈公問陳於孔子，孔子不對，説道，吾未見好德如好色者也。（净）這是怎麼説？（末）則因彼時衛靈公有個夫人南子同座，先師所以怕得講話。（净）他夫人是男子，俺這娘娘是婦人。（内擂鼓，生扮報子上介）報報，揚州路上兵馬。殺了杜安撫家小，竟來獻首級討賞。（净看介）

〔一〕綁，底本作『細』，據意改。

則怕是假的。（生）千真萬真，夫人甄氏，這使女叫做春香。（末做看認、驚哭介）天呵！真個是老夫人和春香也。（净）哇！腐儒啼哭什麽！還要打破淮城，殺杜老兒去。（末）饒了罷，大王。（净）要饒他，除非獻了這座淮安城罷。（末）這等，容生員去傳示大王虎威，立取回報。（丑）大王恕你一刀，腐儒快走。（内擂鼓，發喊開門介）（末作怕介）

【尾聲】顯威風記的這溜金王。（净、丑）你去説與杜安撫呵，著什麽耀武揚威早納降。俺實實的要占江山非是謊。（下）

（末打躬繞介吊場）活强盗！殺了杜老夫人、春香。不免城中報去。

海神東過惡風迴。李白　　日暮沙場飛作灰。常建

今日山翁舊賓主。劉禹錫　　與人頭上拂塵埃。李山甫

第四十五齣 《寇間》批語

『嘍羅』喻男挺末。『旗婆』喻女邊闌。『草朝』喻女根豪。『立下』字妙。『山河山後』喻後園。『北朝』喻自後行。『屠門』嘲女道，『扶風帳』亦謔喻也。『要展江山』嘲諷更甚，『惡風』意同。

南宋明帝時，詔：『自今劫盜，斷去兩脚筋。』最妙。 羅士信殺人輒取鼻納懷中，以代級。 獻賊搜婦女，殺則令取足計數。 元曲：『旗幟無非人血染，燈油盡是肚腸熬，也不索大戟長槍，只在這鬧街坊弄一場，恰便似虎撲綿羊。 我不殺你，是我失信，罷罷罷，我家裏也有一爹二娘，五姐六妹，知他死在誰人劍鋒之下？餓虎喉中乞得這免死牌。』『頑』則『頑』矣，皆所謂『不知刀劍又相隨，後日還爲髑髏笑』也。

慕容德云：『仁嘗先路，獲賊即侯，則鬱概待時之雄，抱志未申之傑，必勢合。』石虎平長安，苻洪勸虎徙羌戎實東方，虎以爲流民都督，處枋頭，卒因流民起事。 蜀李特亦因刺史羅尚逼流民還籍，結大營以待之。 石虎時，上《皇德頌》者一百七十人。《晉書》：劉聰將石勒既破鄴，衆十余萬，其衣冠人物，集爲君子營，是可爲千古法。

劉宋時，垣榮禮學騎射，曰：『何不學書？』曰：『昔人上馬橫槊，下馬賦詩，此不負飲食矣。 君輩無自全之策，何異羊豕乎？』固妙。《唐書》，李軌曰：『薛舉必來，能束手以妻子餌人哉！』遂稱大凉王。 敗舉兵，唐高祖册爲凉王。 其臣曹珍曰：『唐自保關雍大凉奄河右，必欲事大，請行蕭詧故事，稱帝而朝於周。』

遂書稱從弟大凉皇帝。唐祖曰：『兄我，是不臣也。』絶之。則『草朝』亦難『立』哉！令狐綯以平章出爲淮南節度鎮帥。初拜，爲戎服，屬杖赴省謁辭。綯獨請停之。龐勛自桂州還，盜徐州，分兵攻滁、和、楚、壽，糧盡，啖人以飽。綯信其虛詞，但謹守淮口，賊乘間直襲湘纍，悉俘而食之。『虧心又去搶山河』，賊兒不過『頑』耳。乾坤莽生實難辭咎，直與開花致淫同一不韙。

魏博更四姓，傳十世，有州七。成德更二姓，傳六世，有州四。盧龍更三姓，傳十二世，有州九。淄青傳五世而滅，有州十二。滄景更二姓，傳五世，有州四。宣武傳四世，有州四。彰義傳三世，有州三。澤潞傳三世，有州五。則知『草朝』惟唐時多而堅於田悦，今日破魏則取燕趙如牽轅下馬耳。合縱連衡，不朽之業也。數句今大名府之由來。乃悦僭號魏王，設僕射，命節度時所改也。然悦弟緒立殺兄弟姑妹數人，則其姑妹亦楊姑之類，則緒妻公主甚嚴明，死時年三十三，是『快活死』也。子季安母微賤，主命爲己子，父死時年十五，嗣爲留後，畏主之嚴。及主薨，遂酣嗜欲，死年三十二，亦『快活死』也。樂彦禎代之，城大名，周八十里，羅弘信代之，獨奉朱温子紹威嗣，朱温婿也。以田氏世襲，姻黨盤牙，决策屠翦。會女卒，温遣兵助葬，威先入庫，斷弦解甲，因夷滅凡八千族。威詩號《偷江集》，尤奇，然勢得爲朱温牽制矣。其時諸鎮相婚嫁爲表裏，此陳隋後復見春秋也。獨李寶臣子惟岳拒命，或謂王武俊曰：『君不聞詔書乎？殺大夫即以其官畀之。』遂入，使科校牽岳出，縊之，傳首京師，則周人尚不及唐耳。朱滔在燕，官屬共議，古有連衡，請如七國，用天子正朔。滔爲盟主，稱孤，所居皆曰殿，妻曰妃，下皆稱臣，謂殿下，所下曰令。御史臺曰執憲大夫。聘處士爲司諫，置節度。時各鎮畔，幕府多被害，妻子留不遣。

《五代史》傳：『五代文章陋矣！ 而史官之職，廢於喪亂，故其事跡終始不完，而雜以訛謬。』會須作『草』史也。 然夏州梁師都略安定等處，突厥號爲大度可汗，解事天子，卒爲唐祖滅。 欲『膽裏』不『單』，高無賴亦復難學。 侯景討郢州，敗歸，遂廢簡文自立，每登殿，醜徒數萬共吹唇唱吼而上，真『草朝』也。 宋孝武末年，刺史入朝，必有獻奉，又以蒲戲取之，要令盡凈『草』矣哉！ 盧循既逼衆議欲遷都，王懿謂劉裕曰：『今日投「草」莽，則同匹夫，匹夫號令，何以威物？』真名言也。 梁祖烈狠，見之者慘悴戰慄，神不主體，身如在炙炭，安忍？ 雄精剛猛英斷，略地至中都，大風揚沙，曰：『天怒我殺人少耶！』豊人徐珍嘗與太祖同爲盗，後擅殺副將，太祖引見，以故床擲之。 唐莊宗惡諫，起入宫，安重誨隨之，論不已。 莊宗自闔殿門，使不得入。 又内殿惟宴武臣，樂道平生戰陣事以爲笑樂。 蜀法嚴禁以珍貨出劍門，謂之入『草』物。莊宗大怒曰：『物歸中國，謂之入「草」？ 王衍其能免爲入「草」人乎？』平衍後，夷王氏，極慘。《朱宏昭傳》：『莊宗朝廷新造，百度未備，宰相盧程拜命之日，肩輿道從，喧呼道中，莊宗登樓望之，曰：「所謂似是而非者也。」』金祖初登遼殿，撑黄蓋坐門桯上，京兆任圜爲平章，與安重誨争帝前，宫人奏曰：『妾在長安，見宰相奏事，未嘗如此，蓋輕大家耳。』明宗由是不悦。 朝時，馮道等侯班於月華門外，兩省班先入，召朝堂驅使官責問宰相樞密，見兩省官何得不起？ 因大詬厲，猶『草朝』意。 朱泚之奔也，遇野人，問爲誰？曰：『漢皇帝。』亦與高澄打内兄静帝三拳曰：『朕朕朕，狗脚朕。』等笑耳。 坡《題公孫述白帝廟》詩：『失計雖無及，圖王固已奇。 猶餘帝王號，皎皎在門楣。』王建勒李茂貞王岐，貞孱褊亦不敢當，惟侈第宅，擬宫禁而已。 建乃自王，是也。

『草』類甚多。《晉史》：分鑣起亂，接武效尤，莫不建社開枋，龍旌帝服，一得擾攘之基，再圖并吞之事，此一『草』也。區區公路，自居列郡之尊，瑣瑣伯珪，謂保易京之業，瓚既窘斃，術亦憂終，勢力外窘，心腹内乖，有斧無柯，何以自濟？徒以八尺之軀，酬人千金之募，又一『草』也。杜牧所云：『唐之藩鎮，自樹一家。破制别法，角爲尊奢。皇子嬪之，侈心益昌。』亦一『草』也。今日此山，明年别嶺，軍去出掠，軍來遁影，奉孔明天子位，服龍衣珠冕於洪水趨泄之洞，行朝拜威儀於荒蓁蔓箐之巔，與『草』近也。或以私馬仗從戎，或以私堡寨保險，持兩可而挾求優階，縛刺史而自行州事，『草』不殊也。恃强憑險，凶俠狡害，購疾行善飛之人，時時縱火燒倉；結背公死黨之類，路路養馬置店。劫掠道路，侵暴鄉閭。謂已甘心於怨家，恣穢於仇室，猶勝善良秖供屠噉。何其『草』之多也！攻殺日久，後出者强。高歡之於爾朱，初使猜貳迭形，兩虎自鬥，繼令兵皆會鄴，十鼠並穴。曾見《天心未明録》，挨年分類，載記甚明，足誅既死之凶，而感早生之聖，方知生今萬方臣妾之時，真有太平爲犬之樂也。

建炎時閩賊范汝爲，聚衆十萬名，受招安，但不殺人，取財掠婦自若也。潘阮曰：『人生貴於適意，豈能愛死而自不足之心耶？』韓偓：『任道驕奢必敗亡，且將繁盛悦嬪嬙。』是以於『快活』上加一『忒』字。

『有道書生新失館』一似比趙康王，尤爲著急，總之有情無情，一例乾忙。

紅娘云：『把你做先生的禮物，與紅娘爲賞賜。』嘲殺酸丁。『教學千年，方纔滿貫』，怪不得腰纏十萬者，輕視此輩，而此輩見彼，亦不覺其足恭也。惟太白揚州散金十萬，是一快事。然第云落魄公子無不賑之，則未爲最良輩地。人間可談事無限，無限在明極想消者，猶覺其歸於無味。乃又有乞丐無聊一輩，一若世間除却滿貫一事，更無足以當吾意者。其志之所之，詐之所至。雖言語萬端，無非爲滿貫計。又以狡僞，爲人所不敢信，故終於不能滿貫。世人等第，豈復可以道里計耶！

遺山：『六經管得書生下，闊劍長槍不怕渠。』北齊庫狄伏連爲鄂州刺史，不識士流，衣冠士族，皆加捶撻。兵興之世，俗人視儒士如僕虜，見經誥如芥壤，況又『怯書生』乎！

朱泚之據長安，稱秦帝也。嘗使人馳入曰：『奉天陷矣。』百姓相顧泣，市無留人。官軍壞龍首、香積二渠，城中水絶。許季常曰：『一旦急，族中人公侯三千，資足矣。』豈不可嘆！

惟鞏昌府成縣西北百里，其城天然，地方百頃，旁平地二十餘里，四面斗絶，羊腸以登。獻帝時，清水氏揚駒據之稱王，傳二十五世主，後魏始平，而楊大眼遂爲元氏名將，『安排處』好。

杜弼言：諸勳掠奪百姓，神武令刀槊夾道，使弼冒出其間，戰慄流汗，然後諭曰：『刀舉不擊，爾猶喪膽，彼觸鋒刃，百死一生。縱其貪鄙，所取處大。』文襄令武士提以入。書獃未『入耆門』，偏會胡説。

『吾有計矣』，風流警速。

葛洪《西京雜記》：『哀帝爲董賢起大第，重五殿，洞六門，南門三重，署曰「南中門」「南上門」「南更門」，東西各三門，隨方面題署亦如之。樓閣臺榭轉相連注。』鄧通不好外交，惟謹身事上而已。申屠嘉見通不敬，檄召入丞相府，帝使□曰：此吾弄臣，君其釋之。文帝於通外，尚有北宫伯子。景帝時，有郎中令周仁，當時君臣往往用此道矣。韓嫣字王孫，公主子韓勝子，弓高侯穨當之孫也。武帝爲膠東王時，嫣與上學書相愛，後嘗與上共卧起，出入永巷無禁。嫣子增大司馬車騎將軍，封龍雒侯。富平侯張放者，大司馬安世孫也。母敬武公主。放以公主子，少年殊麗，性開敏得幸，與成帝同卧起，寵愛殊絶。金日磾二子賞、建俱侍中，與昭帝略同年，共卧起。曹肇有殊色，魏明帝恒與同寢。北魏代人萬安國，父振，尚高陽長公主，顯祖與同卧起。楊震子秉爲太尉，劾閹人侯覽弟益州刺史參，與同郡諸生李元之官共飲酒，醉飽之後，戲故相犯，誣言有淫慝之罪，即時捶殺。晋《周顗傳》伯仁神彩秀徹，雖時輩親狎，莫能媟也，則餘人悉媟可知。梁武侄韶，字德茂，初襲封都鄉侯，爲太子舍人，累遷郢州刺史。昔爲幼童，與庾開府有斷袖之歡，衣食取給於信。後爲郢州刺史，信西上江陵，途經江夏，韶接信甚薄。引信入宴，坐之别榻。信心不堪，因酒酣，乃徑上韶床，視韶面曰：『官今日形容大異。』時客滿坐，韶甚慚耻。王導曾孫宋僕射宏之子，臨川王義康婿僧達，爲吳郡太守，與族子確私，確叔父休，亦永嘉太守也。杜義慶有姿色，宋劉裕侄義宗坐門生義慶放横打人免官。宗所愛寵劉裕嫡長女子徐湛之，門生千餘，皆姿質端美，衣服鮮麗者。宋謝方明爲會稽守，子惠連愛幸郡吏杜德靈，坐廢。北魏高隆之，一時才子所附，而與褻狎。李神儁出帝時常侍大將軍，四方才子咸宗附之，而不持檢度，少年之徒，皆與狎比。魏名臣辛雄，族子德源，年十四，於中書侍郎裴讓之有龍陽之重。爲齊聘梁使，後又聘周歷隋，牛宏薦修國史。《儒林傳》故護軍長史元則，停北平張彫武宅，武以美貌，爲所愛悦，故偏被教爲後主講經。高洋自矜功業，嘗自裸袒呈露，傅粉梳髻，令崔季舒等負之。莊帝兄無上王子韶，襲封彭城王，孝武既西，歡以長女孝武后配之，文宣常剃其鬚，加以粉黛，衣婦服以自隨，曰：『以彭城爲嬪御。』其後諸閹遂弓少年足。見沈氏《鶩聽録》。博陵劉昉父，從魏武入關，昉以技佞見狎，周宣出入宫掖，隋文輔政，曰：『若爲當速爲之。』出入以甲士自衛，富商大賈，朝夕盈門，子弟多被寵幸。梁沈約《懺悔文》云：『追尋少年，血氣方壯。習累所纏，事難排豁。淇水上宫，誠無云几。分桃斷袖，亦足稱多。』竇杭母，隋文姊安成公主也。杭美容儀，與唐高祖少相狎。有天下，宫中稱爲舅。東都平，賜女樂一部。孫適尚遂安公主，史臣特微其詞耳。王義方彈李義府云『義府善柔成性，狡猾爲心。昔事馬周，分桃見寵。後交劉洎，割袖承恩。生其羽翼，遂階通達』云云。明南京王祭酒，私一監生；寶應朱凌紹爲陜西提學，較文至涇陽，與一士有龍陽之好。升庵云：『近世士夫稟心房之精，從婉孌之習。』若士《縉紳賦》：『乞告身於枕袖之時，在主爵而無靳。』皆南子夫人故實也。雖『繁花落盡春風裏，綉被郎官不負春』，傳爲佳句，謂之羞官可也。惟孔光謹事董賢，辱其先世，亦不得不見『宋朝』耶！

唐劉從珂赴選旅宿，少選傳云：『祭酒屈郎君晚膳。』引珂擁爐，飲酒共被，乃是婦人。訊其由，則功臣李抱玉主課青衣石氏，因亂。抱玉竄名，奏授國子祭酒。此一『夫人男子』，則倍知人趣焉。

第四十六齣　折寇

【破陣子】（外戎裝佩劍，引衆上）接濟風雲陣勢，侵尋歲月邊垂。（内擂鼓喊介，外嘆介）你看虎咆般砲石連雷碎，雁翅似刀輪密雪施。李全，李全，你待要霸江山吾在此。

〔集唐〕誰能談笑解重圍皇甫冉，萬里胡天鳥不飛高駢。今日海門南畔事高駢，滿頭霜雪爲兵機韋莊。

我杜寶，自到淮揚，即遭兵亂，孤城一片，困此重圍。只索調度兵糧，飛揚金鼓。生還無日，死守由天。潛坐敵樓之中，追想靖康而後。中原一望，萬事傷心。

【玉桂枝】問天何意？有三光不辨華夷，把腥羶吹換人間世，一望中原都做了黄沙片地。（惱介）猛冲冠怒起，是誰弄的江山如是？（嘆介）中原已矣，關河困，心事違，也則願保揚州，濟淮水。俺看李賊數萬之衆，破此何難？進退遲疑，其間有故。俺有一計可救圍，恨無人與遊説。

（内擂鼓介，净扮報子上）羽檄場中無雁到，鬼門關上有人來。好笑，城圍的鐵桶般緊。有秀才來打秋風。則索報去。禀老爺，有個故人相訪。（外）敢是奸細？（净）説是江右南安府陳秀才。（外）這迂儒，怎生飛的進來？快請，快請。

【浣溪沙】（末上）擺旌旗，添景致，又不是鬧元宵鼓砲齊飛。杜老爺在那裏？（外出笑迎介）忽聞的千里故人誰？（嘆介）原來是先生到此。教俺驚垂淚。（末）老公相頭通白了。（合）白首相看俺與

伊，三年一見愁眉。（拜介）

（末）〔集唐〕頭白乘驢懸布囊盧綸。（外）故人相見憶山陽譚用之。（末）橫塘一别千餘里許渾。（外）却認并州作故鄉賈島。（末）恭諗公相。又苦傷老夫人回揚州，被賊兵所算了。（外驚介）怎知道？（末）生員在賊營中，眼同驗過老夫人首級，和春香都殺了。（外哭介）天呵，痛殺俺也！

儼然冠帔。

【玉桂枝】相夫登第，表賢名甄氏吾妻。稱皇宣一品夫人，又待伴俺立雙忠烈女。想賢妻在日，凄然垂淚，

呵。（外哭倒，衆扶介）（末）我的老夫人怎了！你將官們也大家哭一聲兒麽！（衆哭介）老夫人

心？（外作惱拭淚介）呀，好没來由。夫人是朝廷命婦，罵賊而死，理所當然。我怎爲他亂了方寸，灰了軍

先生。身爲將怎顧的私？任恓惶，百無悔。陳先生，溜金王還有講麽？（末）不好説得，他還要殺老

（外）咳。他殺俺甚意兒？俺殺他全爲國。

（末）依了生員，兩下都不要殺。（做扯外耳語介）那溜金王要這座淮安城。（外）噤聲！那賊營中，是一個座位，兩個座位？（末）他和妻子連席而坐。（外笑介）這等，吾解此圍必矣。先生竟爲何來？（末）老先生不問，幾乎忘了。爲小姐墳兒被盜，竟此相報。（外驚介）天呵！冢中枯骨，與賊何仇？都則爲那些寶玩害了也。賊是誰？（末）老公相去後，道姑招了個嶺南遊棍柳夢梅爲伴，見物起心，一夜劫墳逃去。尸骨投之池水中，因此不遠千里而告。（外嘆介）女墳被發，夫人遭難。正是未歸三尺土，難保百年身；既歸三尺土，難保百年墳。也索罷了。則可惜先生一片好心。（末）生員拜别老公相後，一發貧薄了。（外嘆介）軍中倉卒，無以爲情。我把一大功勞，先生幹去。（末）願效勞。（外）

我久寫下咫尺之書，要李全解散三軍之衆，餘無可使，煩公一行。左右，取過書儀來，倘說得李全降順，便可歸奏朝廷。自有個出身之處。（生取書禮上）儒生三寸舌，將軍一紙書。書儀在此。（末）途費謹領。送書一事，其實怕人。（外）不妨。

【溜花泣】兵如鐵桶，一使在其中。將折簡，去和戎。陳先生，你志誠打的賊兒通。雖然寇盜奸雄，他也相機而動。（末）恐遊說非書生之事。（外）看他開圍放你來，其意可知。你這書生正好做傳書用。（末）仗恩波一字長城，借寒儒八面威風。（内鼓吹介）

【尾聲】（外）戍樓羌笛話匆匆。事成呵，你歸去朝廷沾寸寵。這紙書敢則是保障江淮第一封。

隔河征戰幾歸人。劉長卿　五馬臨流待幕賓。盧綸

勞動先生遠相訪。王建　恩波自會惜枯鱗。劉長卿

第四十六齣《折寇》批語

「接濟」以喻男事。「歲月侵邊」喻嘲女道。「連雷」喻男，「刀翅」喻女，「密雪」兼喻兩輔。「誰能談笑解重圍」言有咬言，難討饒恕也。「海門南事」，比喻確甚。「霜雪」喻精，「腥羶」喻女。「黄沙」可喻後園，「衝冠」喻男挺末。「江山如是」句，欲爲女人一笑。「關河困」喻男根在内。「心事違」喻尚未引提。「鐵」喻男事，「桶」喻女根。「秋風」之秋代湫。「布囊」喻皮及卵。「并州」喻女根久合。「横塘」喻中受大扁。「冠帔」前已註過。「那些寶玩」喻女根之如花似月、類蝶疑雲等也。「游棍」易知。「見物起心」喻花心也，又嘲女道。「一片好心」亦同此意。「恩波」妙絶。

胡理有言：金以和絶望我思漢之赤子。淮揚諸郡，宋之北藩，城堅兵精，不可猝下。故元人先取荆襄，自上游下翦其根本，駐軍瓜州，絶其救援。《元史》：京兆劉整表奏世祖：「自古帝王，非四海一家，不爲正統，聖朝有天下七八，何棄一隅不問，而自絶正統耶？」上意乃决。晋與苻堅戰，八公山在壽州。即「接濟、侵尋」二句，亦非杜撰。

隋文之掾史萬歲也，曰：「心無虚罔，乃爲良將，懷詐邀功，便是國賊。」北齊崔昂、魏收爲郎舅，其侄季舒爲中書侍郎，察魏事。静帝曰：「崔中書是我奶母。」性愛聲色，好醫術。武成崩後，後主將適晋陽，季舒等諫，韓長鸞譖之云：「漢兒文官連名總署，聲云諫向并州，其實未必不反。」乃殺之，家屬徙邊，妻女子婦配奚官。『中華無鎖鑰，辜負萬重山。由來天險地，容易倒前戈。』『吾在此』三字，嚼穿齦血。

《北史·外國傳》序：『蓋天地之所覆載至大，日月之所照臨至廣。萬物之内，生靈寡而禽獸多。兩儀之間，中土局而殊俗廣。』宇文護記室韋師，知諸番風俗。有『夷』朝貢，師必接對，論其國俗，如視諸掌，彼人驚服，無敢隱情，亦古今一快事。《鹽鐵論》：『外國之俗，略於文而敏於事。』郭端謂袁紹：『多端寡要，好謀無決。』外國雖詩書之文懵而不習，多純質有膽略，其俗亦有遠勝中國者。如吐番之懷恩，高麗之性不屠宰，女國之劫殺外贖。元初之劫殺者死，仍以家人賞事主爲奴。元世祖曰：『朕治天下，重惜人命，凡有罪者，必令奏再四，非如宋奸臣，書片紙即殺人也。』問：『遼以釋廢，金以儒亡，有諸？』趙德輝對曰：『金大事不使儒聞。』元裕北覲，稱世祖爲儒教大宗師，上悦而受之，雖受蓋笑之矣。宋孟珙云：『慕古蒙爲雄國故名，其俗無私鬥爭。每一騎兵，必使掠十人。凡出師，人有數馬，每日輪一馬乘。馬生三年，即於草地苦騎而教之。千馬爲群，寂無嘶鳴，下馬不繫亦不走逸，行間未嘗芻秣。出入只飲馬乳，故此數十萬師，不舉烟火。兵皆帶妻，專掌張帳卸鞍之事。寨馬當暑，往往疥癘，歲入太行療之。金人每歲必剿，謂之減丁。』二十年前山東河北，誰家不買爲奴婢？皆金人掠來者。其於中原，獵取之若禽獸，所謂聚如邱山，散如風雨，迅如雷電，捷如鷹鶻，指期約日，萬里不忒，得兵家之詭道，而善於用奇者也。然元朝之命，實再造於郝經，而經所言，遂爲萬古第一篇文字。南欲自保者，但讀《元史·郝經傳》，北欲平南者，亦讀《元史·郝經傳》而已。又《元史·許衡傳》：考之前代，北方有天下者，必用漢法，乃得長久，故後魏遼金，歷年最多。他不能者皆否。使國家而居溯漠則可，今當行漢法，無疑以陸行水行，所乘各異。然萬世國俗，遽從臣僕之謀，改就亡國之制，勢有不能，宜如寒之變暑，以漸而至。上有昔言而今忘之者，有今命而後違之者，紀綱不得布，法度不得立，天下之人，疑惑驚眩。私心盛則不畏人矣，欲心盛則不畏天矣，二者合而所務皆快心事耳！人必求尊榮，則各懷無恥之心，甘獻妻女，所陳多削槁，故其言多秘，世罕得聞，然謂國人子弟太樸未散，視聽專一可教。唐莊宗時，黑水女真入貢，金兵以土瘠産薄，惟恃織布苦戰，可致俘獲。大抵戎裔之俗，不過貴相屈服。金使李永壽、王詡至，皆雲中人，驕倨之至，又使張通古來肆慢，我以寡謀安逸之將當之，使往露坐風埃，自巳至申，乃得見二太子。金世宗曰：『經籍之興，其來舊矣。垂教後世，無不盡善，然不能行，誦之何益？女真舊風最爲純直，雖不知書，其祭天地、敬親戚、尊耆老、接賓客、信朋友，皆出自然，不可忘也。』初顧其國，人尚少，乃割土地，崇位號，以假漢人，使爲效力而守之。猛安謀克，布滿内地，聽與契丹漢人昏姻，以相固結。盛則漸以兵柄，歸其内族。冒頓之縱漢祖，以不安中國之俗也。元海之四民響應，不但悦漢，而漢亦悦之。鳳洲謂：堯舜之時，化不過數千里，其外大抵皆因俗爲教耳，至無道之秦始一。又曰：其入中國，若鳥之就藩，而魚之改陸，謬哉！石晉輕與盧龍，遂使提衡幽州，民無不騎射，令技北矣；教其屬雜沿幽之土風物候，令俗南矣。挾北技就南俗，更數十百年，而其勢固已包中國而入其橐。金之一嘬而食半，元之再嘬而食全也，固所必至矣。宋且君之。伯父之語統者，申宋則不得獨屈晉，屈晉則不得獨伸宋。又曰：『鮮卑、氐、羌、索頭更迭割中國，然往往襲華夏，變裔禮，豈其先嘗雜處中國，有所覬慕於志耶？』元之大統，隻千古無對焉，而其君日斷斷然思以其教易中國，諸長官非其人不用也，視中國地若甌脱焉，不得已居之；視中國民若贅疣焉，不得已治之。健鷹飛不到之地，元俱有之。

至欲空江南爲牧地，又若六畜焉，食其肉而寢處其皮，以供吾嗜而已。然惟不忘其故，故其亡也。若飛鳥之就林，而巨鱗之還壑也，所以至今不絶哉。金世宗之言，是元之策也。顧主驕而靡，臣以諂濟貪，又各路長帥肉酪侏儷，暴而椎，不習民與猾吏。官既不勝盗，即無奈盗何，招撫之説行，而金帛之，又官爵之，民見盗之利而嗜爲盗。郭寶玉，華州鄭縣人，降元，太祖問取中原策，曰：『勢大不可忽也。西南諸番，勇悍可用，宜先取之，藉以圖中原，必得志矣。』帝患西番城多依山險，曰：『使在天則不可取。』又言：『建國之初，宜頒新令，如軍行不妄殺，及惟殺人者死之類。』遼主耶律德光曰：『吾國廣大，方數萬里。』元四大斡耳朵爲宫殿之地，亦在漠北，去上都萬里，其視中原，猶一隅也。昂吉常曰：『兵以氣爲主，而上下同欲者勝，故吾能得志於中國，而不能得於日本。』明初人《白翎雀詞》：『太朴之氣元旁薄，太王肇基不城郭。風俗淳龐法度約，雌雄和鳴莫我樂。』又：『莫更重彈白翎雀，如今座上北人稀。坐中北客聽來少，暗想當時一惘然。』則固知其教之可安，而其俗之可樂也。

宋洪容齋云：『周世中國最狹，吴、越、楚、蜀、閩皆蠻，淮南爲群舒，秦爲戎，河北真定、中山乃鮮虞，河東有赤狄，洛陽爲王城而有陸渾之戎，杞近於汴，亦用裔禮。』《後漢·四裔傳》：春秋時戎雜居中國，築城數十，皆自稱王。《隋史·地理志》序：『戎馬所萃，失其舊俗。』崔浩言：『秦地戎夷混，并風俗不同，人情難變。』劉裕欲行荆揚之化於三秦，不可行也，終爲國有。《宋史》：邊蜀西南檄，被邊十餘郡，綿亘數千里，剛夷惡獠殆千萬計。齊朔州斛律金行兵用單于法，望塵知馬步多少，嗅地知軍庾遠近，軍誉未定，終不入幕。隋文爲突厥所圍，欲潰圍遁，蘇威曰：『輕騎則彼之所長。』李充曰：『周齊之際，中夏力分，輒以全軍爲計，由是突厥勝多敗少。』梁睿曰：『戎狄之患，雲屯霧散，强既逞其梗犯，弱又不可盡除。』時代人吴婁子幹爲榆關總管，言彼俗不設村塢，惟以畜牧爲事，比見屯田，費多獲少。唐高祖選精騎，居處飲食如突厥，始敗走之。太宗策其彼入既深，懼不能還，故與戰則克，和則固。後元太祖特逐漸侵蝕，不畏不還耳。

咸亨時，吐番使仲智曰：『吐番不及中國萬一，但議事自下，因人所利而行之，故上下一好，能久而强也。』契丹冬則入穴居，以避太陰之氣。宋趙州郭洛言：『契丹疆宇雖廣，人馬至少，南牧必率諸國，其來既遠，其糧又少，但能多方致力，使馬不得伸用，便不患矣。』余靖言：『燕薊久陷契丹，而民無南顧心者，契丹之法簡易，又有八議八縱。』大名王洺曰：『遼以戈矛爲耒耜，剽虜爲商賈者也。』宋祁曰：『耻法尚勇，甘得而忘死，河北之民，殆天性然。抄後略前，馬之長也，强弩巨斧，步之長也，能用步所長，契丹多馬，無所用矣。』金人飄忽如風雨，情態萬變。宋汝爲曰：『金人所恃，不過自能聚兵合勢。』張威曰：『鐵騎一衝，步技窮矣。』乃創撒星陣，分數十隊，分合數變，金人失措，然後擊之，罕聞其聲，惜此法不可屢用。吕光降西域，宫室甚盛。胡人厚於養生，精乳滑性，華人妍靡自喜耳。元速不台則曰：『城居之人，不耐勞苦。』

堯舜之時號萬國，如今外國部落耳。至周存千八百，蓋漸併爲一者，勢也。而遷徙可以不常之處，其不合併者，亦勢也。然觀《南史》，吴興顧歡《裔夏論》曰：『擎跪罄折，侯甸之恭。狐蹲狗踞，荒流之肅。』宋文聞魏將伐蠕蠕，令行人『歸告爾主：歸我河南地，則罷兵』。太武笑曰：『龜鱉小豎，自救不暇。』《魏書》：中原呼江東人爲貉子，禽聲鳥呼。古今以南蠻正統者，僅漢宋。若隋雖楊震之後，而后父獨孤信世爲部落大人。唐高祖后母，周公主竇毅，自漢時避竇武難奔單于，遂爲部落大人，元魏賜姓紇豆陵。唐太宗后長孫晟女，實魏拓跋氏云。高祖有宇文昭儀，化及妹也，入關得之，故士及來歸得親，卒且陪葬獻陵。建成妃亦元氏。太宗文德皇后，齊宗室高儉女，亦鮮卑也。宇文護母閻氏，高歡妻婁氏，石勒妻李，石虎妻杜，劉聰妻劉，唐莊宗追尊曾祖妣崔氏、祖妣秦氏、太后曹氏、嫡母劉氏，明宗追尊高祖妣劉氏、曾祖妣張氏、祖妣何氏、妣劉氏、后夏氏曹氏，知遠追尊高祖妣季氏、曾祖妣楊氏、祖妣李氏、妣安氏、后李氏，隋唐華人而裔母，三代華母而裔父，蓋自劉石元魏以來，久無岐視矣。知遠沙陀部人，其後居太原，沙陀實突厥，至克用滅梁，是突厥終有中國也。惟吐番未帝，則元國師實將與人主共享子女之福，回紇未帝而世爲遼后，又散在中華，世享中區之樂。觀存勗自高祖至昭宗，爲七廟，遺檢視諸陵。敬瑭亦立唐高祖、太宗、莊宗、明宗廟於西京。知遠以漢高爲高祖，光武爲世祖。外國之法尚權，豈不善巧方便於中國也？在天眼作平等觀，並未嘗重『華』人法。自呼韓失國，臣漢居朔方。諸郡魏武始分爲五部，選漢人爲司馬，以監督之。太原、蒲圻、上黨俱有，亦似天公預爲魏地使代報晉者。然魏晉使居塞垣，百人之酋，千夫之長，食王侯之俸，病則受養，强則内攻，誠能移其財以養戍卒，則民富。當其叛，不爲之勞師，移其爵以餌守臣，則將良。當其敗，不爲之釋備。明皇時，張説持節撫太原九姓曰：『吾肉非黄羊，不畏其食。』不知魏徵曾言彼以商賈來，則邊人之利若賓客之中國，蕭然耗矣。論西北形勢，子由一篇最妙。漢太始時，齊人延年上書言：『河出昆侖，經中國注渤海，可觀地形，令水工准高下，開大河。上嶺出之胡中，東注之海，如此關東長無水灾，北邊不憂單于，可以省堤防備塞，天下不憂。百越者，以其水絶壤斷也。此功一成，萬世大利。』上壯之。惜以大禹所導，恐難改更而止。不知大禹時不知後世之患在邊陲，故未計及耳。

《隋史》論：『廣谷大川異制，人生其間異俗，其政踈而不漏，簡而可久，種落實繁。迭雄邊塞，處於代陰，南面以臨，此其所以勝也。』《晋書載記》：淳維伯禹之苗裔，豈異類哉！自劉淵至馮跋，爲戰國者一百三十六載。劉淵博通經史，輕財好施，幽冀名儒，皆往歸之，謂成都王。避王浚，遂自奔潰，真奴才也。曜亦讀書，善屬文，有神調，秃髮赫連，俱單于後。於劉淵爲宗室。勃勃母苻氏，長八尺五寸，美容儀，取長安如破竹，取劉裕子殺之。北魏黄帝之裔，歷七十餘世，始居單于故地。曹魏時遣子入侍，晋武送歸嗣立。賀狄於使姚興還，太祖見其言語衣服，有類羌俗，以爲慕而習之，下令殺焉。至太武遂滅慕容、姚興、赫連、沮渠。至高祖遂遷洛。雖有夏殷，不嫌一族之婚。皇運初基，古風遺樸，後遂因循，訖今莫變。自兹禁之之詔，詞無煩華，理從簡實。崔僧淵復南中族兄書曰：『主上之爲人，無細不存，無典不究。開獨悟之明。所稱羯騷，殊爲不然。』長孫嵩言於世祖，崔浩嘆服。南人則有訕鄙國家之意。毛修之，滎陽人，能爲南人飲食，常主世祖御膳。慕容垂大長秋卿。孟闢，洛陽人，其兄威尤曉北土風俗，明解北人之語。太原公主寡居，肅宗欲使尚焉。丈夫好服綵色，孫紹諫曰：『往在代都，武質而治安；中京以來，文華而叛亂。』遷洛時欲合衆情，故許以冬居南，夏便居北。自遷洛後，仕進路難，代遷之人，多不沾預。元乂欲用代來寒人，自是悉被收叙。

考鮮卑，漢末羌寇三輔，欲發鮮卑騎，應劭言：鮮卑隔在漢北，無君長廬落，性殘害易叛。《志》：烏桓東胡，初臣伏於單于，牛羊不以時至，輒没入其妻子，及武帝徙之塞外，爲漢偵察。昭帝時漸强，至發單于冢墓以報怨。王莽欲擊單于，使烏桓屯代郡，盡質其妻子於郡縣，蹋頓其後也。鮮卑亦東胡，初與單于並盛，謂之白虜，後爲所敗，與烏桓接。竇憲破單于，鮮卑因徙據其地。單于餘種留者，尚萬餘落，皆自號鮮卑，從司馬懿伐公孫淵，始建國，斂髮襲冠。此其時留髮之証也。曹丕時邊民亡在鮮卑者，處以千數。慕容廆身長八尺，美容貌，太康十年，以士大夫禮謁東夷校尉何龕。龕嚴兵見之，廆乃改服戎衣而入曰：『主人不以禮，賓復何爲哉！』時宇文部方强，廆念勤王則忠義彰於大朝，私利歸於本國。與陶侃書曰：『不知今之江表爲賢儁匿智耶？將吕蒙、凌統，高蹤曠世哉？王司徒善於全己耳。』子儁嗣於昌黎，課農桑，量造溝洫，務盡水陸之勢。是其地可耕之証也。慕容德問：『朕何如主？』鞠仲曰：『光武之流。』及議賞，仲辭其多。曰：『卿飾對非實，故朕亦以虚言相賞耳。』亦頗曉事。乞伏立國，多依漢制，本鮮卑也。然高洋受禪，杜弼與謀，一日問治國當用何人，曰：『鮮卑車馬客，會須用中國人。』洋以爲譏己。十年忽憶其事，遣使就州斬之。洋第十一弟湜，母游氏，湜以滑稽便辟寵於洋，在左右行杖，諸王太后銜之。洋崩，湜擊胡鼓爲樂，太后杖之百餘，未幾，薨。太后哭之哀，曰：『我恐其不成就，與杖，何期帶㓞死也。』高澄第二子歷尚書令大將軍，愛賞人物，嘗自作朝士圖，何文也。澄長子爲武成酖，澄第五子延宗縛草爲武成，鞭之曰：『何故殺我兄？』高歡謂子澄曰：『爾所用多漢兒。』高洋誅高德正曰：『正嘗言宜用漢除鮮卑，此即合死。』斛律金曰：『還令漢小兒守，收妻子爲質。』南宋劉義隆子昶子業，時携妾奔魏，侍中封王，連尚主阿厲。僮僕音雜夷夏，雖在公坐，諸王每侮弄之，或捩手嗌臂，至於痛傷。後爲齊篡，命鎮彭城，遂處故居，閨門喧狠，内外奴雜。万俟普，匈奴之別也。高歡常親扶上馬，故願出死力。太安王紘，年五歲，隨父基在北預行臺。侯景與人論掩衣法爲當，左右有徵諸孔子者，紘進曰：『龍飛朔野，雄步中原。五帝異宜，三王殊制。

掩衣左右，何足是非。』文宣飲言大樂，紘曰：『不悟國破大苦。』帝使燕子獻反縛，長廣王捉頭，手刃將下，俄頃舍之。此外國別有氣習之証也。

考突厥，其初人與牝狼交而生至俟斤，面廣一尺，求婚蠕蠕，阿那瑰罵之。其俗，淫者割其勢。墓爲臺二層，中圖死者形儀。俗好蹋鞠。隋韋雲起護其兵，虜契丹男女數萬，男悉殺之，以婦女賜突厥。煬帝幸江都，請老歸京兆，唐祖入關，上謁封縣公啓民請於煬帝，欲衣中國服飾，法用一同華夏，帝曰：『不可。』豈遂性之至理，教人不求變俗？幸其帳時，有『索辮檠膻肉』句。《唐書》：嚈赫連欲城所都，赴佛老廟，暾欲谷曰：『突厥衆不敵唐百分一，所能與抗者，隨水草射獵，居處無常，習於武事，强則進取，弱則遁伏。唐兵雖多，無所用也，糧竭自去。若城而居，必爲彼擒。佛老教仁弱非武强術。』自天置以來，地過萬里，三埵薄海，南抵大漠，連頭可汗，殘波斯與東突厥，分烏孫故地有之。隋時建庭龜兹，遂霸西域。隋季虛内以攻外，華人不逞者，多往從之。龜兹西北數百里有羯霜國，突厥可汗歲避暑其中，又西百里有嚈邏斯城，小城三百，本華人，爲突厥所掠，保其中，尚華言，劉武周劉黑闥爲唐所敗，俱亡入突厥。唐太宗太子承乾，長孫后出，好突厥言，設穹廬自居，曰：『我作天子，當肆吾欲。』劉知遠爲節度，進百頭穹廬於晋出帝。及自帝，禁造契丹服器。以元壽使突厥，還言其人色若菜，不三年必亡，果然。

考回紇，其先匈奴也，元魏時亦號高車，散處磧北，臣於突厥。隋煬大業中，突厥責其財，乃自稱回紇。唐太宗即故單于臺爲建都督府，乃置過郵六十八所，具湩、肉待使客。武后時，突厥嘿啜復强，回紇度磧，居甘凉間，助唐攻之。天寶初，詔居突厥故地。肅宗召其兵，子儀與安慶緒戰，回紇踰西嶺，趨出賊背，賊遂敗走，回紇大掠東都三日，而且請婚。代宗以史朝儀未滅，復請兵，纔四千，孺弱萬餘，進取東都，可汗留屯河陰旁，人困於剽掠。初至東京，放兵淫虜，詬折官吏。及還國，其留京師者，掠子女於市，傳送萬年獄，酋長劫取囚，殘獄吏去，引騎犯金光門，皇城皆闔，都人厭苦。常以數萬馬求售，馬四十縑，去則盛女以槖。張九晟使吏刺以長錐，知之殺諸回，送女子還京。其至京師，常參以九姓胡，往往留京師至千人，居資殖産甚厚，此又回回貿易之始也。始回紇常命酋長監奚契丹，以督歲貢，因詗刺中國。及張仲武節度平盧，名王貴種相繼降捕。大中初，爲戛黠斯所擊，寢秏滅，散居賀蘭山下。宋神宗時，没孤公主寶物，公主猶各遣貢。戛黠斯即古堅昆，當伊吾西焉耆北，人皆長大，男少女多，俗乘木馬馳水上，有馬伎繩伎。文字語言，正同回紇。突厥以女妻其酋豪。唐太宗、高宗時皆來朝。中宗曰：『而國與我同宗，非他番比。』慕容廆子晃伐高麗，虜其母妻及男女萬人。隋責高麗以驅迫靺羯，禁錮契丹，表稱遼東草土臣。言詞鄙穢，不問親疎。盗不能償，及公私債負，評其子女爲奴婢以償之。土人弁加插二鳥羽，與百濟之冠兩厢加翅稍别。《晉書》志：『辰韓，秦之亡人，避役入韓，割東界以居之。』『肅慎，北極弱水，居深山窮谷，以人溺洗手面，取其活血。』石季龍時來貢，曰牛馬西南眠者三年矣，是知有大國所在。靺羯即古肅慎，言語獨異。巨無妻以北扶餘方二千里，東至於海，其人長大。殺人者死，没其家人爲奴婢。烏洛侯，繩髮，冬則窟地爲室。

考吐番、吐谷渾，吐番利鹿孤後，唐初與拂菻戰。人多老壽至百餘歲，屋皆平上獄，掘地深數丈，明駝日馳千里，甲精，惟竅兩目，以鹵獲爲貿易。起大屋冢顛爲祠。自尚唐主後，遣諸豪子弟入國學，後滅，吐谷渾而盡有其地。安禄山亂，乘間入京師，子儀入長安，吐番留十五日乃去。天子還京，吐番屯咸渭間，自如也。臧河之西南夾河多柳，山多柏。墓旁作方屋繪虎，皆虜中貴人贊普夏牙也。所上寶器數百，制治殊詭。飲舉酒行與華制略等。惟贊普朝霞冒，首與高麗之大臣絳羅冠，其次青羅冠相近，爲外國冠皆尚絳之証也。玄宗時吐番求書於休烈，諫曰：『東平王求諸子，漢不與，以諸子雜詭術也。今吐番之性慓悍果决，善學不回。若達於書，則知用師詭詐之計；深於文，則知往來書檄之制。』狄固貪狠，貴貨易土，帝竟與之也。然吐番之溷男女極矣，突厥沙陀部亦然。吐谷渾本慕容廆庶長兄，不協，遂西度隴。較之中國，俯仰甚寬。有子六十人，長子吐延，身長七尺八寸，亦有子十二人，累世耽酒淫色，且納女於魏。静帝又擒赫連定送魏，故魏以濟南王匡女爲廣樂公主妻之。東距松州，處山谷間，崎嶇大抵二千里，不能相統屬。人壽多至百五六十歲。吐谷渾與突厥，惟衰者不得下淫耳。周將建康史寧，以樹敦城，吐谷渾之舊都多諸珍藏，攻破之，俘虜男女財寶，盡歸於突厥。突厥亦破賀金城，虜渾王妻子，遺寧奴婢百口，以器械鈍苦，故吐番及渾多慕容、拓拔、赫連等姓。後唐莊宗爲置朔寧、奉化等府，石晋割以屬遼，又畏遼而搜并，忻、鎮、代等州山，吐谷渾驅出之。從洛陽西行四十日至赤嶺，自赤嶺西行一月，渡流沙至渾城。從渾城行三千五百里至鄯善，爲渾所吞。以第二息總其部落三千，以禦西胡。從鄯善行三千里至于闐，自發葱嶺，步步漸高。漢盤陀國正在葱嶺之頂，自此以西，山路欹側，長阪千里，懸崖萬仞，極天之阻，實在於斯。又有女國，在葱嶺西，水皆西流，决水以種。西域自魏晋之後，互相吞滅，不復詳記，離併多端，見聞殊詭，所以前書後史，蹐駁不同。魏詔使往勅，沮渠送至姑臧，蠕蠕遺告，魏已削，今天下惟我獨强，遂以闞伯周爲高昌王，文字一同華夏，而教授皆以胡語。波斯古條支，輕罪繫牌於項。嚈達即王舍城，俗無車有輿，與蠕蠕婚姻。康國男子翦髮，衣綾羅錦綉，論曰：『自古通西域，必因好事之主。』《隋史》：党項羌裘褐披毡以爲上，飾異類殊方，於斯爲下。唐《南詔傳》：『蠻本無謀，不能乘機會鼓行疾驅，但蚍結蠅營，忸鹵獲小利，處處留屯，故不足平。』隋煬時諸蕭昆弟布列朝廷，后弟琮見北間豪貴，未嘗降下，楊素笑其嫁從妹於鉗耳氏，曰：『前已嫁妹於侯莫陳氏矣。』素曰：『侯莫虜也，鉗耳羌也。』琮曰：『劣羌優虜，未之前聞。』豈知所以優劣，正魏崔玄伯所云：『彼雖衆而無主，猶千奴共一膽也。』

李林甫疾儒臣，以方略積邊勞且大任，即説帝曰：『夷狄未滅者，由文吏爲將，憚矢石而不爲用。番將，彼生而雄。』帝因擢禄山，甫利其虜也，無入相資，故禄山得專三道勁兵，處四十年不徙。張嘉貞、孫延賞、子宏靖，皆平章，號三相張家。靖節度盧龍河朔，舊將與士卒均，寒暑無障蓋安輿。靖素貴，肩輿而行，人駭異。俗謂禄山、思明爲二聖，靖乃發墓毁棺，衆滋不悦。官屬酣肆夜歸，燭火滿街。會欲鞭小將，薊人未嘗更笞，辱不休，宏靖繫之。是夕軍亂，囚靖薊門館，掠其家資婢妾，取朱克融主留後。幽薊初效順，不能因俗制變，故范陽復亂。宋儒於世事，真説夢話哉！陸贄之論禦邊也，曰：『勉所短而敵長者殆，用所長而棄短者强。』李光弼父本契丹酋長，武后時入朝者。白元光，其先突厥人，從光弼出土門，封南陽郡王，爲兩都遊奕使。節度王武俊本出契丹，開元中五千帳，請襲冠帶，入居真定。又，李正巳，高麗人，侯希逸母，即其姑，後逐希逸代爲節度，有淄青。邵子所謂中國者，天下八十分之一耳。觀《唐書》吐番、回鶻兩傳，則知殷湯夏革之言，恒沙世界之旨，且不必説，即就南贍部州而論，西北兩家，大抵居此界之大半矣。『换人間世』亦『天公』驕愛故。然善乎劉向《説苑》之所言：『「天」於人本無恩，特如蟣虱之在身耳。』若謂有『辨』當『辨』者，自是慣造賢文一輩人，執相多事。然唐《四裔傳序》：『高祖亦審魯元不能止趙王之逆謀，謂能息單于之叛，非也。和親紓旦夕之禍耳。』皇室淑女，嬪於穹廬，與諸媪並御婉冶之姿，毀節異俗。北魏時上書以蠕蠕爲夷狄，太祖讀《漢書》，見婁敬勸漢妻單于而善之，故公主皆降於賓附之國，朝臣雖美彦，不得尚焉。宗室女亦妻吐谷渾。自漢文時遣公主爲閼氏，使宦者燕人中行説傳主，説不欲行，强使之，説遂教單于以尺二寸牘，印封廣長復漢，踞傲其詞。漢使或言其父子同穹廬卧，説曰：『匈奴約束徑易行，君臣簡可久，一國之政，猶一體也。即君臣之等，不甚異，故衆心如一意。惡種姓失，然後母有子位，亦以次及之。中國雖陽不如是，然親屬益疎，至制於異姓。宴間談柄鮮云貴種望姓，轉嫁奴外，致被侵媟，爲失種姓。』又遺漢武書曰：『强胡，天之驕子也，不爲小禮以自煩，今欲與漢開大關，取漢女爲妻，則不相盜矣。』其時西域亦皆役屬於彼，爲所賦税，隋文以光化公主降吐谷渾，世伏死，許久伏繼尚。唐太宗貞觀九年，以宗室女爲宏化公主，妻渾王。又以宗室女金城公主，妻其子模末。又以宗室女妻末子闔盧。突厥與可敦坐，謂使云：『吐番、契丹，亦與公主，不與我耶？』阿史那社爾，突厥可汗之次子，率衆内屬，尚衡陽長公主。典衛屯兵，屢有戰功。太宗崩，請以身殉。阿史那蘇尼失尚宗室女定襄縣主，宿衛四十年，無纖失。執失思力，突厥酋長也，護送蕭后入朝，預平吐谷渾，詔尚九江公主。坐房遺愛，流雋州。主請削封邑，偕往吐番云。公主不至，我且深入。貞觀時，詔江夏王送宗室女文成公主下降，弄贊見王，執婿禮甚恭。見中國服飾之美，縮縮愧沮。明皇女蕭國公主，先嫁鄭巽，又嫁薛永衡，乾元時嫁回紇可汗。代宗時咸安公主下，嫁回紇，先賫公主畫圖賜之，歷四可汗，竟終於彼。穆宗時以憲宗女太和公主下嫁，距回紇牙百里，可汗至，請由間道先與公主私見。肅宗之收長安，曰：『人民土地歸朝廷，玉帛子女盡與回紇。』華民之乞丐無聊，雖常造賢文，不能被驅不走也。中華雖禮國，而世世爲四裔稱阿舅。宋雖無降主事，意者賢文之力，然《嘗后圖》，千載餘羞。二帝之北也，妃主入虜者數百人，且被侵辱，不可思議。『天』豈惡其拘牽，使聚而爲彼奉耶？

王嬙詩：『已安殊類久，妻子亦何妨？』石湖《使金詩》：『若睹腥羶似蘭射，昭君不憶漢宮春。』玉茗此句殆亦未能免俗，人云亦云耳。觀其『滄桑長共此山河，偏爲中原涕淚多』之作，固未之歧視矣。

陳師錫《五代史序》：當裔夏相蹂時，摇毒扇禍以害斯人者不計。自真人出，然後民得保其首領，收其族屬，聖人知天之所助，人之所歸，國之所恃以爲固者，仁而已。奈口執清議，内行不足其道，使外入中，莫之能遏。石湖雖茹痛含酸，説之不盡矣。須知天祚奸雄，以世界宜有奸雄之凶灾也；天祚女主，以世界宜有女主之淫毒也。韓非曰：『賞勞以勸民也，而又尊行修，則民之産利也惰。』商子曰：『觀人以巧言異道，浮職私事，則民皆偷營，國必無力。』管子曰：『上下相蒙，苟悦其名，虚美熏心，實禍蔽塞。簡牘繁糅，考課不精，文書盈几，而吏益欺。』大蘇曰：『以三代之禮，所謂名者而繩之，彼且掩口而笑。』若是者，皆華所短也。況腹勢受攻，邊勢負隅，邊之於腹，去寒就燠乎？』

『伯顔丞相到簾前，臣妾僉名謝道清。』就中有客話陳橋，如此「江山」落人手。』『弄的如是』，『冲冠』何益？區區『淮揚』安可『保』耶？雖曰山川異地，風月同天，『做了黄沙』，便覺粉墨蕭瑟。而北地香魂，南朝碧血，總付鵑啼，尤令人傷感耳。

薛能云：『過客悶嫌踈妓樂，小兒憨愛擁貔貅。』『添景致』等句，寄哭於笑。魏静帝時始禁『元宵』相偷戲，前此不禁。可知幾度相逢即身老，『千里故人』誰何亦好。

晋陶侃爲廬江太守，張夔督郵。張妻有疾，將迎醫於數百里，時正寒雪，諸綱紀難之。侃獨曰：『小君猶母也，安有母疾而不盡心者乎！』請行。齊王子妃薨，宋駙馬王儉曰：『昔庾翼妻薨，王允滕含猶以爲府吏宜有小君之服』。若腐儒惟有『苦傷』耳。

屈突通既被擒，唐祖使討世充，曰：『如二子在洛河。』曰：『蒙更生時，口與心誓以死許國。』兒死自其分，情知即不爲此言，亦無益也。楊元卿在元濟處，曰：『吾爲卿，持表見天子，至則條賊虛實。』濟覺，乃縛其妻并四子，圬爲一棚，射之。卿以是歷金吾節度，然性儉巧，所至諂結權近，則悠悠有識，痛貫四時，豈得云『雖悴前終，庶榮後始』耶？韋孝寬兄敻，逍遥公，隋文詔辨三教優劣，著序奏之。子瓘行隨州刺史，故寬子總復於并州戰歿。一日之中，凶問俱至，家人相對悲慟，敻曰：『去來常事，亦何足悲？』及死，遺言惟薦蔬素。梁武自布衣時，嘗夢拜兩舊妾爲六宮。有天下，此姬已卒，所拜非復其人，恒以爲恨，況『儼然吾妻』哉？

『窅然喪天下，乃能應帝王』。『怎顧的私』豈無勞問河北諸將角榮華比耶。元察罕之復汴京也，獲楊林僞后及賊妻子數萬。『俺殺他全爲國』。

周將中山劉亮，姿貌魁傑，見者憚之，孫定兒衆數萬據州。亮樹一纛於城高嶺，將二十騎馳入城中，定兒方置酒，見亮卒至，皆駭愕。即麾兵斬定兒，指城外纛，命二騎曰：『出追大軍。』賊黨皆降。子袓尚周文女河西長公主，善設權譎，不在兵多。又周河西郡公李賢，李陵後，祖隨魏遷，復歸汧隴。東陽王元榮爲瓜州刺史，榮死，其婿劉彦不赴珍，又南通吐谷渾。周文難於動衆，欲以權略致之，乃以趙郡申徽爲河西大使，以五十騎行。既至，止於賓館。彦見單使來其館，徽先與瓜州豪有密謀，執彦，遂叱而縛之。復云大軍續至，彦所至無敢動者。因『机』制變，荀彧策破袁紹，所謂情見勢竭，此用奇之時也。趙充國對宣帝曰：『臣聞戰不心勝，不苟接刃。』千古名言也。王敦既表陶侃爲荆州刺史，侃使將兵入湘，平杜弢。或請乘勝討王機等，侃曰：『吾威名已著，何事遣兵？函紙自足耳。』隋文爲相，遣崔彭以兩騎召周陳王，彭去州三十里，詐病，止傳舍云云，是方略走之也。東魏兵至天水，權景宣僞作周文書，招募得五百餘人，保據宜陽，聲言大軍續至，詐云迎軍，因得西道。周文即留守張白塢節度東南，義軍隨城人吴士英殺刺史爲寇，宣曰：『小賊可以計取。』乃與書，僞稱刺史凶暴，歸功英等，果相率至，執而戮之。每讀《唐書・李晟傳》，令人快樂。及觀其子愬發兵，吏請所向，曰：『入蔡州取吴元濟。』士失色，監軍使者泣。既入蔡，發關留持柝傳夜自如，黎明入據濟外宅，益快此公有子。朱玫以共逐黄巢功，縱軍還略，僖宗幸鳳翔，避之。及王行瑜敗於賊，曰：『今歸無功，若斬玫迎天子，取富貴。』遂倍道趨長安，遽入其第斬之，皆妙人也。宋張耒云：『且雄傑之才，未嘗絶於世也，不在朝廷，即在山澤，不在中國，必在外國。』前漢陳湯曰：『國家與公卿議大策，非凡所見，事必不從。』正坐不能『相機』，反不如『奸雄』之寇盗耳。

南唐烈祖言：『諸馬可取，然不若與閩越并存，以爲障蔽，則國中寬刑平政可施，中原倘忽有故，朕將投袂而起。』意諸國雖『折簡』可致也，是玉茗二字來處。不意唐祖先得宋祖之心，所謂有心人所見略同矣。

『書生正好做傳書』，言不必膽幹之人。陳宣帝使徐陵子儉使於廣州，儉曰：『儉之性命雖在將軍，將軍成敗不在於儉。』處虛義則色厲，將赴救則畏患，『其實怕人』。

盧杞以顏魯公四方所信，若往諭之，可不勞師。既見希烈，烈養子千餘，拔刀爭進。諸將慢罵將食之，烈以身扞，乃就館，逼使上疏雪己。又大會，使倡優侮慢朝廷。張伯儀敗，烈使以旌節首級示真卿，卒被縊，年七十六。『借寒儒』者多出毒計。

宇文化及自揚州至黎陽，李密與隔水語曰：『卿本匈奴皂隸耳。』化及俯仰良久，乃瞋目大言曰：『共爾論相殺事，何須作書傳雅語。』『寒儒威風』，迂腐如此。惟李襲吉，林甫後，爲後唐晉王掌書記，梁太祖曰：『使吾得之，傅虎以翼矣。』稍覺吐氣。

第四十七齣　圍釋

【出隊子】（貼扮通事上）一天之下，南北分開兩事家。中間放著個蓼兒洼，明助著番家打漢家。通事中間，撥嘴撩牙。

事有足詑，理有必然。自家，溜金王麾下一名通事便是。好笑，好笑。俺大王助金圍宋，攻打淮城。誰知北朝暗地差人去到南朝講話。正是：『暫通禽獸語，終是犬羊心。』（下）

【雙勸酒】（浄引衆上）横江虎牙，插天鷹架。擂鼓揚旗，衝車甲馬。把座錦城墻圍的陣雲花。杜安撫你有翅難加。

自家溜金王。攻打淮城，日久未下。外勢雖然虎踞，中心未免狐疑。一來怕南朝大兵，兼程策應；二來怕北朝見責，委任無功。真個進退兩難。待娘娘到來計議。（丑上）驅兵捉將蚩尤女，捏鬼妝神豹子妻。大王，你可聽見。大金家有人南朝打話，回到俺營門之外了。（浄）有這事？（老旦扮番將帶刀騎馬上）

【北夜行船】大北裹宣差傳站馬，虎頭牌滴溜的分花。（外扮馬夫趕上介）滑了，滑了。（老旦）那古裹誰家？跑番了拽喇。怎生呵，大營盤没個人兒答煞。（外大叫介）溜金爺，北朝天使到來。（下）（浄、丑作慌介）快叫通事請進。（貼上接跪介）溜金王患病了。請那顔進。（老旦）可纔、可纔道句兒克卜喇。

（下馬，上坐介）都兒都兒。（净問貼介）怎麼説？（貼）惱了。（净、丑舉手，老旦做惱不回介）（指净介）鐵力温，都答喇。（净問貼介）怎説？（貼）不敢説，要殺了。（净）却怎了？（老旦做看丑笑介）忽伶忽伶。（丑問貼介）（貼）嘆娘娘生得妙。（老旦）克老，克老。（貼）説走渴了。（老旦手足做忙介）兀該打刺。（貼）要馬乳酒。（老旦）約兒兀只。（貼）要燒羊肉。（净叫介）快取羊肉、乳酒來。（外持酒肉上）（老旦灑酒，取刀割羊肉吃，笑，將羊油手擦胸介）一六兀刺的。（貼）不惱了。説好禮體。（老旦作醉介）鎖陀八，鎖陀八。（貼）説醉了。（老旦作看丑介）倒喇，倒喇。（丑笑介）怎説？（貼）要娘娘唱個曲兒。（丑）使得。

【北清江引】呀，啞觀音覷著個番答辣，胡蘆提笑哈。兀那是都麻，請將來岸答。撞門兒一句咬兒只不毛古喇。

通事，我斟一杯酒，你送與他。（貼作送酒介）阿阿兒該力。（丑）通事，説甚麼？（貼）小的禀娘娘送酒。（丑）著了。（老旦作醉看丑介）孛知，孛知。（貼）又央娘娘舞一回。（丑）使得，取我梨花槍過來。

【前腔】（持槍舞介）冷梨花點點風兒刮，裊得腰身乍。胡旋兒打一車，花門打一花。把一個睃啜老那顔風勢煞。

（老旦反背拍袖笑倒介）忽伶，忽伶。（貼扶起老旦介，老旦攞手到地介）阿來不來。（貼）這便是唱喏，叫唱一直。（老旦笑點頭招丑介）哈撒，哈撒。（貼）要問娘娘。（丑笑介）問什麼？（老旦扯丑輕説介）哈嗽兀該。毛克喇，毛克喇。（丑笑問貼介）怎説？（貼作摇頭介）問娘娘討件東西？（丑笑介）討甚麽？（貼）通事不敢説。（老旦笑倒介）古魯，古魯。（净背叫貼問介）他要娘娘什麽東西。古魯古魯不住的。（貼）這件東西，是要不得的。便要時，則怕娘娘不捨的。便是娘娘捨的，大王也不捨的。便大王捨的，小的也不捨的。（净）甚東西，直恁捨不的？（貼）他這話到明，哈嗽兀該，毛克喇。要娘娘有毛的所在。（净作惱介）氣也，氣也。這臊子好大膽，快取槍來。（净作持花槍趕殺介）（貼扶醉老旦走，老旦提酒壺叫）古魯，古魯。（架住槍介）

【北尾】（净）你那醋葫蘆指望把梨花架。臊奴！鐵圍墻敢靠定你大金家。（搦倒老旦介）則揣著你那幾莖兒苦嘴的赤支沙，把那嘸腥臊的唻子兒生挌殺。

（丑扯住净，放老旦介）（老旦）曳喇曳喇哈哩。（指净介）力婁吉丁母剌失，力婁吉丁母剌失。（作閃袖走下介）（净）氣殺我也。那曳喇哈的什麽？（貼）叫引馬的去。（净）怎指著我力婁吉丁母剌失？（貼）這要奏過他主兒，叫人來相殺。（净作惱介）（丑）老大王，你可也當著不著的。（净）啐，著了，你那毛克喇哩。（丑）便許他在那裏，你却也忒撚酸。（净不語介）正是，我一時風火性。大金家得知，這溜金王到有些欠穩。（丑）便是，番使南朝而回，未必其中有話。（净）娘娘高見何如？（丑）容奴家措思。（内擂鼓介，生扮報子上）報報，前日放去的老秀才，從淮城中單馬飛來，道有緊急，投見大王。（丑）恰好，著他進來。

【縷縷金】（末上）無之奈可如何。書生承將令，强嘍囉。（内喊，末驚跌介）一聲金砲響，將人跌嗟。可憐，可憐。密札札干戈，其間放著我。

（生唱門介）生員進。（末見介）萬死一生生員陳最良，百拜大王殿下、娘娘殿下。（净）杜安撫獻了城池？（末）城池不爲希罕，敬來獻一座王位與大王。（净）寡人久已爲王了。（末）正是官上加官，職上添職。杜安撫有書呈上。（净看書介）通家生杜寶，頓首李王麾下。（問末介）秀才，我與杜安撫有何通家？（末）漢朝有個李杜至交，唐朝也有個李杜契友，因此杜安撫斗膽稱個通家。（净）這老兒好意思。書有何言？

【一封書】（讀介）聞君事外朝，虎狼心，難定交。肯回心聖朝，保富貴，全忠孝。平粱取采須收好，背暗投明帶早超。憑陸賈，説莊蹻，顒望麾慈即鑒昭。

（笑介）這書勸我降宋，其實難從。『外密啓一通，奉呈尊閫夫人。』（笑介）杜安撫也畏敬娘娘哩！（丑）你念我聽。（净看書介）『通家生杜寶斂袵楊老娘娘帳前。』咳也，杜安撫與娘娘，又通家起來。（末）大王通得去，娘娘也通得去。（净）也通得去，只漢子不該説斂袵。（末）娘娘肯斂袵而朝，安撫敢不斂袵而拜。（丑）説的好。細念我聽。（净念書介）『通家生杜寶斂袵楊老娘娘帳前，遠聞金朝封貴夫爲溜金王，並無封號及於夫人，此何禮也？杜寶久已保奏大宋。勅封夫人爲討金娘娘之職，伏惟妝次，鑒納不宣。』好也，到先替娘娘討了恩典哩！（丑）陳秀才，封我討金娘娘，難道要我征討大金家不成？（末）受了封誥後，但是娘娘要金子都來宋朝取用，因此叫做討金娘娘。（丑）這等是你宋朝美意。（末）不説娘娘，便是衞靈公夫人，也説宋朝之美。（丑）依你説，我冠兒上金子，成色要高。我是帶盔兒的娘子。近時人家首飾渾脱，就一個盔兒。要你南朝，照樣打造一付送我。（末）都在陳最良身上。（净）你只顧討金討金，把我這溜金王，溜在那裏？（丑）連你也做了討金王罷。（净）謝承了。（末叩頭介）則怕大王、娘娘退悔。（丑）俺主定了，便寫下降表，賫發秀才回奏南朝去。

【前腔】（净）歸依大宋朝，怕金家成禍苗。（丑）秀才，你擔承這遭，要黄金須任討。（末）大王，你鄱陽湖磬響收心早。娘娘，你黑海岸回頭星宿高。（合）便休兵，隨聽招。免的名標在叛賊條。（净）秀才，公館留飯。星夜草表送行。（舉手送，末拜别介）

【尾聲】（净）咱比李山兒何足道，這楊令婆委實高。（末）帶了你這一紙降書管取那趙官家歡笑倒。

（末下）（净、丑吊場）（净）娘娘，則爲失了一邊金，得了兩條王。人要一個王不能勾，俺領下兩個王號，豈不樂哉？（丑）不要慌，還有第三個王號。（净）什麼王號？（丑）叫做齊肩一字王。（净）怎麼？（丑）殺哩！（净）隨順他，又殺什麼？（丑）你俺兩人作這大賊，全仗金韃子威勢。如今反了面，南朝拿你何難？（净作惱介）哎喲，俺有萬夫不當之勇，何懼南朝？（丑）你真是個楚霸王，不到烏江不止。（净）胡説，便作俺做楚霸王，要你做虞美人，定不把趙康王占了你去。（丑）罷！你也做楚霸王不成，奴家的虞美人也做不成。换了題目做。（净）什麼題目？（丑）范蠡載西施。（净）五湖在那裏？去做海賊便了。（丑作分付介）衆三軍，俺已降順了南朝。暫解淮圍，海上伺候去。（衆應介）解圍了。（内鼓介）船隻齊備。請大王娘娘起行。（行介）

【江頭送别】淮揚外，淮揚外，海波摇動。東風勁，東風勁，錦帆吹送。奪取蓬萊爲巢洞，鰲背上立著旗峯。

【前腔】順天道，順天道，放些兒閒空。招安後，招安後，再交兵言重。險做了爲金家傷炎宋，權袖手做個混海癡龍。

（衆）禀大王娘娘，出海了。（净）且下了營，天明進發。

干戈未定各爲君。許渾　龍鬭雌雄勢已分。常建

獨把一麾江海去。杜牧　莫將弓箭射官軍。竇鞏

第四十七齣 《圍釋》批語

『南北』喻廷孔大孔。『蓼』喻臍豪。『窪』喻女根。『番家』女道,即喻男槌亦可。『嘴牙』俱指女根。『撥撩』之法,比『通事中間』尤勝。『鼓』與『甲』俱喻女根外殼。『旗』與『車』俱喻女根兩扉,走卒曰『拽剌』,見《金史》。『滴溜的分花,跑番了拽剌』,於其相狀酷盡形容矣。『大讐盤没人答』尤難爲情。『啞觑』以喻女根。『番答辣、胡盧提』俱喻男根。『笑兀哈』寫粗麴時如畫。『風兒刮』喻進退之速。『打一車、折一花、風勢殺』俱譬喻其事,何詳悉也。『几莖兒苦嘴赤支砂』又毛中之不麗者。『背暗投明』喻其事。『渾脱就一個盔』以喻女根甚切。『黑海』亦然。『星宿』喻男槌也。『趙』者麴意,『錦帆』之錦代緊。『蓬萊』喻豪。『鰲背』男根。『旗』喻女根。『順』字無非謔意。『放些閒空』尤謔。『言重』越發確切。『弓』喻女根。『箭』喻男根。『大宋』之宋代送,大物送也。『禍苗』更妙。

漢陳湯曰:『夷狄畏服大種,其天性也。』郅支若得烏孫、大宛,北擊伊利,西取安息,南排月氏,數年之間,城郭諸國之大患也。』至元太祖竟如是。《金史·白華傳》:楊妙真以夫李全死於宋,就北帥梭〔一〕魯胡兔,乞師復仇。金乃約宋趙葵夾攻。以湫濕暑月,不便牧養難之,泗洲遂歸妙真。

〔一〕梭,底本作『擾』,據《金史》改。

黄巢據荆南，宰相王鐸自領兵，縱沙陀馬五百與賊，賊明日乘以戰，馬識沙陀語，呼之輒奔還。《北史》：新羅言語似中國高昌，而高麗言語與華略同，靺鞨言語獨異。嚈噠語獨與高車蠕蠕諸胡不同。宇文本南單于屬，語與鮮卑頗異。《隋史·經籍志》有王長孫撰《河洛語音》一卷，《北魏國語》二十卷，侯伏悉陵撰《國語物名》一卷。北齊時常有鮮卑語，或問王猛曾孫忻解否，曰：『婁羅婁羅，實難解。』周武帝撰《鮮卑號令》一卷。《宋史·藝文志》有《番漢語》一卷。元宇文懋昭《金志》，與契丹言語不通。今東方介氏國人能解六畜語，蓋偏知之所得。安禄山初事節度王守珪，善測人情，通六番語，與史思明俱爲捉生，知山川水泉處。嘗以五騎禽契丹數十人，陰陽神鬼俱能測，不測人間。『笑』是嗔，番使此時一『笑』却是赤子之心，一見『嘆妙』。亦可想見妙真當日，聚態含嬌巧奪人。而『嘆』徐姚之徒，食指亦不敢動也。此『覷』妙在啞字，可謂一寸狂心未説，已向横波覺矣。王端淑夫人之父季重先生有一絶云：『絶世聰明絶代姿，眼中心語我先知。無非只説天鵝肉，勅斷儂家不用思。』最能爲『啞覷』傳神。惟息夫人『羞中含薄怒』，樂昌主『顰裏帶餘嬌』，此『啞』而彼愈『笑』，其樂不可支耳。魏文帝令郭后出見吴質等，曰：『卿仰諦視之。』金日磾與母閼氏同没入官，職養馬。武帝觀馬，後宫滿側，磾等數十人牽馬過殿下，莫不竊視，至磾，獨不敢。即日拜爲馬監，遷侍中。宋文帝后侄孫袁昂入梁爲中書令，年四十七矣。僕射徐勉苦求出内人傳杯，昂不獲已，命出五六人。曰：『我無少年老嫗，並是兒母。非王妃母，便是主大家。今令問訊卿。』勉大驚求止。蓋睹色不能禁，人之常情。賈似道母胡氏，似道父爲制置，至浙州見一浣紗婦，喜之，即尾之至家。婦近前應對，遂稍調之，曰：『肯從我乎？』欣然應命。俄頃其夫至，亦樂於從事。攜歸，生似道。後封秦國太夫人，時入宮禁，太后至與同寢處，則奇矣。『胡蘆提、笑兀哈』六字，便將一『毛克剌』畫著癡人胸次，真有『一似佳人裙上月，移上掛儂眉眼間』意。『胡蘆提』者，曾經我眼即我有之想。『笑兀哈』者，故山無此壁，將歸之心半生狂。一縷饞涎，醉魂兒不離了湘裙穿。笑那輩席上尊前，品竹調弦，乾風月廝纏。唱『曲下酒』，真出無聊。寫食店門外，强淹留者，幾同乞丐。

《唐書》：哥舒翰家富於財，善用槍刺人喉，剔而騰之高五尺許乃墮，以爲常。翰母于闐王女也。禄山曰：『我父胡母突厥，公父突厥母胡，安得不相愛。』劉言史《咏舞》：『重肩接立三四層，千般婀娜不勝春。』于鱗句：『單衫婀娜春風香，揚眄摩趺匝洞房。』逸態一放橫難持。舞之一事，賞『腰身』而已矣。《隋志》：『濟南之俗，好教飾子女，傾詭人目，使骨騰肉飛，故曰齊倡。』《唐書·靺鞨傳》：『大曆時以日本舞女十一獻於朝。』薛紹以欲逆謀餓死，武后殺武攸暨妻以配太平。睿宗時主薛武兩家子皆封王。姪女樂安公主之再嫁其夫弟武延秀也，攸暨與主偶舞於兄中宗前。爾朱榮每入宴射，恒請其女皇后出觀，並召王公妃主共在一堂。射中起舞，妃主婦人亦隨盤旋。日暮醉歸，便連手蹋地唱而出。周宣帝以輅載婦人，而已步從之，又好令城市少年爲婦人服相隨歌舞。劉貢父《詩話》：今人舞者，必欲曲盡奇妙，又耻爲樂工藝。《豪異秘録》盤舞：『壯婦戴盤，輕柔者舞其上。』人舞：『裸婦倒抱裸婦，一手執其乳，一手執其脛而舞，踐腹登顛，蹴私暄口，穢嫚備至，難罄形容。』觀『裊得腰身乍』一語，乃悟古人寵妻愛妾，必擇善舞者當其位之故。武懿宗短而其妹静樂縣主又極長，太后每與主並騎，令元一嘲之，欲『腰身之乍』，必得静樂一輩，非北齊李洛姬肚所能即。山南節度于頔鎮襄陽，選長大婦爲女伎以進，名《孫武順聖樂》，雄健壯妙，皆頔所寵。要其『腰身』，亦無不『裊』者。

南宋郡王義宣女麗色巧『笑』、義宣敗後，取入宫爲貴妃，謝莊作哀册。薛能云：『一「笑」獨奢妍，精光似少年。』是老婦傳神極譽。楊姑之一『笑再加一笑』則粉香隨『笑』度也。《箸》詩：『兩家娘子好身材，捏著腰兒脚便開。若要嘗他好滋味，直須伸出舌頭來。』或謂老婦之善爲嬌狀者，别有一種奇趣，以少婦之嬌半爲做體，老婦之嬌意主乞憐也。然舍『裊腰』與巧『笑』外，無嬌法矣。

『誰貢和親策，千秋污簡編。』『空將春色歸龍塞，豈有長城在玉顔？』史朝義之弑父思明也，凡胡面者，無少長悉誅，殆厭其『番答辣』耳。『啞觀音』句借爲自古和親公主寫照也。《唐書・胡証傳》：『証送太和公主於回鶻，舊制行人私覿禮縣官不能具，使富人子納資於使而命之官，証不爲。次漠南，虜言使者必易胡服，又欲主便道疾驅，証固不從。』天寶四年，以外甥獨孤氏爲静樂公主嫁契丹，楊氏爲宜芳公主嫁於奚，奚、契丹皆殺主叛，一『啞觀音』耳，何無情如是耶！『無窮青冢在龍沙』，古今所嘆。乃又有『額暖裝貂鼠，頭高作鳳凰，却嫌人説道似吴娘』者，可怪也。

武后美突厥功，進嘿啜爲大單于，啜遣使願爲太后子，蓋亦以彼法，子得妻母，意相輕薄耳，與匈奴嫚吕無異也。宜后改其名爲斬啜。僕固地最北，初臣突厥，懷恩詣朔方，降回紇，磨延既助唐破安賊，遂以幼女寧國公主降之。帝餞主，數慰勉，主曰：『國方多難，死不恨。』延使四女子來謝，復爲少子移地請昏，帝以僕固懷恩女妻之，尋嗣爲可敦。代宗請其兵討史朝義，與可敦皆來，及有功，册僕固氏光親麗華可敦，大曆二年卒。以懷恩幼女爲崇徽公主繼室，及後可汗死，國人欲以寧國殉，主曰：『回紇萬里結婚，本慕中國，吾不可以殉。』乃止。然剺而哭，亦從其俗，後以無子得還。其嫁也又媵以榮王女，是爲小寧國。未嘗不嘆明皇淫色，致令幼孫受外國之侵暴也。移地爲相莫賀所弒，賀請婚，德宗復以咸安公主下嫁。召其使入見主麟德殿，使中人齎公主畫圖賜可汗。明年，可汗使其妹毗伽公主，率大酋妻五十人逆主。有詔，皆舍鴻臚，尋引入銀臺門。長公主三人候於內，譯使傳導，拜必答。帝御秘殿，長公主先入侍。回鶻公主拜謁已，司賓導至長公主所，又譯史傳問，乃與俱入宴所。賢妃降階，俟回主拜妃，答拜，升坐，有賜，皆避席。拜妃，主答拜，拜可汗爲長壽天親可汗，居回鶻二十二年。穆宗又以憲宗女太和公主下降，冊爲端麗明智可敦。可汗使葉護來逆，請先間道與主私見，送使不可，曰：『昔咸安公主行之。』主至，以一姆侍，即樓下易可敦服，絳通裾大襦金冠，乃升曲輿。九相分負升樓，與可汗聯坐，群臣以次謁。此『啞觀音』，差比中華崇重。其先賜畫圖也，豈以『啞觀音』爲餌耶？帝欲享回鶻公主，問禮於李泌，泌曰：『肅宗於燉煌王爲從祖兄，回鶻妻以女，見帝於彭源，獨拜庭下。帝呼曰婦，而不名嫂也。昔藉其用猶臣之，况今乎！』凡再饗，此必其妹甚美，是故遣來以明『啞觀音』我家亦有耳。《宋史》：吐番王賜名趙懷德，以契丹、夏國、回鶻所降三公主同入見，皆賜冠帶。而唐貞觀時，以宗女文成公主降吐番，以其先未有婚帝女者，遂爲宫室以居，以夸後世。主惡國人赭面，即下令禁之，自褫氈毯，襲紈綃，則見中華『毛克』不慣而特重耳。其後達摩爲可汗，以好內，政益亂。死無子，以妃琳氏姪爲贊普，衆不服，則於其國之『毛克』亦重矣。

初回紇以女妻奚王，大曆末奚亂，殺王女逃，歸道平盧，叛。節度朱滔以錦綉張道，待其至，請爲婚，女悦許焉，差快。然既而遣使於回紇，曰：『能同度河而南，玉帛子女不資也。』宋趙州曹利用使遼，遼太后見利用車上設横板布食器，召與飲食，不慮其心中想『毛克』耶？遼使請見太后曰：『宋使往，皆見太后，我使來，何不得見？』曰：『我太后垂簾，雖本國臣僚，亦不得見。』又曰：『先帝通使，承天太后獨無使，何也？』曰：『南北兄弟也，先皇視承天猶從母，故無嫌，今皇太后嫂也，故不通問。』是矣。《晋書》：吕紹死，吕隆見其妻張氏，欲穢其行。『番』俗之以妻畀後君也，非以分然，亦勢不得不然耳。以『番』不言仁義，只論勢得爲否。蓋兵柯權勢既在彼，則即不畀，彼必取之，故法之不能行者，不必立耳。亦非賤者所得效也。諸媪有所畏望於後君，亦遂無譖害之事，得以保其遺雛。非如華法，欲其母則必害其子，以防啣恨也。

李密之歸唐也，曰：『山東連城，以吾故當盡歸國，豈不台司處我？』高祖呼以弟，妻以表妹獨孤氏，卒旋斬密，是表妹『毛』處竟爲國家借用之物，一笑。楊妙真之於夏全亦然也。世充敗，密盡收美人而還，與隋侗盟時，以己本胡，故請事侗母劉太后爲假子。及禪，鼓吹入宫，此假母者不知爲『毛克剌』計否？沙苑之役，周軍爲齊所乘，李弼將麾下九十騎横截之，賊分爲二，遂大破之，子因尚主。唐昭宗在鳳翔，以女平原公主嫁李茂貞子繼巖，后不可，帝曰：『不爾，我無安所。』是日殿上，貞坐帝東，巖族兄弟皆西向立，立遍拜之，徒恃此『毛』。崔季舒廢帝，兵入，后出遍拜曰：『護大家，勿使怖。』亦險矣。張世傑之以宋帝入海也，自將陳吊眼許夫人諸翼兵攻蒲，楊太妃對群臣猶自稱奴。唐某娶韋后妹，及后敗，斬以獻。竇從一娶后乳母，亦斬獻，無『毛』裏情一至是耶？紀處訥，上邽人，爲人魁岸，其妻武三思婦之姊，縱使通三思，由是款昵至侍中，以『毛克剌』爲戲。天后幸二張，其母韋、母臧俱封太夫人，尚宫問省起居，又使尚書李回秀私侍臧。以己之『毛』裏念及人之『毛』裏耶？許州程戡頗有能名，然交通宦官閻士良，至令妻出見之，猶後魏時武城崔亮、劉騰擅權時，托妻劉氏傾身事之，致位隆赫，世宗納其女爲嬪也。梁太祖破徐州，得時溥寵姬劉氏，故尚讓妻也，絶愛幸之。乃以妻謀臣敬翔。翔已爲金鑾殿大學士，劉猶出入太祖卧内，翔患之。劉曰：『爾以我嘗失身於賊乎？尚讓皇家宰相，時溥國之忠臣，以卿門第，猶爲辱我。』翔以太祖故，謝而留之。劉氏車服驕侈，别置典謁，交通藩鎮，言事不下於翔。當時貴家，往往效之。蓋富貴爲重，『毛克剌』爲輕，其所致温愛幸者，豈不以備獻醜態乎！

斛律金贊成高歡大謀，孫武都尚義寧公主，子光。女一爲孝昭太子妃，一爲武成太子妃，金年八十，曰：『我家直以忠勳致富貴。豈藉女耶？』光敗周尉遲迥於洛，築京觀，又率衆至玉壘築二城，與周相持，周武爲之不敢東。而穆提婆見齊將亡，恐光得之，欲以計自保，求光庶女，不許，乃譖曰：『明月聲震關西，豐樂威行突厥，家僮千數，陰謀往來。』後主曰：『人心太聖，我疑其反，果然。』召至凉風堂，劉桃枝自後撲倒，以弓弦拉殺之。郎邪祖信掌簿籍其家，奏得桃枝二十束，疑僕與人鬥者，不問曲直，即以杖之。蓋其弟豐樂爲幽州刺史，知行臺，突厥謂之南面可汗，以慮禍，遣快騾至鄴，無日不得音問，至是，使兩日不至，朝廷馳驛執之。使獨孤永業等騎卒續進，使至見執，死於長史。廳事謂妻曰：『女爲皇后，公主滿家，嘗使三百兵，何得不敗？』永業爲河陽行臺，光求二婢不得，使人代之，於是西境蹙弱，復除之。周人攻金墉，業出問是何達官，作何行動。元玉儀魏高陽王斌妹，高澄遇諸塗，納之，同産姊静儀，先適黄門郎崔括，亦幸之，皆封公主，括父子由是超授。高洋王嬪姊適崔修，文宣並幸之，超擢修爲尚書郎。高隆之子淫於楊遵彦妻，齊帝妹也，故遵彦毁日至。隋文將廢太子，曰：『勇昔從兖州來，語衛王曰：「阿娘不與我一好婦女，亦是可恨。」因指皇后侍兒曰：「皆我物。」此言幾許異事。其婦初亡，即以斗帳安餘老嫗，我有舊使婦女，令看東宮，奏云：東宮憎婦，廣平王教之。平陳後，宫人好者，悉配春坊，如聞不知饜足，於外更有求訪，朕近覽《齊書》，見高歡縱其兒子，不勝忿憤，安可效哉！』漢朱博爲瑯琊太守，大姓尚方禁常盗人妻，被創，應調守尉，博見問之：『是何等創也？』禁知情得，叩頭服罪，博笑曰：『大丈夫固時有是，今拂拭用卿，能自效否？』對曰：『必死。』扶風司馬德戡少孤，桑粲通其母娥風，遂撫教之。最可笑者，褚彦回父湛之，尚宋武第七女始安公主，薨，妾郭生回，湛復尚宋武第五女吴郡公主，生澄。回好戲而事主孝謹，故主愛之。何偃子戢，尚宋孝武長女山陰公主，主就弟廢帝求姑夫侍己，回雖備見，拘逼一夕，至曉終不從。戢美容儀，動止與回相慕，人號爲小褚公。而回與同居月餘，特申情好。齊高祖與戢亦數申歡宴。回受齊明帝遺輔政，遂引戢爲侍中。回薨，齊謚以文簡。《吴越春秋》：子胥令闔廬妻昭王夫人，子胥亦妻囊瓦之妻，蓋英雄必以『克剌』爲甘心之具久矣。元世祖時耶律鑄言：『初奉詔殺人者死，今議依蒙古例，犯者仍没一婦女入仇家。』從之，極是。李克用攻張全義，義納拏於汴，求梁救，梁祖避暑全義會節園，全義妻女皆迫淫之。一日梁祖召義，意莫測，義妻儲氏明敏有口辯，遽入見，厲聲曰：『張言種田叟耳，守河南三十年，捃捨財賦，助陛下創業，今衰朽無能，而疑之何也？』太祖笑曰：『我無惡心，嫗勿多言。』累拜中書令，領河陽節度，天下兵馬大元帥，封魏王。其爲河南尹時，縣令多出其門，全義廝養畜之，竟賴『捨得毛克剌』之力。《五代史·一行傳贊》：『五代時君若禽獸，而縉紳之士，安其禄而立其朝，充然無復耻色者，皆是也。』蓋温初統軍，以爲成敗生死難料，聊且縱意，使全義效温所爲，諸門下未必不願。義方幸，其屈於一人而伸於衆人。朱瑾以兵歸，楊行密爲同平章，時徐温子知訓專政，瑾嘗遣愛妾通候訓家，訓强通之。妾歸自訴，瑾益不平。明日訓過瑾謝，延之升堂，出其妻陶氏，知訓方拜，瑾以笏擊掊之。訓好角觝，李德誠有女樂，訓求之，曰：『此輩皆有所生，且年已長。』訓罵曰：『我殺誠，取其妻亦易耳！』宜瑾以妻誘之也。後唐應州安重誨爲中書令，四方白事，皆先白之。後以被誣，請去不已，明宗曰：『放卿去，朕不患無人。』西川反，誨請自督運，過鳳翔，節度朱弘昭延之寢室，使其妻子奉事左右甚謹，而馳騎言其怨望，被召還致仕。明宗遣兵圍其第，出，被撾，妻走抱，又被撾，俱死。足見當時風氣，以此爲極敬至歡，而受之者亦復可畏。莊宗之滅梁也，其父養子明宗有先入汴功，明宗婿石敬瑭實以驍騎爲先鋒，莊宗以頭觸明宗曰：『天下與爾共之。』拊敬瑭背，手啖以酥，彼所重也，若『毛克剌』遠勝酥否？張全義既以全家媚朱温，又使妻妾時往莊宗宫，豈專以輕視『毛克剌』爲保身家富貴具耶？元世祖即位，禁使臣入民家，十九年，勅以妻母姊妹獻阿合馬得仕者，黜之。所庇富强，令輸賦。何全義兒孫千古不絶也？

燕人史天倪饒財，爲元徇河東望風款附。見太祖，所陳皆奇謀大計，卒爲副將武仙設宴殺，年三十九。其妻恐污於賊，自殺。是『捨不得毛克剌』者。後其子襲職，三十餘城生殺進退咸倚焉。則此一『克剌』所關誠重。次子樞從憲宗伐宋有功，上顧謂皇后，飲之酒。曰：『我國自開創以來，未有皇后飲臣下酒者，以其世忠，故寵以殊禮，有能盡瘁事國者，禮亦如之。』『酒』且重，其他可不重耶？又五王亦投元爲將，武仙亦以誥命誘其妻，及不從，乃盡掘其先冢，殺其兒子。元叛臣率兵十三萬圍高昌，其王曰：『忠臣不事二君。』曰：『我亦太祖諸孫，且爾祖嘗尚公主矣，爾能以女與我，我則解兵。』遂與之。後入朝，帝重賞之，復妻以公主，還鎮哈密。契丹人元臣當瓦台圍應昌時，皇女在圍中，元臣擒瓦台主，得出，久之，元祖以所籍權臣家婦賜之，辭以家世清素。夫救出公主，惟賞葷『克剌』爲報稱。辭則真吃素者方能爾。《宋史》：某將負罪，夜踰城，獻女，告虛實。某將被執，即求金妻與漢女不受投誠，亦必借『克剌』爲信如此。蔡恃柴潭爲固，孟珙逼柴潭樓，金人争樓，又飾美婦人以相蠱麾下，殺之。遂拔樓也。宋太祖納李煜妻，時不知。後有湖廣知州，飾宗室二女獻伯顔事。盧芳詐稱漢武曾孫，曾祖母匈奴谷蠡渾邪王之姊，掠有五原、雲中等五郡。雖其所置諸守降光武，芳遁出塞，然復入居高柳，光武猶立爲代王，因使和輯匈奴。後憂恐復叛，猶遣數百騎並妻子出塞，得以壽終。『毛克剌』萬分倖免耳。漁陽彭寵欲受光武徵，而其妻素〔一〕剛，不堪抑屈，固勸無受召，後竟以睡卧爲奴所縛。僞稱寵教收奴婢各置一室，又以寵命，呼其妻，取兩頭走獻光武。沛國蕭人朱浮貽寵書：『奈何聽驕婦之失計。』不顧母，爲幽州牧。本以寵強南走，其兵長反遮之，浮下馬刺殺其妻，僅以身免，爲其妻亦未爲幸。扶風公孫述既盡有蜀地，因夢覺謂妻曰：『雖貴而祚短，奈何？』妻曰：『朝聞道，夕死尚可。』遂自立爲帝。然述竟陣亡，妻子爲漢將吴漢所虜，是皆欲『舍』其『毛』而不得者。齊高起事，沈攸之從江陵下郢州防閤，焦度自發露形體，肆言穢辱之，遂改計攻城。將登，又投以穢器，攸之遂不得順流而罷。乃今年殺賊，正爲此奴者偏不怕『毛克剌』，可恨也。

《隋史》：『琉球至隋始通，其俗拔髭，身上有「毛」處亦皆除之。初見舟師，謂是客商，故虜其男女數千

〔一〕素，底本作『李』，據意改。

而還。』李德裕《桐花鳳賦》：『長丹穴之難窺。』北齊後主宫中一裙直萬疋，亦鄭重『毛克剌』耳。『愛惜加窮褲，防閑托守宫。』『今日牛羊上邱隴，當時近前面發紅。』無非爲此『毛克』。高麗言詞鄙穢，不問親疏，而人之詈人，必以嫚駡爲快，雖艷思欲其盡展，總以『毛克剌』爲天公造下作祟之根、惹事之母耳。

三個『捨不得』，作者以淹通故，特特借以括盡廿一史中參差可笑事，舉之蓋不能遍，然可約略計焉。令尹振萬太子不哀，『娘娘』則知其要什麽『東西』，而既已躊躇於『捨得捨不得』之際也。單于嫚吕，淳于嫚許，『娘娘』則知其要什麽『東西』，而未須斟酌於『捨得捨不得』之間也。庚氏憂峻，毛氏駡萇，是『娘娘捨不得』也。羊氏媚劉，沈氏從駕，是『娘娘捨得』也。魯桓與姜如齊，息侯請楚伐蔡，是『大王捨不得』而須臾『不捨』反致永遠『捨』之也。慕容與段，投苻漢賓，使妻進食，是『大王捨得』而或以『捨』免禍，或以『捨』獲福也。谷永之諫治梁王，是身爲『小的』無『捨不得』而出於平恕者也。何晏之晝屋爲廬，是幾同『小的』雖捨不得，而未嘗激烈者也。欒盈之奔，義宣之反，劉聰之弟，高洋之子，是不忍以『小的』自居，而極其『捨不得』以取死者也。后聞惠帝欲誅食其，慚不可言，是『娘娘捨得』而固知其當『捨不得』者也。欒昌别越公，將歸徐室，笑啼不敢，是『娘娘』實『捨不得』而勉强『捨』之者也。胡后見從姑婿爾朱榮，多所陳説，殆欲以其所『捨得』救其所『捨不得』者也。僑如之言罪不可再，是深幸其『捨得』而恐難屢消此『捨』者也。太子爽之於徐來，是誤料其『捨得』，而不思其擇然後『捨』者也。凉張祚之於馬嫗，齊王昌之於宫正，是逆知其『捨得』而始敢丐其『捨』我者也。王皇后之鄣面不覯，朱三妻之吾姒至此，是在已未必『捨不得』而遽代人『捨不得』者也。孝莊后重配高歡，孝静后再嫁楊愔，司馬后後醮李丹，斛律后更適元仁，段昭儀再適唐邕，文宣、武成后皆至隋時始殂，叔寶阿麼后皆及唐年尚在，令我誦『蕭后在揚州，突厥爲閼氏，女子固不定，仰天當問誰』『玉勾萬艷埋荒楚，蕭娘行雨知何處』之言，而憫世間因有一『捨不得』物，紛紛多事，遂至不可思議也。上天生物之誤耶？ 聖人定制之過耶？ 宇文述曰：『夫人帝甥也，何慮無賢夫？』煬帝謂蘭陵公主阿五曰：天下豈少男子？ 雌竅之所受何常？ 通事顧妄嘆爲深重難割布施哉！ 元載誅，上令其妻王韞秀入宫，曰：『二十年節度女，十六年宰相妻，誰能爲長信昭陽之事？』京兆笞斃，終非解事。 妙真若果生金煬之世，欲不入宫難矣。

强陽氣盡冥恩怨，『醋葫蘆』數句固不能無。坡云：『蛾眉亦可憐，無奈思餅師。』何意大王之妻却言『當著不著』？『狂夫不妒妾，隨意晚還家』，有『忒不撚酸』者，即有『忒撚酸』者。

壽王至代宗時始薨，何不『風火性』耶？

梁武起兵，東昏使中書舍人馮元嗣監軍救郢，馮至中興堂，張欣泰等先有約，使人從坐，後斫元嗣頭落果柈中，是『書生承將令强嘍羅』一證。

趙范知揚州，得制置印於潰卒中，以授山陽參幕徐希稷，稷稱楊以恩堂，全以恩府。 繼爲制置者姚翀，艤舟城東以治事，楊許入城，乃入，去鬚鬢縋下城，此借『萬死一生陳最良』，權爲寫照。

全嘗賄朝士，揚言李相公英略絶倫，宜裂地『王』之，遍饋要津，求主其説，此『敬來獻座王位』所本。 扶風魯爽自魏奔宋，爲同州刺史，欲義宣反，送板江陵曰：『丞相劉名義宣，令補天子，板到奉行。』宣見駭愕。

爽世梟雄，萬人敵也。魏親王延明責從姪坦曰：『昔宋禕志性凡劣，號曰驢「王」，如汝所爲，亦恐不免驢號。』北魏杜洛周僭竊，市令驛帥咸以爲『王』，呼曰『市「王」』『驛「王」』，亦此類，固不若楊休之執政北齊，曰：『我非奴非獠，何事封王？』

李膺不妄接，孔融年十歲，欲觀其人，造門稱『通家』，膺見問曰：『高明祖父嘗與僕有恩舊乎？』曰：『孔子、老君相師友，則與君累世「通家」。』膺曰：『高明必爲偉器。』然才疎意廣，妻子卒爲袁譚虜。及丕納甄氏，融與操書，稱武王以妲己賜周公。操不悟，問出何典，曰：『以今度之，想當然耳。』操禁酒，融曰：『景帝非醉幸唐姬，無以開中興。』其發詞偏宕，誠有慨也。卒至妻子同誅，則『干戈中放我』，豈易易乎？

北魏葛榮反，爾朱榮表曰：『臣謂葛榮人類差異，形勢可分。』高仲密之敗，周文援之。候騎言，賊去洛州四十里，食乾飯。高歡曰，自應渴死，何待我殺。西軍果皆喉燋。安定彭樂嘗事洛周、爾朱者，馳入周營，人言其反，俄塵起，樂虜西魏五王將佐四十八人，皆係頸反接，諸將乘勝斬三萬餘。復使樂追周文，文窘走曰：『癡男子，今日無我，明日豈復有汝耶？何不急還前營，收金帛？』樂從之，亦以『虎狼心難定交』耳。

隗囂死，其將高峻猶堅守隴阺，光武使寇恂往，峻遣軍師皇甫文出謁，詞禮不屈，恂竟斬之。遣副歸，告曰：『欲降即降，不降固守。』峻即降，恂曰：『皇甫文，其所取計者也，全之則文得其計，殺之則峻亡其膽，是以降耳。』吴漢亦説陳庶免下愚之禍，收中智之功。若『最良』輩，可不必殺。

晋元帝許王敦參軍吴興沈充以司空，充曰：『幣厚言甘，人所畏。且丈夫共事，終始當同。』苻堅之於桓冲，謝安亦立第以待之，趙宋於吴閩亦然。成敗異者，所待之人不同耳。故桓温真奸雄，臨終時玄問謝安：「坦之當何任？」曰：「伊等不爲汝處分。」其時南封疆臣，急則引魏以回面向北，不失「富貴」也，梁武效之而敗。

《宋史》：孫覿受金人女樂，草表媚之，極其筆力。「顒望麾慈」，亦有「忽爲纖手用，歲暮倚羅裙」之意。《唐書》：南詔以破吐番功，册爲雲南王。玄宗立，故事與妻子謁都督，過雲南，太守張虔陀私之，多所求丐，不應，數詬之，遂發兵誅虔陀，反事吐番。「通家」哉！

王沈與王基爲婚，劉疇與劉嘏聯姻，古之名流娶同姓事且不一而足，「娘娘漢子」有什麽「通不去」？唐高祖於涼賊李軌也，呼爲從弟。朱全忠之圖克用婿王珂也，珂出降，忠以已王，出呼爲舅。此兵家慣用權宜法耳。

玄宗時，突厥嘿棘連與妻薛延陀部酋女婆匐可敦坐「帳」中，謂唐使曰：「吐番犬出也，唐與爲婚，契丹我奴亦尚主，獨突厥連歲請，不許云何？」使曰：「可汗天子子也，婚可乎？」曰：「不然，二番皆賜姓而得尚主，何不可？」帝許之。俄而死，其妻婆匐與小臣亂，預政，族人大亂，回鶻往定之。婆匐率衆自歸，天子御花蕚樓賦詩美其事，封可敦爲賓國夫人，歲給粉直二十萬。「打造首飾」亦不爲過。孝武太元中，公主婦女皆緩鬢傾髻，先於籠上裝之，名曰「假髻」。貧家自云：「無頭向人借頭」，則「渾脱首飾」已不自「近時」始。隋宇文述善於供奉，俯仰折旋，容止便辟，宿衛咸取則焉。又有巧思，凡所裝飾，皆出人意表，數以異服異物進宫掖，刑部侍郎辛亶常衣緋褌，時謂利官。帝疑厭蠱，將斬之。「漢子」既會「斂衽」，正該叫他「打造』。

翟朝宗求全退師，嘗求楊氏裹言之助，作者用爲張本。賊聞之曰：『此叔度作閨態也。』齊段媪、梁吕姥『斂衽』二字所從來。又石勒對王浚曰：『石將軍區區小國，敢不「斂衽」乎？』誰謂玉茗漫無援據？即『要你南朝照樣打送』等語，亦本《李全傳》：載妓張燈，宴大元宣差於平山堂，宣差曰『相公服飾器用多南物，乃心終在南耳』云云。

全嘗曰：『朝廷待我如小兒，啼則與果，不受矣！』此誘『討金』仍是故智。高歡妻姊子韶，曉韜略。高澄時，宇文護遣尉遲迥襲洛，韶擊走之，然僻於好色，魏黄門郎元瑀妻皇甫氏緣瑀逆謀没官，韶上啓固請，高澄賜之。元妃所生二子，尚齊主。『娘娘』不怕無人『討』，只苦了『大王』耳。太后好聚金以爲堂，教靈帝賣官，故有『河間姹女工數錢』之謡，則『娘娘討金』亦固其所。

屈突通在蒲關，唐兵既入關，率兵將如洛，劉文静追及，呼其衆曰：『諸君家在關西，何爲復東？』衆皆捨兵。透得人情，一言可代十萬衆，『怕金家成禍苗』之類是也。

留侯七世孫犍爲張綱上書劾梁冀，時廣陵賊張嬰等衆數萬人殺刺史二千石，寇亂揚徐間，積十餘年，朝廷不能討。冀以綱爲廣陵太守，前遣郡守，率多求兵馬，綱獨單車之職。既到，將吏卒十餘人，詣嬰壘慰安之。嬰見綱誠信，乃出拜謁，綱延置上座，問所疾苦，曰：『前二千石貪暴，信有罪矣，然爲之者又非義也。今太守不願以刑罰相加，誠轉禍爲福之時也。若聞義不服，天子震怒，大兵雲合矣。不料强弱，非明也；棄順效逆，非智也；身絶血嗣，非孝也，公其深計之。』嬰泣下曰：『嬰等若魚游釜中，實恐收兵之日，不免孥戮。』綱與約誓，乃還營，將妻子面縛歸降。綱親爲卜居宅，相田疇。天子徵綱，而嬰等上書乞留，在郡一年卒，年三十六。皆言千秋萬歲，何時復見此君。嬰等五百人制服行喪，送至犍爲，負土成墳。亦『鄱陽湖、黑海岸』之説。若在後世，綱必見族於刀筆吏矣。

五代之君，妻多雄傑，亦是奇事。梁太祖，宋州人，元貞皇后張氏，單州碭山縣富家子也。生末帝，賢明精悍，太祖每以外事訪之，后言多中，人多賴以獲全。太祖嘗出兵至中途，后意以爲不然，馳一介召之，如期而來。友裕攻破徐州，不追朱瑾，后陰教自歸。太祖使左右捽出斬之，后聞，不及履而出，持裕泣曰：『汝束身歸罪，豈不欲明非反乎？』乃止。太祖已破瑾，納瑾妻以歸，后迎於封邱。太祖告之，后遽見瑾妻，妻拜，后亦拜。曰：『以小故使吾姒至此。若汴州失守，妾亦如此矣。』後唐太祖正室劉氏，代北人，其次妃劉氏，太原人。自起兵伐北，常從征討，明敏習兵機，嘗教其侍妾騎射，以佐太祖。後欲擊梁，劉氏以梁罪未暴，天下聞之，莫分曲直。梁連歲圍太原，太祖欲亡入北邊，劉曰：吾昔亡在韃靼，義不能自脱。又嘗笑王行瑜棄邠州走，卒爲人擒，一失其守，誰肯從公？北邊其可至乎，北虜其可信乎？無子不妒，嘗言曹氏相當生貴子，曹亦自謙退，故相得甚歡。莊宗即位，册曹爲太后，而以嫡劉爲太妃。妃往謝后，曹有慚色。莊宗滅梁入洛，使人迎太后歸洛，而太妃獨留晋陽，蓋與太后泣别，歸而相思慕，遂至不起。太后欲往晋陽視疾，又欲自往葬之，莊宗泣請乃止，而悲哀不飲食，踰月亦崩。則梁后又不可及矣。明宗曹后生敬瑭，妻晋國公主。淑妃王氏，邠州人，初爲梁故將劉鄩家侍兒，及歸明宗，第所得鄩金，悉以遺左右及諸子婦，人人皆爲稱譽。明宗即位，曹當〔一〕爲后，曰：『我素多病，不耐煩，妹當代我。』王曰：『至尊之位，誰敢幹之？』遂立爲淑妃。妃事后亦甚謹，然宫中之事，皆主於妃。石敬瑭犯京師，妃謂太后曰：『宜少回避以俟姑夫。』太后曰：『我家至此，何忍生，妹自勉之。』晋還都汴，以妃子母俱東置於宫中。高祖皇后事妃如母，契丹犯京師，耶律德光顧妃曰：『明宗與我約爲弟兄，爾吾嫂也。』已而靳之曰：『今日乃吾婦也。』蓋以彼法親之，遂以妃養子從益權知南朝軍國事。漢高祖兵至，妃曰：『吾家亡國破之餘，安敢與人争天下？』乃上書迎高祖。祖遣郭從義先入京師，殺妃母子，以其爲契丹所愛，恐借爲義聲也。妃不悟所以，猶以『吾母子何罪不留？』持一盂麥飯灑明宗墳，此則一味柔媚，不脱侍兒本色。若國雖亡，家雖破，『毛克刺』在，何妨者。後唐廢帝劉后，應州渾元人，爲人强悍。猶自焚，勝梁末帝后見唐莊宗，懼而聽命。石敬瑭后，唐明宗女，爲人强敏，然爲契丹國母徙於懷定州極漠，永康王囚其國母，令還止遼陽。太后、皇后詣帳中上謁，避暑上京，以太后自從，則『毛克刺』不必問矣。晋高后李氏，晋陽人，父爲農，知遠少爲軍卒，夜入其家劫取之，義兵起，欲斂於民，后曰：『如是何義？今後宫所有，請悉出之，雖不足，士無怨也。』隱帝之謀誅史弘肇等人，白太后，太后不可，帝拂衣去曰：『何必謀於閨門。』周師至，后曰：『威非危疑，何肯至此？今以詔諭威，威必有説，庶几尚全。』帝不從，出兵，遂及難。威入京，舉事皆稱太后詔。周太祖柴后，見祖奇偉，心知其貴人也，事之甚謹，卒以福其姪。世宗苻后，世王家，爲人明果，初適李守貞子崇訓，相人聞其聲，曰：『此天下母也。』守貞故决反，及敗，訓手殺其家人，次以及后，后

〔一〕當，底本作『常』，據意改。

走匿，以帷幔自蔽，訓惶遽求后不得，乃自殺，周兵入坐堂上，曰：『郭公與吾父有舊，汝輩無犯我。』太祖聞其能使亂兵不能犯，奇之。后感太祖不殺，拜太祖爲父母家。欲使爲尼，后不肯。世宗性英鋭，聞其如此，益奇之，遂納以爲繼室，可謂才矣。若東胡契丹之叛也，盡忠自號無上可汗，萬榮爲將，武后大怒，改其名爲『萬斬』。爲盡滅，募天下人奴擊之，猶有女人氣味。

木華黎以梁仲行省大名，仲死，命仲妻冉守貞權行省事，『李山兒何足道，楊令婆委實高』。唐勅史氏：爾父瀝款於賓筵，爾母杭詞於簾下。勉思健婦，以佐良人。勤勞一時，焜耀萬世。故曰：『帶了你一紙降書，管教趙官家歡笑倒。』布將高順諫曰：『將軍舉動不肯詳思，輒喜言誤，誤不可數也。』東阿程昱謂布粗中少親，匹夫之雄耳。司馬懿言智囊蔣濟雖往，然曹爽智疎，而知不及，必不能用也。司馬徽寓荆，知劉表性暗，遂絶口不談人物。晋武威賈疋，器望甚偉，時爲武夫之所瞻仰，盧循亦以多疑少决，每求萬全，敗，慕容盛曰：『蘭汗性愚近，足展吾志。』劉裕言：『慕容超略不及遠，棄人用大，雖猛何爲？』『俺有萬夫不當之勇』，殆不免摧。剛者反已於弱也夫。仁者在於愛人，智者在於知人，二者不交，雖强毅捷巧，其不死人手者幸耳。嗟穴之鼠不畏猫，有諸？

徐世勣爲李密保黎陽，唐遣使持密首招之，表請收葬，詔歸其尸以君禮葬。墳高七仞，哭多嘔血。史官論曰『密百戰不能取東都，非項羽也，田横耳。使不爲「叛」，其才雄亦不可容於時』云。除非『占却蓬萊』，可以無恙。

『六國英雄漫多事，到頭徐福是男兒。』猶勝白門窮吕布，欲將鞍馬事曹瞞萬倍。吴之餘裔，遁爲日本。

日本自魏時譯通中國，桓靈間歷年無主，女子卑彌呼以鬼道惑衆，遂立爲王，有侍婢千人。後於百濟求佛經，大業時遣人來學佛法，稱聞海西菩薩天子，重興佛法。是『蓬萊爲巢洞』者，但欲『奪之』不能。

隋末突厥殘波斯，唐初拂菻與吐番戰。大業中一波斯民劫商旅，保西鄙，遂滅波斯，破拂菻，侵婆羅門，地廣萬里。代宗取其兵平京師，元末薊人燕順率四方亡命千人襲高麗，據之，皆有『奪蓬萊』手段。

全聞元使，乃心終在南耳。雖有『看我掃南軍』之言，而淚下如雨矣。觀全次日敗死，楊能絶淮而去，竄歸山東，又數年乃死，固知囊底餘智，遠勝賢夫。《元史》：李璮〔一〕，小字松壽，濰州人，李全子也。或曰宋衢州徐氏子，父嘗爲揚州司理，全蓋養之爲子。太祖十六年，全叛宋，率山東州郡來附，國王孛魯承制，拜山東淮南楚州行省，而以其兄福爲副元帥。太宗三年，全攻宋揚州，敗死，璮遂襲爲益都行省，仍得專制其地。元朝徵兵輒詭詞不至，憲宗七年，又調其兵赴蜀行在，璮親詣上言曰：『益都乃宋航海要津，分兵非便。』上然之，命璮歸取漣海數州，大張克捷之功。世祖即位，加江淮大都督，蒙古漢軍之在邊者，咸聽節制，請破楚，則兩淮可定。蓋專制山東者三十餘年，皆挾宋以要元，而自爲完繕益兵計。初以其子彦簡質於元，而潛爲私驛，自益都至京師，質子譬三年，遂用私驛逃歸，璮遂反。以漣水三城獻於宋，殲蒙古戍兵，還攻益都，入之。元聞之，璮取城中子女賞將士，以悦其心，餘以爲食。及知城將破，乘舟入大明湖，自投水中。其叛入濟南，史天澤笑曰：『豕突入苙，無能爲也。』良由不『順天道』，欲『混海』而不可得矣。

〔一〕李璮，底本作『李毡』，據史實改。

第四十八齣　遇母

【十二時】（旦上）不住的相思鬼，把前身退悔。土臭全消，肉香新長。嫁寒儒客店裏孤恓。（净上）又著他攀高謁貴。

〔浣溪紗〕（旦）寂寞秋窗冷簟紋。（净）明璫玉枕舊香塵。（旦）斷潮歸去夢郎頻。（净）桃樹巧逢前度客。（旦）翠烟真是再來人。（合）月高風定影隨身。（旦）姑姑，奴家喜得重生，嫁了柳郎。只道一舉成名，同去拜訪爹媽。誰知朝廷爲著淮南兵亂，開榜稽遲。我爹娘正在圍城之内，只得賫發柳郎往尋消耗，撇下奴家錢塘客店。你看那江聲月色，悽愴人也。（净）小姐，比你黄泉之下，景致争多。（旦）這不在話下。

【針線箱】雖則是荒村店江聲月色，但説著墳窩裏前生今世，則這破門簾亂撒星光内，煞强似洞天黑地。姑姑呵，三不歸父母如何的？七件事兒夫家靠誰？心悠曳，不死不活，睡夢裏爲個人兒。

（净）似小姐的罕有。

【前腔】伴著你半間靈位，又守見你一房夫婿。（旦）姑姑，那夜搜尋秀才，知我閃在那裏？（净）則道晝幀兒怎放的個人迴避，做的事瞞神諕鬼。昏黑了，你看月兒黑黑的星兒晦，螢火青青似鬼火吹。（旦）上燈哩！（净）没油，黑坐地，三花兩焰，留的你照解羅衣。

（旦）夜長難睡，還向主家借些油去。（净）你院子裏坐地，咱去來。合著油瓶蓋，踏碎玉蓮蓬。（下）

（旦玩月嘆介）

【月兒高】（老旦、貼行路上）江北生兵亂，江南走多半。不載香車穩，趿的鞋鞓斷。夫主兵權，望天涯生死如何判。前呼後擁，一個春香伴。鳳髻消除打不上揚州纂，上岸了到臨安。趁黄昏黑影林巒，生忔察的難投館。

（貼）且喜到臨安了。（老旦）咳，萬死一逃生。得到臨安府，俺女娘無處投。長路多孤苦。（貼）前面像是個半開門兒，驀了進去。（老旦進介）呀，門房空静。内可有人？（旦）誰？（貼）是個女人聲息。待打叫一聲。開門。

【不是路】（旦驚介）斜倚雕闌，何處嬌音喚啓關？（老旦）行程晚，女娘們借住霎兒間。（旦）聽他言，聲音不似男兒漢。待自起開門月下看。（見介）（旦）是一位女娘，請裏面坐。（老旦）相提盼，人間天上行方便。（旦）趨迎遲慢。（打照面介）（老旦作驚介）

【前腔】破屋頽椽，姐姐呵，你怎獨坐無人燈不燃？（旦）這閒庭院，玩清光長送過這月兒圓。（老旦背叫貼介）春香，這像誰來？（貼驚介）不敢説，好像小姐。（老旦）你快瞧房兒裏面，還有甚人？若没有人，敢是鬼也。（貼下）（旦背）這位女娘好像我母親。那丫頭好像春香。（作回問介）敢問老夫人，何方而來？（老旦嘆介）自淮安。我相公是淮揚安撫，遭兵難，我被擄逃生到此間。（旦背介）是我母親了。我可認他。（貼慌上，背語老旦介）一所空房子。通没個人影兒，是鬼，是鬼！（老旦作怕介）

（旦）聽他説起，是我的娘也。（旦向前哭娘介）（老旦作避介）敢是我女孩兒？怠慢了你，你活現了。春香，有隨身紙錢，快丟，快丟！（貼丟紙錢介）（旦）兒不是鬼。（老旦）不是鬼？我叫你三聲，要你應我一聲高如一聲。（做三叫三應，聲漸低介）（老旦）是鬼也。（旦）娘，你女兒有話講。（老旦）則略靠遠，冷淋侵一陣風兒旋，這般活現。（旦）那些活現？

（旦扯，老旦作怕介）兒手恁般冷。（貼叩頭介）小姐，休要撚了春香。（老旦）兒，不曾廣超度你，是你父親古執。（旦哭介）娘，你這等怕，女孩兒死不放娘去了。

【前腔】（净持燈上）門户牢拴，爲甚空堂人語喧？（照地介）這青苔院，怎生吹落紙黄錢？（貼）夫人，來的不是道姑？（老旦）可是。（净驚介）呀，老夫人和春香那裏來？這般大驚小怪。看他打盤旋，那夫人呵，怕漆燈無焰將身遠。小姐，恨不得幽室生輝得近前。（旦）姑姑好來，奶奶害怕。（貼）這姑姑敢也是個鬼？（净扯老旦，照旦介）休疑憚，移燈就月端詳遍，可是當年人面？（合）是當年人面。

（老旦抱旦泣介）兒呵，便是鬼，娘也不捨的去了。

【前腔】腸斷三年，怎墜海明珠去復旋？（旦）爹娘面，陰司裏憐念把魂還。（貼）小姐，你怎生出的墳來？（旦）好難言。（老旦）是怎生來？（旦）則感的是東岳大恩眷，托夢一個書生把墓踹穿。（老旦）書生何方人氏？（旦）是嶺南柳夢梅。（貼）怪哉，當真有個柳和梅。（老旦）怎到得這裏來？（旦）他來科選。（老旦）這等是個好秀才，快請相見。（旦）我央他探淮揚動定去把爹娘看，因此上獨眠深院。

（老旦背與貼語介）有這等事？（貼）便是，難道有這樣出跳的鬼？（老旦回泣介）我的兒呵。

【番山虎】則道你烈性上青天，端坐在西方九品蓮，不道三年鬼窟裏重相見。哭的我手麻腸寸斷，心枯淚點穿。夢魂沈亂，我神情倒顛。看時兒立地，叫時娘各天。怕你茶酒飯無澆奠，牛羊侵墓田。（合）今夕何年？咦，還怕這相逢夢邊。

【前腔】（旦泣介）你抛兒淺土，骨冷難眠。喫不盡爹娘飯，江南寒食天。可也不想有今日也，道不起從前。似這般糊突謎，甚時明白也天！鬼不要，人不嫌，不是前生斷，今生怎得連！

（合前）（老旦）老姑姑，也虧你守著我兒。

【前腔】（净）近的話不堪提嚇，早森森地心疎體寒。空和他做七做中元，怎知他成雙成愛眷？

（低語老旦介）我捉鬼拿奸，知他影戲兒做的恁活現。（合）這樣奇緣，打當了輪迴一遍。

【前腔】（貼）論魂離倩女是有，知他三年外靈骸怎全？則恨他同棺槨，少個郎官，誰想他爲院君這宅院。小姐呵，你做的相思鬼穿，你從夫意專。那一日春香不鋪其孝筵，那節兒夫人不哀哉醮薦？早知道你撇離了陰司，跟了人上船。（合前）

【尾聲】（老旦）感的化生女顯活在燈前面。則你的親爹，他在賊子窩中没信傳。（旦）娘放心，有我那信行的人兒，他穴地通天，打聽的遠。

想像精靈欲見難。歐陽詹　碧桃何處便驂鸞。薛逢

莫道非人身不煖。白居易　菱花初曉鏡光寒。許渾

第四十八齣 《遇母》批語

「不住的相思鬼」，是二根相連時絶頂妙贊。其「退」似「悔」而實「不住」，則「悔」不敵「思」也。「肉香」之香喻男槌。「寒儒」喻男根之疲敝者。「秋窗」之秋代湫。「簞」喻女身。「枕」喻女根下合尖處。「櫥」喻男根。「烟」喻豪。「月高風定」四字喻得妙麗之至。「江聲月色」同意，「黄泉」以喻後園。「簾」喻女豪，「星」喻男槌。「洞天黑地」喻女深處。「心悠曳」兩句喻行事時，刻酷。「月黑星晦」非喻二根而何？「坐」字更妙。「車、鞋」俱喻女根。「鳳」喻合尖。「髫」喻豪。「林」字同意。「生忔憏」嘲女初破。「長路多孤苦」妙極，惟其深也，所以得到者頗少，適令「孤苦」也。「半開門」易知。「女人聲」喻行事時，音由女根出也，音出而「闢」大啓矣。「霎時間」嘲男事苦於難久。「不似男兒漢」，申言聲雖男致，實出於女，加「待自起開門月下看」一句，謔意更透。「趨」字指男。「迎」字指女。「燈不然」是女根也。「閒庭院」同。「光」喻男槌。「長」物「送過」則形如「月圓」，比喻巧甚。「這像誰來」，特問看官解吾喻否。「青苔」喻豪。「打盤旋」女根相狀。「添燈」妙絶。「人面」喻女兩輔。「珠」喻男槌。「陰司」易知。「墳」字亦喻兩輔。「獨眠深院」又是女根雅號。「烈性」自喻男根。「端坐」却又喻女。「哭得」四句，無非虐謔。「抛兒」之兒喻男槌。「道不起從前」確切此事。「糊突謎」又自註是譬喻。「近的」二句謔意更明。「輪」喻女根外相，「人」喻男根，「船」喻女根，「顯活」字妙。「賊子窩中通天穴地」，皆可知矣。「想像精靈欲見難」，自言吾書雖妙，亦「想像」則然耳。『碧』仍喻豪，『菱』喻女根色狀。『鏡光』仍喻兩輔。

膚理彩澤人理成，『肉』之所以獨『香』於世也。『新長』有日見堆埠意。又『肉香』，即不可言之幽香。麗娘之生『肉』勝解得『肉』三昧，正以普『香』世界，萬種『香』書，一切『香』王，不如此『肉香』之妙。而無色界粗色、細色、空色、形色，總不如『肉色』之佳耳。況肉香並非虛語，但婦人不能多有，又非慧男子不辨耳。

劉得仁：『嫁與商人頭欲白，未曾一日得雙行。任君逐利輕江海，莫把風濤似妾輕。』豈意『寒儒』復爾。即『獨坐空房中，思我百媚郎，但使心相念，高城何所妨』，終不免『只有青燈相守定』之悵也。

姚合『侯門月色少於燈』，與『破簾亂撒星光内』，並是寫景妙手，猝然與景相遇。

『趿的鞋躧斷』，貼切女人。梁武帝阿六身長八尺，而好内。侍女於人與帝女永興公主通，遂謀弑，許事成以爲皇后。帝留齋，諸王並與，永興乃衣二僮以婢服，僮踰閾失履，閤帥疑之，則知梁亦束足，故女履與男迥别。華歆牽伏后跣過殿。《南史》：遂寧龔穎爲益州刺史，毛璩從事譙縱討殺毛，引穎出，將斬之，引將譙道福母即穎姑也，跣出救之得免。吕蒙將攻甘寧於舟，蒙母亦跣出止之。朱温將殺庶子，嫡后張跣出救之。則『鞋躧斷』殊不爲奇。

李大亮，京兆人。初破輔公祏，賜奴婢百口，曰：『若曹皆衣冠子女，吾何忍遣之？』歿後所育孤姓，爲亮行服，如所親者百餘人。『夫主兵權生死知何判』，曾自念其危？則能念及人耳。

余嘗讀『齊子歸止，其從如雲』，覺其寫得齊國富强，襄公寵妹，淋漓盡致。嫪毐家僮數千人。太平公主嫗監千人。虢國入謁，侍姆百餘騎。太宗問李靖疾，曰：『有晝夜侍卿疾大老嫗，遣一人來，吾欲熟知公起居。』李綱初事周齊王憲，入隋事太子勇，入唐事建成，貞觀時少師，卒年八十。齊王憲女寡居，綱厚恤之，及卒，女被髮號哭。更世變而『前呼後擁』如夢事耳。

唐高祖初入關，引令狐德棻爲記室，問曰：『比丈夫冠，婦人髻皆高大，何也？』曰：『在首君象』。東晋將亡，衣小裳大。《西湖竹枝》：『數番懶作雙挑髻，只挽蘇州一把頭。』杭髻至今雙挑而『寡』，以『揚州』爲上也。唐詩已有『剗戴「揚州」帽』句矣，元人亦有咏『花藍鬏髻，曲如玉勾宫様彎，改様兒新鞋襪』，皆詞家時句。

楊素營獨孤后陵，遍歷川原，親自占擇。纖芥不善，即更尋求。謂欲寶祚無窮，志圖元吉。是今相地法也。文帝謂何稠曰：『汝既葬皇后，今我死可好安置。』誠知何益不能無念，攬太子頸曰：『何稠用心可使之。』亦畏『骨冷難眠』耶？隋《李鍔傳》奏言五品以上，妻妾不得改嫁，爲『鬼不要，人不嫌』，一笑。六字移贈登徒，亦當首肯。

馮道時，管家婢稱『知院』，信行人兒正與王叔文淺衷浮表對。

第四十九齣　淮泊

【三登樂】（生包袱、雨傘上）有路難投，禁得這亂離時候！走孤寒落葉知秋。爲嬌妻、思岳丈，探聽揚州。又誰料他困守淮揚，索奔前答救。

〔集唐〕那能得計訪情親李白，濁水污泥清路塵韓愈。自恨爲儒逢世難盧綸，却憐無事是家貧韋莊。俺柳夢梅，陽世寒儒。蒙杜小姐陰司熱寵，得爲夫婦。相隨赴科，且喜殿試攛過卷子，又被邊報耽誤榜期。因此小姐呵，聞説他尊翁淮揚兵急，叫俺沿路上體訪安危。親賫一幅春容，敬報再生之喜。雖則如此，客路貧難，諸凡路費之資，盡出壙中之物。其間零碎寶玩，急切典賣不來。有些成器金銀，土氣銷鎔有限。兼且小生看書之眼，並不認的等子星兒。一路上賺騙無多，逐日裏支分有盡。到的揚州地面，恰好岳丈大人移鎮淮城。賊兵阻路，不敢前進。且喜因循解散，不免迤逦數程。

【錦纏道】早則要醉揚州尋杜牧，夢三生花月樓，怎知他長淮去休！那裏有纏十萬順天風、跨鶴閒遊！則索傍漁樵尋食宿，敗荷衰柳，添一抹五湖秋。那秋意兒有許多迤逗！咱功名事未酬，冷落我斷腸閨秀。堪回首，算江南江北有十分愁。

一路行來，且喜看見了插天高的淮城。城下一帶清長淮水。那城樓之上，還掛有丈六闊的軍門旗號。大吹大擂，想是日晚掩門了。且尋小店歇宿。（丑上）多參白水江湖酒，少賺黄邊風月錢。秀才投宿麼？（生進店介）（丑）要果酒？ 案酒？（生）天性不飲。（丑）柴米是要的？（生）喫到算。（丑）算到喫。（生）花銀五分在此。（丑）高銀散碎些，待我稱一稱。（稱介）（作驚叫介）銀子走了！（尋介）（生）怎大驚小怪？（丑）秀才，銀子地縫裏走了。你看碎珠兒。（生）這等。還有幾塊在這裏。（丑接銀又走，三度介）呀，原來秀才會使水銀？（生）因何是水銀？（背介）是了，是小姐殯斂之時，水銀在口。龍含土成珠而上天，鬼含汞成丹而出世。理之然也。此乃見風而化。原初小姐死，水銀也死。如今小姐活，水銀也活了。則可惜這神奇之物，世人不知。（回介）也罷了。店主人，你將我花銀都消散去了，如今一厘也無。這本書是我平日看的，准酒一壺。（丑）書破了。（生）貼你一枝筆。（丑）筆開花了。（生）此中使客住來，你可也聽見『讀書破萬卷』？（丑）不聽見。（生）可聽見『夢筆吐千花』？（丑）不聽見。

【皂羅袍】（生作笑介）可笑一場閒話，破詩書萬卷，筆蕊千花。是我差了，這原不是換酒的東西。（丑笑介）神仙留玉珮，卿相解金貂。（生）你説金貂玉珮，那裏來的？ 有朝貨與帝王家，金貂玉佩書無價。你還不知哩，便是千金小姐，依然嫁他。 一朝臣宰，端然拜他。（丑）要他則甚？（生）讀書人把筆安天下。

（生）不要書不要筆。 這把雨傘可好？（丑）天下雨哩！（生）明日不走了。（丑）餓死在這裏。（生笑介）你認的淮揚杜安撫麼？（丑）誰不認的！ 明日喫太平宴哩！（生）則我便是他女婿，來探望他。（丑驚介）喜是相公説的早，杜老爺多早發下請書了。（生）請書那裏？（丑）和相公瞧去。（丑請生行介）待小人背褡袱、雨傘。（行介）（生）請書那裏？（丑）兀的不是。（生）這是告示居民的。（丑）便是。你瞧。

【前腔】（丑）禁爲閒遊奸詐。杜老爺是巴土生的。自三巴到此，萬里爲家。不教子姪到官衙，從無女婿親閒雜。這句單指你相公。若有假充行騙，地方稟拿。下面說小的了。扶同歇宿，罪連主家。爲此須至關防者。

右示通知。建炎三十二年五月日示。你看後面安撫司杜大花押。上面蓋著一顆『欽差安撫淮揚等處地方提督軍務安撫司使之印』，鮮明紫粉。相公，相公。你在此消停，小人告回了。各人自掃門前雪，休管他家屋上霜。（下）（生淚介）我的妻，你怎知丈夫到此，悽惶無地也。（作望介）呀，前面房子門上有大金字，咱投宿去。（看介）四個字，漂母之祠。怎生叫做漂母之祠？（看介）原來壁上有題，昔賢懷一飯，此事已千秋。是了，乃前朝淮陰侯韓信之恩人也。我想起來，那韓信是個假齊王，尚然有人一飯。俺柳夢梅是個真秀才，要杯冷酒不能勾。像這漂母，俺拜他一千拜。

【鶯皂袍】（拜介）垂釣楚天涯，瘦王孫，遇漂紗。楚重瞳較比這秋波瞎。太史公表他，淮安府祭他，甫能勾一飯千金價。看古來婦女多有俏眼兒，文公乞食，僖妻禮他。昭關乞食，相逢浣紗。鳳尖頭叩首三千下。

起更了，廊下一宿。早去伺候開門。没水梳洗。（看介）好了，下雨哩！

舊事無人可共論。韓愈
轅門拜手儒衣弊。劉長卿
只應漂母識王孫。王遵
莫使沾濡有淚痕。韋洵美

第四十九齣 《淮泊》批語

『包傘』喻男根。『有路難投』妙極。『亂離』喻其事。『落葉』喻女兩扉。『秋』以代湫。『奔救』二字可爲一笑。『濁水污泥』嘲笑兩物。『陽世』二句易知。『卷』喻女根。『榜』亦註過。『杜』字代肚。『花月樓』可署女根。『樵』喻豪意。『敗荷』喻女。『衰柳』喻男，男衰則女『一抹』平耳。『秋』仍代湫。『斷腸』之腸指男根。『插天高城』嘲女道也。『旗』喻邊闌。『大吹大擂』爲謔且虐。『錢』喻圓相。『水銀』喻精。既以柳生喻男根矣，除却水銀叫他更用何物？『書』猶卷意。『筆開花了』非男根而何？『天下』以喻女根。『雨淚』更不必註。『鮮明紫粉』二根極贊。『秋波』之秋代湫。『鳳尖俏眼』皆是物也。『叩首』喻男根耳。

杜詩：『故人啓重門，暖湯濯我足。親朋縱談謔，喧鬧慰悽獨。』在『有路難投』時，彌念此樂。否則欲吟趙嘏『去年今夜在商州，還爲清光上驛樓。宛是依依舊顔色，自憐人换幾般愁』之句矣。

元曲：『原來是趕科場應舉村學究，却遇這雪盤絶壁蛟龍吼，雲繞空林鬼魅愁。支生生頭髮似人揪，静悄悄空林曠野申時候，從今後萬古與千秋，誰與俺奠一杯墳上酒？』即『走孤寒落葉知秋』之意，更加險諢。

『書生只是平時物，男子争無亂世才？』『奔前答救』莫作癡看。王通孫勃云：『一代丈夫，四海男子。靈珠耀掌，是琴酒之文人；寶劍横腰，即風雲之壯士』。崔浩纖妍潔白如美女，力不敵一健婦人，而胸有兵甲。

黄石：『瞽者善視，聾者善聽。』劉安：『楚倡優拙，則思慮遠。』晉武帝婿王敦，眉目疏朗，帝召時賢共言技藝之事，惟敦都無所關，自言頗知擊鼓。《抱朴子》：見人博戲，了不目盼，或强牽引觀之，有若晝睡，是以至今不知棋局有九道。亦念此輩末技，亂意思而妨日月。『不識戥子星兒』，非過甚形容語。列子所謂：舟楫間吾不如子，至於定國家理民人，則子之視我，蒙蒙如未視之狗耳。國忠爲帝主樗蒲，計算鉤畫，分銖不誤。魏侍中王粲善算，作算術略盡其理。《五代史·漢臣傳》：『王章，魏州人，爲平章，不喜文字，曰：「此輩與一把算子，未知顛倒，何益於國。」』顧習於分銖之事者，其深計遠慮，或未足任。與元人『既通儒又通吏，既通疎更精細。祖宗積德住高堂，錢財廣盛根基壯。快斡旋，會儹積，能生放，歷練深，委用多，陞除快，拯民危，除吏弊，救天災，有奇才，會區畫，一官未盡一官來。』恰好對看。

《金史》：白撒目不知書，奸黠有餘，簿書政事，聞之即解。宋葉義問，嚴州人，金亮南侵，令督師瓜州，問生兵爲何物，又役民掘沙植樹枝爲鹿角，潮至木枝盡去，市民皆媟駡之，則又與北齊尚書令陳某子邪輪，好自入市高價買物，商賈所共嗤玩相類。

『春光不我留，紅顔不我再。趁此寵愛真，作盡妖嬈態。』『十五初嫁郎，郎語儂含羞。而今千百句，却向誰起頭？』『歡樂不知足，戲郎嫌語少。一别動經年，空種宜男草。』『斂容送君别，一斂無開時。只應待相見，還將笑解眉。』『獨枕凋雙鬢，孤燈損玉顔。何須照床裏，終是一人眠。』『斷腸閨秀』殊甚可念。用修《大隄曲》：『釵横花困驚殘夢，不信行人不憶家。』被熱偎者且爲代念『冷落』。唐人詩：『胸前空帶宜男草，嫁得蕭郎愛遠遊。』『受冷落』者能不暗地『斷腸』乎。照鄰寄書謝中婦，劉孝綽《寄妻詩》：『獨眠真自難，重衾猶覺寒。逾憶凝脂暖，彌想横陳歡。』雖自言不獲戀所怡，正欲姑持美言，且慰『閨秀』耳。

羡門：『何事歸來又去，心兒乍雨乍晴。薄幸從天教得成，天也忒無情。驀地一團愁到了，怎生圖做不眉顰，冷清清地奈何人。』文友：『奕賭個今宵無偶。』又『以客爲家家似寓，偶爾來家，收拾閒情緒。阿婦驚疑前致語，問郎何不歸家去？』真不良人。

展成：『鴛鴦債欠許多時，著意向今宵全補。』於『斷腸閨秀』何如？曹爾堪侍讀，夫人吴極賢，故曹有『樂事貧家竟不貪，單紗消受嫩凉甘。好花頒與侍兒簪，暗將私語賭宜男』句，此『閨秀』尤令人不忍『冷落』。王金壇：『尋常意緒任郎猜，音信全無笑口開。盡日客窗孤燭下，取儂情味細嘗來。』『臨行記得語依依，莫泥杯觴莫睡遲。幸是不曾消費壞，謹持原樣付還伊。』真才子語。又：『身經秘事幾回癡，口禁心啣夢裏知。今日總來添别淚，不能填入斷腸詩。』足見未經秘事，猶忘『冷落』耳。文友：『丹青應詔，便捧黄高手，怎寫得長門悄悄？』寫『斷腸閨秀』入神。元曲：『宫娥，朕特來填還你這淚濕透的鮫銷帕，温和你這冷透的凌波襪。』真乃使『斷腸閨秀』心死。兒有《履上珠詩》：『卑栖絇鼻夜光新，不數驪龍繫領珍。一似佳人裙上月，低藏偏照遠歸人。』自覺淫艷之極。何以故？『斷腸閨秀』之神，如從香袎玉趾間出。『怕冷落斷腸閨秀』之神，如從香袎玉趾間入故。

高駢云：『力盡路旁行不得，廣張帥纛是何人？』看著『丈六門旗』，不免功名心熱。『故將分明買酒無錢，却推『天性不飲』，寫盡世間可憐人，不但獨有離人開淚眼，强憑杯酒亦潸然也。

俗物惱幽人，細馬紅粧滿山谷」，亦是此意。

『會使水銀』與出門輕薄倚黄金者自別。羅隱云：『小人無事藝，假爾作梯媒。朱門狼虎性，一半爲君回。』可任其『消散』耶？

『筆』是合『開花』物，『筆開花了』嘲盡無花俗筆。『空將磊落千首詩，「换」得漂零一杯「酒」。』若並不可作『换酒東西』，便請大家罷做。『金貂换酒』是晋散騎常侍阮咸子遥集事。

山谷：『東坡老人翰林翁，醉時吐出胸中墨。玉堂端要真學士，須得儋州禿鬢翁。』除此之外，真乃『要他則甚』。

高崇文其先自渤海徙幽州，貞元中從韓全義鎮長武，全義入朝，留知後務。劉闢反，顯功宿將，人人自謂當選，及詔出，皆大驚，蓋宰相杜黄裳言：『闢妄書生耳，可俘也。』薦崇文才。崇文入成都，師屯大達，市井不移，送闢京師，俘其首拽而入。然文不通書，厭案牘咨判爲煩，詔同中書，恃功而侈，又不曉朝儀，憚於覲謁。駢，其孫也。今『安天下』終須『把筆』耳。馬周初入京，至灞上，數公子『飲酒』不顧，周市斗『酒』濯足，衆乃異之。何必巨菟氏國以澍洗穆王之足也。柳生『要杯冷酒不能勾』，端有『剩有青天照殘醉，何人睡殺酒家胡』之感。若『石頭龍尾灣，新亭送客渚，沽酒不取錢，郎能飲幾許』之『酒』家胡，便當用叩漂母法叩之。

經云：『若以男子，不能自知身有佛性，我説是等名爲女人。』按《楚漢春秋》，高帝封善相人許媪爲鳴雌侯，則媪亦婦人也。石崇、潘岳望塵而拜賈后母。《唐書·陳子昂傳贊》：『子昂以王者之術勉武后，卒爲婦人訕侮，可謂薦圭璧於房闥，以脂粉汚漫之也。』然郭震謂，何杜甫云『太后當朝，肅高才接，跡升「鳳尖」，固當「叩首」』也。我來不見玉雙『瞳』，那復誇張到餘子，惟此獠輩不知其當『叩』矣。石顯謁師，但翹一足與之，石便禮拜。折肢諂禮，由天花諸國以舐足摩踵爲致敬也。僕固懷恩，鐵勒部人，世襲都督，與郭李同平賊，進中書令，節度朔方，不肯爲讒毁屈。詔宰相裴遵度臨諭，度至，恩抱其足，比御史霍獻可『叩』殿陛，必欲殺仁傑等何如？

古今咏韓信者，惟山谷『取齊自重身已輕』一句最妙。使信知漂母『豈望報乎』一句之妙，何至於是？迨七尺之軀，既被野雞踏住，即叩其『鳳尖』，不容乞命矣。

『鳳尖叩首』，接上僖妻數句來，言彼時皆當如此也。酬千金與子官，决不若如此。供養之誠敬優隆，得大受用矣。李漁吊柳七：『一霎時風流冢上，踏滿弓鞋。』若得『漂母』踏之，泉下便當心死。元人：『見軟地兒把金蓮印，塘土兒將綉底踏，恨不得雙手忙拿，一搦可憐情，良夜千金價。』貫酸齋：『想情人起來時，纏金蓮，搓玉笋，足足娘大。著意收拾，越裝目易顯豁，越護著越情多。』仇州判和云：『鳳幃中觸抹著，把人蹬，狠氣性蹬殺我也不嫌疼。』皆『叩首』意。

《晏閒談柄》：古人寄書，必用脚印。詩云：『羅裙惟腹畔，錦襪只胸前。願作鮫綃帶，長束謝娘蓮。』無非衆生妄想微細流註處。既生愛悦，豈復能顧賢文耶？手足同一柔荑，而人貪鳳州之手，轉不如貪代京之足者，得無非理愛好哉？蓋人情不甚羡他人之外設，而尤好窺人之中藏；不甚愛同我之常形，而喜觀異我之秘物。且以我之肩，並彼之脊，未稱尊奉之奇；舉彼下體，加吾上體，方表寵艷之至。此所以萬古文心，不言而同，然未謀而暗合者也。

『君問歸期未有期，巴山夜「雨」漲秋池。何當共翦西窗燭，重話巴山夜雨時？』商隱《寄内》詩也，宗鶴『問暗傷情緒，細雨東西路』，猶不及『王孫不奈如絲雨，罥斷春風一寸心』之入微。夫愁却比人愁重，乃云『好了』，真是奇談。

第五十齣　鬧宴

【梁州序】（外引丑衆上）長淮千騎雁行秋，浪捲雲浮。思鄉淚國倚層樓。（合）看機遘，逢奏凱，且遲留。

〔昭君怨〕萬里封侯岐路，幾兩英雄草屩。秋城鼓角催，老將來。烽火平安昨夜，夢醒家山淚下。兵戈未許歸，意徘徊。

我杜寶身爲安撫，時直兵衝。圍絶救援，貽書解散。李寇既出，金兵不來。中間善後事宜，且自看詳停當。分付中軍，門外伺候。（衆下）（丑把門介）（外嘆介）雖有存城之歡，實切亡妻之痛。（淚介）我的夫人呵，昨已單本題請他的身後恩典，兼求賜假西歸。未知旨意何如？正是：功名富貴草頭露，骨肉團圓錦上花。（看文書介）

【金蕉葉】（生破衣巾攜春容上）窮愁客愁，正摇落雁飛時候。（整容介）帽兒光整頓從頭，還則怕未分明的門楣認否？

（丑喝介）甚麽人行走？（生）是杜老爺女婿拜見。（丑）當真？（生）秀才無假。（丑進稟介）（外）關防明白了。（問丑介）那人材怎的？（丑）也不怎的。袖著一幅畫兒。（外笑介）是個畫師，則説老爺軍務不閒便了。（丑見生介）老爺軍務不閒，請自在。（生）叫我自在，自在不成人了。（丑）等你去成人不自在。（生）老爺可拜客？（丑）今日文武官僚喫太平宴，牌簿都繳了。（生）大哥，怎麽叫做太平宴？（丑）這是各邊方年例。則今年退了賊，筵宴盛些。席上有金花樹、銀臺盞、長尺頭、大元寶，無數的。你是老爺女婿，背幾個去。（生）原來如此！則怕進見之時，考一首太平宴詩，或是軍中凱歌，或是淮清頌，急切怎好？且在這班房裏蹬著，打想一篇，正是有備無患。（丑）秀才還不走，文武官員來也。（生下）

【梁州序】（末扮文官上）長淮望斷塞垣秋，喜兵甲潛收。賀昇平歌頌許吾流。（净扮武官上）兼文武，陪將相，宴公侯。

請了。（末）今日我文武官屬太平宴，水陸務須華盛，歌舞都要整齊。（末净見介）聖天子萬靈擁輔，老君侯八面威風。寇兵銷咫尺之書，軍禮設太平之宴。謹已完備，望乞俯容。（外）軍功雖卑末難當，年例在諸公怎廢？難言奏凱，聊用舒懷。（内鼓吹介，丑持酒上）黄石兵書三寸舌，清河雪酒五加皮。酒到。

【梁州序】（外澆酒介）天開江左，地冲淮右，氣色夜連刁斗。（末净進酒介）長城一線，何來得御君侯。喜平銷戰氣，不動征旗，一紙書回寇。那堪羌笛裏望神州，這是萬里籌邊第一樓。（合）乘塞草，秋風候，太平筵上如淮酒。盡慷慨，爲君壽。

【前腔】（外）吾皇福厚，群才策湊，半壁圍城堅守。（末净）分明軍令，杯前借箸題籌。（外）我題書與李全夫婦呵，也是燕支却虜，夜月吹篪，一字連環透。不然無救也。怎生休，不是天心不聚頭。

（合前）（内擂鼓介）（老旦扮報子上）金貂并入三公府，錦帳誰當萬里城？報老爺，奏本已下，奉有聖旨，不准致仕。欽取老爺還朝，同平章軍國大事，老夫人追贈一品貞烈夫人。（末、浄）平章乃宰相之職，君侯出將入相，官屬不勝欣仰。

【前腔】（末、浄送酒介）攬貂蟬歲月淹留，慶龍虎風雲輻輳。君侯此一去呵，看洗兵河漢，掞天高手。偏好桂花時節，天香隨馬，簫鼓鳴清晝。到長安宫闕裏報高秋，可也河上砧聲憶舊遊。

（合前）（外）諸公皆高才壯歲，自致封侯。如杜竇者，白首還朝，何足道哉！

【前腔】每日價看鏡登樓，淚沾衣渾不如舊。似江山如此，光陰難又。猛把吴鉤看了，闌干拍遍，落日重回首。此去呵，恨南歸草草也寄東流。（舉手介）你可也明月同誰嘯庾樓。（合前）

（生上）詩稿已吟就，名單選未通。（見丑介）大哥替我再一稟。（丑）老爺正喫太平宴。（生）我太平宴詩，也想完一首了，太平宴還未完。（丑）誰叫你想來？（生）大哥，俺是嫡親女婿，没奈何稟一稟。（丑進稟介）稟老爺，那個嫡親女婿没奈何稟見。（外）好打。（丑出，作惱推生走介）（生）老丈人高宴未終，咱半子禮當恭候。（下）（旦、貼扮女樂上）壯士軍門半死生，美人帳下能歌舞。營妓們叩頭。

【節節高】轅門簫鼓啾，陣雲收。君恩可借淮揚寇？貂插首，玉垂腰，金佩肘。馬敲金鐙也秋風驟，展沙堤笑拂朝天袖。（合）但捲取江山獻君王，看玉京迎駕把笙歌奏。

（生上）欲窮千里目，更上一層樓。想歌闌宴罷，小生饑困了。不免衝席而進。（丑攔介）餓鬼不羞？

（生惱介）你是老爺跟馬賤人，敢辱我乘龍貴婿？打不的你？（生打丑介）（外問介）軍門外誰敢喧嚷？（丑）是早上嫡親女婿，叫做没奈何的。破衣、破帽、破褡袱、破雨傘，手裏拿一幅破畫兒。説他餓的荒了，要來衝席。但勸的都打，連打了九個半，則剩下小的這半個臉兒。（外惱介）可惡！本院自有禁約。何處寒酸，敢來胡賴？（末、净）此生委係乘龍，屬官禮當攀鳳。（外）一發中他計了。叫中軍官暫時拿下那光棍，逢州换驛，遞解到臨安監候。（老旦扮中軍官應介）（出縛生介）（生）冤哉！我的妻呵，因貪弄玉爲秦贅，且戴儒冠學楚囚。（下）（外）諸公不知，老夫因國難分張，心痛如割。又放著這等一個無名子來聒噪人，愈生傷感。（末、净）老夫人受有國恩，名標烈史，蘭玉自有，不必慮懷。叫樂人進酒。

【前腔】江南好宦遊。急難休。樽前且進平安酒。看福壽有，子女悠，夫人又。（外）竟醉矣。（旦、貼作扶介）（外淚介）閃英雄淚倩盈盈袖。傷心不爲悲秋瘦。（合前）〔一〕

（外）諸公請了。老夫歸朝念切，即便起行。（内鼓樂）

【尾聲】明日離亭一杯酒。（末、净）則無奈丹青聖主求。（外笑介）怕畫的上麒麟人白首。

萬里沙西寇已平。張喬　東歸銜命見雙旌。韓翃

塞鴻過盡殘陽裏。耿湋　淮水長憐似鏡清。李紳

〔一〕自『做没奈何的』起至此，底本缺一頁，據初刻本補。

第五十齣 《鬧宴》批語

「千騎」之騎作平聲解。「浪捲雲浮」女根妙喻。「看機彀」及「骨肉團圓」「草頭露」等字同。「摇落」喻男根脱出。「雁飛」喻脱時女扉相狀。則「帽兒光」三句便得解矣。「門楣」喻交骨也。「關防明白」之喻尤確。「牌」喻男根，「簿」喻女根，「太平」喻女兩輔，「花樹」喻男根，「金」以代筋。「臺盤」喻女根，「尺頭」喻男根。「元寶」以代圓寶。「塞垣」作色字讀。「秋」以代湫。「兼文武及華盛整齊」等字無非謔喻。「八面」面分八字之意。「長城一線」謔喻可知。「平消」二字尤妙。「旗」與「書」俱喻女根邊闌。「笛」喻男根。「半壁圍城」其喻亦肖。「杯」喻女根，「籌筹」男根。「月」以喻女，「篦」以喻男。「金貂」之金代筋，「錦帳」之錦代緊。「風」喻其動。「雲」喻女根。「輻輳」二字相狀又肖。「掞天高手」〔一〕，可爲一笑。「桂花」則喻後園。「砧聲」易知。「高壯白首」等字俱喻男根。「鏡」喻女根渾相。「光」喻莖端。「勾」字亦然。「闌干」女扉。「回首」喻其復翹。「草草」喻豪。「捲取」字其謔尤甚。「弄玉」字同。「儒冠」又喻女根分。「没奈何」男根定讞。「分張心痛」實因「刮燥」所致，可爲一噱。傷感皆非空設。「急難休」，看官試想「平安」字，又轉一謔。「淚漬盈袖」喻精滿女扉，麗蕊。「悲秋」以代髀湫，「丹青」之青喻豪。「麒麟」以代騎淋。「雙旌塞鴻」

〔一〕 掞天高手，底本作「裧天洗手」，據劇文改。

俱女邊闌。

頗見世之勞人，年且過斯，尚無一就，栖栖久客，欲有所圖，於是旁人亦紿之曰：『如公年，正未正未耳。』知『老將來』尚帶宿慧。

宋之問代人云：『臣母不廕卿雲，早先朝露。臣見同列，有太君拜邑命婦入朝者，不勝感羡。所求非禮，罪實千誅，私門之事，大莫踰此。幸遇非常之主，敢祈不次之恩。則今日已前報恩於亡母，今日以後盡命於聖朝。』音辭最亮，允爲『題請身後恩典』之式。

《南史》：宋范曄繼從伯弘，弘封縣侯，曄守宣城，乃删衆家《後漢》，爲一家之作。至於屈伸榮辱之際，未嘗不致意焉。遷衛將軍。孔熙謂曰：『若謂國家相待厚，何以不與丈人婚？』人作犬豕相遇，而欲爲之死乎？惟高歡上黨太妃，韓軌妹，歡微時欲聘之，軌不許。及貴，韓氏夫已死，乃納之，差爲『未分明的門楣』吐氣。

元曲：我甚恨那夥老喬民，用這等小猢猻，但學得些裝點皮膚子曰詩云，待要苟圖一個出身。他每現如今齊了行不用别人，早落在那爹豪娘富長生命，又交著夫榮妻貴催官運。轉回頭衰草荒墳，千年富貴也只千年運。古墓裏摇鈴，只好和哄你那死尸靈。有那等寒酸的泛泛之徒，一個個假醋强文不誠心，無實行。讀『今日文武官僚』一語，却有杜牧之『青雲滿眼應驕我』之嘆。

『打想一篇』，即《北史》所譏愛學吴人摇頭振膝。

馬三寶性敏獪，爲柴紹家僮。兵起時以百兵爲主衛，自稱總管，撫接群盜，兵至數萬。高祖後謂曰：

『衛青大不惡。』貞觀初進爵爲公。誇『陪將相』者，直是人奴，不若『賀升平許吾流』，不昇平用你不著矣。《唐書》：滄州王晙以明經屢立戰功，同中書。氣貌偉特，時目爲熊虎。『相』自『文武』分途，篡據事少且弊也。養草澤而資外國，登於匹夫之俎。

隋時，功臣動賜西涼女樂一部，乃知女樂古重西涼。漢《郊祀志》用玉女，又舞女三百人，註謂是僞飾女伎。温飛卿『雪腕如槌催，畫髀要讓真』者，香山年邁而小蠻方豐艷，『光陰』難又，龔芝翁所以有『對此青蛾我鬢絲』之句。

坡詩：『心衰目極何可望。』羊祜母，蔡邕女。前母，孔融女，司馬師繼妻同母弟也。位至三公而無子，乃用蕭何故事，封其夫人夏侯氏爲萬歲鄉君。其登峴山，謂從事鄒湛曰：『登高遠望，如我與卿者多矣，皆湮没無聞，使人悲傷。』鄒曰：『若湛輩乃當如公言耳。』是闌杆拍遍情景。

『人間榮落關何事，野店殘陽一閃紅。』宋謝澹不營當世，從侄晦爲荆州都督，過，别有矜色。澹問其年，曰三十五。曰：『昔荀中郎二十四爲北府都督，卿比之已老矣。』然踰二年，晦竟誅，作《悲人道》以自哀。高熲爲周齊王記室，隋文得政，令人諭意，熲言願受馳驅。縱公事不成，亦不辭族滅。禪後進齊國公，後坐事免。謂左右曰：『朕待熲如兒子，今遂瞑焉忘之。不可以身要君，自云第一也。』尋爲僕射，母戒之曰：『汝富貴已極，但少斲頭耳。』煬帝即位，果以訕政誅。『落日重回首』五字，俗筆烏知？

急破催摇曳，羅衫半脱肩。入門看屐跡，轉面望鬟空。吟孟郊『閒花不解語，勸得酒無多』句，則韓師王愛陸遊才，使所愛二夫人爲舞，誠至歡也。

鐘『鼓』沸天，美人似玉，若覺其『啾』，便復不樂。

尉遲恭慓敢不畏死，提建成、元吉首號令，盡以齊府什物賜之，而晚年自奉養甚厚。褒公段志玄偉犖，兩騎持其髻，忽騰而上，二人俱墮。長孫文昌，少羈寠。及居將相，享用奢侈。徐勣選將必相之，曰：『薄命之人不足與成功名。』及歿，曰：『吾見房杜皆辛苦立門户，悉爲不肖子孫敗之，衆妾願留養子者聽，餘出之。』侍中裴光庭夫人，武三思女也，嘗私李林甫，及爲相，尤好内，侍姬盈房，男女五十人。然國忠當國，籍其家。『福壽有，子女悠，夫人又』，亦難言矣。

梁簡文：當思勒彝鼎，無用想羅裙。言『福壽有，夫人又』可也。白：『白日既知無返理，問君何不買青娥。』坡：『甲第非真有，閒花亦偶栽。道人心似水，不礙照花研。』又『紅粧執樂豪且妍，肯對紅裙辭白酒。』又『俯仰人間今古，且教紅粉相扶。』歐陽公：『京師少年殊好尚，美酒不飲，争買紅顔。』韶：『纖腰緑鬢，既非老者事。索然兩翁，何以慰無聊？』辛稼軒：『七十五年無事客，不妨兩鬢如霜。緑窗剗地調紅粧，舊歡新夢裏，閒處細思量。』又『百年光景百年心，更歡須嘆息，無病也呻吟。』棠村：『好天良夜，莫問蕭蕭髮。』玉茗：『白髮拚教侍兒數。』既云爲官，何必到儀同。又云：『骨可朽爛，心難窮。』皆所謂英雄有恨，將好色，當求仙耳。

鐵崖老人髮鬖鬖，行年八十猶宜男。若王公服九子，凡年八十歲，御八十妾，生二十子。林春澤父子，飲食、房室甚壯。張文定年八十餘，白膩如少年，頗得彭祖御内之術，屢以試用是也。《如皐志》：淳熙中邑人李嵩，年八十看瓊花，無歲不至，年百九歲而卒。人有看花福者，又何患入叢之晚也？

魏文帝：『嗟我「白」髮，生亦何早。』劉曜宴群臣，語及平生，且泫然流涕，『笑餘歌罷忽凄凉』，有情所必至矣。矧『狂謀謬算百不遂，惟有霜鬢來如期』吟。劉夢得『當年富貴亦惆悵，何况悲翁白似霜』之句耶？北魏文明太后誅乙渾，引高允參决大政，高宗但呼以令公。年近百歲，嘗言：居里者非疇昔之人，往昔之欣境，變爲悲戚。入無寄心之所，出無解顏之地。『青蛾不識中書令，借問誰家美少年』者，三公董賢之外，曾有幾人？惟蕭道成未弱冠，生文惠太子，體又過壯，指『白』髮問五歲孫廢帝法身曰：『兒言我誰耶？』曰：『太翁。』道成笑曰：『豈有爲人作曾祖而拔「白」髮者乎！』遂止。及其入朝堂下，議用長刀遮宋相袁粲等，粲等失色，而去年不過五十六耳，稍爲殊異。

温州王十朋曰：『去歲金亮之死，諸將無毛髮功。有盗節鉞爲兩府者，傳呼道路，取笑鄉間。』今又『進解』，『没奈何』，鄉間應添一笑。

第五十一齣　榜下

（老旦、丑扮將軍持瓜槌上）鳳舞龍飛作帝京，巍峨宮殿羽林兵。天門欲放傳臚喜，江路新傳奏凱聲。請了。聖駕升殿。

【北[一]點絳脣】（外扮老樞密上）整點朝綱，籌量邊餉，山河壯。（净扮苗舜賓上）翰苑文章，顯豁的昇平象。

請了。恭喜！李全納款，皆老樞密調度之功也。（外）正此引奏，前日先生看定狀元試卷，蒙聖旨武偃文修，今其時矣。（净）正此題請。呀，一個老秀才走將來。好怪，好怪！（末破衣巾捧表上）先師孔夫子，未得見周王。本朝聖天子，得覩我陳最良。非小可也。（見外、净介）生員陳最良告揖。（净驚介）又是遺才告考麼？（末）不敢，生員是這樞密老大人門下引奏的。（外）則這生員，是杜安撫叫他招安了李全，便中帶有降表，故此引見。（内響鼓介）（唱介）奏事官上御道。（外前跪，引末後跪，叩頭介）（外）掌管天下兵馬知樞密院事臣謹奏：恭賀吾王，聖德天威，淮寇來降，金兵不動。有淮揚安撫臣杜寶，敬遣南安府學生員臣陳最良奏事，帶有李全降表進呈，微臣不勝懽忭。（内介）杜寶招安李

[一] 北，底本作『外』，當誤，據改。

全一事，就著生員陳最良詳奏。（外）萬歲。（起介）（末）帶表生員臣陳最良謹奏。

【駐雲飛】淮海維揚，萬里江山氣脈長。那安撫機謀壯，矯詔從寬蕩。嗏，李賊快迎降，他表文封上。金主聞知，不敢兵南向。他則好看花到洛陽，咱取次擒胡過汴梁。

（内介）奏事的午門外候旨。（末）萬歲！（起介，净跪介）前廷試看詳文字官臣苗舜賓謹奏：

【前腔】殿策賢良，榜下諸生候久長。亂定人歡暢，文運天開放。嗏，文字已看詳，臚傳須唱。莫遣夔龍，久滯風雲望。早是蟾宫桂有香，御酒封題菊半黄。

（内介）午門外候旨。（净）萬歲！（起行介）今當榜期，這些寒儒，却也候久。（外笑介）則這陳秀才夾帶一篇海賊文字，到中的快。（内介）聖旨已到，跪聽宣讀：朕聞李全賊平，金兵迴避。此乃杜寶大功也。杜寶已前有旨，欽取回京。陳最良有奔走口舌之才，可充黄門奏事官，賜其冠帶。其殿試進士，於中柳夢梅可以狀元，金瓜儀從，杏苑赴宴，謝恩。（衆呼『萬歲』，起介）（扮雜取冠帶上）黄門舊是黌門客，藍袍新作紫袍仙。（末作换冠服介）二位老先生告揖。（外、净賀介）恭喜！明日便借重新黄門唱榜了。（末）適間宣旨，狀元柳夢梅何處人？（净）嶺南人。此生遭際的奇異。（外）有甚奇異？（净）其日試卷，看詳已定，將次進呈。恰好此生午門外放聲大哭，告收遺才。原來爲搬家小，到京遲誤。學生權收他在附卷進呈，不想點中狀元。（外）原來有此！（末背想介）聽來，敢便是那個柳夢梅。他那有家小？是了，和老道姑做一家兒。（回介）不瞞老先生，這柳夢梅也和晚生有舊。（外、净）一發可喜了。

榜題金字射朝暉。鄭畋
莫道官忙身老大。韓愈

獨奏邊機出殿遲。王建
曾經卓立在丹墀。元稹

第五十一齣 《榜下》批語

『將軍瓜槌』非男根而何？『羽林』喻豪。『邊餉』喻扉。『顯豁的昇平象』之『昇』以代深。『寬蕩』字其喻更明。『洛陽』之『洛』以代樂。『汴梁』之『汴』以代便。『亂定人歡暢』喻此事獨切。『文運』以代紋暈，方見『天開放』三字之妙。『蟾』喻女，『桂』喻男根，『口舌』喻男根入口如舌。『狀元』以代撞圓，『金瓜』以代筋瓜。『固邊出遲、身忙老大、卓立在中』，皆極謔褻譬喻。

國忠大選，就第唱補，帷女兄弟觀之，士之醜野偃蹇者，呼過輒笑。『聖天子見最良』，何如？

濟北張景仁初爲齊文襄賓客，通婚於後主寵胡何洪珍，遂拜開府加侍中，封建安王。其妻姓可　，容制音辭，事事庸俚。既除王妃，與公主郡君同在朝謁之列，見者爲慚。用胡人巷伯之勢以至北面，而高門廣宇。當衢向術諸子，不思其本，自許貴遊。以八體取進，倉頡以來一人而已。河間馬敬德以爲齊後主師，恩拜儀同，賜廣漢郡主，令子元熙襲。如最良者，便詫『非小可』耶？『和老姑姑做一家』，是最良以己之心。

第五十二齣　索元

【吴小四】（净扮郭駝傘包上）天九萬，路三千。月餘程，抵半年。破風裝衣擔壓肩，壓的頭臍匾又圓，扢喇察龜兒爬上天。

謝天，老駝到了臨安。京城地面，好不繁華。則不知柳秀才去向，俺且往天街上瞧去。呀，一夥臭軍踢禿禿走來。且自迴避，正是：『不因漁父引，怎得見波濤？』（下）

【六么令】（老旦、丑扮軍校旗、鑼上）朝門榜遍，怎生狀元柳夢梅不見？又不是黃巢下第題詩趄。排門的問，刻期宣，再因循敢淹答了杏園公宴。

（老旦笑介）好笑，好笑，大宋國一場怪事。你道差不差，中了狀元干鱉煞；你道奇不奇，中了狀元囉唣唏；你道興不興，中了狀元胡廝踁；你道山不山，中了狀元一道烟。天下人古怪，不像嶺南人。你瞧這駕牌上，欽點狀元嶺南柳夢梅。年二十七歲，身中材，面白色。這等明明道著，却普天下找不出這人。敢家去哩？化哩？睡覺哩？則淹了瓊林宴席面兒。（丑）哥，人山人海，那裏淘氣去？俺們把一位帶了儒巾喫宴去，正身出來，算還他席面錢。（老）使不得。羽林衞宴老軍替得，瓊林宴進士替不得。他要杏園題詩。（丑）哥，看見幾個狀元題詩哩。依你說，叫去。（行叫介）狀元柳夢梅那裏？（叫三次介）（老旦）長安東西十二門，大街都無人應。小衚衕叫去。（丑）這蘇木衚衕有個海南會館，叫地方問他。（叫介）（内應介）老長官貴幹？（老旦、丑）天大事。你在睡夢哩。聽分付：

【香柳娘】問新科狀元，問新科狀元。（内）何處人？（衆）廣南鄉貫。（内）是何名姓？（衆）柳夢梅面白無巴綻。（内）誰尋他？（衆）是當今駕傳，是當今駕傳。要得柳如烟，裁開杏花宴。（内）俺這一帶鋪子都没有，則瓦市王大姐家，歇著個番鬼。（衆）這等，去，去，去！（合）柳夢梅也天，柳夢梅也天。好幾個盤旋，影兒不見。（下）

［集句］（貼扮妓上）殘鶯何事不知秋李煜，日日悲看水獨流王昌齡。便從巴峽穿巫峽杜甫，錯把杭州作汴州林升。奴家王大姐是也，開個門户在此。天，一個孤老不見，幾個長官撞的來。（老旦、丑上）王大姐喜哩，柳狀元在你家。（貼）什麽柳狀元？（衆）番鬼哩。（貼）不知道。（衆）地方報哩！

【前腔】笑花牽柳眠，笑花牽柳眠。（貼）昨日有個雞，不著褲去了。（衆）原來十分形現。敢柳遮花映做葫蘆纏。有狀元麽？（貼）則有個狀匾。（丑）房兒裏狀匾去。（進房搜介）（衆諢，貼走下介）（衆）找烟花狀元，找烟花狀元。熱趕在誰邊，毛臊打教遍。去罷！（合前下）

【前腔】（净拐杖上）到長安日邊，到長安日邊。果然風憲，九街三市排場遍。柳相公呵，他形蹤杳然，他形蹤杳然。有了悄家緣，風聲兒落誰店？少不的大道上行走。那柳夢梅也天！（老旦、丑上）柳夢梅也天！好幾個盤旋，影兒不見。

（丑作撞跌净，净叫介）跌死人，跌死人！（丑作拿净介）俺們叫柳夢梅，你也叫柳夢梅，則拿你官裏去。（净叩頭介）是了，梅花觀的事發了？小的不知情。（衆笑介）定説你知情，是他什麽人？（净）

聽禀。老兒呵。

【前腔】替他家種園，替他家種園，遠來探看。（衆作忙）可尋著他哩？（净）猛紅塵透不出東君面。（衆）你定然知他去向。（净）長官可憐，則聽見他到南安，其餘不知。（衆）好笑，好笑！他到這臨安應試，得中狀元了。（净驚喜介）他中了狀元，他中了狀元！踏的菜園穿，攀花上林苑。長官。他中了狀元，怕没處尋他！（衆）便是呢！（合前）

（衆）也罷，饒你這老兒，協同尋他去。

一第由來是出身。鄭谷　五更風水失龍鱗。張署

紅塵望斷長安陌。韋莊　只在他鄉何處人。杜甫

第五十二齣　《索元》批語

『月』喻女根，約略其大小如此。『衣』喻男根皮。『擔』喻腎囊。『扁又圓』喻男莖端。『龜』腸屬於頭，故以比男根。『扢刺擦』喻其聲。『天』嘲女道之深也。『繁華』喻内花之碎。『臭軍』嘲男根爲女根所熏。『踢禿』猶扢擦意。『波濤』易知，『榜』字註過。『撞圓乾癟』固是恨事。『蘇木衙衕』女根確切之號。『海南會館』亦然。『天大事』三字句，可爲一笑。『睡夢裏』不離此喻。『瓦市』以號女根，尤爲確切。『番鬼』亦切男根。『日』猶月意。『行蹤杳然』喻男根在内時。『幾個盤旋』又是女根外相。『殘鶯』之鶯以代陰。『悲看』之悲以代髀，『長官』之長平聲。『葫蘆』又喻腎囊。『撞扁』更切二根。『熱趕』等字俱妙。『毛臊』猶臭軍意。『透不見面』喻男根没内，語意切當。

《宋史》：泉州吕夏卿知制誥，得奇疾，身體自縮，卒時纔如小兒，比『跎』又奇。

賜『宴』自吕蒙正榜始，給金吾衛士送歸第自蔡京榜始，刻登科録自霍端友榜始。

苗台符十六及第，張津十八及第，語云『一雙前進士，兩個阿孩兒』，夢梅『廿七』已爲晚達。

崔浩謂慧龍江東齄王，真是貴種，要不如『面白無疤』，堪作麗配。

江從《簡刺何相敬客》：『欲持荷作柱，荷弱不勝梁，欲持荷作鏡，荷暗本無光。』楊素云：『二「柳」俱摧，孤楊獨聳』，又云『「柳」條通體弱』，即人姓爲戲詞，蓋亦有本。『如烟』二句亦何妙麗，即以謔喻而論，亦是絶妙。傳頭『如烟』者，陽氣鬱勃欲出烟之象。其不爾者，花娘亦不值爲之『開宴』也。『何事』二字，嘲盡天下婦人。《唐書》：葱嶺以東，俗喜淫。于闐、龜兹置女肆，徵其錢。明張幼于有五色鬚，視客爲誰，掛之，署其門曰：『張幼于畜妓。』開門户輩固難實禁。『「蜂蝶」無情極，「殘」香更不尋』，宜其悲矣。若言：甘體澤人思嗞却，更滿腔秋欲瀉，思量難待夜。雖『不知秋』可也。

元曲：『不知音，此身誰可憐？賤妾蓮蓬似，中含苦意多。擘開君不食，辜負一么荷。』是『一個不見，日日獨流』者。

楊升庵贈妓：『你雖是花魁首名，俺也是詞林後生。』真乃『烟花狀元』。袁小修、屠緯真皆以自負名士，妓不與暱，蓋貌遜後生之故。

《東京夢華録》：『凡京師酒店，濃粧私妓數百，各有廊廡，掩映遮妓，各得穩便。』『雞兒巷』爲妓館，『瓦市』有妓名真個强，樊樓五樓相向，各有飛橋。更有街坊，婦人爲客换湯斟酒，近前小心，俗謂之焌糟。又有下等妓女，不呼自來，謂之打酒坐。《古杭夢遊録》：『庵酒店閣内暗藏卧床，花茶坊以茶爲由耳。』蓋天下尚未大定，以此誘人，使樂其俗而安其教也。

龔芝翁謂李雲田：『自言平生有奇癖，楚宫微詞東山屐。修城曼睩紛性情，羅袖玉釵遍香澤。』蓋『毛膿打教遍』一証。

余澹心云：『所幸開樂國於平原，五倫之外，無妨别締良緣，兩姓之餘，到處可逢佳偶。』觀此『俏家緣』三字，覺同一老婆，優劣迥然異趣。

第五十三齣　硬拷

【風入松慢】（生上）無端雀角土牢中。是什麼孔雀屏風？一杯水飯東床用，草床頭綉褥芙蓉。天呵，繫頸的是定昏店，赤繩羈鳳；領解的是藍橋驛，配遞乘龍。

〔集唐〕夢到江南身旅覊方干，包羞忍耻是男兒杜牧。自家妻父猶如此孙元宴，若問傍人那得知崔顥。俺柳夢梅，因領杜小姐言命，去淮揚謁見杜安撫。他在衆官面前，怕俺寒儒薄相，故意不行識認，遞解臨安。想他將次下馬，提審之時，見了春容，不容不認。只是眼下悽惶也。（净扮獄官、丑扮獄卒持棍上）試喚皋陶鬼，方知獄吏尊。咄！淮安府解來囚徒那裏？（生見，舉手介）（净）見面錢。（生）少有。（丑）入監油。（生）也無。（净作惱介）哎呀，一件也没有，大膽來舉手。（打介）（生）不要打，儘行裝檢去便了。（丑檢介）這個酸鬼，一條破被單，裏軸小畫兒。（看畫介）（丑）是軸觀音，送奶奶供養去。（生）都與你去，則留下畫軸兒。（丑作搶畫、生扯介）（末扮公差上）僵煞乘龍婿，冤遭下馬威。獄官那裏？（丑揖介）原來平章府祗候哥。（末票示介）平章府提取遞解犯人一名，及隨身行李赴審。（丑）人犯在此，行李一些也無。（生）都是這獄官搬去了。（末）搬了幾件？拿他平章府去。（净、丑慌叩頭介）則這畫軸、被單兒。（末）還了秀才，快起解去。（净、丑應介）（押生行介）老相公，你便行動些兒。略知孔子三分禮，不犯蕭何六尺條。（下）

【唐多令】（外引衆上）玉帶蟒袍紅，新參近九重。耿秋光長劍倚崆峒。歸到把平章印總，渾不是黑頭公。

〔集唐〕秋來力盡破重圍羅鄴，入掌銀臺護紫薇李白。回頭却嘆浮生事李中，長向東風有是非羅隱。自家杜寶，因淮揚平寇，叨蒙聖恩，超遷相位。前日有個棍徒，假充門婿，已著遞解臨安府監候。今日不免取來細審一番。（净、丑押生上）（雜扮門官唱門介）臨安府解犯人進。（見介）（生）岳丈大人拜揖。（外坐笑介）（生）人將禮樂爲先。（衆呼喝介）（生嘆介）

【新水令】則這怯書生劍氣吐長虹，原來丞相府十分尊重，聲息兒忒洶湧。咱禮數缺通融，曲曲躬躬。他那裏半抬身全不動。

（外）寒酸，你是那色人數？犯了法，在相府階前不跪。（生）生員嶺南柳夢梅，乃老大人女婿。（外）呀，我女已亡故三年。不説到納采下茶，便是指腹裁襟，一些没有。何曾得有個女婿來？可笑，可恨！祗候們與我拿下。（生）誰敢拿？

【步步嬌】（外）我有女無郎，早把他青年送。劃口兒輕調閧。便做是我遠房門婿呵，你嶺南、我蜀中，牛馬風遥。甚處裏絲蘿共？敢一棍兒走秋風！指説關親、騙的軍民動。

（生）你這樣女婿，眠書雪案，立榜雲霄，自家行止用不盡，要秋風老大人？（外）還强嘴，搜他裏袱裏，定有假雕書印，併贓拿賊。（丑開袱介）破被單一條，畫觀音一幅。（外看畫驚介）呀，見贓了。這是我女孩兒春容，你可到南安，認的石道姑麽？（生）認的。（外）認的個陳教授麽？（生）認的。（外）天眼恢恢，原來劫墳賊便是你。左右采下打。（生）誰敢打？（外）這賊快招來。（生）誰是賊？老大人拿賊見贓，不曾捉奸見床。

【折桂令】你道証明師一軸春容？（外）春容分明是殉葬的。（生）可知道是蒼苔石縫，迸坼了雲蹤。（外）快招來。（生）我一謎的承供，供的是開棺見喜，擋煞逢凶。（外）壙中還有玉魚、金碗。（生）有金碗呵，兩口兒同匙受用。玉魚呵，和我九泉下比目和同。（外）還有哩。（生）玉碾的玲瓏，金鎖的玎玲。（外）都是那道姑。（生）則那石姑姑他識趣拿奸縱，却不似你杜爺爺逞拿賊威風。

（外）他明明招了。叫令史取過一張堅厚官綿紙，寫下親供：『犯人一名柳夢梅，開棺劫財者斬。』寫完，發與那死囚。於斬字下押個花字，會成一宗文卷，放在那裏。（貼扮吏取供紙上）稟爺定個斬字。

（外寫介）（貼叫生押花字）（生不伏介）（外）你看這喫敲才！

【江兒水】眼腦兒天生賊，心機使的凶。還不畫紙？（生）誰慣來。（外）你紙筆硯墨則好招詳用。（生）生員又不犯奸盜。（外）你奸盜詐僞機謀中。（生）因令愛之故。（外）你精奇古怪虛頭弄。（生）令愛現在。（外）現在麼？把他玉骨抛殘心痛。（生）抛在那裏。（外）後苑池中，月冷斷魂波動。

（生）誰見來？（外）陳教授來報知。（生）生員爲小姐費心，除了天知地知，陳最良那得知？

【雁兒落】我爲他禮春容、叫的凶，我爲他展幽期、耽怕恐，我爲他點神香、開墓封，我爲他唾靈丹、活心孔，我爲他偎熨的體酥融，我爲他洗發的神清瑩，我爲他度情腸、款款通，我爲他啓玉股、輕輕送，我爲他軟温香、把陽氣攻，我爲他搶性命、把陰程迸。神通，醫的他女孩兒能活動。通也麼通，到如今風月兩無功。

(外)這賊都説的是什麼話？著鬼了。左右，取桃條打他，長流水噴他。(丑取桃條上)要的門無鬼，先教園有桃。桃條在此。(外)高吊起打。(衆吊起生作打介)(生叫痛轉動，衆諢打鬼介，噴水介)(净扮郭駝拐杖同老旦、貼扮軍校持金瓜上)天上人間忙不忙？開科失却狀元郎。一向找尋柳夢梅，今日再尋不見打老駝。(净)難道要老駝賠？買酒你喫，叫去是。(叫[一]介)狀元柳夢梅那裏？(外聽介)(衆叫下)(外問丑介)(丑)不見了新科狀元，聖旨著沿街尋叫。(生)大哥，開榜哩，狀元誰？(外惱介)這賊閒管，掌嘴。(丑掌生嘴介)(生叫冤屈介)(老旦、貼、净依前上)但聞丞相府，不見狀元郎。咦，平章府打諠鬧哩。(聽介)(净)裏面聲息，像有俺家相公哩！(衆進介)(净向前哭介)吊起的不是相公也？(生)列位救俺。(净)誰吊相公來？(生)是這平章。(净將拐杖打外介)拚老命打這平章。(外惱介)誰敢無禮？(老旦、貼)駕上的，來尋狀元柳夢梅。(生)大哥，柳夢梅便是小生。(净向前解生，外扯净跌介)(生)你是老駝，因何至此？(净)俺一逕來尋相公，喜的中了狀元。(生)真個的？快向錢塘門外報杜小姐喜。(老旦、貼)找著了狀元，連俺們也報知黄門官奏去。未去朝天子，先來激相公。(下)(外)一路的光棍去了。正好拷問這廝。左右，再與俺吊將起來。(生)待俺分訴些。難道狀元是假的？(外)凡爲狀元者，登科記爲証。你有何據？則是吊了打便了。(生叫苦介)(净扮苗舜賓引老旦、貼扮堂候官捧冠袍帶上)踏破草鞋無覓處，得來全不費工夫。老公相住手，有登科記

[一] 叫，底本作『外』，據意改。

在此。

【僥僥犯】（净）則他是御筆親標第一紅，柳夢梅爲梁棟。（外）敢不是他？（净）是晚生本房取中的。（生）是苗老師哩，救門生一救！（净笑介）你高吊起文章鉅公，打桃枝受用。告過老公相軍校，快請狀元下吊。（貼放，生叫『疼煞』介）（净）可憐，可憐！是斯文倒喫盡斯文痛，無情棒打多情種。（生）他是俺丈人。（净）原來是倚太山壓卵欺鸞鳳。

（老旦）狀元懸梁刺股。（净）罷了，一領宫袍遮蓋去。（外）什麽宫袍，扯了他！（扯住冠服介）

【收江南】（生）呀，你敢抗皇宣駡勅封，早裂綻我御袍紅。似人家女婿呵，拜門也似乘龍。偏我帽光光走空，你桃夭夭煞風。（老旦替生冠服插花介）（生）老平章，好看我插宫花帽壓君恩重。

（外）柳夢梅怕不是他。果是他，便是童生應試，也要候案。怎生殿試了，不候開榜，淮揚胡撞？（生）老平章是不知。爲因李全兵亂，放榜稽遲，令愛聞的老平章有兵寇之事，著我一來上門，二來報他再生之喜，三來扶助你爲官。好意成惡意，今日可是你女婿了？（外）誰認你女婿！

【園林好】（净、衆）嗔怪你會平章的老相公，不刮目破窰中吕蒙。忒做作、前輩們性重。（笑介）敢折倒你丈人峯？

（外）悔不將刦墳賊監候，奏請爲是。

【沽美酒】（生笑介）你這孔夫子把公冶長陷縲絏中。我柳盗跖打地洞向鴛鴦冢。有日呵，把燮理陰陽問相公。要無語對春風。則待列笙歌畫堂中，搶絲鞭御街攔縱。把窮柳毅賠笑在龍宮，你老夫差失敬了韓重。我呵，人雄氣雄，老平章深躬淺躬，請狀元升東轉東。呀，那時節纔提破了牡丹亭杜鵑殘夢。

老平章請了，你女婿赴宴去也。

【北尾】你險把司天臺失陷了文星空。把一個有對赴的玉潔冰清烈火烘。咱想有今日呵，越顯的俺玩花柳的女郎能，則要你那打桃條的相公懂。（下）

（外吊場）異哉，異哉！還是賊，還是鬼？堂候官！去請那新黃門陳老爺，到來商議。（丑）知道了。謁者有如鬼，狀元還似人。（下）（末扮陳黃門上）官運精神老不眠，早朝三下聽鳴鞭。多沾聖主隨朝米，不受村童學俸錢。自家陳最良，因奏捷，聖恩可憐，欽受黃門。此皆杜老相公抬舉之恩，敬此趨謝。（丑上見介）正來相請，少待通報。（進報見介）（外笑介）可喜，可喜！昔爲陳白屋，今作老黃門。（末）新恩無報效，舊恨有還魂。適聞老先生三喜臨門，一喜官居宰輔，二喜小姐活在人間，三喜女婿中了狀元。（外）陳先生教的好女學生，成精作怪哩！（末）老相公胡盧提認了罷！（外）先生差矣！此乃妖孽之事。爲大臣的，必須奏聞滅除爲是。（末）果有此意，容晚生登時奏上，取旨何如？（外）正合吾意。

夜渡滄州怪亦聽。陸龜蒙　可關妖氣暗文星。司空圖
誰人斷得人間事。白居易　神鏡高懸照百靈。殷文圭

第五十三齣 《硬拷》批語

「無端」無棱也。「無端雀角」四字，喻勢槌上處甚切。「孔雀」却喻女根，言形如雀而有孔。「屏風」喻身，以代「瓶」字，作孔雀瓶解亦可。「草」以喻豪。「綉」字「藍」字亦然。「包羞忍耻」四字，括男女根多許事。「眼下悽惶」亦嘲女道。「錢」喻女根外相。「一條破被裹著小畫」，非男根而何？「平章」之章代張。「三分」喻女根。「六尺條」喻其身。「蟒」字喻男根筋。「耿光」更切。「崆峒」又喻女根。「秋來」之秋代湫。「紫微」可知。「吐長虹」喻男根氣象。「洶湧」二字聲容酷肖。「曲躬」喻按下翹勢。「抬」喻掘起女根。「書」喻女根。「雪案」喻髀，「榜」字註過，「行止」字妙，「蒼苔」喻豪，「石縫」喻其骨緊。「玉魚」肖女根形。「玉碾的玲瓏」，女根妙贊。「叮咚」又喻其行事之聲。「眼腦」二句，男根確切判語。「精奇」句更爲妙絶。「拋」者，迸也。「心痛」指女根言，骨都迸散，心安得不痛？一笑。「後院」以喻後陰。「池中」喻前陰也。「月冷」而分開之處仍有「波動」，比喻確極而又麗絶。「幽期」之期代奇。「香」喻男根並槌。「墓封」喻女原相。「靈丹」喻男槌與精。「情腸」男根妙號。「陰程」陰户中路程。「桃條」喻豪。「高吊」亦妙。「拐杖」亦喻男根。「宫花」又喻女根。「帽光光走風」男根妙句，「桃夭夭煞風」爲女根傳神矣。「宫花」女根，「帽壓」之帽亦女根也。「破窯」意同。「刮目」之喻又奇。「性重」二字猶子充意，覩折倒句更明。「公冶長」長字妙。「鴛鴦冢」喻女根兩半。「畫堂」喻女根之如畫。「絲」喻豪也。「韓重」重字妙。「深淺」字，「提破」字俱妙。『玉潔冰清』喻女根。『烈火』喻男根也。『又似鬼又似人』真是男根相狀。『鳴鞭』易知。黄門貼，陳姥意。『抬舉』二字妙，更可知『葫蘆提』又是什麽。『星』喻男槌。『鏡』喻女根兩輔。

『土牢』字出《北史》。于慎行《筆麈》：待臣之禮，至元極輕，明時因之，未能復古。然兩間有和氣，而後百品皆遂。必使憀慄迫慘，無樂生心，近秋冬矣。唐實君云：『釋褐今朝翻淚咽，幾回躑躅掃侯門。』皆以『土牢』視之耳。

《筆麈》又云：分宜爲相，江右士夫往往號之爲父，家僮永年稱鶴山先生。江陵憑藉太后，鉗制人主，華亭之罷與有力焉。游七宋九皆家奴，即江陵之馮子都秦宫也。華亭富於江陵，蘇州易爲經營，江楚只知積聚。實君《門神詩》以『莫恨物情多棄舊，從來冕黻易灰塵』概之，『是什麽孔雀屏風』。

元曲：『只我這七尺身軀冠世才，你將我牛羊般看待。』『水飯單床』誠不可耐。

李義山：若共門人争禮分，戴崇争得及彭宣？南唐時，山東史虚白隨韓熙載渡江，宋齊邱欲窮其伎，出詩百咏俾賡之，恣女奴玩肆多方撓之，『芙蓉綉褥』未勝於斯矣。

義山河内人，王茂元鎮河陽，辟掌書記。愛其才，以女妻之，商隱故有『戰功高後數文章，憐我秋齋夢蝴蝶』之句。高越，燕人，少舉進士，時威武軍節度盧文進有女美慧，稱女學士。越聞而慕焉，謁文進，進以女妻之。石晋篡，隨越南奔，仕於南唐。歙人張秉好諧戲，儀狀豐麗，舉進士，趙普〔一〕以女妻之。撫州晏

〔一〕普，底本作『進』，據史實改。

殊，見何南富弼，即以女妻之。長沙胥偃，見歐陽修文，即以女妻之。晁無咎見泗洲李植，即以女妻之。皆『東床』之受用者。薛元超云：『吾不肖富貴過人，生平有三恨，不以進士擢，不娶五姓女，不得修國史。』亦斯意耶？

《魏略》：『韓宣，黄初中尚書郎，以職事當受杖於殿前，預脱褲，曹公性嚴，椽屬往往加杖也。』唐張鎬杖殺亳州刺史閭邱曉，嚴武杖殺梓州刺史張彝，劉晏爲觀察，刺史以下得杖而後奏，即『繫頸』未足異矣。

梁汝南周宏正，善詼諧，罪應流徙，勅以賜干陁利國，城陷仕侯景。有法如此，情願『遞解』。

虞世南抗烈，唐太宗曰：『朕與世南商略古今，每一言失，未嘗不悵恨。』又諫勿驕，上曰：『吾年十八舉義兵，二十四定天下，故負而矜之，輕天下士，敢不戒耶！』『在衆官面前便嫌寒儒薄相』可乎？

孫興公詣褚后父褒，言及明帝婿沛國劉惔，曰：『人之云亡。』褒大怒曰：『真長生平何嘗相比數，而卿今日作此面向人耶？』何充，廬江人，王道妻之姊子，充妻，明帝后妹也，明帝且暱之，雖知賞桓温而所暱庸雜，『認』人亦難概論。

明閹人與内閣用單紅報，以雙摺，俱稱侍生。閣雖爲主亦據上坐。元成宗至以優人沙的爲平章。『新參近九重』，何足自詫？

歐陽公：『何人肯伴白鬚翁？白髮蕭然涕泫然。』何如坡仙『老盡世人非我獨』耶？惟襄陽蔡瑁與曹孟德善，别業四五十處，婢妾數百人。周李遷哲世爲山南豪族，拜襄陽刺史，爵郡公，厚自奉養。妾媵至有百數，男女六十九人，緣漢千餘。里間第宅相次，姬媵之有子者分處其中，各有僮僕侍婢閽人守護，鳴笳導從，往來其間，歡讌盡生平之樂。則『黑頭』與否且不必問，直覺佛菩薩言都爲多事矣。『三省官僚揖者稀』，惟其『十分尊重』，故王建《上韓愈》所以有『丈人先達幸相憐』，庭筠《咏衛公》所以有『氣吞同列削寒温』句也。唐時，德裕父吉甫執政，僧孺等對策痛詆執政，故與爲怨。栖楚既爲逢吉撼裴度，及度爲相，延客乃曲意自解附耳語。明代有以啓干權相者，頗費心力，裂而還之。無啓有金者，皆擢矣。『劍氣吐長虹』，正難多得。

明皇欲相牛仙客，九齡謂林甫要與公固争，甫然許。及進見，齡極論，而甫抑嘿，帝遂專任林甫，相仙客矣。初三宰相就位，二人磬折，而林甫在中，軒鶩無少讓，觀者竊言一鵰挾兩兔。元載輔政，裴冕素所甄引，載德之。又貪其衰憊且下己，遂同『平章』。入拜，不能興，載自扶之，代爲贊謝。關播爲禮部侍郎，盧杞言其儒厚可鎮浮動，遂同『平章』。意不可，欲有言，杞目禁輒止。時李元平等游播門下，能侈言誕計，播謂皆將相才。薦元平，知汝州，至則築郛浚湟。希烈陰使亡命應募，凡納數百人，縛元平見希烈，以其渺小無鬚，曰：『使爾取元平，乃以其子來耶？』董晋與竇參同平章，參裁可大事，不關白晋，晋循謹無所駁異，參欲以其侄爲吏部侍郎，諷晋以聞，帝怒曰：『無乃參迫卿爲之耶？』晋惶恐，辭位出爲宣武節副，謙願儉簡事多因循，故軍粗安。其司馬吴人繩軍，遂爲所食。贊曰：『播晋等迂暗之人，烏可語功名會哉！』

王獻之兄弟見郗愔，常躡履問訊，甚修舅〔一〕甥之禮。及愔子超死，見愔慢怠，愔每慨然曰：『使嘉賓

〔一〕舅，底本作『旧』，誤。

尚在，鼠子敢爾耶！』惛以謝安反先掌機密，忿與不睦。王渾子濟尚晋公主，輕叔父湛〔一〕，略無子姪之敬。所食方丈盈前，有蒸人乳，不以及湛。湛孫述嘗見王導，發言莫不贊美。正色謂曰：『人非堯舜，何得每事盡善？』爲會稽守，以母憂去職居郡，羲之代之，一吊後不復詣。及述爲揚州刺史，同行郡界，不通羲之，羲愧不如，遂誓墓不仕。子坦之雖長大，述猶抱置膝上，坦之子愉，桓氏婿，嘗輕侮劉裕。愉子中書令綏厚自矜邁，實鄙而無行，卒與父同爲裕誅。宋孝武時，劉穆之孫瑀與顔竣書曰：『朱修之三世叛兵，一日居荆州青油幕下，作謝宣明面見，向使齋帥以長刀引吾下席，與吾何有？正恐匈奴輕漢耳。』北魏丞相李冲寵於文明太后，羈寒多由躋叙。後怒李彪，詈辱肆口。以彪衛人，與冲意議乖異，無降下之心也。高歡崩，崔㥄曰：『黄領小兒，堪當重任否？』澄聞之，絶其朝謁，㥄邀拜道左，澄曰：『小兒何足拜也？』鎖赴晋陽訊之。楊愔謂諸子曰：『汝曹乃有坐待客者。』慕容儼，廆之後，容貌出群，衣冠甚偉，爾朱敗歸，高歡遷五城太守，見東雍州刺史潘長樂，長揖而已，曰：『吾狀貌如此，行望人拜，豈可拜人？』歡聞即以儼代樂。高洋受禪，使至，洋親執其手，捋鬚脱帽，看髮，進安義王。晋趙王倫誅濟南解系曰：『我於水中見蟹尚惡之，况此人兄弟輕我耶！』『十分尊重』，種禍根者多矣！玉茗深意，多以戲事藏之，輕筆寫之。

晋潘尼詣東海王越，不拜。問何故？曰：『君無「宰相」之能，是以不拜。』隋何妥言：今人不慮憂深責重，惟恨總領不多，意謂蘇威也。威曰：『無何妥不患無博士。』妥曰：『無蘇威亦不患無執事。』若諸葛

〔一〕湛，底本作『諶』，誤。

亮子帝婿瞻初統朝事，廖化邀共詣之，南陽宗預曰：『吾等年踰七十，何求於年少輩，而屑屑造門耶？』此『前輩』自佳。

張江陵欲以鼎甲畀其子，羅海内名士以張之。義仍謝弗往。及與吴門、蒲州二相子同科，復招之，亦謝弗往也。徵爲吏部，上書辭免。在南禮曹，抗疏論政府，以致罷官。兹其自寓之筆耳。

『玉碾的玲瓏』五字妙甚。可喻有真色者，必有真才也。普天下萬萬世佳人才子所愛，只是又『玉碾』又『玲瓏』耳。審得『識趣』二字，則賢文尚須斟酌。梁武與謝朓善，以第二女適朓子謨，及即位，更以與王諲。謨不堪，作詩贈主，主以呈帝，甚蒙矜嘆，是『識趣』矣！以門卑，婦終不得還。朓母且宋文帝女也。彭城劉孝綽父苞，宋宗室，漢後也。劉氏女兩爲齊氏王妃，而苞賫東昏首詣梁武，孝綽文流河朔，柱壁莫不題之，群從時有七十人。能屬文，近古未有。其三妹適瑯琊王叔英，一適吴郡張嵊，一適東海徐悱。孝綽爲廷尉，中丞彈之曰：『携少妹於華省，棄老母於私宅。』梁武改妹爲姝，坐免官。史官論曰：『孝綽中冓爲尤，可謂人而無儀者矣。』賢文可借以殺人，固不止吕安一事，含冤萬古。『紙筆研墨則好招詳用』，笑泥賢文無筆尖之俗吏。『精奇古怪』與奸盜詐僞迥别，而腐儒乃假仁義行大僞者，必借此四字以害物。王金壇：『索笑追歡意不窮，風流日日事重重。人間花草真堪愛，遇著春風盡向東。』豈知『攻』之不透，反令愁顰。又：『雙屧千金百萬釵，也須天付畫眉才。細膩風光誰解得，笑顔寧爲裂繒開。』似即『偎熨款輕』之説。

王鳳洲《嘉靖宫詞》：『兩角鴉青雙筯紅，靈犀一點未曾「通」。自緣身作延年藥，憔悴春風雨露中。』正此數句，反面『雙筋』因痛而泣也。

義山以丈母前唱艷曲爲嘲，此特犯之。韋蘇州悼亡，想因這一段話常在心頭。『煦如春貫腸，暄如日炙背。膏酥沃靈府，衰病可以起。』豈非『靈丹』？與其衾渦殘雲，何如活人『心孔』耶？『宿雨香潛潤，春流水暗通』，乃『心孔活』時左驗。

《楞嚴》：『貪習交計發於相吸，淫習交接發於相摩。』『偎』不爲奇，加『熨』爲妙。『熨』字非才子不能下，玉久在身尚成一塊脂膜，況人中玉乎！

錢塘田藝成謂蔡邕《協昏賦》：『乾坤知其剛柔，震兑咸其□股腓，近於戲運斗樞。坤性嘿塞，包蔽不顯。』《河圖》《括地》，乾訓健壯。《小爾雅》勞□曰：『通陽盛物，堅其氣急。悍而勇抗，故刺直精射。』『寸腸堪繾綣，一諾豈驕矜。願保千金軀，慰妾長饑渴。』『攻通澆洗』時，真覺洪濤春胸臆也。與幼女交可以養血，老婦如枯枝吸水。男子少如膏雨，壯如露零，老大如霜雪，使紅顏萎黄凋謝耳。『神清』一句，此道傳神，語幼女得壯男，真有欣欣向榮之意。少游云：『不是對花能服老，自緣無酒可澆春。』豈不以『溶溶一掬乾坤髓，入骨穿皮總是春。』非惟聲勢解驚人，地雷震動山頭雨』乎？

玉茗句：『遲歡心所娱。』樂天聞説『風情筋力在吴歌，水急偏生摇慢櫓，河深偖弗使長篙』，要知『款款輕輕』，正由筋力，《易》所謂健而悦也。故此四字，似文而極褻，以非至大至剛之物，鍊氣挺挺者，不能如是也。《唐闕史》：新昌里人有病，百骸綿弱，肩致於寺廡，夢魁神鎧服者，持筋類膾以食之，咀嚼裹，又蘧然而覺，逐能引五百石弓。每當『輕輕款款』時，令人思此筋食。

柔所以勝者，物或攖之而能堪。故以痿男破女身者，傷其肝，必令女目盲。精多亦由氣足，不闢則不翕，所以不孕，一『迸』字盡交歡之極致。非『迸』不爲神醫，非了字、槌上不能言迸。

『款款』二句緩工夫也。『攻迸』二句急工夫也。二者合矣，方能『醫女』。『惟應此際陳皇后，照見長門望幸心。金徽却是無情物，不許文君憶故夫。』皆以此耳。而世間虀酸腐臭，酒泥肉囊，醫得人家『女兒』不『活動』者多矣。明皇、林甫俱嗜内，子女數十人，蓋皆天縱也。或謂婦人妒者，只因不能饜足，故惜分甘。若教『洗發』如斯，敢違郎命？

《豪異秘録》：『古人婿到門，合家婦女出踢之，謂之打婿。』亦爲其胸中有此一篇『通也麽通』耳。況婿家討了便宜，更逞戲婦之法，不打婿胡可堪忍哉！

周濆詩：『尚主當初偶未成，此時誰合更關情？可憐謝混風華在，千古空傳禁臠名。』況這『平章』。江夏馮京三元及第時，猶未娶。張堯佐方負宫掖勢，欲妻以女，擁至其家，束以金帶，曰：『此上意也。』頃之宫中攜酒餚來，直出奩，目相視，京笑不視，可謂『丈夫志氣事，兒女安得知』矣。郫城令徐某女字段珪爲妾，欲求彭牧，遺女詩云：『深宫富貴百風流，莫忘生身老骨頭。因與太師歡笑處，爲吾方便覓彭州。』亦苦認『丈人』之類耳。

『梅柳』可爲『梁棟』，正恨世人不信。

《唐書·文藝傳序》：『夫子之門，以文學爲下科，何哉？蓋天之付與於君子、小人者，無常分，惟能者得之。』『文章鉅公』，更何足道？然風情中反有真『文章』，如李賀所爲，絶去翰墨。其所長正在理外。彼無情者，雖稱『鉅公』，假『文章』而已。『文章鉅公』四字，却已見元曲。

『是斯文倒吃盡斯文痛』，以斯文有兩種，一是有情之斯文，一是無情之斯文耳。若論喻意，尤可發笑。

『無情棒打多情種』，指古今造文者而言。然『多情種』惟知『但是相思莫相負』耳，不能計及世有無情棒也。

晉會稽王導子呼王濛孫王恭弟爽爲小子，曰：『亡姑亡姊伉儷二宫，何小子之有？』況『丈人峰』耶？

華州嚴挺之溺志於佛，子武性慢倨，四十卒，母哭曰：『而今而後，吾免爲官婢矣！』裴延齡，陸贄所謂不可用者。人所莫敢言，齡言之。德宗以其不隱欲聞外事，齡恃得君，至嫚罵邇臣。又李齊運以吏預平賊，功至禮部尚書，專情聲色見顔間，終貶死。『前輩性重』不是好事。戎獻火浣，王子以爲傳之者妄，蕭叔曰：『王子果於自信，果於誣理哉！』『把燮理陰陽問相公』，正惡其夙昔假孔勢目謂鐵步障也。

『人雄氣雄』，令人有掉頭莫覷秋高鶚意。

陶穀《清異録》：『緑柳頗類比邱頭，故號漏春和尚。』玉茗命名，蓋取諸此。『玩花柳的能』自註出書中無限妙譬，皆從此五字得來也。『不懂』正謂不解其所譬耳。

『女郎』日用『柳』而不知『玩柳』，已屬可惜。至於『花』在自身，知『玩』者尤少。不知『玩』，則虚却翠眉、紅袖、蟠桃、芍欄、么荷、燕翦、蝶門、蕉心、紅葉、裱簾、水月、烟花、畫船、橫塘無數妙譬矣。焉得謂『能』乎？至男能『玩柳』，則惟有趙輝一人。

葉天寥祭女：『珠沉玉隕，實愴幽芳。綦委運瓤，瑩水遂泠。殊姿異態，非可狀求。誰將幽懷，告我嬋娟。情繭抽而彌長,思膠纏而曷已?』可當此一『懂』字。歐陽修:『「柳」爲絲輕那忍折,「花」憐枝嫩不勝吟。恁時相見已關心,何况到如今?』此一『相公』是懂者。使雲霞不必炫爛,而慘若風烟,亦何怪於天?山川不必杳冥,而止有坑阜,亦何怪於地?花萼不必分形異狀而醜若榾柮,翬羽不必金碧無端而瑰然木鳶,亦何怪於草木鳥獸?然又終亦必然者,亦無非盡造物之能事耳。天下大半皆蠢如豚彘之人,而間有靈者,又久已禁殺,使不得互用其聰明,是辜負天公於一望蓬茅中特生『花柳』之意也。

魏叡觸情,文宣瀆好,雖似不爲色淫,然不離乎懂玩『花柳』。若此相公,既生爲暗愎之人,只應且食蛤蜊,别與知味者道矣。

『多沾聖主隨朝米,官連精神老不眠』,所謂『養陋識於泥途,快膻情於升斗』。

『爲大臣的』四字,儼然黄石所稱飾躬正顔以獲高官一輩,豈知媸女添痂,其醜逾甚乎?

賢蕭齊徐妃爲東海徐孝嗣女,爲之不快,亦猶朱五經子,偏是朱三。《考工記》云:『善防者,水濕之。』宜乎古執人家,偏多怪事。標題則人人忠孝節義,演傳則事事風化綱常,無如女扮男粧,改换靡定,名炳汗青,大半欺天。老猾竄身德行才猷之徑,而夢寐不可以語人,此爲『妖氣暗文』,惜無神鏡以『照』之也。

第五十四齣　聞喜

【繞地遊】（貼上）露寒清怯，金井吹梧葉，轉不斷轆轤情劫。

咳，俺小姐爲夢見書生，感病而亡，已經三年。老爺與老夫人，時時痛他孤魂無靠。誰知小姐到活活的跟著個窮秀才，寄居錢塘江上。母女重逢，真乃天上人間。怪怪奇奇，何事不有。今日小姐分付安排綉床，温習針指。小姐早到也。

【繞紅樓】（旦上）秋過了平分日易斜，恨辭梁燕語周遮，人去空江，身依客舍，無計七香車。

秋風吹冷破窗紗，夫婿揚州不到家。玉指淚彈江北草，金鍼閒刺嶺南花。春香，俺同柳郎至此，即赴試闈，虎榜未開，揚州兵亂。俺星夜賫發柳郎，打聽爹娘消息。且喜老萱堂不意而逢，則老相公未知下落。想柳郎刻下可到，料今番榜上高題。須先翦下羅衣，襯其光彩。（貼）綉床停當，請自尊裁。（旦裁衣介）裁下了，便待縫將起來。（縫介）（貼）小姐，俺淡口兒閒嗑，你和柳郎夢裏陰司裏，兩下光景何如？

【羅江怨】（旦）春園夢一些，到陰司裏有轉折。夢中逗的影兒別，陰司較迫的情兒切。（貼）還魂時像怎的？（旦）似夢重醒，猛回頭放教跌。（貼）陰司可也有耍子處？（旦）一般兒輪迴路，駕香車。愛河邊題紅葉。便則到鬼門關逐夜的望秋月。

【前腔】(貼)你風姿恁惹邪，情腸害劣。小姐，你香魂逗出了夢兒蝶，把親娘腸斷了影中蛇。不道燕冢荒斜，再立起鴛鴦舍。則問你會書齋燈怎遮？送情杯酒怎賒？取喜時也要那破頭梢一泡血。

(旦)蠢丫頭，幽歡之時，彼此如夢，問他則甚！呀，奶奶來的恁忙也。

【玩仙燈】(老旦慌上)人語鬧吱嗻，聽風聲，似是女孩兒關節。

兒，聽見外厢喧嚷，新科狀元是嶺南柳夢梅。(旦)有這等事？

【前腔】(浄忙走上)旗影兒走龍蛇，甚宣差，叫來近者！

(見介)奶奶、小姐，駕上人來了，俺看門去也！(下)

【入賺】(外、丑扮軍校持黄旗上)深巷門斜，抓不出狀元門第也。這是了。(敲門介)(老旦)聲息兒恁怔忡，把門兒偷瞥。(啓門，校衝開介)(老旦)那衙門來的？(校)星飛不迭，你看這旗影兒頭勢别，是黄門官把聖旨教傳洩。(老旦叫介)兒，原來是傳聖旨的。(旦上)斗膽相詢，金榜何時揭？可有柳夢梅名字高頭列？(校)他中了狀元。(旦)真個中了狀元？(校)則他中狀元，急節裏遭磨滅。(旦驚介)是怎生？(校)往淮揚觸犯了杜參爺，扭回京把他做劫墳塋的賊決。(老旦)俺兒，謝天謝地，老爺平安回京了。他那知世間有此重生之事。(旦)這却怎了？(校)正高吊起猛桃條細抽掣，被官裏人搶去遊街歇。(旦)恰好哩！(校)平章他勢大，動本了。說劫墳之賊，不可以作狀元。(旦)狀元可也辯一本兒?(校)狀元也有本。那平章奏他,惡茶白賴把陰人竊。那狀元呵,他説頭帶魁罡不受邪。便是萬歲爺聽了成癡呆。(旦)後來?(校)僥倖,有個陳黄門,是平章爺故人。奏准,要平章、狀元和小姐三人,駕前勘對,方取聖裁。(老旦)呀,陳黄門是誰?(校)是陳最良。他説南安教授曾官舍,因此杜平章抬舉他掌朝班通御謁。(老旦)一發詫異哩!(校)便是他著俺來宣旨,分付你家一更梳洗,二鼓喫飯,三鼓穿衣,四更走動。到的五更三點徹,響玎璫翠佩那是朝時節。(旦)獨自個怕人。(校)怕則麽!平章宰相你親爺,狀元妻妾。俺去了。(旦)再説些去。(校)明朝金闕,討你幅撞門紅去了也。(下)(旦)娘,爹爹高陞,柳郎高中,小旗兒報捷,又是平安帖。把神天叩謝。

【滴溜子】(拜介)當日的、當日的,梅根柳葉。無明路、無明路,曾把遊魂再疊。果應夢,花園後摺。甫能勾迸到頭,搶了捷。鬼趣裏因緣,人間判拈。

【前腔】(老旦)雖則是、雖則是,希奇事業。可甚的、可甚的,驚勞駕帖。他道你,是花妖害怯,看承的柳拘懷做花下劫。(旦)俺那爹爹呵。没得介符兒,再把花神召攝。

【尾聲】女兒,緊簪束揚塵舞蹈摇花頰。(旦)叫俺奏個甚麽來?(老旦)有了,你活人硬証無虚脅。

(旦)少不的萬歲君王聽臣妾。

(净扮郭駝上)要問黿鼉窟,還過烏鵲橋。兩日再尋個錢塘江不著。正好撞著老軍,説知夫人下處,抖擻了進去。（見介）（老旦）是誰？（净）狀元家裏老駝。恭喜了！（旦）辛苦，可見了狀元？（净）俺往平章府，搶下了狀元，要夫人見朝也。

往事閒徵夢欲分。韓溉　今晨忽見下天門。張籍

分明爲報精靈輩。僧貫休　淡掃蛾眉朝至尊。張祜

第五十四齣　《聞喜》批語

『露寒清怯』，謔喻雅甚。『金井』之金代筋。『梧』喻男根。『葉』喻女扉。『轆轤』喻女根外有輪相。『孤魂無靠』嘲女根也。『綉』仍喻豪。『針指』喻以指撥之。『平分日斜』女根妙喻。『粱』喻男根。『燕語』二字緊跟此意。『破窗、嶺南』莫非斯解。『金針』之金代筋。『羅衣』喻女兩扉。『光彩』喻男挺末。『待縫起來』嘲女不淺。『淡口閒嗑』更盡形容。『轉折』喻男掘時。『迫的情切』猶待縫將之意。『輪車』喻女外殼。『愛河』女根雅號。『紅葉』喻其兩扉。『鬼』喻男槌。『門闕』女根。『秋月』之秋代湫。『風姿』句，指女根言。『害劣』句著男根説。『蝶』喻女根。『蛇』喻男根。『家』喻女根原形。『鴛鴦』喻其兩半。『書燈杯酒』，前俱註過。『女孩兒關節鬧吱嗻』，嘲殺女人。『外廂喧嚷』喻意細極，所以吱嗻，實由兩扉也。『旗影』喻女邊闌。『龍蛇』男子之勢。『教來近』又是笑女。『駕上』便當。『看門』更可發笑。『斜』弄之法，惡甚，篇中屢致意矣。『抓不出』譬喻確切。『偷瞥』喻氣至而扉自展。『星飛』喻男莖端。『磨滅』字有兩解，俱妙。『扭』字亦妙。『抽挈』字顯極。『搶』即搶性命之搶，搶去則易『歇』矣。『頭帶魁罡』，你道是甚？『勘對』二字，特寫二根本色，非虛設漫擲也。『翠』仍喻毫。『小旗又平』其喻更妙。『柳葉』以喻女根。『無明路』三字更切。『後摺』似喻大孔。『迸到頭搶了捷』譬喻盡致矣。『鬼趣裏』即『無明路』。『簪』喻男根，『束搖』女根。『硬証』硬字妙絶。『君王』句喻女道之有權也。『黿鼉』喻男根。『抖擻』二字尤劣。

人初生時，身長九丈，漸減至今。人之中『梢』長大者，多生福。德勝於人，故減『刼』之後，復入增『刼』。壽身漸長，仍至九丈，名一『轆轤』。增『刼』之極，金輪王出二十『轆轤』，名一成『刼』，壞『刼』方到天宮，相拍碎若粉塵。天下山河亦復如是。今言『情刼』亦然，則豈『賢』文能禁乎！嘗見人《咏武媚》云：『故國風流燼，新朝又選花。疑爲隋煬化，餘孽入唐家。』《咏玉環》云：『切玉無情劍，揉爲並轡鞭。艷魂成一聚，其化太真仙。』謂敗常悉屬報緣，固應有是理也。陰司較『迫的情兒切』，他人想不及此。『無計七香車』，蓋第一事遂，即思二事，人之常情。『六代精靈人不見，思量只在「月」明中』。此事謂之風『月』者，以兩間無此二物，則悶死一半人也。謝莊『月』賦『白若分於麗質，餘在人間』，則『月』也人也，色一而已。惟『照他幾許人腸斷，玉兔銀蟾都不知』，則對『月』句新遭鬼哭矣。『願將萬古色，照我萬古心』，便到『鬼門關』，誰能不『望』耶？元詩『「月」華雖死猶隨我，春色爲塵亦污人』，是死『月』戀活人。甄后『只有北邙山下「月」，清光到死也相隨』，是活『月』戀死人。同色相憐，固當然矣。若欲『鬼門』不望，除是『吴剛粉「月」成瓊屑，灑向人間沃春熱』也。

帷簿不修爲文其詞者，只因富貴男女，多犯『風姿惹邪，情腸害劣』。八字包世間無限事。亦有女不『惹邪』，而男傷『害劣』必欲污之者。

龔芝翁云：『若非窮搜粉譜，安得白雪幽蘭？』玉山皎，瓊枝秀，真是『月』想花因，況花未放，蕊還羞耶！

愛殺他怯交歡，蹙定雙蛾，全在『頭梢』半載。葉天寥虞部美如衛玠，其妻女皆奇才，名侍女以隨春，言其年甫十三，肌凝積雪，風情飛逗。有句云：『老去未消風「月」恨，閒來重結雨雲愁，破瓜人泣仲宣樓。』爲世傳誦。《詩經》：『薄污我私，薄澣我衣，曷澣曷否，歸寧父母。』即今姑以喜紅送回女母意，澣者隔宵回出之精，否者『破頭一泡』之『血』也。

讀樂天『内宴分庭皆命婦』之句，覺『狀元』不徒以『妻妾』之『喜』爲喜。元曲：『山崩海漏，你便奪了狀元來應了口，也做不得功施宇宙。』惟對山琵琶，升庵丫髻堪與爲偶耳。周與齊戰芒山，文帝墜地，李賢弟穆下馬以策擊帝背，罵曰：『爾主何在？爾獨在此？』迫及者遂舍而過，後賜穆妻吴姓，宇文養爲侄女，封其姊妹並爲縣君。唐京兆趙隱輔政，他宰相及百官，皆歲時至第，參訊其母。懿宗誕日，幸慈恩寺，隱奉母以安輿臨觀。宰相方率百官謝恩於廷，即回班候夫人起居。後崔彦昭、崔瀣當國，皆有母，遂踵其禮，俱比『狀元』更勝。

『再説些去』，怪不得小玉驚人踏破裙也。『鬼趣因緣』四字，仍將一部色情歸於禪理。『少不的萬歲君王聽臣妾』，則乾元初，召百官至光順門，賀皇后於休烈，奈何言《周禮》：命夫朝人君，命婦朝女君？自則天后始行此禮，而命婦與百官雜處，在禮不經耶？

第五十五齣　圓駕

（净、丑扮將軍持金瓜上）日月光天德，山河壯帝居。萬歲爺升朝，在此直殿。

【北點絳脣】（末上）寶殿雲開，御爐烟靄，乾坤泰。（回身拜介）日影金階，早唱道黄門拜。

〔集唐〕鸞鳳旌旗拂曉陳韋元旦，傳聞闕下降絲綸劉長卿。興王會净妖氛氣杜甫，不問蒼生問鬼神李商隱。自家，大宋朝新除授一個老黄門陳最良是也。下官原是南安府飽學秀才，因柳夢梅發了杜平章小姐之墓，徑往揚州報知。平章念舊，著俺説平李寇，告捷效勞。聖恩欽賜黄門奏事之職。不想平章回朝，恰遇柳生投見，當時拿下，遞解臨安府監候。却説柳生先曾攛過卷子，中了狀元。找尋之間，恰好狀元吊在杜府拷問。當被駕前官校人等衝破府門，搶了狀元上馬而去。到也罷了。又聽的説，俺那女學生杜小姐也返魂在京，平章聽説女兒成了個色精，一發惱激，央俺題請一本，爲誅除妖賊事。中間劾入柳夢梅係劫墳之賊，其妖魂托名亡女，不可不誅。隨後柳生也奏一本，爲辨明心迹事，都奉有聖旨：『朕覽所奏，幽隱奇特。必須返魂之女，面駕敷陳，取旨定奪。』老夫又恐怕真是杜小姐返魂，私著官校傳旨與他。五更朝見。正是：『三生石上看來去，萬歲臺前辨假真。』道猶未了，平章、狀元早到。

【前腔】（外、生幞頭袍笏同上）（外）有恨妝排，無明耽帶，真奇怪。（生）啞謎難猜，今上親裁劃。

岳丈大人拜揖。（外）誰是你岳丈！（生）平章老先生拜揖。（外）誰和你平章！（生笑介）古詩：『梅雪争春未肯降，騷人閣筆費平章。』今日夢梅争辨之時，少不的要老平章閣筆。（外）你罪人咬文哩。（生）小生何罪？老平章是罪人。（外）俺有平李全大功，當得何罪？（生）朝廷不知，你那裏平的個李全，則平的個李半。（外）怎生止平的個李半？（生笑介）你則哄的個楊媽媽退兵，怎哄的全。（外惱，作扯生介）誰說？和你官裏講去。（末作慌出見介）午門之外，誰敢諠譁？（見介）原來是杜老先生。這是新狀元。放手，放手。（外放生介）（末）狀元何事激惱了老平章？（外）他罵俺罪人。俺得何罪？（生）你説無罪，便是處分令愛一事，也有三大罪。（外）那三罪？（生）太守縱女遊春，一罪。（外）是了。（生）女死不搬喪，私建庵觀，二罪。（外）罷了。（生）嫌貧逐婿，刁打欽賜狀元。可不三大罪？（末笑介）狀元以前也罪過些。看下官面分，和了罷。（生）黄門大人，與學生有何面分。（末笑介）狀元不知，尊夫人請俺上學來。（生）敢是鬼請先生？（末）狀元忘舊了。（生認介）老黄門可是南安陳齋長？（末）惶恐，惶恐！（生）呀，先生，俺於你分上不薄，如何妄報俺爲賊？做門館報事不真，則怕做了黄門，也奏事不以實。（末笑介）今日奏事實了，遠望尊夫人將到。二公先行叩頭禮。（内唱禮介）奏事官齊班。（外先生進叩頭介）（外）臣杜寶見。（生）臣柳夢梅見。（末）平身。（外、生立左右介）（旦上）麗娘本是泉下女，重瞻天日向丹墀。

【北醉花陰】平鋪著金殿琉璃翠鴛瓦，響鳴梢半天兒刮剌。（净、丑喝介）甚的婦人衝上御道，拿下！（旦驚介）似這般猙獰漢，叫喳喳。在閻浮殿見了些青面獠牙，也不似今番怕。（末）前面來的，是女學生杜小姐麽？（旦）來的黃門官，像陳教授。叫他一聲。陳師父！（末應介）是也。（旦）陳師父喜哩！

（末）學生，你做鬼，怕不驚駕？（旦）噤聲！再休提探花鬼喬作衙，則説狀元妻來面駕。

（净、丑下）（内）奏事人揚塵舞蹈。（旦作舞蹈、呼『萬歲』介）（内）平身。（旦起）（内）聽旨：杜麗娘是真是假，就著伊父杜寶、狀元柳夢梅出班識認。（生覷旦，作悲介）俺的麗娘妻也！（外覷旦，作惱介）鬼也些，真個一模二樣。大膽，大膽！（作回身跪奏介）臣杜寶謹奏，臣女亡已三年，此女酷似，此必花妖狐媚，假托而成。俺王聽啓：

【南畫眉序】臣女没年多，道理陰陽豈重活？願俺王向金階一打，立見妖魔。（生作泣）好狠心的父親！（跪奏介）他做五雷般嚴父的規模，則待要一下裏把聲名煞抹。（起介）（合）便閻羅包老難彈破，除取旨前來撒和。

（内）聽旨：朕聞人行有影，鬼形怕鏡。定時臺上，有秦朝照膽鏡。黃門官可同杜麗娘照鏡，看花陰之下，有無蹤影回奏。（末應，同旦對鏡介）女學生是人是鬼？

【北喜遷鶯】（旦）人和鬼教怎生酬答，形和影現托著面菱花。（末）鏡不改面，委係人身。再向花街取影而奏。（行看影介）（旦）波查，花陰這答，一般兒蓮步迴鸞印淺沙。（末奏）杜麗娘有蹤有影，的係人身。（内）聽旨：麗娘既係人身，可將前亡後化事情奏上。（旦）萬歲，臣妾二八年華，自畫春容一幅，曾於柳外梅邊，夢見這生。妾因感病而亡，葬於梅樹之下。後來果有這生姓名柳夢梅，拾取春容，朝夕掛念。臣妾因此出現成親。（悲介）哎喲！凄惶煞，這底是前亡後化，抵多少陰錯陽差。

（內）聽旨：柳狀元質証，麗娘所言真假。因何預名夢梅？（生跪伏，呼萬歲介）

【南畫眉序】臣南海泛絲蘿，夢向嬌姿折梅萼。果登程取試，眷病南柯。因借居南安府紅梅院中，遊其後苑，拾取麗娘春容，因而感此真魂，成其人道。（外跪介）此人欺誑陛下，兼且點污臣之女也。論臣女呵，便死葬向水口廉貞，肯和生人做山頭撮合。

（起介）（合前）（內）聽旨：朕聞有云：『不待父母之命，媒妁之言，則國人父母皆賤之。杜麗娘自媒自婚，有何主見？』（旦泣介）萬歲，臣妾受了柳夢梅再活之恩。

【北出隊子】真乃是無媒而嫁。（外）誰保親？（旦）保親的是母喪門。（外）送親的？（旦）送親的是女夜叉。（外）這等胡爲！（生）這是陰陽配合正理。（外）正理，正理！花你那蠻兒一點紅嘴哩！（生）老平章。你罵俺嶺南人喫檳榔，其實柳夢梅脣紅齒白。（旦）噤聲，眼前活立著個女孩兒，親爹不認，到做鬼三年。有個柳夢梅認親，則你這辣生生回陽附子較争些，爲甚麼翠呆呆下氣的檳榔俊煞了他？爹，你不認呵，有娘在。（指鬼門）現放著實丕丕貝母開談親阿媽。

（老旦上）多早晚女兒還在面駕。老身踹入正陽門叫冤去也。（進見，跪伏介）萬歲爺，杜平章妻一品夫人甄氏見駕。（外、末驚介）那裏來的？真個是俺夫人哩！（外跪介）臣杜寶啓，臣妻死於揚州亂賊之手，臣已奏請恩旨褒封。此必妖鬼揑作母子一路，白日欺天。（起介）（生）這個婆婆，是不曾認的他。（內）聽旨：甄氏既死於賊手，何得臨安母子同居？（老旦）萬歲。

【南滴溜子】（老旦）揚州路、揚州路遭兵劫奪。只得向、只得向長安住托。不想到錢塘夜過，

嘿撞著麗娘兒魂似脱。少不的子母肝腸，死同生活。（起介）

（内）聽甄氏所奏，其女重生無疑。則他陰司三載，多有因果之事。假如前輩做君王臣宰不臻的，可有的發付他？從直奏來。（旦）這話不提罷了，提起都有。（末）女學生，『子不語怪』。比如陽世府部州縣，尚然磨刷卷宗，他那裏有甚會案處？

【北刮地風】（旦）呀，那陰司一椿椿文簿查，使不著你猾律拿喳。是君王有半付迎魂駕，臣和宰玉鎖金枷〔一〕。（末）女學生没對証。似這般説，秦檜老太師在陰司裏可受用？（旦）也知道些。説他的受用呵，那秦太師他一進門，忒楞楞的黑心槌敢搗了千下，淅另另的紫筋肝剁作三花。（衆驚介）爲甚剁作三花。（旦）道他一花兒爲大宋，一花兒爲金朝，一花兒爲長舌妻。（末）這等，長舌夫人有何受用？（旦）若説秦夫人的受用，一到了陰司，撏去了鳳冠霞帔，赤體精光。跳出個牛頭夜叉，只一對七八寸長指彄兒，輕輕的，把那撇道兒搯，長舌揸。（末）爲甚？（旦）聽的是東窗事發。（外）鬼話也！且問你，鬼乜邪，人間私奔，自有條法。陰司可有？（旦）有的是。柳夢梅七十條，爹爹發落過了，女兒陰司收贖。桃條打，罪名加，做尊官勾管了簾下，則道是没真場風流罪過些。有甚麽饒不過這嬌滴滴的女孩家。

（内）聽旨：朕細聽杜麗娘所奏，重生無疑，就著黄門官押送午門外父子夫妻相認，歸第成親。（衆呼

〔一〕枷，底本作『梛』，據意改。

『萬歲』行介）（老旦）恭喜相公高轉了。（外）怎想夫人無恙。（旦哭介）我的爹呵！（外不理介）青天白日，小鬼頭遠些！　陳先生，如今連柳夢梅俺也疑將起來，則怕也是個鬼。（末笑介）是踢斗鬼。（老旦喜介）今日見了狀元女婿，女兒再生，千萬分喜也。　狀元，先認了你丈母罷！（生揖介）丈母光臨，做女婿的有失迎待，罪之重也。（旦）官人，恭喜，賀喜！（生）誰報你來？（旦）到得陳師父傳旨來。（生）受你老子的氣也。（末）狀元，認了丈人翁罷。（生）則認的十地閻君爲岳丈。（末）狀元，聽俺分勸一言。

【南滴滴金】你夫妻趕著了輪迴磨，便君王使的個隨風柁，那平章怕不做賠錢貨，到不如娘共女，翁和婿，明交割。（生）老黄門，俺是個賊犯。（末笑介）你得便宜人偏會撒科，則道你偷天把桂影那，不争多，先偷了地窟裏花枝朵。

（旦嘆介）陳師父，你不教俺後花園遊去，怎看上這攀桂客來？（外）鬼乜邪。　怕没門當户對，看上了柳夢梅什麽來？

【北四門子】（旦笑介）是看上他帶烏紗象簡朝衣掛，笑、笑、笑、笑的來眼媚花。　爹娘，人家白日裏高結綵樓，招不出個官婿。　你女兒睡夢裏、鬼窟裏，選著個狀元郎。　還説門當户對，則你個杜杜陵慣把女孩兒嚇。　那柳柳州他可也門户風華。　爹，認了女孩兒罷！（外）離異了柳夢梅，回去認你。（旦）叫俺回杜家，赸了柳衙。　便作你杜鵑花，也叫不轉子規紅淚灑。（哭介）哎喲，見了俺前生的爹，即世嬷，顛不剌悄魂靈立化。

（旦作悶倒介）（外驚介）俺的麗娘兒！（末作望介）怎那老道姑來也？連春香也活在？好笑，好笑！我在賊營裏瞧甚來？

【南鮑老催】（净扮石姑同貼上）官前定奪，官前定奪。（打望介）原來一衆官員在此。怎的起狀元、小姐嘴骨都站一邊？眼見他喬公案斷的錯，聽了那喬教學的嘴兒嗑。（末）春香賢弟也來了，這姑姑是賊。（净）啐！陳教化，誰是賊？你報老夫人死哩，春香死哩，做的個，紙棺材，舌鍬撥。（向生介）柳相公喜也。（生）姑姑喜也，這丫頭，那裏見俺來。（貼）你和小姐牡丹亭做夢時有俺在。（生）好活人活証。（净、貼）鬼團圓不想到真和合，鬼揶揄不想做人生活。老相公，你便是鬼三台，費評跋。

（净、貼並下）（末）朝門之外，人欽鬼伏之所，誰敢不從！少不得小姐勸狀元認了平章，成其大事。

（旦作笑勸生介）柳郎，拜了丈人罷！（生不伏介）

【北水仙子】（旦）呀呀呀，你好差。（扯生手、按生肩介）好好好。點著你玉帶腰身把玉手叉。（生）幾百個桃條。（旦）拜、拜、拜、拜荆條曾下馬。（扯外介）（旦）扯、扯、扯做太山倒了架。（指生介）他、他、他點黄錢聘了咱，俺、俺、俺逗寒食喫了他茶。（指末介）你、你、你待求官報信則把口皮喳。（指生介）是、是、是、是他開棺見槨湔除罷。（指外介）爹、爹、爹你可也罵勾了咱鬼乜些。

（丑扮韓子才冠帶捧詔上）聖旨已到，跪聽宣讀：『據奏奇異，勅賜團圓。平章杜寶，進階一品。妻甄氏，封淮陰郡夫人。狀元柳夢梅，除授編修院學士。妻杜麗娘，封陽和縣君。就著鴻臚官韓子才送歸宅院。』叩頭謝恩。（丑見介）狀元恭喜了。（生）呀，是韓子才兄，何以得此？（丑）自別了尊兄。蒙本府起送先儒之後，到京考中鴻臚之職，故此相會。（生）一發奇異了。（末）原來韓先生，也是舊朋友。（行介）

【南雙聲子】（衆）姻緣詫，姻緣詫，陰人夢黄泉下。福分大，福分大，周堂内是這朝門下。齊見駕，齊見駕，真喜洽，真喜洽。領陽間誥勑，去陰司銷假。

【北尾】（生）從今後把牡丹亭夢影雙描畫。（旦）虧殺你南枝挨煖俺北枝花。則普天下做鬼的有情誰似咱。

杜陵寒食草青青。韋應物　羯鼓聲高衆樂停。李商隱
更恨香魂不相遇。鄭瓊羅　春腸遥斷牡丹亭。白居易
千愁萬恨過花時。僧元則　人去人來酒一巵。元稹
唱盡新詞歡不見。劉禹錫　數聲啼鳥上花枝。韋莊

第五十五齣 《圓駕》批語

「乾坤泰」喻交歡。「雲開烟靄」皆此意也。「金階」之金代筋。「鸞鳳」喻毛際及廷孔。「旌旗」喻女邊闌。「絲綸」亦是喻豪。「幽隱」女根，「奇特」男根，「面駕」之駕代架。「看來去」三字更妙。「啞」字「劃」字俱有意。「裏旋裏平」俱喻女根。「陽媽媽退兵」，其喻維何？「金殿」之金代筋。「翠」字喻豪。「鴛瓦」女根。「鳴梢」喻男根。「半天」女根深處。「刮刺」虐謔。「探花鬼」男根妙號。「聲名抹煞」四字，著二根説妙甚。「包老」意同。「彈」猶「迸」也。「托著面菱花」咏女根之佳句。「鸞」指女根。「步」則「回」也。「再活之恩」嘲笑女人極矣！「門叉」皆指女根。「翠呆呆、實丕丕」俱喻二根。「貝」者，蚌也。又女子在胎，背母而坐。「子」喻男根，「母」喻女根，「肝」喻女根，「腸」喻男根。「玉鎖金枷」以金代筋。「黑心槌」男根也。「紫三花」喻女根，即「撇道」也。「牛頭夜叉」又喻男根，「長舌」亦然，「窗簾」註過。「没真」之真代筋，喻女根也。「嬌滴滴」，又女根畫像。「錢」字亦然。「光臨」字妙。「輪磨」女根，「風舵」男根。「舌鍬撥」又喻男根，且切陳姥。「扯倒湔除」等字，喻無不當。「團圓」二字，尤其暗合。「甄」猶爐意。「鴻臚」以代紅爐。「周堂、朝門」俱喻女根。「雙描畫」確切女根，且點明自首至尾雙管齊下，可爲後法之意。「南枝」喻男根之北面也。「杜陵」之陵代稜。「青青」豪也。「春腸」男根别名。「遥斷」者欲斷而置之「遥亭」也。「啼鳥」喻女根聲，「枝」喻男根。

高歡臣高隆之，嘗以十萬夫徹洛陽宮殿運於鄴。性小巧，於公家羽儀、服制、百戲，時有改易，不循典故。隋無萬歲等旗，皆周宣幸臣盧賁所創，『乾坤泰』時却不事此。

歐陽修《宮詞》：『簾外微明燈下粧，「殿」明放鎖待君王。玉「階」地冷羅鞋薄，衆裏偷身倚御床。』寫得『早』字最有趣。

慕容寶敗遼東，晁崇爲魏道武所獲，以善北人語，爲『黄門』，言音類帝，聞者驚悚。煬帝習吴音，竟終江都。齊楊愔謂裴澤：『河東京官不少，惟此家全無鄉音。』陳最良作『黄門』，正恐難聽。河内山濤與司馬師母有表親，年四十始見師，師曰：『吕望欲仕耶？』除郎中，與鍾會、裴秀並申款昵。二人争權，濤平心處中，各得其所，而俱無恨焉。要由司馬『念舊』。唐張嗣中，蘇州人，高祖鎮太原，延授秦王經，後太宗立，問欲何官，辭不敢。曰：『朕從卿受經，卿向朕求官，何所疑？』頓首，『願祭酒』。授之。且幸迂氣不能漬太宗。

唐太宗女合浦公主嫁房玄齡子遺愛，幸浮屠辨禮廬，見而悦之，與亂，帝知之，禮殊死。道士高醫亦私事主。『色精』固不限何家也。若王荆公子則元澤，婿則吴安持。其女與媳，何皆不幸。張南軒晚得奇疾，虚陽不秘，每嘆曰：『養心莫善於寡欲，吾生平理會何事，而心失所養，竟莫能治。』藏府透明而卒，亦太奇事。

《唐書》：王旭，珪孫。爲御史。紀赤虬兄爲劍南令坐贜，旭奏，使臨問。其妻美，逼亂之。道學家孫好『色』如此，『女兒』豈獨不然？

李渾規紹爵，謂妻兄太子左衛率宇文述曰：『若得襲封，當以國賦之半，每歲相奉。』及襲國公，日增豪侈，二歲後不以奉物分述，述曰：『我竟爲金才所賣。』構其身捉禁兵，而與堂弟周宣帝後樂平公主婿李敏善。隋煬即日遣述掩其家。雜推不得反狀，述入獄中，召出敏妻曰：『夫人帝甥也，何患無賢夫？』因口教言，令敏妻寫表，封云上密。帝覽，泣曰：『社稷賴親家公獲全耳。』盡徙李氏於嶺表。其『驅除妖賊』，糊突何異杜老。

齊侍中信都馮子琮妻胡后姊，長女爲齊安王妃。和士開弟與盧氏成婚，琮檢校趨走，與『府寮』不異。最良受『央』，即代『題奏』，無怪矣。

《程務珽傳》：『玄齡等常在朕前，聞朕嗔，餘人皆戰慄，名振生平未識我，一旦誚讓而詞吐不屈，奇士哉。』『柳生』敢『辨』已『奇特』矣。按高宗憲聖吴后在南内，愛幻誕書。郭象《睽車志》始出，洪景盧《夷堅志》繼之。又其時有婦人易氏，自稱榮德帝姬，只覺足大不似，上以高士褱尚之，曰：『受百欺，得一真。』非如後世之稍涉『奇隱』，謂在所禁也。

吕子曰：魯公孫悼能藥偏枯，即以爲倍其藥，可以起死人。不知物固有可以爲小，不可以爲大，可以爲『半』，不可以爲『全』者也。是『李半』之讖也。

《隋史》：『上令牛宏宣勅，宏至階下，不能言，退還拜謝云「並忘之」，上曰：「傳語小辨，固非宰相事也。」』柳生忽逞牙慧，豈東方生所云，用之則如虎，不用則如鼠耶？

『猙獰漢』『叫喳喳』非妄語也。《湧幢小品》：選直殿將軍，必高八尺，上曰：『拿去。』勳戚接旨，遞爲四，乃有聲。又漸震而八，而十六，至大漢將軍三百人，則齊聲如轟雷矣。宋理宗止一女，宰臣請用唐太宗下降士人故事，欲以進士第一人尚主，遂取周景炎。廷謝日，公主適從屏内窺見之，頗不懌。乃選楊太后侄孫尚主。後宗室當嫁，皆富家大姓。以貨取，『狀元妻』亦貧女所愛耳。『則説狀元妻來面駕』，可知鄭錫『同輦豈闕羞』句之妙。陸深《紀聞》：平陽府侯馬驛岸上皆婦人足印，削去復然。《宋史·藝文志》有王岩叟《中宮儀範》一部，可惜不傳。似此『回鸞淺印』，不妨在鉤陳豹尾之間。

使君輩存，使斯人死，是『陰錯陽差』。况世間非偶諸緣。我欲熱剥皇天面皮，責其不會當時作天地也。

王儉謂張緒：過江所未有，北士可求之耳。齊高欲用張緒爲僕射，儉曰：『南士由來少居此職。』彦回曰：『陸玩、顧和皆南人也。』儉曰：『晋氏衰政，不可爲法。』齊武爲江州時，以永昌胡諧之爲別駕，及即位，方欲奬以貴族盛姻，以其家人傒音不正，乃遣宫内數人入其家，教子女語，此今日白下言音所以兼有中州西北之意。元曲：『學一句燕京廝駡。』范陽祖約謂雍雅曰：『君汝潁之士，利如錐；我幽冀之士，鈍如槌。以我槌鎚爾錐，無不摧矣。』今則不然。宋孝武妹殷妃薨，吴興邱彦鞠獻輓詩，至齊時無大遇，曰：『我欲還東掘顧榮冢，忽引諸傖輩來妨我輩途轍。』語苦傖重。

川廣婦牝弦堅硬，内皆磊塊，如泡丁猪油膏。首髮多生虱，故用一木梳横額上，亦猶袁郎所稱燕婦高鬟釵襠，棗面歷齒，或湖粧嗜猛酒，皆爲天下之至惡也。然閩中兒女，天下自獨非『蠻』耶？

慶緒弑禄山，猪兒夜以大刀斫其腹。及思明誘慶緒歃，至則牽出斬焉。誅乾佑等，殊而膊之。初張通儒爲禄山守長安，殺妃主宗室百餘人，剔骨析肢，至是，亦爲思明所殊。思明突厥種，質癯露。《唐書》：伐蔡，執嵩山浮屠圓静，故史思明將於是，力士折其脛不能斷，年八十八矣。罵曰：『豎子折人脚不能斷，且曰健兒！』因自置其足折之，曰：『敗吾事，不及見洛城流血。』《五代史》：知遠從弟蔡王信爲義成節度，領許州，軍士有犯法者，召其妻子，對之支解，使自食其肉。已，命樂飲酒自如。周得位，信自殺。《魏書》：一將爲氏所罵，乃取罵者之母，裂其陰，從下倒擘之也，分掛四肢於樹上。唐殿中侍御史唐旭，括宅中別宅婦女，風聲色目，有不承者，以繩勒其陰，令壯婦彈竹擊之，酸痛不可忍。令一婦證與長安尉房恒奸，曰：『侍郎如此苦毒，兒死必訴於冥司，若配入宫，必申於主上，决不相放。』旭慚乃舍之。周宣帝作礔礰車以威婦人，不知作何狀。要不如將『撇道搭』也。《智餘書》所記閨律有打肉丁、趯響定、髀夾膀、蓮批頰、剃臍豪、淋通體、罰吞柴、罰舐足、口晝蛤、尖足綃、牽頸等目，則比『搭撇道』更輕。滕王元嬰爲都督，官屬妻美者，作爲妃，召逼私之。嘗爲典籤崔簡妻鄭嫚罵，以履抵嬰面，亦妙。『嬌滴滴』三字是女根至巧至麗，一定不易之名。德宗母吳興人，而陷於安史，曰：『吾寧受百罔，冀得一正。』於是自謂太后者數矣。及索驗，皆詞窮，亦『有甚麽饒不過這嬌滴女孩家』耳。王漁洋云：『老瞞牽后如收孥，獨能千金還蔡姝。』則極能體貼『女孩家』，無奈實『饒不過』矣。

『滴滴』，態也。容之有態，全因聰明。條貫之説，大概恐獰醜之輩侵暴『嬌』美之人耳。若以蠢亂蠢，直如猪狗之相媾。

隋柳彧云：以穢嫚爲歡娱，用鄙褻爲笑樂，蓋已久矣。『風流罪過』出《北史》，似言非殺非偷。『没真場』三字妙，言世界既皆幻妄，何必一概相格耶！

『大笑古今事，未見皆非實。欲令無作有，翻覺實成虛』。嘗疑好事皆虛事，道是無情還有情。『則怕也是個鬼』，並非夢話。

王悰，導之後。尚梁始興王女，以不慧離，悰父峻曰：『下官曾祖是謝仁祖外孫，亦不藉殿下姻媾爲門戶耳。』亦與『認閻君』者相近。

以爲鄭藻執柯之人，自然『隨風使舵』矣。

世間有似是弊□却合乎理之同，然如公主至貴矣，既被駙馬『討便宜』，自當令其事我如主。覺賢文不然，反出矯强。今俗妻多傲夫者，亦出人心之自然。以『便宜』已失，又尊事之，則單生女子之家，真可哀歎也。

《宋史》：于闐入貢，表稱『大世界田地主阿舅大官家』，何古來外國偏『討便宜』耶？『討便宜』人偏會『撒科』。郭曖爲狂，褚淵爲正，高歡近詩，王子圍則惡道矣。

女婿越長大，女兒越喜，無子『丈人』越感傷。麗娘只知己愛柳生，父亦當愛，不知父雖愛女，見婿却惱。

幼安：『剛道羞郎低粉面，旁人瞥見回嬌盼。』羡門：『驀地尋思，可有和伊分？』宋詞：『追想昨宵，瞥見有多少。動情難説，枉在屏風背後，立歪羅襪。』春香自賴與『夢』，亦知毛大可有『分房故覺花心苦』句耶？

一千部傳奇做不盡，好處只是男子才美，爲婦人苦苦要嫁，甚至衆多婦人生生認做伊家眷耳。再深一層，則衆多婦人不但愛其夫之才色，而並愛其妻之才色，願與共夫，不惜屈辱，極盡款昵也。『春香』此句，已見大凡。

『時時到口微成醉，拍拍滿懷都是春。妙音時度隔窗紗，幽夢只尋沾簞粉』，此事謂之『人生活』，真乃確不可易。常謂快『活』二字妙甚，不快之『活』不如死也。又觸趣愈『活』愈快，不『活』不快也。

古來以筆札致貴之易者，如《五代史》敬翔，同州馮翊人，少工書括，不中第，客梁，窮窘，爲人作箋刺，傳之軍中。梁太祖素不知書，翔所作，皆俚俗語，太祖愛之，召見以爲館驛巡官。梁簒，翔謀爲多，以爲兵部尚書，金鑾殿大學士。則『子才得官』亦未爲戲。

嘗謂冰心妹復姊詩『遥思暑氣微消後，長對乘鸞跨鳳人』，中有四字最淫，以注想直到『雙描』處也。錢牧齋晚年綉床禪板，陸姬自號紅納道人，意欲與草衣比美，不知其皆墮玉茗謔喻中也。贈牧句云：『聞郎爛熟胭脂館。』王金壇『裙裾妙悟有詩傳，畫圖永錫君難老』，是『夢影雙描』之説。徐陵所云：『歸來天目，得肆閒居，非無弄玉之俱仙，亦有孟光之同隱。優游俯仰，極素女之經文，升降盈虚，盡軒皇之圖勢。』是也。《内則》：夫婦之禮，及七十同藏宿，故妾雖老，年未滿此，必與五日之御。蓋身相好醜，謂之正報。享用豐約，謂之依報。善業所生，不可喻説，受大喜樂，恣情無厭。元成宗上魯罕后，創建萬壽寺，中塑秘密歡喜佛像，其形醜怪，后以手帕蒙覆其面。明大善殿舊塑佛像栖各梁上，備諸淫褻之狀，世宗毁之，凡百六十九座，皆此『畫』耳。『從今後夢影雙描』，所謂盡形供養。唐祖太宗之重其妃嬪，亦以『從今後把夢影雙描畫』而已。小蘇云：『關雎以禮濟欲。』元人云：『安樂窩勝神仙洞，都强如相府王宫。要常放心地寬，土炕上妻子團欒，向山林尋個知心伴。』况亦有畫圖金地屋，粉黛玉天仙也。受戒不禁自妻者，此是諸佛善權方便。若佛制其自己妻室，則諸國王宰官長者不能棄舍，必白佛言：我不能受如來禁戒。又餘師言，於自妻室喜足之後能不犯者，名爲純一圓滿，清浄梵行。有身婦人以其身重，强以非理，故名邪淫。宋仁宗待下以恩，雖閨門之私，亦惜之，聖哉！王績：『百年隨分了，未羨陟方壺。』閻朝隱：『願因茱菊酒，相守百千年。』眉公：『美酒速飲而無味，李白遺恨千年傳。』此曲古人不達酒不足，古詩：『死去何所知，稱心固爲好。』文友『寶襪看鬆，弓趺看裹，後堂不避人來舊』句，『拜了夜香郎唤睡，要識梅勝桃李處，百歲老枝猶帶春。』春氣暄妍御夾紗，玉釵雙裊緑雲斜，倚闌看遍庭前樹，盡是枝頭結子花』，皆得此意。薛能云：『身防潦倒師彭祖。』唐人：『一願郎君千歲，二願妾身長健。花下月，枕前人，此生誰更親？交頸語，合歡身，霜天似暖春。』宋莆傳正知杭，一術士九十，貌猶兒，曰『惟絶色欲耳』。傳正色俯思良久，曰：『如此雖千歲何益？』亦猶飛燕謂姑妹樊嫕有言：『仙術須不淫者，豈不可笑乎！』饒州狀元彭汝礪，妻寧氏。適監鹽米官曾某卒，妻宋有色，彭欲納之，未暇。後十二年，宋所歸朝士，又故，竟如初志。及死曰：『寃家寃家，五年夫婦。從今以後，不打這鼓。』蓋宋最好男事，彭見即不容已而。山谷妻死，亦作發願文，絶嗜欲，又何也？若劉夢得觀元相公題壁『因知早貴兼才子，不得多時在世間』，則『碧紗籠底墨纔乾，白玉樓中骨已寒』，當爲『從今後』三字一歎。王羲之少爲從伯導、敦所賞，《蘭亭記》云：『一死生爲虚誕，齊彭殤爲妄作，終期於盡，豈不痛哉！』

明季京師有箋約女士，一茗一爐，於十五、十六相從卜夜，名伴嫦娥，云：『蓋一輪初滿，萬户皆清。若乃狎處衾帷，不惟辜負蟾光，竊恐嫦娥生妒。凡有冰心，佇垂玉允。朱門龍氏拜啓。』則又奇絶。使『做鬼的有情』都似彼，則人但求鬼，鬼始求人，彼此俱受用不盡，三尺從此勿設，豈不一大快乎！『則普天下』句，不但老筆收元氣，篇終接混茫，亦有來者，余不及聞之。意『千愁萬恨過花時』，猶言滿眼佳人於我無與矣。

愛欲是心之本體。順之則喜，逆之則怒，失之則哀，得之則樂，反之則惡。識有區域，知無方所，苟能轉識成知，嗜欲無非天機。天下事不吃人執定做得，必須淡然超然。論做人法，良知即虚，無一可還，知之真切，即是行矣。譬之於卵，中有一點真陽虚泡，方抱得成。如真陽發於重泉之下，不達不已，所以能竭其才。氣魄上支撑，虚見上襲取，體面上湊泊，俱不濟事。終歲營營，費了多少閒浪蕩精神，幹了多少没巴鼻勾當，埋没了多少忒聰明豪傑，一毫無補於身心，方且自以爲知學，可哀也已！陽明先生嘗有備物養生，借物請客之喻，愛生者可殺也，愛譽者可毁也，愛潔者可污也，愛榮者可辱也。一愛不除，百魔盡集。無善無不善，是爲至善。無常無無常，是爲真常。忘毁譽無八風可吹，齊得喪無三教可出。人品不同如九牛毛。尚友千古，意味超然，覺得世緣陪奉，苦無意味，豈暇區區與鄉黨作對法耶？

『學者不明軒后旨，惟將聲色縱行尸』，凡人之死，以水火不交，故風力解也。不知彼家引人對境時，意不注於色而注於丹。如是久之，則覺是色非色，可永斷他色，而反求諸己矣。業識一空，金木不隔，西僧謂之秘密佛事，從内打出。佛印謂四大作禪床，無世間心，同世行事，於行事交，了然超越。命終之時，皆生天上，亦以欲勾牽引入佛智耳。不然好色之人神已逝矣，安能久乎？且氣者一道白脈而已，故水皆爲陽意注於，取彼陽氣，則我之心火自然下降，而接續於命門。火既降續命門，水温無不烝上，豈非借彼賺我，以自物成自丹也？我丹既成，易於吸取彼家白脈，自入我竅，若龍髯作拂，引水如線焉，必使和合於中宫者。至動本於至静，無意不能離形耳。芽若是鉛棄鉛萬里，芽若非鉛從鉛而始，既得金華，棄鉛不使，真訣哉！

玉茗序人書云：『奇哉！清源之口，極人物之萬途，攢古今之千變，使天下之人，無故而喜，無故而悲。或窺觀而笑，或市湧而排。貴倨弛傲，貧嗇争施，瞽者欲玩，聾者欲聽，啞者欲贊，跛者欲起。寂可使喧，喧可使寂，饑可使飽，醉可使醒。行可以留，卧可以興。鄙者欲艷，頑者欲靈。孝子以娱其親，才郎以睦其婦。家有此書，人有此聲，疫癘不作，天地和平，生天生地，生鬼生神，豈非以人情之大竇，爲名教之至樂也哉！』嗚呼，形骸易泯，不勝留影之難；筆墨未精，安壽終天之玩。作者批者，同此意耳。

《補註》則

《種樹書》云：『順插爲柳，倒插爲楊。』傅亮視張敷，楂故是梨之不美者。戴叔倫謂，詩家如藍田日暖，良玉生烟，可望而不可取。王喬戴芙蓉冠。《高士傳》序：『老子有虚無堂』。《法苑珠林》載肉蓮花。苗晋卿字元輔，潞州人，嘗薦牛僧孺於元載，而不能用，肅宗以晋卿年老艱步，召對延英便殿，後遂爲例。新進士過堂，宰相曰：『掃斤相候。』僧孺獨出曰：『不敢。』衆咸聳異之。晋卿女爲張延賞夫人，識韋皋，故婿之。

《南柯夢》附證

『國土陰中起』，喻人皆從牝户生也。蟻公主云：『因緣和合，都是一般心，這芳心洞中誰簇緊。』比喻意同，大小無定，各隨衆生心量耳。僧云『人肉樣的蓮花業作臺』，亦以喻女根也。女子秀入肌膚，手帕粉香，清婉亦不減於《牡丹亭》潤風風句，敢則有那『人間貨』便是天公開花之説。

『睃他外才，瞟他内才，風流一種生來帶』，皆謂男根。『種』者生人全仗此具，『帶』喻原形。『這姻緣一種前生債』尤爲透理。如意與不如意，越理與不越理，俱因果也。

『有個青兒背』，妙。青之所用者背也，『紅兒』作女根名。

旦云：『淳郎粗中有細。』貼云：『還是細中有粗。』即主氣之妙論。粗中有細，氣不足也；細中有粗，物至堅也。旦：『比前興了些。』貼：『比前瘦了些。』體認至此，玉茗真才子也。

『他帽兒光光』，是比陽事。『他將種情堅，我瑶芳歲淺』，妙，將是慣戰者。歲未足則淺。

『花展一天寬』，妙在天字，不惟寬而且高矣。『今宵略把紅鸞醮』，即《牡丹亭》雎鳩意，又所謂破頭一泡血也。『龜山賦』者，君之所謂『才士』，我之所謂龜文也，言古今來『金鑲玉版』，偏刻此種文章。

又『細腰輕展，漸覺水遊魚』，乃謂男根之腰。水字妙甚，女根長物也。接上『嬌波瀲艷横宇』，喻女根楦内，則似横眉眼也。瀲艷喻水，切極麗極。

『那胡沙如夢杳如無』，與《牡丹亭》沙日月同妙。

『畫眉臺脱了窩』，窩喻女根，『眉』喻咏毛。

『陳姥姥看把戲』，把字妙，喻捉女雙足之勢。『不信老娘倒了架』，架即所把之足，喻言卿即不把我，亦金蓮自己解朝天也。趺打，喻〔一〕强始者。

『粉將軍把旗戲擺』，妙，架不肯倒，即有旗象。又粉喻兩輔，旗喻兩扉。『一朵紅雲上將臺』，雲喻花頭。『他望眼孩咍』，孩字喻男根。

『公主看箭』，亦謔喻也。『拖番硬腿隨朝跪』，喻其事，腿喻女腿，跪喻男跪。

『多病多病，富貴叢中薄命』，世間多此一種，玉茗却以喻女根之最多暗疾耳。

『人在樓臺暗老』，一語道盡宫趣。樓臺亦喻女根。三家寡婦『想駙馬十分雄勢』，即分明美滿之説。

『取情兒我再把這宫花放』，宫喻子宫，氣至斯闢耳。

小旦：『我是道情人哩，拚今生不見男兒相。』相即男根。『怕粘連倒惹動情腸』。老旦：『興到了也不由你。』又是色情難壞至理。『想見宫娥命婦，齊整喧嘩』，數字最動人情，作女根解尤妙。『畫堂』喻女根。

『人帶幽姿花暗香』，香以代臭，有深隱中曲日幽。

『看姊妹花開向月光』，亦點勘意，明皇足當。『公主生天幾日，俺淳于入地無門』，門喻産門。『若止如

〔一〕底本裝訂缺頁，從『南柯夢附證』開始至此據初刻本補。

此，已自憂能傷人，咳，再有其他，真個生爲寄客。」『家那國那，兩下裏淚珠彈破』，可與『從今後夢影雙描』對看互參之句。『彈』喻射，『淚』喻精也。

『好文章埋没龜亭，空殼落做他形勝』，龜亭即牡丹亭，皆喻女根。『空殼』非女根而何？到得雞皮鶴骨時，彩雲片月，紅葉翠眉，一切『形勝』，而今安在哉？正解則『經濟性理詁』句，傳人一切漫衍無當之言，皆爲『殼落』，恰與筆尖花對看。

『皆由一點情，暗增上獃癡受生邊處』，邊喻女根，暗喻男根在内。增上，喻嫪孌不已。

『識破總徒然，有何善非善』，雖喻是色皆空，亦即道理難講之意，真正無雙才子，千古名言，『叫我哥叫我妹』也與至誠親姊同意。

『等爲夢境，何處生天』，是禪門正解，即如來亦夢境攝也。『天』字又喻女根高處。

『一點情千場影，戲做的來無明無記』，可與『從今後夢影雙描』合參。

『一點』猶言一觸，『無明無記』非此事而何？

《四聲猿》附證

徐文長『紅蓮』命名，亦喻女根。月明於『竹林峰水月寺』選勝安禪，遂開出玉茗空花水月許多妙語。『一個葫蘆』，掛搭在桃花之面。『秃子入襠』，『荷包裹一泡漿』。『這滋味蔗漿拌糖』與『火燒的倩金剛加大擔芒硝，水懺的請餓鬼監著厨房。就是那真配合鴛鴦鳳凰』，致『一切萬樁百忙，都只替無常褙裝』，字字無非譃喻。『幾年夜雨梨花館』，遂開出玉茗梅花觀。梅花觀『梅』字亦猶《西厢》之蒲關，實開出柳夢梅『柳』字也。

『金剛忽變常娥面』，妙。『金剛』喻男根，『常娥面』喻女根，男根入則女形變也，與《西厢》《水滸》俱深得山谷《漁父詞》『纔入新婦磯，又入女兒港』寓意之妙。宜王漁洋有『豫章孤詣誰能解』句。文長見《牡丹亭》，謂此牛有萬夫之稟，而玉茗亦謂《四聲猿》爲詞壇飛將耳。

《西廂》並附證 與毛大可批本參看更明。

「鶯鶯」喻女根毛嘴，並及其聲。「雙文」之文代紋，即《牡丹亭》三分八字等意。「紅娘」喻女根色，即肚麗娘所本。「歡郎」喻男根。「河中府普救寺」，非女根而何？後周所建而謂天冊娘娘功德院，真於喻意更精。「法本」者，觸法之本。所謂二根，所謂造端乎夫婦。「博陵冢」亦喻女根之意。「血淚」之意更明。「杜鵑」之杜代肚。「前邊庭院」，不言可知。「閒散心立一面」，六字喻得奇妙。「蒲郡蕭寺」，俱寓毛意。「門掩重關」等喻易解。「閒愁」尤妙，此物一閒即愁矣。「琴童」喻男根，身似琴而首似童。「張珙」喻女根。「君瑞」之瑞代睡。「禮部」一笑。「四方」之喻可想。「貞元」喻處女也。「二月」，喻女根如兩半月。「往上」易知。「君實」則喻男根。「武舉」意妙。「故人」尤妙。「大軍」喻毛。「雪案」喻髀，「滿腹」謔絕。「湖海」嘲女根之寬。「大志」奇謔。「秋水」之秋代湫也。「綉鞍」喻女根豪。「中原」喻女根。「如蓬望眼」，男根妙喻。「日」喻女根外形。「雪浪長空」喻女根水，太謔。「天際」喻女深處。「秋雲」之秋代湫。

「蒼龍」以喻男根，「銀河東洋」嘲女已甚。「狀元」亦喻男根，以代撞圓。「乾净店房」又嘲女道。「頭房」頭字，喻意甚妙。「閒散心處」是女根形，「南北往來」喻前後皆可行事也。「鐘樓」以喻其聲，「數羅漢」喻男根出入之數。「待一發去那裏須去不得」，喻真妙絕。「眼花」及「口」俱喻男根。「香肩」喻女根兩輔，「花字」尤明。「兜率」兜字及「離根天」三字，喻意俱佳絕。「嗔喜」之喻在「面」字上，真正妙絕。「偏」字惡喻。『翠鬟』喻毛。『聲在花外』妙極，喻女根外廓也。『行一步』在法尤奇。『芳徑底、印眼角』俱喻女根，『留情』喻留男根。『心事』喻女根深中所欲。『那一步』喻男泄時。『打面』二字，謔絶妙絶。『洞天』喻女根深處，『柳烟』喻豪。『喧』喻其聲。『梨花』喻男精泄後。『粉墻』喻女根兩輔。『環』喻女根圓形。『楊線遊絲』俱喻豪。『珠簾』喻女根水。『南海水月』喻女根極確。『望將穿涎空嚥』六字，畫出事後女根形狀。『眼前』喻女根。『玉人』喻男根。『做周方』喻女根。『埋殺和尚』喻男根也。『行雲』二字，女根妙喻，能隨身走也。『傅粉畫眉』俱女根外貌。『心慌眼亂』則極嘲之。『撩撥斷送輪轉』，可謂備諸觸法矣。『雪霜』喻精。聲『朗朗』方妙。『圓光』喻男根强時。『方丈老僧』無非謔意。

『空囊』易明。『渾俗和光』切二根。『風清月朗』切行事時相。『紙半張』喻陳姥。『青黄短長斤兩』，俱喻男根。『柴薪』喻其堅併。『縞素』喻女兩輔。『鶻伶碌老』喻男根。『帳被』俱喻女根。『口强』喻女根。『頭皮』又喻男根。『貼身』喻女兩扉。『香』喻男根。『軟玉温香』女根妙贊。『心坎眼皮』無非指女根也。『反掌搥床』則喻男根。『太湖石畔』，爲《牡丹亭》開先。『羅袂』喻女兩扉。『衣香』喻二根皮。『掂著脚尖』真正行家。『芳徑』喻女根也，因被『穿』而『難行』，妙絶。『團圞』喻女根。『氤氲』喻其事。『月中人』一喻男根也。『隔墻』喻女根外廓。『撞過去看怎』妙絶。『忽聽一聲』妙尤難盡。『不做美紅娘』喻兩扉寬緊不稱，觀『角門』字尤明。『花梢』喻男莖端。『明皎皎花篩月影』畫出女根。『簾垂』喻毛。『錦片』之錦代緊。『貝葉』喻女根，妙。『點燭燒香』俱喻男根。『響璫璫』，觸法妙絶。『再做一日也好』，可爲大笑。『葫蘆』又喻腎囊，即題目之『老夫人開春院，莽和尚殺人心』等語，何莫非謔喻耶？『丁』而文雅，尤爲虐謔。『珏』字爲兩片玉，謔喻甚精。『黛眉、蓮臉』俱肖女根。『錦囊』之錦代緊。『魂離殼、禍滅身』俱喻二根。『袖稍』乃喻兩扉。『翦草』喻毛。『除根』可知。『僧老』便不會殺，一笑。『袒偏衫、揩鋼椽』俱喻男根。『大踏步』妙。『腔子裏』喻女根。

『有甚腌臢』，更妙。『菜饅頭、寬片粉、臭豆腐』，俱指女不女男不男。『大白晝把僧房掩』者，言『麵杖、火叉、撞丁』俱喻男根。『地軸摇破一步』，謔喻俱妙。『打熬成不厭』，男根妙贊，女亦然。『斬丁截鐵』指女根。『惹草粘花』喻男根。『欺硬怕軟』又喻女根。『寶鼎香濃』三句俱喻女根。『朱扉』易知，『把頭顱掙滑倒蒼蠅，光油油耀眼睛』俱喻男根。『可憎』，心口相反之詞。『落花美景』喻女根。『孔雀』孔處似雀。『臉兒吹彈得破』亦喻女根。『肚腸閣落淚珠多』更切更謔。『雲斂晴空，冰輪乍湧』二句，以喻女根尤爲麗絶。『離恨閒愁』離則恨，閒即愁也。『廣寒』二字譏嘲女道不淺，『外邊疎簾風細，裏邊幽室燈青，中間紅紙眼疎』非女根而何哉？

『氣冲冲謔得人怕』，喻男根也。『夫人下唧噥你不脱空』謔且虐矣。『雖是此假意兒』慧絶。爲真覺却想何物，一笑。『顛倒寫鴛鴦字』之心，尤其妙不可言。『雙環』亦喻女根。『海紅羅』何嘗不是。讀『教人顛倒惡心』一語，阿紅真正妙人，除却天册娘娘，恐皆不免此四字。『甜話兒熱鑽』，喻豈不妙？『紅紙護銀蠟』，喻亦不差。『緑莎垂簾』俱喻毛。『柳緑』喻男。『花朵』喻女。『寬榻』可喻腿股。『眉遠山、眼湫水、膚凝酥』俱指女根。『玉精神，花模樣』，又是女根絶妙贊語。『彩雲何在，月明如水』，無非喻此。『月移花影』亦然。『金佩』之金代筋。『懸懸業眼身心一片』喻女根，真乃微妙。『呆打孩』則喻男根。『金塘』之金亦以代筋。『霜葉人淚』亦喻二根。『玉驄』又喻男根。『疎林』喻豪。『馬兒』喻男根，『吏』喻女根。『金釧』之金代筋。『花兒臉兒』可知。

『衫袖』又喻兩扉。『眼底空留意』妙絶，即《西遊》者洞往下走之説。『把盞』喻手托看，『似土和泥、面前茶飯、暖溶溶玉醅』非女根而何？『蝸角』之喻尤易知。『一遞一聲長吁氣』喻尤發笑。『杯盆狼藉』，謂非喻此不得也。『淋漓紅袖、眼中流血』更覺明顯。『四圍』喻女根，『一鞭』喻男根。『草橋店』喻意與蒲關同。『翠被勾月』俱喻女根。『日頭』亦然。『下下高高』字妙。『掛肚牽腸』更妙。『簪』喻男根。『花殘月缺、瓶墜簪折』皆不得不作喻意也。『靠後些』亦佳。『鍬撅賊腦』，喻誰不知？『醯醬餈血』喻女根。『白馬』喻男根。『且將門兒推開看』真是行家。『雲際穿窗月』喻女根。造意尤妙，故爲玉茗開山。『蝴蝶』已開玉茗『蝴蝶門』意。『砧聲』易知。『嬌滴滴』喻女根入水奇妙。『玉人』自喻男根。『斜月殘燈』俱喻女根。『連綿鬱結』復盡形容。

『劉阮到天台』，謂是初動，聖嘆錯矣！即《續西廂》之新探花，新花探路已遊洞口矣。『看他玉洞桃花開未開，春至人間花弄色』謂是玩其忍之錯了，即紅所謂：莫單看粉臉雲鬟，至洞口而即見桃花也。粉臉雲鬟，喻女根豈不麗絶？『柳腰款擺，花心輕折，露滴牡丹開，醮著些兒麻上來』，謂是更復連動之錯了，彼自擺則自張展自露滴也。『醮』字妙，猶言淺嘗。

《牡丹亭》色情難壞句，便是《西廂》『驚夢』折註。《西廂》以真付夢，彼特反之，將夢當真。『仔細端詳可憎得別』，賢文難禁，只爲此四字耳。又女根十人九樣，其別於佳人者，實令人憎，又言外意。

『冠世才學』四字，用於艷事妙甚。要曉得不冠世才學者之風流，不是道地藥材。心上不聰明，臉上何得可憎？故可憎下竟加才字。

『知音者芳心自同，感懷者斷腸悲痛』，音喻其事之聲，又言普天下才男女，必普天下好色，必普天下會得端詳，會得聆聲，有奇解奇情者。此二語可謂《牡丹亭》昔氏賢文把人禁殺之註。

麗娘謂春香：你情中我意中，便與雙文欲用紅娘而不肯使與其事，毒心迥別。

紅娘云：這叫做才子佳人信有之，乖性兒忽笑忽啼忽眠忽起，若是我却没三思。批者謂：惟兼才貌男女方肯下『信有之』三字。非才子佳人，至今亦終不肯下，何則？彼固以爲無有此事理耳。『没三思』者更無回互，除此都非死所，亦可謂賢文禁殺之註。情不遂，率似此。

『張生呵，你不病死多應害死。』《牡丹亭》所以於賢文禁下加一殺字。

紅又云：你『偷香手』準備折桂枝，休教淫詞汚了龍蛇字，藕絲縛定鵾鵬翅，黄鶯奪了鴻鵠志。三句在道學口中，便是至腐臭，在紅〔一〕娘口中，便是真憐才。然偷香二句並説，妙，若必叫他先彼後此，又是假道學非真可兒矣。況『偷香手』三字，初看極平，細思奇妙，以遇可人心肯時，未有不先用手者也。《附薦》折既云：人間天上，看鶯鶯强如做道場。又云，我真正爲先靈『禮三寶』，妙極，二者並行，並非誑語，何以

〔一〕紅，底本作『鴻』。

故？皆以真情深至故，故烏鴉烏行，不礙其真孝慈也。

『夢裏成雙覺後單』，調侃盡世間年大女兒。

『權時忍這番』，紅固拿住兩人，不慮其見外矣。

紅云：『則小心腸兒轉關。』然人分靈蠢，正在此五字。果悟烏鴉不礙孝慈，何肯受禁。

紅詫鶯於張云：『將他來别樣親，將我來取次看，是幾時孟光接了梁鴻案。』此五句畫盡將嫁女兒於父母。

『將他來甜言媚彼三冬暖，將俺來惡語傷他六月寒』，既用嫗婢而又思專欲，誠必敗之道也。聖嘆謂鶯固疑紅，何故而能爲張之心？何故而不能爲我之心？則又謂張之靈慧，寧不如我，見柬必不紅告也，誰知女之於女，則欲瞞之。若張視紅，亦復女也，尚能體小姐之心爲心哉！然此自世間兒女至微神理，但虧作者曲曲傳出耳。

《跳墻》折紅又云：『打扮得身子兒乍，準備雲雨會巫峽。』形容盡臨嫁婦女！胡顔覺其爲世間至賤之物？

聖嘆謂才子佳人於花燭下定情，是一片妙麗，兼花月則合兩片妙麗。誰知日下胭脂忒煞通明，相之妙麗更奇，竟爲玉茗獨喻。

《跳墻》折紅接著張云：『你索話兒摩弄，你莫單看粉臉生春，雲鬢堆鴉。』妙甚。生春之臉方惹摩弄，不粉而似粉者是也。口直話而手且摩更妙。然在紅口已褻極矣，何其在行一至於此也？『我也不圖浪酒閒茶』，謂此夜非謂永遠。

紅又云：『是你夾被兒當奮發，指頭得替代，收拾起憂愁，準備著撐達。』『夾被』喻女根耳。『撐達』字妙，然指頭之説，阿紅亦知，豈不以己亦嘗指撥，故以女心度男耶？

鶯怒科，紅云：『張生，你過來跪了。』妙絶。紅於小姐，已恣其嫚易矣，豈有天下誰何男子，閨人可令其跪己者乎？『只道你文字海來深，誰知你色膽天來大』，不知非『海樣深』者不能『天來大』也。

鶯云：『既爲兄妹，何生此心？』不知即兄妹矣，此心亦難不生。作者語外，含嘲世人，初未覺得。聖嘆謂：菩薩了佛性義，則不知衆生不受度，取何快樂也，猶如衆生之不知菩薩，服賢文之與不服者亦然。若見了玉天仙，怎生『軟廝禁』？是喻男根，亦賢文禁殺註子。

『你便不脱和衣更待甚，不强如指頭兒恁』，暗寫紅娘急欲小姐受侮，既釋前者見外之恨，又執後此不敢見外之權，嫗婢之可畏如此，知其文心者蓋少矣。然阿紅解事一至於此，而復云不圖浪酒，自己亦知無人信之。假令他日倩歡，亦只須云不强如你指頭兒恁耳。

『除却紅娘並無第三個人』，竟是硬要共事竦手。『只是我圖個甚麽來』，非寫其真不圖，實寫其亦難待矣。覷『羞得我怎凝眸，只見你鞋底尖兒瘦，一個恣情的不休，一個啞聲兒受辱，不害半星羞』，當益信吾批之非謬。『説媒紅謝親酒』，則竟是明説矣。王修微云：慚愧鞋兒謎，而意興來，何須脱綉鞋者，又何日無之。

《水滸》並附證

人情不常繫於時化，苟設密網以羅，非辜則怨。疑《水滸》實由偶讀《竇建德傳》：德重然諾，喜俠節，鄉人母死，即與耕牛賣之。盗入其家，立户下連殺三人，呼取屍，令投繩，乃自繫，躍起復殺數盗，益知名。安祖刺殺令，亡抵德，德陰舍之，曰：『吾聞高雞「泊」，廣數百里，葭亂阻奥，可以阻衆。承間竊出，椎理掠奪，且得廣招豪傑，覸時變以就大計。』乃招集多人，使安祖率入高雞爲盗。諸盗往來漳南、貝州、清河之間者，獨不入德閭舍。初他盗得隋官及士人，必殺之，德獨恩遇，多以地歸。蓋北多深澤，皆淺不可涉，深不可舟，故誨盗耳。又《漢記》黄巾諸帥，多自相號字。

讀《陳湯傳》，則知腐儒如匡衡輩，徇私忘國，『妒賢嫉能』，蓋千古一律，有志者是以寧長貧賤也。賀若弼平陳八策，《水滸》頗能倣之。宋汴京街無溝渠，又不砌石，地迫黄河，風起沙蔽。『相國寺』僧皆氊帽皮靴，髮長過寸，言貌粗俗，尼姑等於此賣綉領冠髻。

劉裕賭輸，刁逵縛之馬，柳王謐代贖。裕滅桓玄，以刁氏附玄，族之，拜謐爲公。宋太祖至渭，與人博，人欺其客，毆而奪之。『李逵』奪之小焉耳。

《夢華録》：『宋門外有「快活林」，小使臣八階名「保義郎」。』

初有『趙學究』在村中，『教學多智計』，村民争訟，多詣决。宋祖制：各州兵有材伎過人者，皆送補禁旅，又使禁旅更戍，習勞道路，自是將無專兵，皆普謀也。張齊賢，字師亮，慕諸葛，知盜聚斂逆旅，竟就一飽。曰：『盜者非齷齪兒，皆世之英雄耳。』取豚肩啖之，勢若狼虎。競遺金帛，皆受不讓。及出鎮，倜儻任情，獲劫盜或至除遣。師亮且然，何况『加亮』又遇『公明』。

張浚子拭，號南軒，知静江，籍諸『黔卒』，伉健者爲用。改知江陵，捕奸民之『舍賊』者斬之。《水滸》是暗爲『聖人不死，大盜不止』作註。人皆剛直，而獨寫一奸詐之『宋江』爲主，却又字以『公明』，妙妙。見狡詐須先公明，非公明並不能狡詐。如或不明，即『及時雨』亦成虚擲矣！所謂田成子，非竊仁義聖智，以養其盜賊之身者乎！

宋江於晁蓋，特借爲甌脱，但涎第一交椅，自是趙官家祖傳家法。『吴學究』妙，不究於學，决不能加於本亮，公明加亮，何事不成乎？

宋江怪李逵未得令，殺扈氏全家。李逵道：『你便忘記了，我須不忘。』妙。雄傑之見色忘仇者多矣。『你又不曾和他成親，便又思量阿舅丈人。』莽之所以得篡。宋江喝道：『胡説，我如何肯要這婦人。』三娘之配矮虎，安知不因逵此語，足以動其畏害惜命之心。又以長配矮，以形其菌蠢、彭亨之狀，又作者錦心暗用之處。使以長配長，便不成趣矣。故男女相干之事，亦以老幼錯互爲致，特以好色男子配之者，若畀一恐『漏骨髓之徒』，則苦了三娘，亦明亮上位所不忍也。

雷横打『白秀英』，凡好妮子無不『白秀英』三合者。有一不全，即非佳婦。其父名白玉喬，更妙，搭一喬字，便貌美心歪耳。酒之勝色者，酒惟人意是順。女心多有奸刁。世間必無一身呆肉之侯伯，况妮子乎！

命名『玉交枝』亦妙，一丈青、玉旛竿、浪裏白條俱妙。東平妓『李睡蘭』妙，睡闌也。元曲所云：『使了錢像檢屍一樣嫪戀，教骨散毛拎凌辱做半死，身形不比那捱闞的，只會對飲齊乾，被我唱曲説書，便躲過一睡』是也。

『智多無用』，須加亮，亦妙甚。洎有『一清道人』，亦可消自竄争競之風。濁而不知道，則非真幹事人矣。以公生明之人，又得一清加亮，爲事何患不成？其事其人爲有爲無，固從來著書家之所不計。觀莊、列諸子，便知《水滸》第十七回吴用云：『春暄無事，正好廝殺取樂。』無不看作閒話，誰知吴生一生本領，在此一句。蓋彼知虚幻，覷功名等閒久矣！身何必亂朝，身何必不水滸，其身在諸人之中，心出諸人之外，故能心無執著，萬法皆通。其在此中，特以此遣日耳。雖與之蔡京之位，可居可不居，况宋江之位乎？

『長樂公』不致命於朝三暮四之僞朝，而專行好事於屢遭芟雉之黔首。諸將掠婦，遺無不受，後必訪其家歸之，易地則皆然。

晁蓋只知三阮初時之有用，不知未見世面之人，大處無用。

董平萬夫莫當，而『心靈機巧』，故會因太守之危，而挾聘其女。心靈機巧人能禁其淫哉！降山泊後，賺開城門，畢竟先奪了女兒，又見用人者當隨其所好，即以爲餌也。

『太守程萬里』在童貫家館，自謂前程萬里在此途也，而不能保其身若女。

天后時，將李楷固善用羂索，羂人百無一漏。鞍馬之上，狀如飛仙。此『扈三套索』所本。《水滸》寫一丈青『一騎青驄門』，是喻二根。王矮虎門過十合之上，看看手顫脚麻，槍法便都亂了，與《牡丹亭》雨點的梨花亂攪，『裊得腰身乍』同意。一丈青便把兩把雙刀直上直下砍，歐鵬槍法精熟，也討不得那女將半點便宜。又『舞一條鎖鏈』，半硬全軟之物，難得豹子頭一馬從『刺斜』裏殺將來。馬麟却來幫住，兩個都會使雙刀，馬上相迎，真看的眼也花了。一丈青緊追，馬蹄好似『翻盞撒鈸』，縱馬直奔林冲。林冲賣個破綻，放一丈青兩口刀斫入來，却抑丈八蛇矛逼個住，『兩口刀逼斜了』，喻行房法極奇。『只一拽』，又喻得妙，活挾過馬亦佳。

解珍道：『我那姐姐，有三二十人近他不得。姐夫孫新這等本事，也輸與他。』母大蟲道：『我今日便和伯伯併個你死我活。』身邊便拿出兩把刀來，且住休要急速，顧大嫂貼肉藏了尖刀。一丈青戰呼延，把兩刀掛在馬上，底下取出紅綿套索，等他馬來得近，紐過身軀拖下馬來。大樹下十字坡，及賣人肉饅頭，弄殺頭陀，俱是譏嘲女道。人皆不解，何況《牡丹亭》蝴蝶門耶？『大樹』喻人身也，楊姑姑劇：何處荷香？侍婢云：『是前面沼中。』這等香的好，亦嘲女道。

『雙槍』一物而供前後兩用也。用一丈青孫二娘，同捉『風流雙槍將』，妙甚。一物供前後兩用，方算風流，否則非兩婦莫捉也。風流人得兩女共捉，亦應甘瞑。『用麻繩背翦綁了』，亦是將繩比咏毛，將其背比那件，一笑。王婆叫西門吃了『寬煎葉兒茶』，十字坡從裏面『托出一鏇渾酒』來，亦是女根好譬喻。『鏇』字更妙。『大樹藤纏』喻筋也，『本家有好酒好肉』，要『點心』時『好大饅頭』，聖嘆批『本色行貨』四字，是知其解者。婦人道：『有些十分美的好酒，只是渾些。』武松道：『這個正是好，生酒熱吃醉好。』尤爲個中解人語。

《水滸》，家屬謂之『窩伴』，所思謂之『影射』，尤妙。天下『詐』僞人多，故不問便殺，爲與天争權好漢。天下『詐』女人又多，故不問但淫，亦爲與天争權好漢，王英是也。

《水滸》只是作者恨極不究於學而加亮，但『奸鬼恃文』等輩，特造此書，開萬世好漢心竅，俾竟放手殺之也。天下不才刁婦極衆，亦不爲彼護此，口中勉依，心裹實要，陽避親戚，陰就奴外，越撑越要狠迸不壞之雌竅矣。

女兒被人『養作外宅』，父親還感他婣嫪養己之恩，足見富則女兒係代他姓索債之物，貧則是件售辱養生家具。認作親，責其孝，皆癡也。

通奸只坐以『不仁』二字，便令風情立不起。丈人羞惱不可言，丈母、女兒已使新女婿勢頭，世間如此事極多，寫來爲之一笑。

貴如『高』輩，不能無奸。自賢文不分貴賤，致賤者狃於習聞，謂是至辱，便起殺心。貴者恐其殺，又必先殺之，爲天下多無限事。私罪贖貴之俗，殆已早料及此，爲天下省却無數煩惱。陸謙，妙。以謙名者，率如此矣。

林冲殺陸謙云：『你自幼相交，爲何害我？』殺差撥云：『你這廝原來也恁歹。』天下人十九如此，怪不得梁山酒店之例，『精肉片爲羓子，肥肉煎油點燈』，世間賣君賣友，日日鳥獸行，無法禁治，何必獨爲彼妻女惜耶！正如武官令武士比試，『何慮傷殘』。

金蓮想到『打虎力氣』入骶，真是解人。蓋男子交歡，所重在氣，氣足則虹可挺長，球可鼓脹，精又難洩。木剛强故多力，火氣猛故多勇，即泄，片刻復振，如松之酒量，亦是氣足敵得過酒耳。食量好則精無窮且力大，如此將裸交之頃，抱挾擎提似舞燈草，玩己真如掌上；騰掀覆壓如頹玉山，弄己真若孩兒，亦婦女之至樂也。

『想武松必然好大力氣』，寫盡婦人貪觸醜念。夫至欲以打虎力氣觸其物，則婦人之禁於賢文，其寃苦何等也！寶鏡以照面，瞽者竟以蓋卮，打虎力氣以報國，金蓮思以撞牝。真乃各有所急，各有所取，一笑。令人想唐將王鍔呵氣高數丈，若練衝雲也。

『玉麒麟』者，好看好聽而無用易碎之物也。晁天王托塔而已，不是真王。『及時雨』爲爲惠而不適用者告也。『晁蓋』趫則不能覆物，《水滸傳》只深寫宋江、吴用，《西厢記》只深寫一紅娘，《西門傳》只深寫一玉樓。蓋紅娘躬逢盛事，極想挨身。玉樓喻世間頂乖人，既知受騙爲妾，索性一聲不嘖，一切隨順衆去，直待西門物化，逕行遂其初願。既爲敬濟所挾，一時無處剖白，便亦即隨順之，而後以計處之。喻既涉仕途，惟有如是耳。

『李嬌兒』反是二房，言此輩雖良品，實在倡下也。戒萬世之先奸後娶者。

『潘』者拚也，『傳』者負也，水先生自然做出烏文章。觀鳳洲《錦衣志》，因知實其親筆，宜瓊山相國亦有《鍾情麗集》行於世矣。

金章宗初置提刑司、提刑所二十四條。

元世祖后，便弓馬，製衣名『比甲』，後長於前。

元艷史：陳『婆惜』貌微陋而談笑風生。『李嬌兒』，江浙駙馬丞相常眷之。

唐玄宗時，番寇凉州，天神現形，寇遂奔潰。僧曰：『此毗沙門「天王」也，主夜叉羅刹。』遂勅各處『立天王堂』，子即那吒。

倪直勇悍有力，一飯五斗米，十斤肉，桀悖，好犯長吏。鍾離意爲暇丘令，乃召署捕盜。

『椽』，王建入蜀，有無賴勇悍輕生者百輩從之，親騎軍皆『拳勇』之士，悉有『混號』。

作《水滸》者，蓋熟觀《金史·移剌蒲阿傳》，見元將用兵之妙，圍金如戲耳。『招文袋』出金世宗，以別吏。宋太宗以前，此流罪之人非理死道路者十之六七，乃令並配『牢城』，杖用官印，『枷』上刻尺寸。金『牢城軍』則嘗爲盜竊者，『土兵』則以司警捕之事，『禁軍』日給錢五千，米升半，取身長五尺者爲之。各處兵有合式者，皆送補禁旅，又更迭出戍將，遂無專兵之弊。明禁衛兵亦挑取頭撥爲團營，總以兵。尚書公侯充總兵領操，亦無印無衙門也。

金制：納粟得同進士，或待制翰林。各處就考之同進士，入仕皆授巡檢『知寨』。王德用貌似藝祖，閭閻婦女皆呼『黑』王相公。金時有石州賊閻先生，想亦學究。

《水滸》非皆自創，實本杜伏威、劉文静等傳也。即『拍刀』亦本《伏威傳》。闞棱善使長大兩刃刀，名曰拍刀。樸，中州土音耳。又《李則業傳》，子儀軍中初用拍刀，而業尤甚。

光武自謂爲庶人時，『藏亡匿死』，吏不敢過問。陰麗華其地富家，卒得志焉。宋江不要『三娘』，堅忍過之。

高歡時，趙郡李顯集諸李數千家於殷州，方六十里居之。經趙郡以路梗者，但投其子元忠，忠遣奴爲導曰：『若逢賊，但道李元忠遣。』『柴進』所不及命。元忠因母病遂善方技。問高歡，高昂兄弟來未？曰：『從叔輩粗，何肯來？』曰：『雖粗並解事。』歡遂命子澄以子孫禮謁昂，後至晋陽曰：『昔建義，轟轟大樂。』

《唐書》：南霽雲爲人『操舟』，張巡募萬死一生者，數日無人應，俄有喑嗚而至者，雲也。則『三阮』亦有本也。杜伏威有别將君儀，妻勇而有力，負之逃，豈惟孫二娘等。

《裴度傳》：王承宗、李斯道謀緩蔡兵，乃伏盜京師，刺用事大臣。已害宰相元衡，又擊度，刃三進，斷靴刜昔，哄道嚇伏，度墜溝，賊意已死，因亡去。安禄山使李寶將驍騎十八人，劫太原尹楊光，劇挾以出，追兵萬餘，不敢逼視。是亦武松之類。

《五代史》：石敬瑭留守北京，以劉知遠爲押衙，此《水滸》武都頭朱仝之所昉也。郭威好使酒，有屠者嘗以勇服其市人，威醉呼屠割肉，割不如法，叱之，屠披腹曰：『爾勇者能殺我乎？』威即取刀刺殺之，是『牛二鄭屠蔣門神』所昉也。威以通書算，劉知遠尤愛之，是『蕭讓蔣敬』等之所昉也。又梁攻濮州，使人爲賣油者，入城遍觀，有竇而入。元劉濟作爲工商流丐入賊中。

兵法有『好戰樂鬥』，獨取强敵者聚爲一徒，有輕走善步，疾於奔馬者聚爲一徒。金高彪本遼人，日行三百里，披重甲歷險如飛。隋麥鐵杖，日行五百里，廣州刺史俘獲以獻楊素，遣頭戴草束夜浮渡江，知賊中消息，奏授儀同。故『戴宗』亦不可少。

《楊行密傳》：『曲溪將劉全策宣州刺史趙鍠必遁，紿曰：「將軍若出，願自吾壘而偕。」鍠喜，妻以女，明日諜城上曰：「劉郎不爲公婿。」鍠宵遁，獲，斬之。』『董平』不過小變其意。欽宗時賊將董平引衆寇城，『呼延贊』鷙悍輕率，作降磨杵，服飾詭異，乃宋初太原府人。『扈』再興，濰州人。每與金戰，肉袒徒跣。『王倫』本宰相子，金曰：『此反覆之人也。』誅之，金反覆轉勝，倫反覆便死，小人可不自視所處地，平『劉豫』，殺將『關勝』降金。

宋濰州王康赴官市，大猾號截道虎者，毆康及其女幾死，吏不敢問。

宋祖取衛士，皆取拉折弓踢起土者。狄青出入市井，輒聚觀誦其『拳勇』，蓋五代積習也。禁軍諸使悉書所掌兵名於梃，故《水滸》以棍爲主。

宋孝宗習勞，宮中嘗携一漆裹鐵杖，所以『智深禪杖』如此。

烏春善煆，金太祖欲以婚結其歡心，乃以被甲九千來售，故有取於『湯和、徐寧』。

金圍顯州，軍士『踰城先入』，燒其佛寺，烟焰撲人，守陴者不能立，乃乘之。元張柔攻光州東北，聲振天地。西方乃植梯登。章邱民有霸王社，攻剽奪囚，無不如志。种諤左右有犯，或先捽其肺肝。『江州』等事，非無本矣。元時汪惟正懸燈柵內，順地執轉，以防不虞，『扈莊燈』非耐庵所能杜撰。

朱玫附朱温，數遣人入京燒積聚，殺近侍，聲言克用所爲。吴用特師此智。

宋武行德，榆次人，身長九尺，晋祖出獵，見其魁岸，又所『負薪』，異常人。令力士更舉之，俱不能，因隸麾下。其『石秀』之流歟？

宋太祖以羅彦瓌爲内外都軍『頭領』。太宗曰：殿前衛士如狼虎者萬人，非張瓊不能『統制』，張思鈞質小而精悍，宋太祖嘗稱其『婁羅』。

北齊時，步落稽據安定以西山谷三百里，與華人錯居，而未能役屬，别自爲俗。德州平原東有豆子䴚，地形深阻，劉霸道聚衆十萬，是亦『山泊』之類。不獨苗峒通數省，竹箐叢生，彌望無際，幽岩曲澗，在在皆然，鱗次櫛比，殆無空隙。賊從内而視外則明，每以伏弩得志；我從外視内則闇，雖有長技莫施。况將午而後開朗，未晡而已晦冥。自言朝有千萬軍，我有千萬峒也。

唐太宗選精鋭千騎，皆皂衣，分左右，使敬德、叔寶將之。每戰，自率之向前，所向摧敵，故《水滸》知兵在精猛心腹而不在多。凡步兵與車騎戰，必依險阻林澤。騎兵遇澤、圮，當疾行去，是必敗之地。我衆敵寡，不可戰於險阻之間。若我寡敵衆，或要於隘路，或日暮深草，夜戰必多火鼓，使不知所以備。山上之戰，不仰其高，有形勢利便處須先據。我欲不戰則阻水扼之，欲戰須稍遠水。旗齊鼓應，雖退必有奇兵。軍無選鋒曰北，又須既勝若否。

宋曹友『聞製旗』，書滿身膽，孟珙書其驍將劉整『旗』曰賽存孝，故《水滸》將必有旗，以自標顯。

金末扢答，形如中人，而槍長二丈。又用手箭，皆以智創，子弟莫傳。夏人立礮於駝鞍，『張清石子』蓋有由矣。

金末郭蝦蟆射人肘下甲不掩處，無不中。又嘗貫人兩手於樹。金蒲察世傑，七牛挽不出之車，手挽出之，遇宋兵二萬，戰敗之，連射數十人，皆應弦倒。『花榮』輩固不可少。玉哇失〔一〕，阿速國人，從元憲宗征蜀，遇虎張吻，以手探出舌，持刀割之，亦不弱於『李逵』。元將也先，本遼人，問遼所以亡，恨甚，聞元起兵，即往獻策曰：『兵貴奇勝，何以多爲？』聞金留守，欲代邀而殺之。懷其誥命，入據府中，木華黎至，不費一矢，得地數千里。金人喪大根本。又籍其私，養敢死士萬二千，上於朝，木華黎以爲前鋒。及破汴，悉以諸軍俘獲賜此軍。『華州進香』，亦非吴用憑臆所能。

宋牛思進，祁州人，嘗令兩力士拽其兩乳不動。晋劉牢之，能跳五丈澗。唐宋之問父令支能拔牛角。北魏静帝美容儀，而能挾石獅子以踰墻。晋時蔡裔，聲若雷震，拊床一呼，兩盜俱殞。吴興沈光，陳亡後居長安，幡竿高十餘丈，走上，透空而下，號肉飛仙，殉隋煬難。

李顯忠還宋，聞其妻周在黄龍綉工，遣三人往取之。共許金一千，各奏補承信郎，先畀五百。三人果至彼，用籠床去其裏隔，盛周氏載於車以行，達江南，果以應得恩澤郎與之。三人大喜，曰：『太尉更有一妹在燕，願取之。』忠別許金，三人曰：『已得金矣。』又取歸。時楊存中亦遣人取其故妻止於平江別宅居之，以再取趙氏，不容共居也。金人來，乃言臣僚多以金銀遣人取其家，恐金帝聞之不便。則『盜甲』未爲奇矣。延安韓世忠嘗過米脂親家會飲，日夕關閉，忠以臂排門，關鍵應手斷。嘗乘悍馬馳峭壁，用鐵胎弓。所使槍名『一把雪』，喜與交遊痛飲，資用通有無。或不持一錢，相從酒肆貰酒。江上之役，豳金先鋒鐵爪

〔一〕玉哇失，底本作『工哇失』，據史實改。

鷹。李逵、魯達輩，固不絶於世耳。

金太子斡離不給馬擴田，久之，曰『耕田不即得食，願爲酒肆以自活』，欲因此雜結往來之人，復與山寨通耗，此『朱貴店』所本。信王遣擴詣康王，轉河朔，皆大盗據要險，輒單騎至其寨，與結約。言：至朝廷，即先授爾輩以官。渡黄河時，皆盗魁自摇舟相送。桃花山『張爺船』蓋本於此。

杭州苗變，韓世忠兵皆以塵蒙面。『弊裂衣裳』，或以『藥封面』。

南宋杭妓有名一丈白者，招安將劉忠號青面獸。張用以五萬人受岳飛招安，飛使臣十人，以馬皋之妻『一丈青』嫁張用爲妻，遂爲岳軍統領。有二旗在馬前，曰關西貞烈女、護國馬夫人。用已受鄂州招安，而妻『一丈青』奮身出，招中軍人隸麾下，中軍人皆歸之。

金攻張榮於鼉潭湖，榮『梁山濼』漁人也，有舟，二三百人，常劫掠。榮至通州，取人四肢，醃曝爲糧，得脱者少。見金人皆小舟，隔泥淖，曰：『我舍舟而陸，如殺棺材中人耳。』《水滸》之能『拒捕』如此。

粘罕初圍太原，有『保正』石頳保聚拒金，釘之於車不屈。李進者，軍中呼爲八洞鬼，寇弘守濠以『狼牙丁』作破金槌，有緣雲梯上者擊之，兜鍪與腦骨俱碎，積尸如山。世忠將呼延通敗金於盱眙關前。

昔人有『認旗』二，曰天下弓馬客、一國教頭師。岳飛討湖賊，先於上流放下草薪，又於『隔水罵之』，賊投瓦石填成路，遂入。

萬俟審岳氏曰：『相公記得天竺留題，寒門何載富貴乎？』蓋『江州酒樓』所本。

周勃『椎樸如李逵』，每召諸生説事，南面責之，趨爲我語，而种師道初從張横渠學。

吴玠預爲壘日殺金坪。宋初有王珪能用『鐵鞭戰』。世忠創『長斧』，上斫人胸，下砍馬足。李剛言：河北塘濼深不可涉，淺不可舟。張遇號一窩鋒，阿里從討宋，破賊船萬餘於『梁山泊』。金末，豪民掃合立『私渡』於定陶門，逃兵盜賊皆藉囊橐。强伸能赤身戰，貌極醜而膂力過人，得敵箭折而爲四，以銅鞭發之。元太祖得蹄筋翎根『甲』。史天倪，燕永清人，所藏活豪士甚衆，以俠稱於河朔，爲元掠三河，皆望風款服。元世祖以『五臺山僧多匿逋逃』，詔索之。元將楊以安征宋，至守將本籍，俘其家屬以招之。

劉文静爲令太原，知其豪傑，一旦收集，便得多人。唐秦王謂敬德曰：『丈夫意氣相期，吾終不信讒言，以害忠良。必欲去者，當以此金相資，表一時共事之情也。吾執弓矢，公執槊相隨，雖百萬衆若我何。』按轡徐行，『射追者輒斃』。謂建德未見大敵，度險而囂，是無紀律也。捲旆而入。出其陣後，張唐旗幟，『囚德至洛城下示世充』。

叔孫通初至漢，專言『諸故群盗壯士』進之。史思明衆數萬，子儀『選騎』五百『迭出』，挑之三日，賊疲，乘之大破。

李靖取突厥，督兵疾進，『遇候邏皆俘以從』。吕蒙白衣摇櫓至潯陽，關公『所置屯候悉收縛之』，以故公不知。班超在西，率數十人夜攻匈奴，使火其廬，令不知數。裴行儉討突厥，『伏壯士糧車中』，以精兵踵其後，虜獲車取糧，壯士突出，自是糧車無敢近者。

劉琦趁電砍金營，百人者聞吹竹而聚。漢時堅盧範主之屬，『縛郡守釋死罪』。冼氏之破侯景高州守也，令夫『遣婦往參』，將千餘人，步擔雜物，唱言輸賧。自古名將無不以兵少用權取勝者。

李愬獲蔡吴秀琳，『親釋其縛』，署爲將。獲李祐，諸將素所苦，請殺之，愬『不聽』，以爲客將。間召祐，屏人與語，使統其材鋭士三千人，故諜者『反效以情』。及入蔡，祐等坎墉先登，衆從之。『殺門者，留持柝傳夜自如』，《水滸》特合聚諸史以成一奇耳！誰謂讀書甚少人不妨作小説耶？

『徽國文公』，酒酣氣張，悲歌慷慨，嘗刊小書板助用度。每言今日學者，上爲靈明之空見所持，下爲俊傑之豪氣所動，某幸全此純愚，但見江西士風，好爲奇論，耻與人同。不知介甫之學，正祖虚無而害實用者。伊洛故起救之。然浙學尤更醜陋，蓋自荆舒風動，反理之論日熾，經生文士，歧爲二途。謂事爲皆智力所營，於德行無涉。漢唐與三王等。近有一種議論愈可異，大抵名宗東萊，而實襲同父，不知黄老竊弄造化之機，故流刑名。因盗儒之多，遂欲無儒。如山移河决，使不問愚智，人人皆趨時徇勢，騖於功名。敦其俗而彌薄，苛其防而益婾。吕伯恭舉止草草，編《文海》枉精神，逝後更被後生輩説出一般惡口。小家議論，賤王尊伯，不知馭之以智則人詐，犯荆棘，入險阻之私徑，難以須臾。寧處於斯世，而欲刻新求媚，渾忘靖康以來，乃是亘古大變。率獸食人，豈是小事。皆由汩利害中，於討論世變處著力太深，以致此。正恐援溺之意太多，計欲撒不親之防耳。塗民耳目，已非正心。議曹以頌美爲奉職，法吏以識旨爲當官，尤非。科舉固不可廢，奈邇年翻弄得鬼怪百出，一味穿穴，旁岐曲徑，以爲新奇，蓋人心消蕩，故險詞怪説，雜然並起。至有尊安石爲名世之學，乞榜朝堂救跛成痿者。建昌既説得弩眼動地，如陽臟人吃了伏火丹砂。最是永嘉，浮僞纖巧，不美尤甚，而後輩偏宗之。至於陸氏之徒，其實學禪不至者，自託於儒耳。空腹高心，便安藏拙，憑虚舍實，逐影迷真。彼謂容貌詞氣，不必深察者，其説亦乖戾狠悖，徒使人顛狂粗率。雖蚩尤五兵，李斯篆隸，苟便於世，豈以人廢？然偶語《詩》《書》者刑，以古非今者族，正斯所爲耳。夫禪乃小人兔窟，以前有過惡無礙也。五倫，人道之經，而忍斷棄之乎？想有若宰我，非不自智，幸其時未有禪學可改換。吾謂人欲學禪，何不竟學，又將儒書夾雜了，説道是龍又無角，道是蛇又有足。近則兩家門人，互相排斥矣。夫周孔決不肯仕漢唐，則學術如陸宣公足矣，何必比二家者。若漢文十三年，遂除田税，景二年，賜天下半租，三十税一，雖謂過三王可也。此二家而濫觴，即是《水滸》《西遊》也。明自神宗御世之後，如文翔鳳之類所作，可謂文妖，仍舊是者兩家出來，鬧個散場。惟我聖代科舉，此等論永絶，聽其説部偶見，宜乎萬萬世也。

辟支獨覺也，阿羅漢獨了生死，不度衆人，爲小乘。圓覺半爲人，半爲己，爲中乘。前劫諸佛，如儒之羲農，周穆王時始有釋迦，猶儒之魯哀公時始有孔聖，儂按援釋入儒，實徒費力。儒之修道，一擔都在皮囊上，惟其有法，是以無法。佛雖從無依生，無圈可位，力無所畏，成就一切，未曾有法。豈止五行不足以盡陰陽，躔度不可以泥天道。覺無極即是本性，本性即是無極，但有二必不是以五根識爲成所作，智意根識爲妙觀察智，適成百千億化身，貪嗔癡各一千世界，執有執無兩衆生。含藏識爲大圓鏡智，清浄法身。然嘗云無明實性即佛性，幻化空身即法身，若還踏著無生地，步步頭頭總現成。幻化非真相，色空都一樣，無相即是無住，無住即是無生，無生即是無滅。貪嗔忘，地獄滅。愚癡斷，畜生絶。稍涉愚癡，即畜生根。稍存我慢，即修羅種。儒譏佛以運水搬柴爲妙義混理，欲而不辨别，豈知其外不見欲境可染，内無欲心可行，定不向欲界受生。山僧無一法可説，只是治病解縛。佛法最嫌揀擇，説什麽粗細淺深，雖涵蓋乾坤語爲體中玄，隨波逐浪語爲句中玄，截斷衆流語爲玄中玄。劈破三時便兩邊，豈真有三要三玄之實法哉？最上乘者不見垢法可厭，不見凈法可求，不見涅槃可証，不作度衆生心，亦不作不度衆生想。若見有衆生可度，即是我相，有能度衆生心，即是人相。謂涅槃可求，即是衆生相。見涅槃可証，即是壽者相。《法華》云：『如來出世如大雲起雨，一切隨分受潤。』凡夫説法，我能我達。我雖説法，無有説法之意，無法可説，是名説法。有情人説法，分枝分葉。無情説法，如鐵樹即開花，却無心也。最忌者是所知障，斥爲天然外道，以正爲分明極翻令所得遲，不免墮空落外，故有殺活齊行，縱奪互用，即此用、離此用云云。《傳燈録》云：『黄花若是般若，般若即是無情。翠竹若是法身，法身即同草木。此身無象，應物現形，所以土木或同骨肉。』如彼之言，不足齒録。其於萬象，惟似木人見花鳥，鐵牛不怕獅子吼。受人贓誣貶剥，只似仰天而唾。却要如理實見，打開煩惱，浮雲實見。山花開似錦，湖水緑於藍，隨處現青紅，頻頻發嫩草。潺潺澗響，翦翦新芽，斗轉星移，波流風動，色相宛然，留不可得。空不以不見爲空，以其無實用言空。若見暗爲暗，此特無明無相。空中有相光，打不離，割不死，火假緣生，而外頭火、人身火本是一火。參透了三界，即是一身靈光。性無來去，包天裹地。内心量小，不名大身。若在欲而無欲，居塵不染塵，百花林裹過，一瓣不沾身，管取山河大地，即我一丈六金身也。只一棒逼得人直下，無古今去來之相，男女人我之異，不容刹那異念，流轉名相，不容有轉變别作計度處。非徒譸張雄誕，萬事隳弛，物則盡廢。貴在悟得無境已的臨時，不期然而恰好。即前後際斷無理可伸，且恐被正知見障却神通，可惜死了不得活。不肯學死套頭話粧門面，揚己長恍惚籠罩，虛張門庭聲勢，無你强他弱之理。只是棒打石人頭，則不被世間一切法之所蓋覆之所回換。曹溪以下，尚且旁岐，四出崖岸，各封奇名異相，以羅天下之學者。諂魅英靈豪俊，失却真淳之舊。况吾儒者，未悟造物以欲具爲餌，哄人替他生育。大患雖攘其人，人有個未生前本法本分，不從人得之本色。洗面摸著鼻梁，下坑兩脚點地，一切治生俱與實相不相違背，却非一切男女躁擾不停，來則應去，不思則識蘊空。常行無相無著之行，放出不著境界，收來不住妄想之説。而最重者，名相不忌所知障，不禁能所法。於無憶名戒不隨，名定何有，顧欲蓋覆禪宗，回换象教，無乃徒資笑柄乎！

笠閣批評舊戲目

《翻西廂》，研雪子作。上下。
《正西廂》，陳莘衡作。上中。
《蓋世雄》，李蕊庵作。上中。
《西樓記》，袁令昭作。中下。
《翻琵琶》，下上。
《灌園記》，張伯起作。上下。
《紅拂記》，張伯起作。中下。
《續西樓》，上下。
《一捧雪》，李元玉作。中下。
《一團花》，俞德滋作。上下。
《一合相》，沈蘇門作。下上。
《一藏金》，下上。
《雙紅記》，更生氏作。中中。

《真西廂》，周聖懷作。中上。
《後西廂》，石天外作。下上。
《十大快》，郎潛長作。上中。
《楚江情》，猶龍改《西樓》。上下。
《續還魂》，静庵作。下上。
《還簪記》，猶龍改《灌園》。上上。
《女丈夫》，猶龍改《紅拂》。中上。
《水滸記》，假屠赤水名。中下。
《後捧雪》，胡士瞻作。中上。
《一片雲》，上上。
《一柱天》，中上。
《一篇錦》，即抱影子《闔家歡》。中下。
《雙雄記》，即馮猶龍《善惡圖》。中下。

《三報恩》，第二狂作。上上。
《四大記》，竹中人作。下上。
《五倫記》，邱相國作。中中。
《十大快》，下下。
《百花舫》，紫虹道人作。中上。
《千祥記》，無心子作。下上。
《萬事足》，馮猶龍作。上下。
《稱人心》，即《巧移花》，上中。
《人天慶》，中中。
《齊天福》，即《月華緣》，下下。
《黄金甕》，萬紅友作。上上。
《冰山記》，陳治徵作。下下。
《夢境記》，蘇漢英作。上中。
《明珠記》，陸天奇作。中中。
《報珠緣》，上上。
《錦蒲團》，即《金不换》。上上。
《雙玉人》，下中。
《五全記》，託楊升庵作。上中。
《七奇俠》，下中。
《十醋記》，即范希哲《滿床笏》。中上。
《百和香》，中中。
《萬全記》，范希哲作。中中。
《没名花》，吴名翰作。下中。
《補天記》，即希哲《小江東》。中中。
《井中天》，種香生作。下中。
《金瓶梅》，玉勾斜客作。中上。
《花蕚樓》，有情癡作。下下。
《杏花山》，下上。
《趕山鞭》，中中。
《合浦珠》，袁令昭作。上中。
《春富貴》，沈瑶琴作。上下。
《玉堂春》，中上。

《巧雙緣》，史叔考作。上下。
《吉慶圖》，下下。
《試劍記》，長嘯山人作。下中。
《紅蕖記》，沈伯英作。中中。
《紅情言》，王介人作。中上。
《狀元香》，下上。
《化人遊》，野航居士作。中中。
《玉符記》，袁令昭作。上下。
《獸錦袍》，上中。
《昇仙傳》，錦窩老人作。下下。
《青衫記》，顧衡宇作。中中。
《美人計》，下下。
《冬青記》，卜藍水作。上上。
《人中記》，下上。
《酣情盼》，癡野詞憨作。下上。
《鬧高唐》，洪昉思作。中中。

《回文錦》，洪昉思作。上上。
《香草吟》，徐野君作。上下。
《錦上花》，中下。
《天然合》，中下。
《紅絲記》，四會堂作。上下。
《鬱輪袍》，西湖居士作。中中。
《醋葫蘆》，上中。
《黨人碑》，邱嶼雪作。中下。
《竊符記》，張伯起作。上上。
《鬧揚州》，毛季連作。中中。
《青雀舫》，徐元暉作。上下。
《古美人計》，慶封事。上中。
《連環記》，王雨舟作。下上。
《紫金環》，李雲墟作。上下。
《小春秋》，下上。
《續情燈》，薛既揚作。下中。

《賛神龍》，下下。
《癡情種》，文漣閣主作。下下。
《歸元鏡》，釋心融作。下上。
《龍圖賺》，中上。
《鴛鴦被》，四會堂作。下上。
《幻影圓》，迦笑人作。下上。
《錦帶記》，世德堂作。中下。
《鬧勾欄》，中上。
《藍橋記》，洞口漁郎作。中上。
《軟藍橋》，下上。
《彩鸞牋》，邱相卿作。下中。
《美人香》，即笠翁《憐香伴》。上下。
《結髪緣》，沈伯英作。下上。
《分鞋記》，涅川居士作。上下。
《易鞋記》，中下。
《名花譜》，種花儂作。下下。

《人天樂》，王九烟作。下中。
《青樓記》，下中。
《錦囊記》，渾然子作。下上。
《嬌紅記》，孟子塞作。中上。
《情不斷》，上下。
《情中義》，下上。
《漁家樂》，下下。
《鬧虎邱》，中中。
《長虹橋》，洪昉思作。上下。
《洛陽橋》，許見山作。下中。
《通仙枕》，中中。
《全德記》，王百穀作。下上。
《弓鞋記》，下中。
《珍珠衫》，袁令昭作。中上。
《西湖扇》，紫陽道人作。中下。
《海市觀》，中下。

《砭癡石》，裘叔度作。下上。
《財星現》，中上。
《開口笑》，即《胭脂虎》，中上。
《野狐禪》，朱寄林作。下下。
《風流配》，鶴荅子作。中上。
《聚寶盤》，朱素臣作。上下。
《義俠記》，沈伯英作。中下。
《芙蓉影》，西泠長作。下中。
《想當然》，盧次楩作。下上。
《非非想》，上中。
《賣相思》，研雪子作。下上。
《幽閨記》，即施君美《拜月》。下上。
《葡萄架》，中下。
《呼盧記》，全無垢作。上下。
《陀羅尼》，下上。
《戰荆軻》，袁令昭作。中上。
《血影石》，下上。
《兒孫福》，下上。
《虎囊彈》，邱嶼雪作。中下。
《分錢記》，沈伯英作。上中。
《摘纓會》，筆花主人作。中上。
《胭脂雪》，中中。
《醒蒲團》，衡栖老婦作。下中。
《元寶媒》，周鷹垂作。中中。
《風流院》，不可解人作。下下。
《相思研》，婦梁夷素作。下下。
《留生氣》，主弧者作。上下。
《殺狗記》，下中。
《琴心記》，孫禹錫作。下中。
《東郭記》，孫仁孺作。上上。
《大造化》，下中。
《立命説》，蒙春園主作。上上。

《竇娥冤》，袁令昭作。中下。
《虎狼緣》，下中。
《宮梟記》，嗇軒道人作。下上。
《不丈夫》，藻香子作。下上。
《四嬋娟》，洪昉思作。中上。
《獅子賺》，阮圓海作。下中。
《燕子箋》，阮圓海作。下中。
《玉雙飛》，萬紅友作。上上。
《美人丹》，吴雪舫作。中上。
《青梅記》，汪昌朝作。中上。
《惜花報》，王丹麓作。下上。
《資齊鑒》，萬紅友作。中上。
《换身榮》，吴又翁作。上上。
《天降福》，上中。
《世外歡》，中上。
《秦州樂》，中中。
《成雙譜》，下上。
《樂安春》，下下。
《生平足》，中上。
《萬年希》，上下。
《鬧華州》，下上。
《臨濠喜》，中中。
《人難賽》，上中。
《三多全》，中上。
《地行仙》，上下。

此特據所見所有臚之耳。濫本橫行，何能盡見，不但傳奇也。惟書之識趣高超者少，是以存至數十年、百數十年，便作糊窗覆瓿之物。然無論筆鬼墨精，悉從敝簏躍出，既撰一書，即下下品，其中必有數句出前人外，可供採取者。是以肖孫刷以贈送蓄家，或棄或留，較之其他長物，終覺耐久許多。若專以傳奇論，則曲者，歌之變，樂聲也；　戲者，舞之變，樂容也。將夜爲年，混真以假，使俊傑有所寄其思，雖欲廢之，可得乎？《拜月》《荊釵》，元之南曲也。北音爲曲，南音爲歌。北人不歌，南人不曲。北力在弦，南力在板。南便獨奏，北便和歌。北氣易粗，南氣易弱。北字多而調促，促處見筋；　南字少而調緩，緩處見眼。北舞情多而聲情少，南舞情少而聲情多。故造語忌硬、忌澀、忌嫩、忌粗、忌文，調聲則必辨去上，審音則必析陰陽。前人因曲謚名，後人按名造曲，以腔板既定，不敢創易也。如《河套》一折賓白宏詠，曲乃淺鄙。桓歡窄韵，實甫避之。『入破』一套，以《辭朝》爲高，曾而用韵龐雜。玉茗情禪，而曲調則多聱牙，吴中老伶師加以翦裁垛叠之功，方可按拍。即《花判》之【混江龍】，與原調全不相合，才雖茂美，音律徑庭。《邯鄲·打番》，亦名【混江】，尤風馬牛。時流竟以爲定格，依而填之，大可噴飯。覺地下亂音諸老，竟爲魔國津梁矣。能文而毁裂宫調，與好音而束殺文章，皆誤也。然腔板不换，而其中或增字或減字，亦隨人詞意筆勢所到，聯絡成文。近時歌人，或數字咯口，則謬爲裁補，甚至代爲删芟，文闕理荒，爲禍非細。不知曲聖板師，自有那借之法，上作去唱尤易。且場上雜白混唱之俚詞膚曲，聊以代言，老餘姚雖有德色，固不足齒。吴人清唱，亦因其腔板熟落，窮力吟咏，至奉爲終身首調。若抽絲獨繭，綺語神行，即疵爲太繁，不合時蹊。余謂：代話之曲，雜白唱或尚可曉，一入清唱，如啖木屑，即使龍陽、襄成歌之，亦濕鼓啞缶而已。須合白即戲，拆白即詞，縱使簫板閒綴，亦皆雅俗首肯方妙。又謂：他書不可借人名，惟傳奇家不嫌。或鉅公恐以輕狎損賢，不妨托無名子；　或孤特恐無以動俗眼，不妨托老詞翁。以此等文章，重在售意，不重沾名也。他書不可易人面，惟曲與白無拘。或人名事境同，而更换串頭，頓袪庸雜；　或人名事境異，而借用舊曲，順溜優喉，以此等事業，得失既小，人已何分也。况事本陋，而思路一新，曲白俱隨生色。曲本凡，而人境一妙，臭腐且化神奇，豈向沈約集中作賊者比！顧可爲解事道，不必與俗人言耳。如《盛德記》所演，文正公二歲而孤，隨其母育於長山朱氏，既第始歸范村，而待朱備極恩意，既貴，則用南郊恩贈。朱氏父及其異母兄、同母弟之喪，皆爲卜葬。朱氏以公廕爲官者二人。歲時奉祀，則别作饗。雖載在遺事，世所共知，庸手寫之，恰似無理，經名手一换曲白，便覺公於天理人情，可謂得其厚矣。親愛惇篤，發於自然，表而出之，亦使鄙夫寬、薄夫敦也。良由先將朱氏寫得繼絶心誠，實愛至極，遍訪真實名師，設措重禮附學，代修墳墓，虔備祭儀，更覺此劇實可救世。太夫人竟不出場，尤改得通。竟以『文正』二字代公原諱，亦合理。越得鬻薪之女二：曰施，曰旦，教以步容，習於土城，臨於都巷，三年而後獻吴。改《浣紗》者，以山郡非無骨佳，形姱、曼容、皓齒之人，不教不能麗都，意作主，又添鄭旦陪襯，亦妙。《妒婦記》改本，采葛元直、房玄齡、桓範、王琰、柳惔、苗介子事歸於一人，尤其惹看。傳《紅線》，以通經史、號『内記室』爲主，自妙。

南都耍曲秦炙牋

音之爲物，夏叩羽則霜雪交下，川池暴涸；冬叩徵則陽光熾烈，草木發榮。騷賦不能入樂，而後有古樂府。古樂府不入俗，而後以唐絶句爲樂府。絶句少委蛇，而後有詞。詞不快耳，而後有北曲。北曲不諧南耳，而後有南曲。異焉者時，同焉者情，故皆爲萬古一代之鉅章。間有一二異才，既操古音，以追昔日之格；復創變調，以開後日之端。然長吉輩生，而樂府沈深雄渾、高古拙淡之氣消盡。後之稱樂府者，僅襲古題。即有音節，不能合奏，固不若竟作詩餘也。自崇、寧間立大成樂府，命周美成等討論古昔、審之古調，零落之後，少得存者，由此八十四調之音稍傳。周等復增演慢曲、引，或遂移宫换羽，爲三犯、四犯之曲，按月令爲之，其曲遂繁。顧周生負一代名，作詞能融化詩句於音譜，亦且間有未諧，足知難矣。

制曲則先擇曲名，然後命意。最是過、變，不要斷了曲意，須要承上接下。字面粗疎，改之又改。若倦於修擇，豈能無病，抑恐未協音律。字字妥溜輕圓，敲得響，方爲本色。字面亦調中起眼處，何可忽也。質實則凝塞滯晦，疎快則神觀飛越。若字字質實，讀之且不通，況付雪兒乎？第清空中有媚趣，用事不爲事使，心存目想、神領意造，無筆力者亦未易到。拘而不暢，便滯於物，致付之歌喉者，反讓率俗不自惡之俚詞。

夫聲出鶯吭燕舌之間。咏物而止咏物，不著艷語，固非詞家體例。然説情太露，便是耍曲、纏令。人之有心，不能無欲；人之有口，不能無言。景中帶情，以景結情尤妙。全在情景交煉，得言外意。大抵前輩一曲中，有兩三句膾炙千古，餘或率易。邇以爲專門學〔一〕，反多苦澀。楊誠齋謂：『須立新意，方能作不經人道語。止能煉字，並無精爽。屋上架屋，只是人奴。』沈伯時與夢窗講論又云：『詞用字不可太露，露則直突。發意不可太高，高則狂怪。斷不可用經史中生硬字面。』耆卿律甚協，艷俗所宜，未免有鄙處。白石知音，亦未免有生硬處。施梅川音律有源流，故其聲無舛誤，間有俗氣，亦漸染教坊之習故也。

腔律豈必人人皆能，按簫填譜，但看句中用去聲字，最爲緊要。將古知音人曲參訂，如都用去聲，亦必用去聲。其次如平聲，却用得入聲字替，上聲最不可用去聲字替。不可以上、去、入盡道是側聲，便用得。前輩好詞甚多，往往不協律，無人唱。如秦樓楚館，承意變聲，多是教坊樂工及市井做賺人所作。只緣律腔不差，故多唱之。古曲譜多有異同，至一腔有兩三字多少者，或句法長短不等者，蓋被教師改壞。亦有嘌唱一家，多添『了』字，吾輩於嘌唱之腔，不作可也。

雖然，烏豬生白子而殺之，是無分於善不善也，從其同異愛憎而已。此怪石也，畜之不利。下土之錦，皆有虛名，知與不知，相去甚遠。忌心不萌，必於他人難解處，尋繹而得其味。自枝山謂「此中有無盡藏」，作《琴心》等集，後習尚繁華，物事瑰異，精思翻樣，匠巧神奇。一事新創，見者色飛；一語怪艷，聆者絕倒。有意出塵外，怪生筆端，或設異想，或切至情，奇尤傑絕。心力微緻，傳其物理，施之無窮者。使無市

〔一〕底本缺頁，從『化詩句於音譜』至『邇以爲專門學』部分，據初刻本補。

井教坊，彼且安所歸乎？故明之妓帖花案，鄙穢難堪，出北齊花品之外。百穀《嘲妓詩》二卷外，或已編爲《彩筆情詞》。惟漉籬子有言：『今所狂惑之奇艷，已不在諸妓，而在諸媼。』正如漢末都魁達於褻黷，利之所在，人人龍君。故舍其談妓者，而登其非妓者。披裘負薪翁記。

和梁少白《唾窗絨》調【駐雲飛】，擊木子作

是白公差，驀地教奴近緑紗。出典休驚怕，不略勝伊麽！嗏！自比野婆家，逢狑須嫁。只怨庸夫，不把東君罵，一半幫忙一半且。

吴王欲娶白勝妻，曰：白無恙，妾幸充宫，今死不可。非物理所恆不，寧非人情所欲不？固然。不候天顔候客奶，宫中盡識客奶尊，客奶眠坐官家前。那知新歡從門來，可憐舊歡從閣去。狠鄙者多轉澆邪，尤可畏也。狑人以山獸野婆爲婦云。

他當閒茶，道我終須身被耍。下幾多頑耍，害我春思野。呀！語語綻心花，甘心受者。好處些些，虧得渠知也，一半輕寒一半雅。

百里奚所賃浣婦當不然。

土俗從來，官又矜貧制教諧。不用將羞害，絶勝私囮輩。偎，主母没嗔猜，寫明姨待。喚換鞋兒，容俺

眠床外，一半全貞一半罷。

《周禮》《荒政》五曰舍禁，九曰蕃樂，十曰多婚。非如『凝恨似帶羞，橫床不易結綢繆』者比，正恐俗子村夫亦採數朵耳。

姨位難捱，鷺事須先大奶奶。半路遭憎怪，只有虚名在。唉！哄我十分呆，真心癡待。兩覺相宜，豈不天婚配，一半鉤腸一半悔。

薛濤云：『鴛鴦頭白不相離，那學秋胡遽長別。』不知胡現女身，亦謂採桑不如逢郎耳。鷺小不踰大。壽運焆有妒趣詞云：『不同眠，不許不同眠，同眠又不肯。』極爲傳神，接以『婉孌柔情，鎔盡肝腸鐵』，更妙。

活法恩施，人世佳期夜夜追。不是前番觶，還是前醪味。嘻！不會俗難醫，長鞋漾起。既會風流，怎得推無意，一半夫妻一半婢。

吴騒云：『漸長漸灣，方見金蓮柔處生。憎太短，空剩骨和筋。論當今，誰似你恁般高興。無心中當把人意傾，有意時直令人魂不定。若遇著真高興的人兒，也把你當活觀音。』若陰詐難禦，邀求浸多，適資後進，自取單乏。

三姓皆知，縱未牽紅是你姨。怎昧心瞞己，看似泥鞋底。噫！忍令受人虧，夢中偏至。儘著行强，不語嘻嘻地，一半嗚冤一半憶。

滇俗：處子孀婦往來，無問情通事。浹然後成婚，若真率不解人意者。直楚女對子貢所謂『吾野鄙之人』，僻陋而無心耳。

命福非低，耐暖禁寒舊臉皮。你既天生會，我也休慚愧。咦！心力負天公，是添年紀。布衿荆釵，惟願長依倚，一半先憂一半喜。

昔人《咏指環》云：『願逐掌中珍，把握從君手。』《咏扇》云：『只恐纔有風情，又將收摺矣。』似此媚而無媚態，柔而無柔骨。污褻附近，順習安便，雖欲廢之，烏可得乎！

天付休謙，無忌無禁漸取憐。命裏教千犯，嗅嗅先消遣。鮮！似玉又如綿，恩情暖軟。久屬他人，今竟親瞧見，一半心閒一半倢。

佳人命薄，只你非關命，未到手神魂亂。只怕硬個是肚腸，軟個是心。然周月仙之『自嘆身爲妓，遭淫不敢言。含羞抱人宿，難勝子路拳』，又豈知苗素素有『最宜閒處想，偏向意中人』句乎！

命有千般，生面相逢本苦酸。任你心銅版，見我悽惶慘。顛，勾當宿因緣，遇風流臉。心上鴛鴦，從此無迷眩，一半抓拿一半險。

下面的心兒癢，纔使得上面的心兒迷。

鸞鳳鷦鷯，等鳥何須計下高。休道花嫌草，一樣宜春鬧。喬，典比雇堅牢，免看他飽。花不言明，口拆招人笑，一半遭荒一半巧。

揚州太平園，一枝杏下立一妓館，名『争春』。深情若得檀郎解，嫁將便可一生休。正恐酒量非關酒，從來興自高。須得一服清凉散，藥之花口拆開時。白傅句也。

束縛雖驍，總是温柔鄉路趫。難得雌同調，福地花星照。敖！緣到怎能逃，難休難掉。人面盈房，惡嫚邀談笑，一半柔情一半狡。

徐鷺鴻詞：『白頭如故，肯把須臾負。繾綣幾年餘，何日不形隨影顧。』又有『舊好聊相款，新歡且未同』句，以正在破瓜年，贈李慶英。英故答以『小開連理竇，微創合歡眠』。陳瓊芳答以『卿無用卿法，儂豈爲儂私』。楊舜華答以『卿今看妾貌，比昔較何如』。皆有『雌同調』之趣。月季花名勝春，別有香，超桃李外也。千鍾不醉，逢人肯嘲，醉來尤妙；逢人肯挑，則惡嫚矣。

荒過情苗，又早狂花得亂撩。動輒逢花報，不肯饒他老。瞧，饞得你魂勞，慌慌你笑。那夢偏癡，已儘他羅唣，一半嬌娃一半媪。

吳歌云：『我若嬌，開你的門兒，也只怕要嬌煞了你。嬌來嬌去，嬌出幾哇哇。』

張幼于詩：『春風情未盡，遇賞即芳年。』但須打叠鬟雲，好伴那六珈偕老耳。

雨思雲襟，逐媚和娛早有心。倒恁恩情甚，不信須姑信。歆，添你價千金，自疑夢境。不是些些，便算輕花命，一半拘牽一半寢。

『謝得玉郎頻盼睞，回眸勾引人無賴。也使閒花沾雨露，商岩本是作霖人。妾身薄命君解憐，不覺銜恩墮雙淚。』醒人見之必醉，死人見之必活。然桓玄有言，如其不爾，籬壁間物亦不可得。

不爲媒親，我是新人未舊人。雖已挨濱進，到手還難近。哼！甜口豈爲憑，昨纔親領。竟喚夫君，奴命應招您，一半無厭一半滿。

劉佩香云：『鴛幃歡昵，似夢兒中。片時相向，經年記憶，對面偏羞澀。今宵一夜，勝往時千刻。』李盈盈云：『薄情人，負有情。期我約，空能準。縱使明朝另有期，此際情難忍。』況下俚貧生，居室湫隘，同天而寒暑殊者。俚歌則云：『使當初静處猪圈，怎博得李汾歡悦。人生萬事都空也，只怕浪蕩心兒没間歇。』『猪精就李』出《搜神記》。

向火因寒，非被空花熱焰瞞。百計支伊眼，襯得春光顯。慚！天遣會千般，這門親暗。忍换春嬌，竟任奴嗔嘆，一半貪多一半敢。

吴歌：『便使舊歡虚謬，你自家基地載弗自家。只怕新人靠著你，倒要跌一交。』

露臂如霜，耐若瞧睃代若忙。那顧人嘲浪，又看人相向。慌，蹋艇與蹡艙，遞伊手上。卧毯鐙邊，猶勝無聞望，一半宵長一半癢。

吴歌：『意興來，何須脱綉鞋。被里更難耽待。伶仃也是自家苦，伶俐也是自家才。』

不放寬鬆，此與看看千倍濃。只顧觀花洞，天産恩情種。供，業眼口相攻，魂靈被哄。反詡惺惺，説是難蒙懂，一半村姑一半勇。

有色無骨，有貌無心，有著體便作媚者。若欲消閒，非渠不可。如王玉英之『顧我風情不薄，却羞逞嬌癡。撩雲撥雨，温香軟玉最宜。』閒雅小窗時話心曲，非此輩所盡諳也，誤學則外癡内黠耳。

改本姥姥耍孩兒

舊案云：老輩儘有後生不及者，何可埋没。

思量就做郎，形成可雙。蹇修甫遇還半床，誰知浸骨有淫香。常時見撫，無端見藏，叫一聲知心會意親老娘。你下得風流，害我春思蕩。害得俺無妻也是忙，完姻也是慌，熱沸在心肝上。（調【楚江情】）

柳永詞：『風流腸肚不堅牢，只恐被他牽惹斷。』幼于壽湘蘭：『徐娘老少無須問，惟有多情惱殺人。』湘蘭答云：『乍見渾疑夢，相看各問年。此際堪愁恨，浮生愧薄緣。』又自嘆云：『悵望鉛華不可留，殘妝猶帶舊風流。含香尚憶窺青瑣，覽鏡那堪減黑頭。香火新更瑣骨佛，家堂齊毁白眉熉。近來不分諸年少，夜夜吹簫向鳳樓。』東百穀云：『别後頃刻在懷，不能朝夕繼見，聯枕論心。何日了却相思債，作人間未有之歡乎？』情事無可對言，落寞何堪自解如此。

没事幾回癡想，待把他儀容畫了，頂禮燒香。衾窩獨自也叫娘，行坐虚空也把魂靈傍。更把高年八字，裝於綉囊，長鞋短屧，陳於綉床。娘，你可在我枕邊衾畔衣裾上？（調【皂羅袍】）

密意須同寢，憐卿特見宜。大抵有天然之情者，不向無情漢輕發；有天然之興者，不向無興兒輕發。亦可與宋盼對涪翁『竟以紅顔誤，翻將白髮迎。惟知貌自惜，難共意同傾』對看。

忘不得不容推讓，忘不得不許慌張，忘不得莊嚴廣博娉材裊，忘不得鸝舌蛾眉韵味長，忘不得泥娘翻把春嬌撒，忘不得授器傳經入浴堂。千般好，忘不得烏雲白玉、粉氣脂香。（調【解三酲】）

多少情悰欲説知，無奈則索還休，而情濃中菁者尤醜。今則良不良，娼不娼，端的喬模樣。專以男女同賭爲賣，勝國所未有。此之不刑禁，闞奚益哉。

偶回房伴伴新妝，非一半空床，似一半空床。意昏迷眼誤心慌，叫一聲新娘，錯一聲親娘。没心情抽身起，顛一領衣裳，倒一領衣裳。眼睛前，身分上，那一件思量，這一件思量。怎能彀日恣輕狂，報一刻恩嫜，少一刻淒凉。（調【怨蟾宫】）

杜翩翩東人云：『連宵春夢不成，應是薄情。推倒巫山也，恨煞平地風波，遂令荒凉雲雨。』郭如英寄友云：『無端春色撩人，不對多情，竟難消遣。足下歸，方將燕爾齊牢，粉膩脂香。妾恨不插羽來杭，先現一兒女相，爲伊説法。』侯淑貞與某云：『幸勿戀伉儷之歡，全冷落我也。』張瑛玉云：『遥想足下，領略秦淮佳麗，與得意人人兩情偎倚。獨不念極卑昵、極狎辱時言乎？人夜固短，妾夜則長也。』楊潤卿云：『泥雲滯雨時，亦念及撮合山否？厚於新則薄於舊，即此是君薄妾，非妾薄君也。』而粱小玉新婚歌云：『半甘半苦曲意從，展舒雪股花城封。玉肌墳起無蒙茸，奇葩不禁驟雨衝。檀郎憐惜不忍春，夕忘寐兮且忘饔。春心透洽奏笙鏞，處子應勝卓臨邛。』奇絶可傳。陳去非詩『我今嚼蠟已甘腴』，但難爲人道耳。

席敉夕終相犯樂 即《西湖艷史》之『男有女好銀紐絲』也。

介郎君骨軟肌靡，眉也稀稀，齒也齊齊，手也荑荑，態也傲傲。竟消得羅紈片片，脂粉匙匙。扯淡的把髻也堆堆，耳也錐錐，脚也緋緋。（調【折桂令】）

呀，好伴詞林，扮著傀儡。著一著綉裙衣，串一串生旦戲，綫一綫賽蓮鞋，仿一仿拳然妖趾，畫一畫深閨根蒂。我則願超君妾，擬君妻，也落得這半生共受富貴，您妓婢並俺連理。（調【感皇恩】）

張敉句：『新管寫幽情，弦嬌調易新。歡娛展情寄，淫豈特書淫。婢妾湖頭魚，未易心所親。』劉孝標聞異書，必往借，故號『書淫』。妓答以『名實常聞知見面，姻緣未合身先孌。詩情本是致人情，君心料得如見面。』怪生於罕而止於習，閩俗反以不開大孔爲駭，是也。

認真做充的冒的，杜人猜依依栖栖的妓。連他每同調鶼鶼，俊的俏的，做個奇奇怪怪的會。或倒轉聲的韻的，把才郎承承奉奉的戲。也叫他疼的癢的，没人知享遍了雌雌雄雄的味。那顧得酸的醋的，趕不來説先嘁，刁刁騷騷的姨（代嫕）。俺事不多姊（代子）些也麽哥，俺的不便然渠也麽哥，况還貼上隨的順的，俺鱉靈姆姆媽媽的睡。（調【叨叨令】）

羅月華有柬云：『彼時春興隨酒興迭增，安得不醉？處處交歡轉眼換，贏得玉人腸自斷。是處風流害煞人，收盡殘花向武陵。』自詡爲嘗湯借宿點卯者，正須此輩挽之。蜀望帝淫鱉靈妻而禪位。

君不聽怪風情銀紐絲，他道是後非前仝其事，他道是鏹非絨紐得絲，他道是味堪饕誰能棄，他道是男勝女由兼此，他道是全讓與極愚迷，他道是前少仗須防瘻，他道是爲後計豈愁疲。咦！灣話輩還如是，何得晋人癡？只望我過三旬也没髭，似者輩鬢毛凋始獨栖，鬢毛凋始獨栖。（調【雁兒落】）

況學會異心殊智，有若干嬴芊姜姬，要檀郎南面稱佳婿。伊雖倚樣新翻青絲緑髮，俺今已逐時宜美髯雲堆。你最倚耳垂璫唇膏面劑，儂原已麝油頭粉厚脂癡。伊專倚長裊裊嫖處灣低，俺竟已暗拳拳雙縛春荑。伊徒倚水淀淀叫喚夫君，俺却已響鐺鐺應承妾婢。可好也送姨姨當藥爲醫，比如叔世，豈必嚴分小人君子。休説是慕容冲思荀氏，老但爲僧勿作尼，見佛來矣。（【梁州】）

昔有《絜鏡詞》云：『假龎兒要人消受。』余嘆爲真才子語。或又云：『世間只看染鬚人，嘴邊先掛瞞心慌。』《咏撥弗倒》則云：『虚頭慣弄似吴生，尚僞從來不尚誠。莫怪美人都是假，紛紛人物幾曾真。宋叟徒能襲燕石，塑佛何須牝牡分。』若看破，古今是一紙休書，偕老的夫妻還假；人世乃千場戲本，裝成之脚色無真。法之變形，猶氣之化蝶，則不見男名女字等差别之名相、之情念，而見諸相非相，即見如來矣。

旦旦曲　都官詩中《一日曲》，爲曹氏作。此名更奇、更别。

倡名傳播，優名傳播。一般千古留名，便算人間好貨。貌既已齊驅，實必使齊驅，伊倒把友朋充做。

我自合妻房真做，勝他多。朝中枉把公公叫，不得爲婆實是婆。

倡雖脛削，優雖脛綽。原來宛轉翩翻，大屈方爲上脚。我弓來更妖，我弓成更嬌，肥膔亮灼，郎肩搶擱。那椿麽背地都供用，明場似没他。弓以末零六寸爲上制，三寸爲下制。翩，反弓貌。大屈、宛轉，皆名。

祖爺屎剿，孩兒脚繰。比之常侍先君，俺覺便宜多了。您既不人夫，您又不人妻，儂則爲妻偏好，儂即爲夫原好。假多嬌，隆背還纖頸，鸞形喜舞翾。鸞類分五色，喜則舞。『先君常侍』見曹植文。

倡中多貌，優中多貌。無如頭脚無妝，減却半邊深妙。奶兒擰得脝，奶兒擰得脝，悦新取變脚。何妨拗，一般高，慧利争憐處，休輸兩截僚。大士貢名，下士貢身，均之貢也。休笞若曹，但恐雖樂不可久耳。

身偏近貴，身偏近貴。豈容不買胭脂，便與貂蟬同椅。會作粉花香，會作粉花香，纔好鎮長陪侍。兼號行姬，晝婢即香綦。擎來也是人中景，脱去須令狀各奇。

人貪旦色，人防旦色。説他若復金蓮，閨閣倍遭狼藉。爲道不妝華，爲道不妝華，河間未聞呵斥。賈午也都消得試，三推就使窺中篝，依稀太監隨。説得屈曲從俗，不乖物理。

相風飄蕩，名關高障。須知既壞其身，即可更名空相。豈須蠶室來，豈須蠶室來，有幾個阿宫同帳。倒可惜藉閦看樣，若田常竟使婁求子，何如用艷妝。不怕深藏牢閉，後房中未老已死耶。

慶家克巧，姜家克狡。衣傳萬代兒孫，全靠金鈿綉襖。但弓灣未能，但弓灣未能，邇既奴身難保。那在學他留表，逞妖嬈。譬本陰陽體，原該冒阿嬌。雪夫人愛粉奴香，正恐並無粉氣。

人心奇怪，人謀忒大。生將男具宫刑，又把女趺彎害。穿牛變絡騮，雕青變鬅頭。由他强改，由他稱快。倒癡哉，既靠優施摹婦態，反訝高墻屈趾來。宫刑自周真淳已失，貴從權，便以利於人而已。沙彌能美，道童可喜。何嘗鸜鵒停交，怎得髡頭鐶耳。者優家便多，者優家便多，索性弄雙香屧也。稱奴家，一世没人譏。只有增貪愛，翻嗔便墮癡。鴝交足勾足，鼓翼如鬥狀，俗取其勾爲媚藥。兩任兄弟，張端王喜。此曹衣鉢雖長，法網理須相棄。俺梨園有婆，俺梨園妓多，只望相公爲孌。不想奶奶，呼睡易防微。風自漳泉起，蘇州已議依。弊俗一靡，其風遂流。本非素習，令不適從。（右調【桂枝香】）

賣香雲吐舌尖，搽粉臆抱君眠。一樣的愛嫪貪怕欲竅涎，憑癖嗜恣狂顛，殘醜好没羞顔。教他女將亡騷艷，鼾足煞長宵春倦。你呵，竟留連孟光榻前，枉奴心纏綿萬千。呀！想又把後當前件。曲中市語，以當客而客生降者爲女將。《禮記》註，竅名曰『醜』。《漢書》註，孔名曰『好』。

俺生來體骨柔，没膀力跳獼猴。只合婉孌偎依向貴遊，宜粉黛稱膏油，裙更屐物加尤。弓灣爲是藏香竇，先取個肌豐汗逗。你呵，好包藏黄鶯土毬，莫另覓梁鴻拙儔。呀！甚麽是宜男真偶？地順受澤，謙虚開張，豈意爾輩亦欲當之。

愛嬌娘爲好事，甘受侮意兒偏。湧出鮮耻貪容在頰邊，卿覷咱兩眸間，堪與賽不期然。兼能報貺聊酬願，還叫你門開方便。少呵，恁濃春奇歡曲全，告天知天都欲兼。呀！那楚館者椿須欠。有千金馬，無十金鹿。鹿有形而無用，不適人身。

腐閨人不肯呼，戢手足縮身軀。正好韽達窗紗反怒粗，人共事便趦趄，饒威教未能驅。儂今一一翻成趣，言恣口聲尤知取。妙呵！彼青樓方斯蔑如，較雞皮何多讓乎。呀！配得過季龍英主。應節趨時心聰性辨者，固多護主報恩之跡。

做王魁怕海神，負前魚謂不倫。爲道向暖如寒總一般，羞面等曲從均，窮謟媚勉清貞。而今燒尾方圖進，柔取束全虧堅忍。久呵，把瓊枝輕同積薪，上金臺饒逢別人。呀！到底算殘脂拋粉。魚虎皆燒尾乃化，羊亦燒乃入群。

學真妻自假婔，喬賤眷肆嘲譏。不審我喪便宜您弗虧，承積氣物增威，兼廣學要方兒。工奇百換春圖侈，還趁咱脂甜雲膩。睡呵！擁村夫如娼有姿，臭頭巾争如麗姬。呀！那畔個畫儂猶妣。金玉血肉，堅軟異倫。故知非類，難相媚悦。

咂湯嫖妓不吁，輪卯要我何虞。只有棄舊憐新是薄夫，儂學您有何辜，偏撞遇倒嗤誣。猥郎易得雄難遇，姑爲你金多貝聚。親呵！癢拚熬待伊染濡，別欺凌君能剗除。呀！叫轉了神丹甘露。雉各一界，要以一雄爲主。

海陵王恣意閒，唐大足竟狼餐。總是百味須知判不端，何況咱落蘇班，饒節操取名難。粗粗細細該嘗遍，驚陡遇潘安何晏。罷呵！欲無窮並情也删，色留人終身守官，譬妓婦於歸標伴。絶愛欲紅仍白處，滿懷春色向人摇。

有羈雌固夢熊，雌有子更傳宗。就是少子無妻也做得通，他圂囡㜮呼儂，姨看待意和融。因奴略勸爺寬縱，分果子同他歡閧。娼呵，脚何能到人宅中，致人家視與仇同。呀！試學咱蓮心衚衕。

念先皇及所熏，賢武帝厚周仁。更有弄出申生晉武君，昭伯輩竟云云，如我等没三斤。馮都未可圖僥倖，從子義却難苛問。老呵！合知休莫貪綉裙，致兒孫糊塗吃葷。呀！并却要都該推盡。唐李庾婢名却要。

未因貧入教坊，原智慧稍癡狂。不覺綉履花衣志所臧，乘此便覓諸郎，貪此法許爲娘。此中不復愁名喪，儂養子原登虎榜。樂呵！論凡間怒蛙戲場，縱猪精竭力勤王。呀！慘痛煞屠門刀杖。時有倡優子出繼者，聽考例式怒蛙，欲人輕死。

割屪嶋只爲榮，因啄勢受趨承。又况兩足原存痛，且輕看無厭自言精，凰獻楚易鑽營。郎中卧起千官敬，花裏活無非佳境。小呵，酒和肴似堪養生，帛和財見得忘形。呀！怪不得甘閹妝嬪。楚人買雉作凰獻，王感其意召官之。

時興法兩女生，三個旦要中精。說道用女爲生乃，不傖看些個倒春情，闕目假欲心誠。想空心處千秋醒，師滅度垂爲優令。去呵，本班中已堪締盟，客貪多個個來姘。呀！假小脚偏教明騁。

將奄尹當子瑕，防可弛理應佳。要識面皺聲嘶損麗華，輸嬪御後庭花，宜太古不興他。取男爲婦兼豪冶，加麈尾鮮穠堪把。聽呵，暗中情常教反撾，僅憎嫌十趾槎枒。呀！自此後金蓮可假。鮮穠可與剛態毅狀相比較。（右調【沽美酒】）

對食歌

調【皂角兒】，豪艷宕麗，淮陽一老原本。

好端端后位居中，密林林嬪妻分寵。又昭昭封出容儀，更幽幽侍中旁孔。我和你算宮娥、司庫物，偶爾沾恩，隔年匆見，把韶年輕送。該容自賞，鴛衾任同，君辨看交交互互，偶遍群宮。鄭註：三夫人一宮，九嬪一宮，廿七世婦一宮。

最非宜遣對閹僮，欠三思糊塗機用。是中人突忽承恩，豈得教刑餘先弄。我和你奉新條、除宿弊，覓同儕爲鄉里，遍相疼痛。雄嫌雜亂，雌欣普同，一會裹主心聰悟，喜慶遭逢。春愁既別開愁國，閨怨亦別闢怨天。良以無情國土，有情身相。

遠迢迢作幕從軍，信沈沈裝茶販菌。您公公携子而遊，俺衆婿抛妻如遁。我和你女隨娘、姑搭嫂，上一床胡錕。都無不作，境冷情温，否否者實難消遣，忍把天瞞。

老阿嬌既已長門，責男淫重將巫擯。勢令人競效南風，咒耶詛百方鬭忿。你只有再沈思、開一面，免消肌容駐色，作來生引。由他嫚褻，由他討論。絶不比慶封盧嫳，吃酒裝村。立夏啖李不瘦，故婦人作李會，名駐色酒。俾洽寬澤，僅有此途。

已清貧故牡升遐，枉堆金華年守寡。學文君破了家規，倣欒祁弄些胡話。我只有糾親姑、鳩義姊，扯婆婆、拉女媳，小成頑耍。助嬌媼監，都堪應差。一個樣迭爲男婦，豈算瘢瑕。不減黃東四家人，具酒肴，合而飲食，共爲娛樂，抵掌劇談。

痿兒夫苦藥當茶，笨兒夫徒然粘惹。躲歡娛去卧書齋，嗜倡優不歸田舍。我只得共雌兒、摹古本，使舌頭知著弰跚。試把嬌羞閒跨，駢酥可捻，雙灣可拿。竟抵過寡情鬚鬢，乏趣冤家。荀婦庚氏，無鬚不許入門。則難怪何曾衣冠南向，與妻相見，拜畢便出，歲僅再三。李益防妻，灑灰户外。李載仁與妻異室，妻反就之，猶取歷視。

有勞銅任意粧腔，一年年添姬買鯗。靠春方滇已無鲃，枉教人强熬虛想。我只得慰張姐、安李妹，長姬隨香御簇，共房同帳。伊名業障，儂堪玉郎。這法子雖然鬼混，頗解恓惶。景東夷婦，無不乳垂過腹。男食鲃魚，日御百女。長姬香御，見韓詩。

杜蘭香醋也難當，季常憨兩邊抛漾。却原來貪耍情同，細推敲色心還蕩。我只得舐金蓮、揉玉股，挨入羅幃引將，裸體學狐狸模樣。將郎力儘，無郎代郎。不覺的鳳姿梟性，總化鴛鴦。杜蘭香降張碩，爲療其婦妒，婦遂數子。季常妻罵常達外。

軟飄飄錦綉爲衣，慢悠悠笙簫盈耳。曲灣灣亭館樓臺，噴香香稱心滋味。只可惜沈存中、諸葛直，没温存常遠涉，少些生意。非無戚黨，亦有群姬。不會得權宜受用，您也真癡。沈存中晚娶張氏，常被撻。諸元直妻每杖夫，令捉跗一日謂受杖，竟非是。

做人家傅婢旁妻，爲何來相争相忌。一年年苦苦辛辛，積些些零零碎碎。也該就玩肌膚、談意趣，共匡床同竹簟，講些情致。聯張合李，朝忙晚嬉。引動了上邊癡興，更好依栖。王琰貴而妻痛哭，恐將娶妾。

謝安酷好樂，而劉夫人不令有别房，則奈何。

髮盤盤道扮尼姑，冷清清春宵獨緒。媾禪和遺臭山門，暱書愚未能迎娶。何不也納游方、聯好伴，夜静綢繆浴池，玩弄便當，陽臺遇舐。瓜合蛤如僧跨驢，圖實際却無多晌，佛又欷歔。自他相見，厥趣萬殊。即人受用，爲己受用，要以耐久爲主。

㒵長梢頂上雲烏，膩鉛華龐兒仰俯。觶垂垂貼臆雙酥，媆蠕蠕加肩兩臚。倒勝似瘦東床、翳快婿，顫官人迂蓋老，欲推難拒。坤儔尚萃，羲經體奴。還審擬便十分苛政，忽欲乘桴。字叶扶。即吕子病萬變、藥亦萬變之意，隨意所匠，必冥會所肖也。

賦神傷競繪陽臺，更無人爲伊無奈。植長門楚服情根，寫甄家嫂姑騷屼。就像那小潘璋、奇漢帝，死且同墳，活幾禪位，亦未逢毫彩。從今發願，援天逞才。單惱恨責周窮袴，怪漢郎陪。天趣勝畜趣，只是身身相視耳。男與男，女復與女，名身身。漢章帝使郎侍中者，文居左，武居右。

發秦墳頗畫男乖，俵春圖稀將女對。法門開億萬佳章，畫院出狀元奇派。你試看毅翻慈、私轉孝，妒生憐，忠始狎，總由歡愛。丹青照耀，棗梨不灾。儘好去鑄金留範，補益齊諧。甄后九歲即言，古大家未有不覽前代成敗者。勝衛李氏，恐人掩名而泣。

讀史 蛙吹生作

【長拍】貴可從權，貴可從權，私堂霸府，時勢遷莫能譏貶。涼風偃月，欷歔時只笑天天。不許覓歡憐，轉將泄毒成誅翦。厚爾朱家因上染，學唐姜子且襲卿銜。論情心原非然，念比未可同鐫。元又有涼風堂。

【短拍】射父傷肩，射父傷肩，匈奴忒健，你又還嫚呂投牋。難怪班宮員，雙飛入紫宮腼腆。除有日深酬曩願，不容他擅美於前。附竹中居士四絶：『快志班宮等俗流，越王因起美人謀。息媯若在應相囑，只有無言稍掩羞。』『醜婦家珍語最新，西施竟得代橫陳。不然難捨荆王母，願妾夫人怎庇身。』『妾身何罪嫁非夫，弱國嬴家没處逋。料事知人如鄧曼，可憐無計潔嬌軀。』『爲容誰復顧丁桓，棄雪拚香夢轉安。惟有低鬟認新寵，臼如逢杵做人難。』蜂亦兼弱蟻，亦侮亡之嘆。

【長拍】百醜都消，百醜都消，深宮廣院，誰敢瞧，外人難到，就饒知道，傳揚閒腟折頭焦。諂媚帶求邀，阿誰不爲遮藏巧，翁主殷妃生子好。笑梟雄不被律條嘤，制嚴規原塗小輩眼，弗許稱妖。

【短拍】歌舞喧囂，歌舞喧囂，珠璣繚繞，又兼之褥禮繁殽，人不暇譏嘲，翻涎慕輾然笑貌。若會得回邪相蓋，遍城鄉頌禱吟謡。《琴譜》：大小相蓋，回邪而不害。似乎謔浪無端，實皆沈精幽結之作也。

【長拍〔一〕】主主能多，主主能多，牌坊不要，幾次教宋宏消貨。舊門單弱，重新來弗得還窩。時順敢深訶，始初却也三思過。不爾伊將旁瀉火，只民間董偃避婆婆。貴人兒須教實受了，廕庇恩波。劉宋路后陵有五色雲，芳香四滿。唐武后欲出薛顗妻，蕭薛緒妻成曰：『我女豈可與賤女妯娌。』《禮記》：時爲大順，次之，事與理乖，亦未足詫矣。

【短拍】秦用辰嬴，秦迯荆平，齊教昭伯，且一抓據了高窠。心計總巍峨，愚黔首畏親如火。下烏得反經任勢，上無妨勢利偏頗。《禮記》：火尊而不親。元使諸國，各從本俗。專禁儒邦者，實以因而苦之爲計。

【長拍】後有春秋，後有春秋，循環轉折，前六朝勢將重覯。越閑爽操，那其間宿疾難瘳。怎地預爲籌，不容賤類侵瓊玖。寧許君侯兼下醜，稱親眷不必細搜求。道文公刊成家禮了，你索干休。《左傳》：晉病不可爲也，近女室疾如蠱。秦伯曰：女不可近乎？曰：女陽物而晦，淫則腹疾然。勇譎剛狠多賤，男子細大，易序尤害。義難以往，法詔將來。

【短拍】沙國山醔，沙國山醔，其風倒舊，不尚賢不計風流。忠敬自然優，尊卑重事端簡湊。煞與盜直償妻女，理和情順欲量籌。

【長拍】下賤身閒，下賤心閒，情知寶婘，輕暖中必思鹹淡。貴人冗甚，無工夫向佛和南，又不忍經官。

〔一〕長拍，底本作『短拍』。據前，實爲長拍，改。

顧顏惜貌愁聲喊，萬算千思三個敢。則何爭班中三兩旦，面首弓灣。

【短拍】衙内何堪，君瑞何堪，偶然欲感，賤厮刁動挾嗚官。鄰舍又貪婪，持刀助故教破膽。有幾國重頒湯綱，把尊卑掉掉翻翻。

細推情理 調【黄鶯兒】，薛長安作

謫如君

未肯矢靡他，卓王孫奈若何，何當更占中閨坐。朝家會須，齊民寡居，止容謫貶如君路。不遵麽，離開另議，責罰豈云苛。

勸喜歡

不用怨長安，勸嬌娘倍喜歡，重昏九遇貧窮漢。原貧固難，新貧更難，廷評爲爾謀偏善。貌堪憐，知音漢景，且令紫霄眠。

近老爺

未敗没名花，偶然間近老爺，名高位顯年衰謝。越情濃越嘆嗟，又心貪才子渣，可憐結個來生罷。細瞧瞧，摩摩不礙，認女只呼爸。

毁勾闌

毁勾闌折翠樓，反啓他無數私門竇。盡便宜帶招文的滑油，倚牙門的快頭，更有些敗子桓東遊手。革鴉頭，對山罷了，誰伴潞公遊。蠢動之大情，似當不易其宜，制得其道，使便於所欲，狎於安康。

倒弄得

禁江南典妾袄，倒弄得遥賣形蹤杳。或無聊進包稍的老窯，做囮頭的誘嫖，不及前得富仍歸多了。貫和條，元仁未曉，除問女中堯。元自仁宗始禁。文法太密，巧避益多。寡利瘠鄉，争少習樸事狎人，信久矣。

唤精魂

媳婦忌參軍，奈殊尤竟絶人，人看平等他看准。無復者稱心寓的洛神，解偏鍾的色情，要卿卿一會兒難忍。喚精魂，相思勿負，橫竪有三生。王戎短小，故致『誰復卿卿』之誚。

勝迂庸

道韞語難通，有封胡阿大中，如何還解人圍閧。性烈兮口鬆，一劍保此躬，勝迂庸不説心飛動。那梅妃，將他自比，秀與絳仙同。

當屠猪

溺女當屠猪，計貧家省飯多，爲尼墮婢流倡夥。何如殺諸，吾知免夫，譬如想肉人羊苦。怎麽哥，無窮醜話，還出此餘渦。無怪萬年等邑溺女，而以男爲婦。

度爲髡

慘酷是誣奸，憾難通誣久歡，言因别變將儂趕。明明你鑽，翻云彼扳，龍圖概與伊平反。任胡謾，惟鳺不逭，牝只罰爲髡。

何須耍

天豈欲開花，爲給伊代産哇，不如反本還原罷。怪諸天更嗜痂，視身身没限遮，鶴胎兔孕何須耍。玉皇家，將無愛褻，故故製丫叉。

減風流

只誅孱不僇孱，那愁他整把珍珠誘。誰肯吞獨亡身的毒勾，没人陪的捧頭。儂叫他自遇包公後，宿娼樓，倒言詭使，銷減惡風流。亦有謂非英聖不能全異才。雖有過當之言，失中之策，但宜勿用，不足爲尤者。

幸從來

無赦是陰私，幸從來訟者希，等名爲竊玉偷香戲。恐殲殘因埽茨，惜門楣護伯奇，猶如兩牡和甘理。莫查稽，汗青賴此，省得語侏儷。茨，叶平聲。伯奇爲娶去蜂，便大呼曰：『伯奇牽我！』

著爲經

乳臭賦癡情，百思量莫敢攖，一朝强狎雞皮鄭。生捺倒樸冥愚的老孀，事庸俚的婦傖。細推敲，用法怎持平。著爲經，諸如此類，允當是宫刑。必就當時所見而言耳。

意偏時

眼畔一株穠，在朝廷禁物中，幸虧難禁人癡夢。夢乃情所鍾，夢是想已通，意偏時姥嫩無岐用。没他衷，但須教彼，也使夢相逢。擎來始信雲非夢者，抱定猶疑玉是烟也。

北雙調八不就

三弦簫管，須帶肉麻，其次不文不俗。閨情、閨怨之外，當有閨評、閨謔遞相師祖，閨箴、閨諷流遍華壤耳。

那能人日馭稠人，只覺道如對嚴賓，又添些抖起、抖起威神。臧獲遵循，規條整肅，踈異停㺃。歸房去，扃房户，翻然戒蠢。千般耍，萬般謔，彀中足受夫君。吕氏而今，真主云云。便英雄不恨其私信，及您做得、做得無痕。古后私意，但不形於動静。若並無燕私之意，則地樸而冥愚，發於蓄氣之滿耳。

婦人中迂腐胎胞，不嗜書强掉書包，忘懷處豈悟、豈悟輕佻。懶顧慵嗔，奴驕婢玩，尚自稱褒。顛鸞際，顛鸞際，倒矜持古老。難開口，難開口，偏生斂縮裝喬。不會雄驍，頓減憨嬌。想當時息也麽嫣，他一定是言謹言噤身嫽。解造端一語，爲夫婦間有已所獨知事，首當戒懼，是此胎胞。

兩參商誰識其由，那壁厢欲返終停，這壁厢怨咒、怨咒無休妒。反孤恓，和翻饜足，傳語閨流。伊標致，枉標致，癡心獨受。他無貌，忘無貌，逐媚甘羞。韓國迎收，魏國招留，是當初所以專房，論豪家一理一理推求。

外宜圓内要方呀，棄惡取選士翻真，閨中客反是、反是纔嘉。鐵面酬人，狐情撥婿，雉法招嫣。男的倒、男的倒裝迂賣假，在魆地、在魆地便就荒淫濫揸。入幕名娃，却向衆胡咖。遇恩情，鄙執庸呆，可憐生兩下兩下都差。儒謂男女亦天理，循其可者即物則。《論衡》：珠變礫，謗使然也。英主選士，棄惡取善。養雉子長，狎人即招引，號『雉媒』。

和闇生時字詞 調【長相思】

抱君時，睡君時，君使儂肩擱脚時，高聲亂話時。躲君時，覷君時，君在人前嚴厲時，非同暱我時。

尊他時，看他時，他和男人鬥葉時，幾忘是女時。親他時，禰他時，他做迂腔閉口時，嗔君聽見時。

你來時，他惱時，他閉房門拒我時，愚敖蠢樸時。我當時，棄家時，判向青樓過老時，誰圖復見時。

人多時，君喜時，取酒留人伴耍時，君無獨占時。然君時，服君時，即有他人先儘時，何嘗不妙時。

他迂時，正刁時，故託前言往行時，便於行妒時。笑先時，未悟時，已與生男育女時，今真可絶時。

憎妻時，寵妾時，聞婢尤佳，偷更妙時，不知何故時。想來時，恍然時，他没裝腔説腐時，方爲行樂時。

端方時，搻寡時，未算都爲實願時，知多無奈時。冷看時，歷數時，頗有嫌疑弗避時，莊惟吃醋時。

不多時，近老時，豈料伊都有悔時，重看好面時。比人時，更美時，竟許諸君共戲時，儂情加倍時。

即奉倩婦人，他不足論以色爲主之宗旨。

惟龔合肥《香嚴詞》有『問蒼天，何謬把香天粉井，劫塵埋了。願天乞與沈醉，斷送奈何年』句，深得人道，有風情之解。請移以跋此箋。

自何戡以來廿餘年，絶不聞善唱，盛以拍彈行於世。拍彈始於晚唐李可久，有《别趙十》與《哭趙十》之名。蓋西凉等處，其法促彈而曼吟，無宫徵而有音聲，即梵唄。亦聲法翔揚，有起擲、折殺、遊飛、却掃等名，張喉即變態無盡。而天竺甚重文製，其宫商體韵，以入弦爲善也。然么亦是遍、散、序，無拍協和。特吴兒偏技【玉樓春】，用【大石調】歌之，爲【木蘭花】，即善唱中聲調，亦何嘗在語句耶。

然字有四聲，度曲者四聲各得其是，雖拙亦佳，非徒取媚聽者之耳也。如平陽拖韵稍長，即類於陰；陰平發音稍亮，即類於陽。去聲亢矣，過文宜抑而復陽；入聲促矣，出字貴斷而復續。雖有一定之腔，亦可短長以就韵；雖有不移之板，亦宜變换以成文。而其要領在於養氣，知陽音以單氣送之則薄，陰音以雙氣送之則滯。將收鼻音，先以一絲之氣引入，而以音繼之，則悠然無跡。乃可謂識曲，聽其真也。詞韵本寬，因備歌管之用，故閉口不與開口同押，况在曲耶！古譽繞梁裂石，徒喜調之高。中郎云：『每度一字，僅覺音之細耳。』豈及《樂記》所云『上如抗，下如墜，止如槁木，纍纍如貫珠』，能盡節奏之妙。因知知音，莫如古聖人耳。〔一〕

〔一〕『自何戡以來』兩段文字，底本無，據初刻本補。底本留有空白，似爲嘉慶重印時鏟去。

上欄〔一〕

『補註』則天寶時選人萬計，令苗晋卿考之，取捨偷濫，甚爲當時所醜。《種樹書》云：『順插爲柳，倒插爲楊。』傅亮視張敷，楂故是梨之不美者。戴叔倫謂，詩家如藍田日暖，良玉生烟，可望而不可取。王喬戴芙蓉冠。《高士傳》序：『老子有虚無堂。』《法苑珠林》載肉蓮花。苗晋卿字元輔，潞州人，嘗薦牛僧孺於元載，而不能用，肅宗以晋卿年老艱步，召對延英便殿，後遂爲例。新進士過堂，宰相曰：『掃斤相候。』僧孺獨出，曰：『不敢。』衆咸聳異之。晋卿女爲張延賞夫人，識韋臯，故婿之。如二宋全由晏殊顯草勅乃極詆之，蔡襄學賦鄉儒，及貴乞憐，竟無引薦意，皆『前輩性重』一句所括。走去杭州，無如王廷珪『夢入華胥眼尚生』一句之悲；不辨華戎則撫州吴沆『天地包羞日，不是哭途窮』。嘉興吕渭『古今那有此，天地亦何心』，閤蒼舒『江南江北無風流，黯然悲恨不可收』，皆警句。古粧女鬼數輩，語笑甲園，甲殊不顧，吟云：『樹陰把酒不成醉，説看無情更斷腸。』耿玉真鬼云：『人間天上無歸處，且作陽臺夢裏人。』即『是人非人心不别』註脚。上氏婦有『白藕作花風已秋，不堪殘睡更回頭』。宗室趙德麟已鰥，遂與爲親婦題聯驛云：『一枕凄凉眠不得，呼燈起作感秋詩。』放翁即問聘爲妾，妓以『枝頭梅子豈無

〔一〕此後内容初刻本無。這裏分『上欄』『下欄』録校。

媒』對。魏公『髻上杏花當有幸』，即被召，皆圖問姐可好而已。徐陵優遊俯仰，《素女經》升降盈虛，軒皇勢妙在極褻，而儒不解優即嫪變，仰即雌乘雄意。牡升則牝盈，牡降則牝虛也。亦如宋人『心如無別事，同此閉閒房。喧聲人不聞，幽弄極可悦。適情無□□，□□不妨貪』。可咏澗上丈母，而『洞口花常在，惟容一度尋』，即肚麗之解。嘗嘆孔平仲□□『歸説途中苦，方知別後心』。王肅駙馬原妻『得路逐勝去，頗意纏綿時』，藏『愈□□□□□想橫陳歡』諸褻之妙。又劉筠之『重衾穴鳳翔，吞聲息國亡。盡知春可樂，終吝夜何長』，妙在用穴翔夜長六字，寫盡『做意耍』三字，較王山之『春□入眼橫波灩，身起忍羞頭不舉』。于娘『捨不得』意更精，若梅都官之『懊惱羅敷自有夫，天地無窮恨不已。曲堤別浦無人舫，始信鴛鴦浪得名』，豈不藏『好一會分明美滿之香不可言』一句哉！ 山谷譏宗室大年書畫而多婢媪，云：『雖有朱□描彩鳳，不忘小景畫夗央。』亦然。〔一〕

後來新翻鬻唱聲，亦有似爲襄成龍陽賃妾傅婢傳情者。姑採其百一於此，庶喜厥端緒者勿加剗削焉。

做男兒，想男兒，春腸忒飽。奈人心，是人心，無饜饕餮。千算計，萬算計，再鬭個嬌娘情竅。初然人受辱，如今我逞騷。輪換著盡情，乖乖，你睡殺我也好。輪換著盡情，乖乖，我困煞你也好。（調【劈破玉】）

花娘癢難熬，男子不知誰知，要過癢尤奇。怎支持？和家婆睡罷不能醫。身分後與前，情思總一師。

〔一〕此段文字底本無，據華瑋、江巨榮校點本增補。校點本云，據乾隆本補入。

怎麽肯不把敖曹試，娘行動輒惹猜疑。俺每能人，何計不施。我的天那，你騎儂，儂騎你。（低調【銀紐絲】）

遇知音，遇知音，捻了手兒便同心。哎喲！貞不貞，男身誰相問？晝永宵深，晝永宵深，翻騰生活，裏味津津。哎喲！説不出暗地風流盡。（調【兩頭忙】）

一更裏敲，二更裏敲。身失便宜心倖僥，轉回身贊頌他同貌。怕不相交，怕不相交，互换恩情漆助膠，笑癡兒不懂人間竅。（又調【兩頭忙】）

雙身兒共只三十多，一身攧來一呑裏。弟與哥哥，弟與哥哥，身子兒通融情分多。好哥哥，討過便宜璧了我。（調【四不相】）

頑了白日鬧長宵，半刻難忘，心似火燒。同樂，哎喲！心似火燒。猛聽得東墻外公母兒咬，那及俺瓊漿替换澆。同樂，哎喲！换使篙。奇樂，哎喲！倒使篙。（調【十二月】）

三更裏月兒，抱過他，抱過他，滑滑光光承受著咱。拚與他倒换了，添些趣話，總强如放去了他。（同前調）

俏通家，我愛你高才標緻，我愛你説話兒易投機，我愛你頑頭兒千伶千俐，我愛你同偏好。我愛你復誠實，回换的風流也，纔把先棋讓與你。（調【掛枝兒】）

心兒裏有，那知便成就。快因緣必得到頭，我和你回環貼换度春秋，勝似戲人妻不長久。抽抽，一般的軟化酥癱，軟化酥癱也。女的樂處，爲男的亦有。（調【刮地風】）

物省了芙蓉帳，身當了白玉床，大青天都聽見書房響。雄雞的趣味兒已深嘗。掉轉身來意更長，金錢是咱相，精神要你償，業形骸須全美了這沈酣況，業形骸須看盡這猖狂的狀。（調【太平歌】）

赤身兒先摟著白條兒撑，不惜的换轉熬刑，騃根半成了伶丁病。呀！後邊也好迎，前邊也好行，你我方能勝婦人。（【河西六娘子】）

起何時會鑽牢法兒，不板刁，恁麼刁。自身也有黄花窟，和他輪流好不好？小憨嬌，還不快抽瞧，等我重來出你的臊，傾心捨命還不算，叫唤千般人聽著。（調【粉紅蓮】）

好一窟黄花，好一窟黄花，我虧的家生勝得過他。我若不還了你債，敢教他爹媽罵。（調【寄生草】）

兩男子互嬲嬲慶賞春宵，顧不得東鄰婦聽説蹊蹺。做輪回，花换布，鳳匹鸞交。勝嬌娘，收了禮，没得酬勞。我把你白又肥穿做深窯，後庭花真奇怪，自癢難熬。男也是洞口騷，女也是洞口騷，怎學的迂夫子喬方正，引舜稱堯，迂腐子喬方正，引舜稱堯。（調【哭皇天】）唐女冠范志元，在純陽山，天使任安慕往嬲之，元遂變爲男子。若遇漢文景做官，正恐變更難免。宋博士關注，避方臘於梁溪。夢仙官謂曰：邇來歌曲新聲，先奏天曹，他日有樂府，曰太平樂，汝試先聽之。若此等耍曲，决不然。

蘇州歌

月兒灣灣照九州，哎喲！那幾人僥倖幾人子介愁。哎喲！那幾人進豪門𤞏子婟嫪，幾人來挑擔壓子個肩頭，幾人到香閨伴了大嬷，幾人在猪圈守子個窮囚。

宋天台吴潤道詩云：『貪民嗜錢如嗜飴，天屬之愛亦可移。養女日夜望成婦，便可將身贍門户。一家飽暖不自憐，旁人視之方垂涎。攙春熱鬧争姸麗，狎玩難拘迎在意。暫時疎棄便悲啼，久得承恩旋妒忌。古人怕爲敗子婦，夜賭不歸淚如雨。今人甘爲到賃妾，得意失意都花月。』

陳郁話腴謂：『近於私妓，動以千計，雖委巷容笑之賤，使令莫逆，奉承惟恭，猶勝習樂藝以待設宴者之呼。覬利贍家，即高卷珠簾明點燭，每教菩薩看麻胡。一切不顧，名爲私，而實與公妓無異也。』

周伯仁好自露醜穢，嘗曰：『謝安同僕，聊以自娱。』古《合歡》《定情》《同聲》諸歌，明明道男女穢褻之情，而實爲朋友，要不可以訓詁肝腸追究。誦梅都官『東君與宴娱，不必同羅敷。相歡不及情，何異逢路衢』，及『每笑鴛鴦浪得名』等句，覺『借問閒情多少在，較人已少較僧多』之士，非剩兩殘雲，巴鏝求食者可動。

然《悦容編》云：尻畔玉枕邊娓均爲柔趣，非隔簾影之空趣可比。必欲得傾城而如意，是唐後無詩也。要在隨其所遇，來則姤之，則有其樂，而無其累。窮年竟日，無非行樂之時。二八固如雨前茶，體有真香，面有真色，但與豪勢者競購，費不資，而未必安吾室。庶幾元人所唱『所事兒在行喜洽，只可惜流落塵闤，銅斗兒家緣，按板兒盤纏，自教他一見相牽，不放鬆寬』耳。年質壯大，氣血充盈，膚革堅固，如盛開牡丹，無不逞之容，無不工之態。即由此近老時，雖暮而姿，或豐色雖淡，而意更遠。抬作夫人，自覺移心，殊勝西施。憮憮悶悶，如久窖酒，肝腸倍親，此終身快意事也。夏共裸裎，無邊風月，固自春生一室；冬夜寒漏倍長，暖被窩中，不知霜威之凛冽，此一歲快意事也。著至眠鞋，解至羅襦，滿床曙色，有暇同眠，香爐茶餘，含丹吮玉，此一日快意事也。殤子何嘗有室，夭札豈盡由兹。金玉血肉，堅軟異倫，衣服園亭，何庸過侈。惟緑色爲好，可以保生，可以忘憂，可以盡年。古來有以色隱者，避俗幽居，專行内事，盡諸圖勢，非無孟光夫宜隱誠，孰如色哉！一遇冶容，頓令名利心俱盡。是解笑言的花竹，枕席上烟霞，絶勝耦耕沮溺也。高樓曲房，亦養花瓶，何以助嬌。媪鬟數人，則選侍又急，房中常懸靈照、鮑姑、蘭香、自然等像，置雕蟲館，結姊妹。彈詞六種，《東遊記》一部，能參透者，文無頭巾氣，詩無學究氣，禪無香火氣。即一葷一笑，皆可開暢玄想，擘肌分理，捫輭抑堅，趣謔互發，解頤會心。且以喜樂，且以永日，以悟齊桓嗜内，作三歸以掩之者，真天下才也。雖闈發癖好，已盡已絶，猶未測兩男兩女均堪互狎之籬。憶昆山葉宗伯云：『次回定遠筆通神，比與詩篇字字新。若較吴殳真敵手，邢夫人見尹夫人。』潁州劉公勇云：『幾家欄檻幾層樓，一處船過一處愁。不分鸕鷀浮水面，南看去偪北梳頭。』宋母丘恪云：『却老未應無玉枝，愛山成癖尤兒癡。一官妨盡百年身，空將歲月送虚名。馬去牛來人物空，乾坤顛倒花枝在。身閒始更知春樂，羨他綉被有眠人。』皆爲珠鬘瓊肌，修趺雪趾，殊姿共艷，異質同妍所奪。覺醉妓詭褻，使人春懷不自任者。若知爲未腐之尸，則惟誦元姜時贈汪尚書□『山鳥不知脂粉樂，一聲檀板便驚飛。若向青山看歌舞，莫嫌紅袖笑銀髭』語，又誦子由『老人衰醜百事非，展卷看春亦徒爾』，横渠『面似骷髏頭似雪，後生誰與屬遺書』等句而已。

《東遊記》本葛洪《枕書》，元始天有城有路，太元聖母所居名玉京，《太仙真經》行益易之道，益者益精，易者易形等説，曾於白門市一見，序有『法海流潤無涯，故俗土以俗力勝民，法王以法力超衆。荀卿學於鄒衍，因俗儒之拘小而著書，或反惜漢高之未學。不知其約三章正是聰偉絕塵，不似王莽爲經義纏耳。」青田亦謂佛能使人信至此者，蓋揣之必於其所恒；懼誘之必於其所恒願，然後不待驅而自赴。有呼求救，不論是非，無不引手援之，使有罪者得自贖。故上智下愚，皆波馳而蟻附，不啻明醫所云：「若但圓無主，則雜亂生，而無不可矣。」不知疑似間自有一定不易之道，此圓通中不可無執持也。既能執持，又能圓活其能，方能圓之法乎。自郝經有「惟此禹九州，無地非戰場。中原良苦地，上古錯經營」句，虞集遂有「夢遊仙島意生身，笑聲變作啼聲哀，何不委身天地外」語。熙甫亦言通方之識，隨事從宜，靡有常制，初無一成可畫。宇宙亦何盡，環海皆生人，陰陽内外，靡不有異。物非異亦非神，何必盡合古圖記，任情造意皆成形云云。

古傳婢以傳衽席之事，雕蟲館彈詞内則言：「自結親者，好利喪心，有望族而配微賤者，有儒門而嫁庸惡者，有良儒之家扳土豪衙蠹者，有幼弱之女與遊客老翁者。」庾蘭成「三從遏性，五福傷年」兩句，千古罕嗣。元人因有「水漲桃花滿洞春，春無自性不堅良。人間兒女有癡腸，吳姬情酣夢無據。主家恩愛有時盡，賤妾心情無限思。國破家亡事不傳，蟲沙等化更堪憐。干戈滿地雌雄骨，有墳可酹何須泣。紅冠僞信據全閩，取小妖孌弓其趺。弄臣什什引膝前，閹官隨地進妖蠱。父兄從軍半死生，女婦嬌眠卿相府。董賢朝朝眠未央，芳年華月温柔鄉。人生百年貴適意，戚促何須羨金紫」等語。蓋天下固多不幸，爲隨鴉之鳳，墮溷之葩，攢眉長嘆不得逐隊者。又有少年科第，輒便氣暢神怡，遂以酒色博簺，了其生平，將一番積慶流芳日子，忙過錯過。故縉紳之後，轉多頑德，閨門之内，不盡芳聲。而奴書途説，欲以虛禮爲實防。或問程子：『再嫁可乎？』曰：『不可！餓死事小。』然共姜不須告，告衆人而衆人自此不静矣。蓋立言之患，莫如近理而不近情。天下有膠固一察之人，今聞不當詘體之美，其家有失偶者，不論有子無子，弗改適也。又不顧其能守與否，弗遣出也。夫婦人之患，獨餓死而已乎？即飽暖中求强忍，能自克乎情欲者，常不得半耳。故其弗去之中，容亦有不可道者矣。幸而曖昧之行，莫可詳也，則或微之，或止之，方得日老日忘，以没其齒，是曰守節。

古惟莫之倡也，故相率有行，恬無所怪。今好名執禮之家，謂某姨某姑已如是壽終矣，父兄曰：『吾免於辱矣。』婦人曰：『吾即不行爲節矣。』於是父兄之賢者，謹出入，時啓閉，既不能明出此意，以傷寡者，又不可竟置度外，豈知孀之無告尤甚，父兄目擊心痛，豈有須臾安焉？萬一遭其不可道者，何以處之？齊桓、晋文時，殆視陰類極輕，即光武亦不深較，而宋人於文姜言母不可制，但當制其從者。不知體情論勢，則制從即制母，何容易哉！欒祁譖其子於外祖，則欒氏世卿亡滅。南子因太子色變而啼泣，則蒯聵終身逋逃。以子而制母，以父兄而訓定狂穉，其難等耳。

若以蚩蚩之資，而習膠固之説，正不如古人直躬，不爲欺僞，各任其性，弗强使同，參情與勢以權理，即不節婦，亦不失爲智婦、才婦，意寬識遠，獄訟衰稀。柴世宗、張齊賢家，未始不齊也。

高麗俗稱富子曰仙郎，仙輒數妻小，不合又聽去。視我土僻鄉風俗，不耻再醮，甚者奪而藏匿，又因田産細故，操戈同室，造言污衊，罔顧名義，不知誰見得透？閩諺亦有『酒日醉，肉日飽，便是風流窮智巧。嬌打扮，善支持，家家許住展蛾眉』語，莫非地瘠俗靡使然？

下欄

誰人有謂而作

溜板吹彈合手

恨窮胚，怨窮胚，將奴出典。少情郎，遇情郎，平地上天。千獻媚，萬獻媚，我的中宮賢眷。挨身同席枕，教他總没嫌。奴載著別人，窮丁，你樂得閃一閃，寃家，你落得閃一閃。（調【劈破玉】）

平空裏登天樂極也，奴寃家，又省得支吾，兩邊蘇，只愁他大的醋葫蘆。妾非没趣人，遭逢不幸夫，可憐我却把花容娛，呵臀捧屁總無拘，但願娘娘羅帳也，呼我的親那奴，拚死恩深處。（【銀紐絲】）

謝媒人，謝媒人，訪得實兒便回音，哎喲！成速成，教奴將財近，妾媚妻仁，俺謹他欣，不教空得了粉花身，哎喲！曰蓋老可否心頭印。（【兩頭忙】）

這家裏喬，那家裏饒，風送奴家到碧霄。縱然難全把終身靠，半世堪消，半世堪消，待贖回時發已焦，衆孩兒有了成親鈔。（此亦名【兩頭忙】）

墻門兒進了高的多，這家兒看來百般妥，地也窩窩，人也窩窩，家道雖優仁義多，大嬷嬷順著官人串著我。（【四不相】）

妻妾共睡易通宵，撇了當家，來此撒嬌。羞煞，哎喲！來此撒嬌。只願得秋胡戲春興兒豪，没有疑心

待我曹。愁没哎喲！絹與綃，愁甚哎喲！金和寶。（【十二月】）

成年月兒伏侍他，伏侍他，竟冒光身呼喚著咱，離了他，又就與兒郎笑話，切須防悪識了他。（同前調）

主家婆，我伏你能消妒忌，我伏你要性兒恰投機，我伏你順兒夫貪頑貪戲，我伏你憐貧苦，我伏你愛姣媚。知趣的親娘也，拚撇猪窠伴了你。（【掛枝兒】）

成年裏守，越窮越風狗，敗家精，怎得到頭久。想到將奴出典，獨優遊，外遇的花娘倒拖逗，幸而的主母家公，這等那等風流的即溜。（【刮地風】）

因到了高廳上，騙進了香羅帳，半生情全把我夫人仗，從前那物兒恁駭腔，幸把奴家典此方。初然蠱大娘，俄然局大郎，慮他時歸歟受那凄涼況，怕他時依然受那凄涼況。（【太平歌】）

進門兒望見百般兒新，不覺的引了魂靈，隨班習成了春高興，呀！女呼也嚮應，男呼也賞音，但願雙雙帶挈人。（【六娘子】）

始何年學逞妖，性兒不拗騷，恁麽騷，女娘也會相頑要，要得奴來惱，不惱大奶奶，先被你乾嫖。相公回來，幫著你挑春宵，出醜還不算，赤肉相摟人看著。（【粉紅蓮】）

好一個人家，好一個人家，那家的夫妻比得上他。我不是蓋老欠債，爭捻風流把。（【寄生草】）

貧與富却原來水米無交，怎便得相親傍，扳做同僚。典來時且看你，抱頸摟腰，忽然間投合了，衾枕分消，臼窠巢無心問，只想風騷。生也是要子高，息也是要子豪，却幸的無能子知謙遜，省了嘵嘵；無賴子知謙遜，免了嘵嘵。（【哭皇天】）

此即黄山谷『瘀泥解種白蓮藕，糞壤能開黄玉花。可惜國香天不管，隨緣流落下民家』。高荷聞道離鸞未是悲藁站，無賴翳蛾眉，桃花結子紅殘後，巫峽行雲夢足時。袁紹、王浚、馬德戡、賈似道母故事耳。

舊院有畫合歡於抹胸舄褲，而題詞其畔者，名古諢衣，所寫非用此等題詞曲不可。誦宋賢『白骨纖纖巧畫眉，髑髏楚楚被羅衣。手持麈尾空相對，笑煞真僧自不知』句，不怪鐵秀之呵山谷。

漢樂府不學雅頌，自爲幻奥之音，溢城王寅乃擬荆公集句爲十八拍。潘之恒云：『曲有新腔，無定板，絲竹能和肉之微乃佳，雖不能以絲起調，如西北提琴和肉則融融然。』屈大均曰：『音之圓者曰韵，韵字從員，員爲天規，陽爲雷聲，陰風聲也。』然梁武不以四聲爲然，曰：『何謂四聲？』周彦倫對曰：『天子聖哲。』如覃鹽咸三韵，均爲閉口之呼，不供他宫之用，今乃比而同之，混淆庚青烝之内，則納秦越於同舟。至《中原音韵》，分平聲爲陰陽，取上去而無入。詞韵則但分平仄，叶上去爲一聲，别入聲於獨叶，亦揆諸四聲之義，終舛也。天地實用之聲，止六千一百四十四，盡中國字書，可填者止一千一百八十五，餘則無字，然後知音多字少，反切難盡。知子母法，則天地之音一切可填。善唱曲，然後知腔不能以漢字授。

貞觀中裴洛彈琵琶，始廢撥用手，而開元段師，至用皮弦，足見古是今訛之事固有，古謬今巧之事亦多，總之斷不必相復也。

有人見過《北遊記》，蓋本《唐書》。流鬼去長安萬五千里，其北不知所窮，契丹常選百里馬二十匹，賫乾䴵北行，窮其所見，行一年，經四十三城，居人以牛皮爲屋，其語無譯，不知其國土、山川、部族名號。其處遇平地則温和，山林則寒冽，自此以往，猛獸魑魅群行，人不可往矣云云，而杜撰出風俗人事。

《西遊》則本唐末僧法顯遊天竺，作《佛國記》。葱嶺冬夏有雪，亦名雪山，西度流沙，已有熱風惡鬼，遇之必死，至此嶺則有毒龍，犯之即死，風雨晦冥，揚沙走石，無一全者。阿修羅居海底，視水如雲，四天王管夜叉，居妙高峰，夜叉半鬼半神，有時衛諸天，及遼大石遁入沙子不毛之地，皆平沙廣漠，風起揚塵，頃刻高數丈，不能辨色。

元憲宗用漢人策攻之，方萬里間，相傳四十二世，勝兵數十萬。殿宇皆沈檀，香聞百里，破其三百餘城。又西行三千里，下其城一百八十。至成宗復遣人窮河源，鬥戰行駐之事，非唐僧舊本也。《南遊記》則本元成宗遣人詣八馬兒國，求方技。海外諸國，惟馬八兒最大，足以綱紀諸國。自泉州至彼十萬里，風便，十日可到，比餘國最大，凡回回金珠寶貝，盡出此國。其餘回回，盡來商賈，及西洋書所説，若南海則並西國人罕至。惟萬曆前百歲，彼處閣龍曾具舟往訪，紆回數萬里，隔一海套，殊苦難通。忽得海峽，則海南大地，又復別一乾坤云云。而擬議之。

謂民婦雖皆由官府第宅按選，老乃還家，然不似中州，有人專習持齋，施經造像，而於德行不計，徒爲福德所動，善根不真。又有人聞道德仁義，從而附之，至一切嗜欲，不能禁也。遮掩不得，則明目張膽以自快，其灑落破綻未露，則展轉彌縫，以自張其意氣。又有人視天地爲大戲場，視人世無真面目，遇方與方，遇圓與圓，狥衆所趨，甘言泉湧，自誇靈妙，實惟欺世。又有人張設自是，旁若無人，救人救到底，殺人殺見血，酒色財氣，明翻無理之案；是非毀譽，時逞不經之談。又有人恐訕笑而止善相，逢横逆而沮初念，不敢與衆争勢。又有人居高官而但施乞丐，作奸宄而恩及蟲魚，已自煦煦，而假手殺人，不悟善亦屢屢，而末流種毒不知。

也不像中州官史，倫常廉節或不可問，而徒以號令刑威，責民從化。致法愈嚴，俗愈偷，訟之詐譎者情，匿輕而飾重，事掩有而誣無。甫在勾提已越訴而求勝，業經問確猶輾轉而思贏。争僅錙銖，府道之庭必遍，遷延歲月，株連之累更多。而城中歇保户與訟家爲地者，每偏相佐佑，爲陳禀以亂真。或伺而遮之，使不得上達，稍與抗，即結黨毆辱之，使負屈去，使訟者非重賄此輩不可，未審家已傾也。

亦不像中州耻稱貧户，女家或索重聘，男家或責厚奩，嫁娶多至愆期，彼此反成嫌隙。甚至寫據願退，名曰伏免婦。但再醮，宗戚即因以爲貨，争攘聘金，競逐媒利，夫家女家，不得什一。即不曾思嫁，亦親者睥睨其産業，踈者貪婪其聘財，多方諷勸，百計謀奪，非露面公庭，出費給據不可。訟遇處和，反爲奸藪。借稱鄉里，號爲親鄰，有徒實繁。盤根聚黨，弄丸成局，招衆醵錢，置酒高會，呼盧達旦。事猶旅邸，索謝滿橐，巧宦又陰料民財。軒貧輕富，使肆忮害並抑士夫，以悦愚昧。大收饋送，能詭其蹤跡以示廉，實政廢弛，但文其告條以欺衆。念盧杞以言無不從得忠强之褒，奉爲極則。

特附〔一〕

嘗獲讀江右中丞所頒《訓俗書》，中採蘭溪唐君語，深恨今之彈詞小説悉將才子佳人私覿密約極意描寫。而且説此等人，必得艷妻，不一而足。而且後必爲卿爲相，使無知男女背後看得心醉魂飛，多病喪德，因罪《西廂》之作俑。乃知《牡丹亭》之言情，獨付之入夢回生，令下愚亦知爲烏有子虛之妙。後在白門書攤，又見抄本顧大愚《東遊記》，則將世人妄想一切情欲之事，以及宋文帝令何尚之立玄素學諸異政，盡託諸海外之國。喜其意同繪夢，然猶未知其本内典。思惟大海，積無量水。思惟大海，常受種種大身。衆生廣大殊特，更無能過及以思惟爲婇女之旨也。讀及引首，始得全解。雖全書千頁，未易印行，然不忍不先將此引刊附《牡丹亭》批本後，俾同好者知世間竟有用心深妙甚奇，希有一至于徹悟之人，同發『何曾覺悟萬緣虛，賺殺高明幾架書』『蓋世才名沸若雷，颯然一病化寒灰』之嘆。

其悟頭詩之前，有引首曰：佛不於彈指頃，起我我所想，不著身，不著法，不著願，不著三昧，不著觀察，不著寂定，不著教行，回向如來。然佛見羅刹女，於中執取，將其永入魔意稠林，於所貪愛，深生染著，不能於身而生厭想。轉更增長機關苦事，不能乾竭愛欲大海。故佛之説及一切世間工巧事業，所有方便，

〔一〕特附部分，底本不分欄。

一切皆是心想建立，非是顛倒，亦非虚誑，依於一切法。令所願不空，以無能測身一切法理趣門，非有是有，有是非有。知一切法悉無所作，而不舍作道。故於諸法中，無而計爲有。法王以法化，普及四天下。卒無奈此頑嚚貪著，流轉生死，聞諸法空，起大驚怖。遠離正法，住於邪法。舍夷坦道，入險難道。棄諸佛意，隨逐魔意。於諸有中，執著不舍。何因言一切智？菩薩不行占卜，不取惡戒。在家室中，與妻子俱作諸事業，不滅壞一切有爲之相，亦不染著所行之行。未曾暫舍一切智。心解内宫眷屬，皆才能具足，悉由菩薩善業所致。菩薩於自妻知足，不求他妻。净業如光影清净，故雖不離業，得一切智，正法念處。經云：若持不殺戒，生四王天。不殺不盗，生忉利天。不殺不盗不邪淫，生夜摩天。不殺盗淫不妄言惡口，生兜率天。《楞嚴經》云：佛謂愛想兒女心結不離，故有淫欲。則世間父母子女相生不絶，是等多半不失人身。則以欲貪爲本也。若貪愛血味，心滋不照，故有食肉。則諸世間卵化濕胎，隨力强弱，遞相吞食。是等即得人身，亦復相殘。則以殺貪爲本也。是身可惡，腸臟雜碎，血且成膿，甚可患厭。《光明經》云：三十三天，各生嗔恨，由其國王，縱惡不治。多惡成辦，詐害熾甚。以名法殘人，而吸其脂膏。故壽命色力，悉皆損減。處所壞變，無可樂者。若教誨戒殺，示現果報，心無貪恚，如净玻璃，則統領諸龍夜叉等護世四王，將諸官屬，並及無量畫莊嚴具，以嚴其身。太智慧夜叉王、富資財夜叉王、力壞山夜叉王，其形長大，甚可怖畏。諸羅刹王、金剛密跡大鬼神王及其眷屬、五百徒黨，遍身火焰，如大火聚。深厭龍趣，願生天人。諸大龍自在王，從大海出，住在虚空。巧幻術阿修羅王、妙莊嚴阿修羅王，不可思議自在幻力，令百世界皆大震動。一切海水，自然湧沸。一切山王，自相衝擊。戰敗有術，隱匿徒旅。女嫁帝釋，阿修羅王常來擁護，亦爲上下四方四隅，悉如影像，住十方差別業。十方差別佛，共同一身。於念念中，以夢自在示現法門。一切諸佛，於虛空中坐卧住行，未曾動出，而能遍往。十方國土，深行菩薩之所護持。世世輪回，常識宿命。資生之具，不勞具足。成就如來馬陰藏相，永不失壞，勝男子形。色貌微妙，各各相於。更於《深經》，恭敬供養，則八十億諸小洲中轉生之洲，身無腸穢。一切語言施設境，八萬四千諸人王等，各於其國，娱嬉快樂，不相侵奪。如習喇嘛歡喜佛法，若抱持，若唼吻，即得菩薩攝衆生，恒不舍離三昧。以其除去驕慢，不毁謗一切智語，不樂近凡庸惡伴。知涉事即融理之門，衆有即真無之域，舍離一切無益法，成辦一切作佛法。想如迦樓羅王無量迦樓羅女、乾闥婆女之所圍繞，究竟成就無殺害心，不生下劣家，不入頑鈍胎，不值弊惡族。仕遇才智王，能令大衆喜作大智商，主獲堅固善友心，樂差别明智門，能成世間工巧事，悉受種種五欲之樂。各隨所宜，而得受用。凡所施爲，無非巧妙廣大甚深微細奇特。於男女趣獨了其能，盡得其用。種種方便利益，資生渴愛所逼，縱而不問，不治其罪。常得值遇，不壞眷屬。力精勇猛，隨諸所作。且於來世，常得封受飛行諸小輪王，散粟王位，得大勢力，受上妙樂。置一明鏡，有文字現。如食金剛，必穿腸出。天常見人，人不見天。以各夢所見，非人所與知。况定中所見，豈衆所能共此？則諸天宫殿，近處虛空，人天相接，兩得聽覷。欲界六天，似尸陀果不了色相。起色分别，已有自然七寶宫殿。待彼往生於大池浴，靡不成就業報。神足乘空往來，行同諸天十千夫人共相娱樂，日夜常受，不可思議，微妙快樂。身與天男，嫫亦似女。觀男與男，觀女與女，皆在彼前。身身相擁，久之壽盡。消愚癡膜，舍欲界身，不求續有。了達愛起即苦起，知垢穢身但從淫生不净之法，父母子女行無慚法，三世諸佛無不知見。

是故我應知慚知愧，爰歸色界，入於梵天。舍梵天身，入於遍浄色如月光。或未生天，先夢天趣，而見帝釋。普應諸天女，九十有二那由他，令彼各各身，自謂天王獨與我娱樂。諸取著凡夫，計身爲實有。如來非所取，彼終不得見。妄想無量故，世間亦無量，皆以彼自業，受用其果報。以無世間智，知一切世間；以無差別智，知一切差別。色界無色界，亦俱屬有爲。顧中無少物，但有假名字，所以此諸天，於樂思惟法。變化天王，千世界主，大梵天王，及上方五百萬億國土，一切虚空寂静道，自謂自在。百億梵王諸佛神變海，百億佛部使者執金剛侍道場神聖衆。百萬諸海神、百億諸山王、百億金焰色，三十三天百憶非非想天。十方世界百萬忉利天王、百萬夜摩天王、百萬兜率天王、百億四天下、百億白銀國王、百億黄金國王、無數寶王、無數香王，生成滅壞。互循復於虚，空中無暫已。平坦高下各不同，皆是本願神通力，隨其心樂種種殊，於虚空中悉能作。或有國土常在空，或時而有或無有，或有國土極清浄，住於菩薩寶冠中。或住修羅金剛掌，如影如幻廣無邊。或現種種莊嚴藏，依止虚空而建立。如隔玻璃，皆可照見。而於己身，及諸世界，莫生二相，致復輪回。是何以故？嗜由業造，業重則心溺於嗜痂。味豈性生？性乖則好移於逐臭。割肉投崖，至人雖借色空假身而示除我相，然嗜欲因緣，未嘗不含裹如來心地。佛能移諸天人置於他土，而知諸衆生有種種欲，深心所著，兒女色身爲最。隨其本性，方便爲説，於染愛處，使心動轉，令其速入一切智境，爲一大事因緣。故如法華火宅，父言門外有諸戲具，誘諸幼子逃出燒場。自知財力無量，仍不妄言。竟各與一種種寶車，以男女寶充滿其上，成如來已。爲衆生故，隨其欲樂，引之信解。雖已証得不可言説義，而能開示無量言詞説。譬如世界有成壞，而於虚空無增減。已升無相境界岸，而開示現金身門。一切人天咸得見日，豈分身向於彼？譬如工畫師及畫師弟子，爲悦衆生心，綺焕成衆像。又如衆病人，良醫各授藥，實由不取人我相，離外道神。我之執成就，如幻諸畫師身。故求青赤諸色，浪中不可得，而有時現身，且備諸妙色。只爲令愚夫，得離無我怖。入諸想網中，而恒無所作。了知諸想網，於想得自在。佛所言法境界，悉是假名，非可得見。而如幻如夢，非有即有，非造所造，與造相似。非諸凡愚所能知。故佛入無量三昧海門，而於世法所行，悉同其事。雖行於捨而不廢世間兩利益事，雖觀五取蘊而不永滅諸蘊。雖修入聖道而不求永出世間，雖安住真如而不墮十際。故云：何非無如幻，夢已種種見。故云：何非有色相，自性非是有。故如幻人生，如幻人滅，幻人其實不生不滅。譬如虚空，非常非無常故。如東方無間之來大食國界，幻爲湖山。即所謂知一切法理趣門，如幻如夢，非有即有。非造而造，與造相似。平坦高下各不同，皆是本願神通力。生成滅壞互循復，於虚空中無暫已也。即所謂成就如幻諸畫師身，只爲令愚夫得離無我怖也。

如盧郎之遇無間姊入腹轉生，即所謂羅刹女於中執取，將其永入魔意稠林也。

如無間之授盧氣術，以至盧得其全於真娘，即所謂頑嚚貪著，流轉生死，聞諸法空，起大驚怖，遠離正法，住於邪法，舍夷坦道，入險難道也。

如盧以信佛朝香，得無間携至毗提河洲，古無論國妙喜世界，飲精液觀裸舞，即所謂依於一切法令，所願不空，故於諸法中，無而計爲有也。即所謂以各夢所見，非人所與知。於念念中，以夢自在也。即所謂於八百億小洲中，所生之洲身無腸臟也。

如與無間乘鵬駕鯨而去，即所謂或住修羅金剛掌，如影如幻，廣無邊也。

如毗提河洲，獨不殺人，陰司决獄，亦以不殺抵算邪淫，即所謂迦樓羅王萬女圍繞，舍離一切無益法，究竟成就無殺害心也。

如所入母腹，是中貴妻，即所謂資生之具，不勞具足，不生窮家，不值弊族也。

如毗提河洲，貴賤異法。賤於貴以婦償有，償則免刑。惟等類可貴通賤，許續貴得活法婚，即所謂仕遇才智王，能令大衆喜。渴愛所逼，縱而不問。衆生諸根及欲樂上中下品各不同，一切甚深難可知，隨其本性，悉明瞭也。

如毗提河洲，車船宿店，非妓禁充，非徒女娼，必備男娼。不用男僕，惟童與媪，既有修養嫗，又有二儀人與諸弓足旦。二儀工醫術，盧郎多褻篇。及諸宰官身，每品增一妻。妻不合兩聽離。諸賃妾得有子，人欲立繼嗣，必妾前夫兒。同姓女若婦再適，許其婚。負債至百金，勒以妻媪償。殺人及竊劫，法外更償婦。婦女廣對食，吮舐爲禮敬。死許灌汞，裸先後移同棺。更許捐義田，奉勅立廟社。僧尼過四十，方許剃改裝。裸選盡民婦，得升女侍中。乃至海船漁，亦家自爲法。即所謂：心樂差别明智門，能成世間工巧事。悉受種種五欲樂，各隨所宜得受用。凡所施爲，無非巧妙。於男女趣，獨了其能，盡得其用。所有方便，一切皆是心想建立，非是顛倒，亦非虚誑也。即所謂諸微細智各差别，菩薩盡攝無有餘。雅思淵才文中王，咒術藥草等衆論。一切世間衆智術，譬如幻師無不現也。

如盧郎得二儀，傳所接男女，未可數計。諂臣諂子，競獻女娘。即所謂成就如來，馬陰藏相，永不失壞，勝男子形。力精勇猛，隨諸所作。雖已知佛境界，藏而示住魔境界。身雖超魔道億萬數，而亦示現行魔法。不名有惑，非無惑，以無煩惱於中行。或現邪命種種行習，行非法以爲勝。如是等類諸外道。觀其意解與同事抱持唼吻，皆菩薩普攝衆生，恒不舍離三昧也。

如毗提河洲，王大臣婦有會漾法，分四狀元，即欲界天，於大池浴。不了色相起色分別，得大勢力，受上妙樂也。即先護彼意，使無净此方便者所行道，能令見者無空過，皆於佛法種因緣也。

如盧郎家屬曾無殀亡，即所謂内宫眷屬，才能具足，悉由戒殺善業所致，常得值遇不壞眷屬菩薩正念，觀世間一切皆從業緣得也。

如盧聞母説舅隱形所見，淫慝不可思議。即所謂衆生，不得乾竭愛欲大海，於所貪愛，深生染著，不能於身而生厭想，轉更增長機關苦事，此垢穢身，但從淫生不净之法。父母子女，行無慚法。三世諸佛，無不知見。然嗜欲因緣，未嘗不舍裹如來心地，隨其本性，方便爲説，使心動轉入一切智，爲佛一大事也。

如東洲戰勝，全以氣術化爲水火，便可克敵。即所謂彼人王等，各於其國，娱嬉快樂，難相侵奪。身上出火身下水，譬如幻師現幻事也。如東洲既有借尸法，又有换形法，即所謂佛説世間一切工巧事業，所有方便，一切皆是心想建立也。

如東洲人死，俱生魔天。即所謂棄諸佛意，隨逐魔意，於諸有中，執著不舍也。即所謂天常見人，人不見天。此則諸天宫殿，近處虚空，人天相接，兩得聽覻。普願帶質諸衆生，得乘虚空輕舉身也。

如盧郎既返搸菻，换太后身，聞僧説法，即騎僧頸而回首。即所謂一切智菩薩，不行占卜，不習惡戒。

在家室中與妻子俱作諸事業，不滅壞一切有爲之相，亦未嘗暫捨一切智心解也。

竹坡居士念不住有緣。自住空忍，妄果既無，依甚蓮邦？既如右云云。節節疏訖，復下轉語而朗頌曰：諸法不堅固，皆從分別生。以分別即空，所分別非有。觀見心王時，想識皆遠離。爾時心轉依，是則爲常住。愚夫迷執取，如石女夢産，能相及所相，一切知非知，猶如幻所現，草木瓦石等。愚夫之所見，妄謂有生滅。智者如實觀，不生亦不滅。迷惑謂幻有，非幻爲迷惑。身形及諸根，皆以八物成。識中諸種子，能現心境界。殊勝之藏識，離於能所取。無我無衆生，生惟是識生，滅亦惟識滅。猶如畫高下，雖見無所有。修羅天夜叉，且能意生化，世分別皆空，迷惑如幻夢。成就無生忍，得如幻三昧。於有差別境，入無差別定。於無差別法，現有差別智。行世無障礙，猶風遊虛空。自得意生身，種種全神通。心既從緣起，惟心義不滅。令心還取心，由習非異因。執著自心現，令心而得起。種種由心起，種種由心脱。惟心實無境，離分別解脱。由無始積習，分別諸戲論。惡習之所熏，起此虛妄境。分別見外境，是妄計自性。觀世如幻夢，仍止於真實。如畫依於壁，了知即便滅。若不見自心，爲見網所縛。法非法皆無，法性不可得。邊無邊非有，一切見皆斷，以住惟心故，諸相皆舍離。垢現於净中，非净現於垢。離斷常有無，妄計爲中道。惟心無有境，無境心不生。我及諸如來，以此爲中道。有無等皆空，不應分別二。心無覺智生，豈能斷二執。了知故能斷，非不能分別。了知心所現，分別即不起。分別不起故，真如心所依。如幻諸三昧，及以意生身。十地與自在，皆由轉依作。如女懷胎藏，雖有不可見。藴中真實相，無智不能知。

『且註明云』：現識以熏變爲因，人天修羅，形境分別。以各有無始，業習爲因。種種熏習滅，即一根相滅，是名相滅。一切法無自性，以刹那不住，故見後變異故。何故一切法不滅？謂一切法無性相，故不可得故。何故一切法無常？謂諸根起無常性故。何故一切法，常謂諸相起即是不起無所有，故觀一切法，如幻夢生。隨自心量之所現。故知無體實遠離生，見証如幻性，即時住華嚴第八地，獲意生身。若離於妄法，而有相生者，此還即是妄。如翳未清净，故曰法與非法，差别之相，悉是自心分别境界。過去未來，亦妄分别。來無所從，去無所至。法身如幻夢，如何可稱贊？知無性無生，乃名稱贊佛。衆生不見佛，如水漏月亡。外道執著，邪解臆度，謂從有無生一切法，非爲執著分别爲緣。不知我了於生，即是無生。惟是自心之所見。若於離有無而生之論，亦説爲無此謗因。果拔善根本，不知諸有如夢，化証自智境界，轉所依識，爲大涅槃。取心外之境，致輪回生死，是名妄計自性相。不知業相滅，彼真相不滅。若真相滅者，藏識亦應滅。不離外道斷滅論。若了境如幻，自心所現，則滅妄想。三有苦斷，無智業愛緣。知一切境界離心，無得行無相道，漸升諸天，得如幻定，絶衆影像。如是藏識，惟除諸佛及住地菩薩，其餘一切二乘外道，定慧之力，皆不能知。善達諸義，則了諸地相，是故涅槃，不壞不死，非斷非常。是故真如，離於心識。譬如恒沙住沙，自性不更改變。而作他物，取不見滅，投不見增，何以故？如來法身，無有生故，無身故無滅壞。非天人神鬼比。了知外境自心所現，名爲解脱，非滅壞也。故不用求真，惟須息見。諸妄已息，何害有境？心不取境，境不臨心，自然於道無礙。故曰世間相幻，住是法住，法位以出。世間言語道其性非有非無，故雖無所依無不住，雖無不至而不去。如風行空無所行，此無依者之住處。如空中畫夢，所見當於佛體。如是觀善男身中入正定，善女身中從定出。能以一身現多身，復以多身爲一身。樂觀衆生無生想，普見諸趣無趣想。爲其方便説妙法，悉令得解真實諦。一切世間惟是想，無真實而各差别。知想境界險且深，爲現神通而救脱。無質無邊等衆相，種種速變壞非壞。不於世外入虚空，亦不空外入世間。無差别故到彼岸，住幻際入世幻數。入真法界亦無入，如日晝生夜非滅。無窮衆生而可説，但依世俗假宣示。是故觀心不在外，亦復不得在於内。了達其心如幻化，勤修衆行度群生。菩薩雖行諸佛法，能辦世間一切事。油中日影非離合，不隨世流無染著。心不計我能入法，作幻不同幻事住。雖於境界無依住，亦不捨一切所緣。雖超一切分别地，亦不捨於種種相。如空容受一切物，而非虚實離有無。如虚空持衆世界，無厭無倦名涅槃。如金剛以不壞名，終無有時離不壞。

笠閣主人曰：吾儒皆言人還生人，鳥必生鳥，南從來熱，北從來寒。縱八萬劫，必無改移。從來不見菩提如何成菩提事，致佛列爲第一外道。即余自髫齡，即知世有窮理之學，亦止以横渠『知虚空即氣，則無無』一句爲極談，於康節『元會』之論，猶諉爲數學。及後誦《楞嚴》兼閲疏義，方知作《東遊》人字字諳此内典。蓋經言：世界初起，頑空先現，虚空昏鈍，體是不覺，識滅空本無。况復諸三有迷妄，有虚空空，無體無覺，以虚空昏鈍，即無明所生。非是覺明，異乎本覺。相織妄成，名爲劫濁。既無中邊，不成内外。宜朱子、陸子，數歲即知問天止處，惜不知彼諸界相，畢竟虚妄。妄識所受，乃有空界。空界現，故即結四大。若真净眼，無影可見。真元無色，何况妄分質礙。空若非空，自不容其花相起滅，見實物時無花生，故目根既滅，復將何以了空質？

世界初立，虚妄故動。動即是風，風即氣也。故卵生爲首，氣即生火。由斯流水，情積不休。能生愛水，外由内感，故有水輪。濕性不升，果亦下墜。而爲人獸，立界隔别。故云分段，五根合意，乃名爲法。

忽然念動，一相俄生。從畢竟空，成究竟有。嫌妄欲真，轉增迷倒。但得影真，便現虚相。厭故取新，但徇己情。變受異形，假託不實。如《東游》盧母，有肉無臟。既類空質，依觸而立。即彼星辰日月，亦名色相受生。若凡夫所祠，存形立影，皆名有想。衆生癡顛倒，故枯槁亂想，則精神化爲土木。金石因依亂想，得水母身。以沫成質，以蝦爲目。如盧某投生母腹，不待死魂。迴互亂想，則爲螺，爲蛔。迴他作己。如盧某之借尸换體。是曰非有想相。如土梟等附塊爲兒，而兒成身受其噬。是曰非無想相。想心紛擾，取捨多端。成若有色，若無色界。厭壞色相，思無邊空，成無色相。外道如無想天中，舜若多神，既爲風質，其體原無。

情多則受仙鬼形，想多故飛行自在。想多生爲聰明子，想少必墮奸頑胎。以覺明堅執，故質礙便成。若净境爲所欲處，但由其想，不屬於情，乃是衆生分外之事，故名外分想。飛不沈果，故超越結氣，成形無實體性。

即其所陳天因，亦較餘經更勝。如云，諸世界人，不求常住。其於諸欲，但專一境，未能舍離妻妾恩愛，即獲輪王福報。七寶具足，千子圍繞，不如澄瑩欲心，發生明性，命終之後，生須彌半鄰日月宫，名四王天。若不揀異行邪務得全味於己，眷屬淫愛亦薄，命終之後，超日月明，居人間頂，名曰叨利，帝釋居處。若逢欲暫交，去無思憶，於人間世，動少静多。命終之後，於虚空中朗然安住，致傳上元夫人，統領千萬玉女，皆長一丈。日月光明，上照不及。是諸人等，自有光明，空居初分，名夜摩天。一切時静，有應觸來，未能違戾，順而從之。如《東游》盧某遇闍家假母。命終之後，上升精微，不接下界。乃至劫壞，二灾不害，生兜率天。以知足名，若或男或女，自無欲心，應彼行事，不忍見其因渴致死，於横陳時味如嚼蠟。命終之後，生樂受化天。以樂變，化五欲之境而受用，若無世間心，照世行説，於行事交，了然超越。命終之後，能超化無化境，生他化自在天。樂受用他所變化五欲之境，如《東遊》男假女，女假男類。化即第五天，無化即下諸天。雖不離欲界，繫縛於女色，然其身光明，飛行自在，福命卒難摇動。不同下之人趣，外道不測，見有天生，便執爲常，成一因主。

修定凡夫，亦有忽見天宫者。此凝想日深，想久化成。亦猶忽於中夜，遥見遠方街巷，親友或聞其語。如《東遊》盧某，於壁上圓光照見故土，又學體隔形交之法。此名迫心逼極飛出，故多隔見。

至於世有金剛禪二會子，及元代之八思巴母等，雖大便如石蜜，意引行門行貪欲事，不妨成佛。言我肉身即是法身，都指現在，即爲佛國，無别净居，指遮生爲常住之因，清净之方。止於穢境相好之體，全視我身魔力所制，更不推移。盡命歸心，從邪貶正者言，男女二根，即是菩提。多塑二形，名歡喜佛，或言别有光明天佛，於中住口中，好言未然，訐露人事，不避譏嫌。言汝先世，是我妻妾，彼先世是我兒夫，故今來度，同歸其界，供養此佛。不知真實涅槃，寧可有處。於是讚嘆行淫，不毁粗行。與承事者，潛行淫欲。將諸猥媟，以爲傳法，皆由計我命盡，徒有真常，無証真者。故多增竇，媛縱恣其心，墮真無真執，生天魔種。

又有心愛長壽者魔，即來至往返無滯，萬里倏回，取得彼物，現美女身。盛行貪欲，贊行淫欲，淫淫相傳。非自在天魔及四王童子，即天地大力，山精海精，或壽終仙，其形不化，年老成魔者。彼諸魔王，總攝有情，以爲民衆。此等偏知失正命終之後，必作魔民。豈容引定光古佛，以觀察虚空。無邊得圓，常知浄穢有無，皆我心變化所現。雖有根識，縁諸色界而不繫念在意，但虚受、虚照、虚應，以定慧力，消磨根隔。耳目身意，互相爲用。名不循根，爲識盡証。即恒沙界外，一滴之雨，亦知點數現前，諸有境界，依無明而得住持者。松直棘曲，鵠白鵶玄，皆知其由，自比『看官須知』。欲界第五天名大自在，即魔所居處。亦有徒衆，各各自謂成無上道，以邪定力，有大神通。不持戒故墮鬼神界，令諸衆生，落愛見坑，失菩提路。不信三摩先斷心淫。彼以淫心，求佛妙果。縱得妙悟，皆是淫根。名曰波旬，即惡義也。與日聞浄法，頑鈍依然。及外現名聞，内懷諂曲苟求，不與之利誘愚棄財者，同爲邪思業種。即殺心不除而修禪定，亦必落神道。功深福大，爲大力鬼。功淺福劣，則八部所管。阿修羅有四種：若於鬼道以護法力乘通入空，此修羅從卵而生，鬼趣所攝。若於天中降德貶墜者，其所卜居鄰於日月，此修羅從胎而出，人趣所攝，有修羅王與天争權，此修羅從變化有天趣所攝。别有一種下劣修羅，旦遊虚空，暮歸海宿，此修羅因濕趣有畜生所攝，依希龍類。餘即夜叉等神，游於四天及大海邊。羅刹鬼國，因修定故，皆有業通，迅疾無礙。受此惡趣，爲天驅役。羅刹報盡，必沈生死苦海，相殺未已。其中若有毁戒知過，願護正法者，亦能以八部身見佛。若不修禪修福，但行殺害，則直入地獄。即稍修者，亦止上爲精靈，中爲妖魅，下爲奸人而已。

若余得見《東遊記》後，復自製《地行仙》劇，亦即本《楞嚴》所云：我滅度後，勅諸菩薩羅漢，或爲人王宰官，乃至淫女寡婦，與其同事，稱贊佛乘，令其解脱。終不自言自聖，泄佛密因之旨。誠以其自噏精服氣，以至交接不休，或能飛游空，不墜於地。或通他心宿命，懸知未來。皆由繫心一處，久而發用，以爲究竟，神我不知。無時界壞，虛影似真。照明境界，咸悉化源。故與運心廣大，離狹劣障。金剛密跡，擎山持杵，遍虛空界者，因果不同。然皆別得生理，壽千萬歲，非天趣所攝，而如天趣無異。皆恐妄想不真，終隨業墮。報盡還須散入諸趣，故特著此書，輔《東遊》以挽俗耳。

鶴亭謂：此不過就心所憶，約略爲文。更須備載四禪，乃足勸人歸真。復檢録如左。經云：『二色界』者，以此界中，報色法殊勝從勝爲名也。通名梵世者，梵是凈義禪所生，故異散動。故此界總有一十八天，以其中所伏惑習差降有異，故分諸天。

以世人不修無漏定慧，遂感四禪果報，不出凡夫，不離虛妄，此皆不了妙覺明心。但能執身不行淫欲，若行若坐，想念俱無。如是一類，生梵衆天，粗苦不起。

兼護律儀，防非不失，生梵輔天。匡弼梵王，加以明悟，是人應時，能統梵衆，爲大梵王。異下二天劫末後去以上三流，雖非正修，諸漏不動，名爲『初禪』，尚不能不於三界現身，意定相現前而無取著。又有王爲梵主，名十光天。然分其住處，則此天喜相初生，慧光尚劣。光光相然，映十方界，名無量光天。從前少光，更發身光也。

至禪界地，則但用光明，以代言詮。名光音天。雖非不修，以得極喜，支調適又勝下住。

更上『三禪』，則少凈天。滅前苦相，言寂滅樂，引發此樂，令其無際徹意地樂，遍身輕安、名無量凈天。不但身妙樂世界，無不圓融，名遍凈天，又名離喜妙樂地。雖非正得，歡喜畢具矣。非但是違境所能矣，然皆苦因已盡，樂非常住，久必壞生。

若『第四禪』，離出入息，名不動地，離下位雜苦粗障，名福生天。然苦樂兩舍，仍生勝解，得無留礙，窮未來際。雖是有漏，而能隨順妙修行者，名福愛天。

於福愛中有『二歧路』，一直往道，即至廣果。二迂僻道，即至無想。廣果更生勝定捨心，亦亡無想，雙厭苦樂，心慮灰凝，不能發明。不生滅性，而求不生滅，故皆有劫數。壽盡須捨，故曰非真無爲不動地。

此中復有五不還天，亦名净居天。於二禪三禪各九品，習氣離盡，故無卜居。然漏無漏雜故別立居處。形待既無，苦樂不交，名無煩天。不比下天，亦無苦樂，猶是暫伏獨行自在，不與違順二境相應，背離定障，名無熱天。十方世界，妙見圓澄，更無塵像，定慧障亡，名善見天。鎔鑄自在，顯現無盡，名善現天。完竟群有之機微，窮至色性未形之際，無邊空處，名色究竟天。此四禪天王，如今世間曠野深山，皆羅漢所住持，世間粗人所不能見。然總此十八天，皆未盡形累而有色礙。

其『四無色天』，厭下色礙，想無邊空，乃至厭無所有，以非想非非想爲究竟涅槃，雖無業果色，而有定果色，爲識所依。

佛復告阿難，此『有頂』色邊際中，『復有二歧』，一出三界路，一入無色路。若凡夫外道，既不入此五天，即從廣果無想二天而入，不在此定内矣。若於有頂禪中，頓斷上果四地煩惱，又回心向大乘道，更不入於『空識』諸處，雖仍是樂慧，便出塵界，名『回心』大阿羅漢。若於有頂用無漏道，斷有頂惑覺身爲礙，銷礙入空，即『樂定聲聞』，名不空處定。若於廣果無想，用有漏道，伏惑入空，即凡夫外道也。若銷礙之無亦亡，此即惟觀於識，以被於空，定性愚發，前不知有，冥然自留，厭患虛空無邊，名『識處定』。

空處無色而存空，識處亡空而存識，皆名所有。若空識俱亡，迥無攸往，與無所有法相應，名『無所有處』。今修大乘者多濫，此定心無所寄，如頑空無異。不知善能了達，諸禪境界如大圓鏡。鑒於萬象，不差不錯。

若識心不動，研窮心滅，於無盡中發宣盡性，然見盡識在，如存不存，若盡非盡，名爲『非想非非想處』。此即粗想不起，仍有細分，故以立名耳。此等窮空，不盡空理，不知滅色，取空非真空性。又有從色究竟天，消礙入空。既不能發明智慧，回心向大，方斷『有頂地』惑，名『不回心』鈍阿羅漢。

如從無想諸『外道天』，窮空不歸，認此有漏，作無爲解，便謂涅槃，必淪人諸趣矣。

《楞嚴》中有女佛，女成羅漢涅槃，亦名大明悟第一義天。六根互用，入乾慧地者，即此互用，便是已入乾慧地也。無潤生理即乾義，又未有如來法流水接之義。然固自在位也。始從乾慧，終至等覺，俱不離此。

圓明精心，觀察發化，遂超因位，直入妙覺，則得直受『金剛之號』。若鈍根者，隨所發行，便歷諸位，故但稱乾慧耳。『因位者』十信、十住、十行、十回，向四加行，心如《華嚴》說於乾慧心，即証圓妙。此之心性，頓發諸行，頓具諸德，故云發化理極，故歸無所得，即大涅槃也。陰魔消滅，天魔摧碎，大力鬼神褫迫逃避，乃至虛空無爲，尚是妄生。豈況有爲一切諸法，若知妄起，許說因緣，因緣尚是妄中建立，而况不知是妄執爲自然乎？此因緣性，妄中權立，欲令了法，原無所有。是故同名一妄想耳。

汝體先因父母想生汝，心非想則不能來。想中傳命，謂人之託陰，亦是想愛而來。以想遺體爲勝境，故識即趨彼，結成胎臟。猶想美味，口即流涎。是故當知妄想凝結，即成色陰。受陰亦是妄想轉變、妄生領納也。種種取像，心生形取。汝身何因隨念所使？想若是實，何必須形？真如則不須形矣。形若非想，自不能行。二既相須，豈非虚妄？寤寐雖異，皆是想爲。夢非有實，寐亦成夢。化理不住，容髮密移。如必是真，汝何不覺？佛則覺矣。非汝不可，是汝無憑，故知虚妄。憶昔既無所遺，此則容受妄習，非汝六根互用開合，此之妄想，無時得滅。識陰離行，故名爲湛。不是常住，故猶非真。凡夫小乘，全不覺知。十地以前，雖覺未盡。妄色妄空，莫認真湛，理則頓悟，乘悟併銷。事非頓除，因次第盡，五陰妄法，名之曰事。一切諸佛，皆無化生。若問世間有邊無邊，如來不答。若修『八正』，即得滅盡。一信堅，二心質直，三身無病，四常精進，六無憍慢，七成就定意，八多聞生智。故名多聞。分別樂無相之相，是名實相。何者爲『八自在』？大我一身分，多多身合一。二，能以此身輕舉飛空。三，常住一土，而令他土悉見。五，如來或造一事，而令衆生各各成辦。六，一根能五根用。七，知一切父母種姓憎愛。八，通六趣他心『十地』等，謂之義天。如來非心非非心虚空相故，故非心有十力心，能知衆生心。故非非心非色斷色，而亦有色。非陰非不陰，非四大非不四大。是空離空，非天非非天，非鬼非非鬼。亦以鬼像化衆生，故非非鬼，蓋修大涅槃，非小涅槃比。能觀土爲金，觀金爲土。地作水相，水作地相。水作火相，火作水相。地作風相，風作地相。隨意成就，無有虚妄。於大石山，以蹋舉之，吹令碎末，復還聚合。上下竅出水火，魔亦能之。惟佛有四三昧斷四洲有。又有種種三昧斷，種種天仙天子，有十地菩薩，有『故名三昧王』，能分合身。雖作如是心，無所作觀，實衆生爲非觀。非衆生爲實，悉隨意成，無有虚妄。當知是實思惟，非不真實故。故曰所作大事辦，是名爲大樂。

慈若不能利益衆生，令見法生無有相，名『聲聞慈』。夫無名與愛，而爲因緣，遂得後生，如火焚林，飛燒餘處。三事和合，而得受生。一父二母三『中陰』，即魂氣中陰。身根具足明瞭，皆由往時善業。惟『無色界』無有中陰。若有衆生，貪著大欲，或生邊地，多作貪欲，習行非法。佛於無量劫中，以妙欲充足其情。令六趣衆生隨意得可意之色，然後化令，安住菩提。波羅奈國有長者子名阿逸多，母邊作非法。如來以其非一闡提愛受，皆從想生。小因緣故生於小想，大因緣故生於大想。無量劫來，以艸爲籌，以數父母，終不能盡，故是假名。以五陰故，妄作母想。母無罪業，何得有報，爲説法要，令罪漸輕。故佛爲良醫，非『西域六師』比。或能一切文章技藝，熾然世法，與旃陀羅同其事業，爲護正法，亦無有罪。由大悲普覆，不限一人。正法弘度，無所不包。故『魔波旬』於地獄中，悉除刀劍無量苦具，供養如來。

雖『諸天』具足，成就極妙快樂，亦有生、老、病、死、苦五相。雖身體細滑柔暖，肥鮮富溢，亦見色力毁瘁。觸事尠少，極受大苦。故穢惡身城，佛所棄捨，惟愚羅刹安住其中。

如大龍王，有大威德，且能成就空慧。阿修羅王與無量大眷屬，身皆光明，勝於梵天。或現幻身誑身，及三十三天單越於逮雖有是法，非有善業，則不能見。故雖有十八惑人咒術，諸『大咒師』，親近王臣，及諸女人，多語妄説長短好醜。提婆達多，且修『五通』，不久獲得。現種種神通，身從壁出入，或時現男女身。欲曼陀花，即往三十三天求索。以福盡故，都無與者。即便失通，僅與事各種神。衆生如北斗五星，鬼子母天，行道天，造書天，四大天王『諸道士』等。而六十億勇健優婆夷，香山中『五萬仙』，自憎己身貪欲獄縛，離諸煩惱。或階十地，得自在智及住不動不動地者，不爲色、身、香、味、觸、法所動，亦不爲死魔所散，亦是大阿羅漢爲化衆生，現受女身，能幻作佛，隨人所樂。種種色像，悉能示現。身出水火，調善諸魔，皆《東遊》竊取之旨。

依法不依人，名爲聲聞如來深密藏，悉生疑怪。猶如嬰兒，有説色是佛性，有説受是，有説想是，即思惟識。又有説離陰無佛性，正如彼盲摸象一體，即『十住菩薩』，遠離身見於本性，未能審定，皆名邪道。爲不善攝五根根漏之本。『婆羅門』法，殺蟲虱蛇虎百千車，無有罪報。殺羅刹、盤茶、顛狂、乾枯諸鬼神，悉無有報。若殺惡人，三日斷食，其罪消滅。一切婆羅門，皆是一闡提。若修苦行，即解前業。一切畜生，即應得道。六師之徒，或説有神，或説神空；或説有三世，或説無三世；或説衆生有始有終，或説衆生無始無終。猶凡夫以三種惡覺，言佛無常樂，我惟有一凈。言無一實。雖斷煩惱生死，生『非想非非想天』，實亦不得解脱、涅槃。不知涅槃即佛『甚深禪定』，如棄婦竇，與婢交通。如人渡海，垂至彼岸，没水而死。以觀於果，不觀因緣。從非想退入三途，盡外道之人，先斷煩惱於『無所有處』，修無漏道而得『阿那含』果。故樂寂静，入『無色界』。色界中已無外因緣，終不造作，共凡夫事，故名阿那含，進修方得。阿羅漢雖不受後有，斷欲界五陰身，與『辟支佛』同，亦以不見佛性，故可言果。繫以『無身三昧』，令衆生生顛倒心，謂是涅槃。如乳漸加水，乳酪醍醐，一切皆失。若修『四禪五差』，則能訶責無色界定。若依初禪凈妙四大，惟聞見初禪，不聞見二禪，菩薩不爾，能聞見恒沙界。

無名識名色觸，爲『六入』。加愛、受、取、苦、病、死，爲『十二因緣』。苦者現相，集者轉相，滅者除相，道者能除相，名『四聖諦』。十地者一少欲，二知足，三寂静，四精進，五正念，六正定，七正慧，八解脱，九贊歎解脱，永不迴復。十大涅槃，教化衆生。人有『佛性』，猶果仁中有樹性，以地水糞作了因心，後佛性心無常，故涅槃如火不退不斷。少欲者不求不取，如須陀洹。知足者得而不著得少之時，心不悔恨。如辟支佛。兼二爲阿羅漢。修智慧者爲懷疑心，不求諸法，性相因緣。觀見諸法，猶如虚空，是『四禪』，故名爲正定無有相，故煩惱則斷，是名解脱。

余嘗讀《實事論》《總聚論》《無相思塵論》《密嚴經》等，乃知成立『内境』，得解深密經。而刹建總明，惟體可以生用，從用何能生體。如《阿含經》，此名無比法等類，皆小乘大衆部《中經》名。

外道本懷假借邪義，以名勝解而理不真，擅立邪宗，皆爲妄執。故凡論師偈林，皆以毒智爲詞。蓋内境是有，外境是無。『他宗』謂實此外境爲因，生其識了，惟『大乘』有色從識有之論，内境未立，真境不顯。惟識理不成，謂棄内境事，乃得病之根源。收彼所棄内境，棄彼所收外境，『迷謬』餘乘依外境，我據内境，即顯彼違我大乘惟識宗也。以意識分别境，非五識實事境。故意與五識有共有，不共意識。獨緣之境，名『緣無境』。於色等境，遠離一切種類名言，假立無量諸門，分别如情所計，境相隨生，是意功能所造之塵色識，有功能而内有境矣。如意識所緣之境，全成非有，名曰『增色』，識外增益别境色也。要以盡力，破全分實爲急，譬如夢時，見有境起，由此夢力，令成似相。《瑜珈論》云：由彼勝定於一切色，皆得自在。當知此色，名『極微細定所生色』，即是智所了色。《契經》所云，如所有性是也。並非根識曾所領故，故曰意色。若能親緣外五識，不必别有根。『如是圓相』，非合非散，無方無所，無有本質，不增不減，是故實有自性。

非有相狀安布，故五識之力所不及了。外道雖説有『微義』，而無『極義』，則『義相』已非彼謂是五識所緣境，而實五識難緣則緣境。又非彼計實有自性能生起識，而實與凡塵同是假物，則『體性』又非彼論，單著有境邊遍計，竟忘了共許性境。何以於此説外，又有彼説？各有肺腸，故有『帶質相』之實境，有『不帶質相』之實境；有帶質相之假境，有不帶質相之假境；有質曰事境，無質曰『名境』。相分似質，如隙中日影塵狀，此特『假事境』也。若無分别智，緣真如時，全無質相，亦不得云非彼之境。蓋凡許名爲境者，依『証成道理』説之，必是心所慮及、心所託寄。心即境因，雖内境是心，『定可爲境』，識之自體相狀，變現成境也。如火以暖爲自性相，非名所得。如兔角等毫無實事，然『兔角』二字，即有『不共他之自義相』，便有澄無之自義相。誰謂《東遊》一記，不如兔角哉？可分晰者非實有，故不足以當現量境。

因性緣性共二支體用，並具眼耳識，不能了極微色聲，由四大有勝功，能『極微聲色』。無功用，乃外論之主，『不成因緣』奪其微者，不居事境。明識但緣集聚之相，無有兼微之理。極微非全無境，僅是劣境，爲他所奪。故彼雖引証衆多意見道理，畢竟不能顯其『極微實事之體』。惟有『如實智』能見，故『外宗極微爲境諸論』，兹能破盡。雖説極微是常，各别住故，非無常因亦得果，『小乘』所共許，惟此可示其『内境正宗』也。色塵無情，内識有覺，塵居外而生滅無常，識居内而功能大勝。外論計離識有外，我表不離識有境，故言内也。或謂何不並撥無内境？愈顯惟識是『一相無相法門』，並祛『執内邪見』，固是『了義真諦』，郤非對敵發機，有違世過。他不許成，故將『如外』二字，示以相同，則不除其外而外自除。五塵不對境時，意識尚能隨計生境，況五識當現前時，而不能生『已相分』耶？若我教中『隨語轉理門』，則執取惟識，自亦在遮例内。

跋

吴梅

癸酉中秋得自南都，價銀蚨貳拾圓。

是書將若士原文一一比附穢褻事，可云荒謬絶倫。然毋弗群籍殫見洽聞，非深於乙部之學者不能，真天壤間一大奇書也。末附南都時曲，如《和沈青門〈唾窗絨〉》等（書中誤作梁少白），尤爲不可多見者。得一書而見諸秘本，更奇。霜厓癯叟。